21世纪 经济管理精品教材 金融学系列

*Investments*

# 投 资 学

## （第2版）

黄福广　李西文　编著

清華大学出版社

北京

## 内 容 简 介

本书主要包括金融投资的基础理论、基本工具和投资实务。其中,基础理论主要包括投资组合、资本资产定价、套利定价、有效市场、期权定价等;基本工具包括股票和债券,三种基础衍生金融工具即期货、期权和互换,以及作为组合投资工具的投资基金。投资实务包括投资过程和投资策略。本书侧重于对基础知识的分析,侧重于中国投资者所面临的市场情境,强调理论结合实践。为了加深对重要知识的理解,每一章后面附有习题。为了方便教学,本书配有课件和教学大纲建议。

本书可作为高等院校相关课程的教材,也可作为对投资学感兴趣的读者的参考用书。

**图书在版编目(CIP)数据**

投资学/黄福广,李西文编著. —2 版. —北京:清华大学出版社,2021.1
21 世纪经济管理精品教材·金融学系列
ISBN 978-7-302-56598-7

Ⅰ.①投… Ⅱ.①黄… ②李… Ⅲ.①投资经济学—高等学校—教材 Ⅳ.①F830.59

中国版本图书馆 CIP 数据核字(2020)第 187005 号

责任编辑:张 伟
封面设计:李召霞
责任校对:宋玉莲
责任印制:沈 露

出版发行:清华大学出版社
      网　　址:http://www.tup.com.cn,http://www.wqbook.com
      地　　址:北京清华大学学研大厦 A 座　　　　邮　编:100084
      社 总 机:010-62770175　　　　　　　　　　邮　购:010-62786544
      投稿与读者服务:010-62776969,c-service@tup.tsinghua.edu.cn
      质量反馈:010-62772015,zhiliang@tup.tsinghua.edu.cn
      课件下载:http://www.tup.com.cn,010-83470332
印 刷 者:北京富博印刷有限公司
装 订 者:北京市密云县京文制本装订厂
经　　销:全国新华书店
开　　本:185mm×260mm　　　印　　张:19.75　　　字　　数:431 千字
版　　次:2016 年 5 月第 1 版　2021 年 1 月第 2 版　印　　次:2021 年 1 月第 1 次印刷
定　　价:59.00 元

产品编号:088263-01

　　投资学是一门很吸引人的学问。作为一门科学,投资学具有无穷无尽的奥妙。投资学既展现了数学的简洁与精妙,又展现了物理学的对称与和谐,还展现了社会科学的复杂与综合。投资学还具有广泛的应用性,在指导投资实践中,大有用武之地。人们对于市场规律的追求和对于财富的渴求,也激发了对于投资学知识的探索。

　　金融投资是一项实践性很强的活动,同时也需要理论的指导。不可否认,很多投资决策依靠对市场的灵感、对市场参与者行为的感悟以及在几分茫然中的决断力,但理论提供了理解现实世界的钥匙。在不断发展中,金融市场创立了独特的语言和规则,对市场参与者提出了专业的知识和技术要求。投资理论为市场参与者提供了复杂环境下的分析框架。在实践应用中,投资理论也创造了真实可见的价值。例如,投资大师默顿等人成立的长期资本管理公司,在定价理论指导下获得了丰厚的回报,曾一度成为市场楷模。

　　本书的目标读者是金融学、管理学以及相关专业的本科生和研究生,也可以作为投资学的普及性读物。因此,本书强调基础知识、基本理论和基本技能。希望读者通过对本书内容的学习,对投资学以及投资有所认识,为进一步学习奠定基础。为了有利于学习,本书对概念、理论和应用做了较为详细的讲解,尤其详细描述了理论的含义、假设和适用性等。为了便于理解和应用,很多例题和数据资料来自我国资本市场。

　　全书共分为十五章。第一章为投资学概述,使读者对投资和投资学有个概括性的初步了解;第二章为金融市场,是进行投资的背景知识,包括市场运行、定价机制等;第三章和第四章,是关于风险和收益之间关系的基础理论,包括资产配置、资本资产定价模型等;第五章至第八章,讲述了债券和股票这两种最基本的投资工具,包括价值规律、投资收益和风险的特点,以及如何进行投资分析等;第九章为有效市场和行为金融学的相关知识,是对市场价值规律的进一步诠释;第十章至第十二章,包括三种基本衍生金融工具,即期货、期权和互换的相关理论和投资分析;第十三章为投资基金,是组合投资的一种形式;第十四章作为拓展内容,讲述了在国际市场进行投资的相关知识;第十五章落脚投资策略,作为全书的总结。

　　投资学也是一门具有挑战性的学问。本书的宗旨不是提供一本包罗万象、面面俱到的工具书，包含的仅仅是处理问题的一些基本理论和方法，是进一步研究和拓展相关内容的基础。投资学研究金融市场规律。金融市场参与者的目标和特点决定了其规律性。然而，市场交易者的目标和特点各异，投资者对源源不断的信息流进行加工，行为与结果相互干扰，盲动与理性共存，在这样一个市场中寻找价值和收益的规律性谈何容易。任何投资学理论绝谈不上完美，试图将其直接、机械地用于投资实践，从而圆致富之梦，很可能是纸上谈兵、水中捞月。

　　本书第 2 版修订工作分工如下：第二章，张晓讲师；第三章，庞仙君副教授；第四章，王欣荣讲师；第五章，王建业副教授；第七章，李广副教授；第八、十五章，周璐讲师；第九章，邵艳博士；第十三章，贾西猛副研究员；第十四章，沈毅博士。李西文教授修订了第六、十、十一、十二章。我做了第一章修订，并对全书进行了统稿和校改。

　　在本次修订中，我们对表述做了再次梳理，更新了数据。但是，在结构、逻辑、语言，以及作者对知识的理解等方面，一定仍存在有待完善、纠正之处。诚请各位读者对书中的不当之处提出批评指正，作者深表谢意。

　　同时，作者特别感谢清华大学出版社的张伟编辑。她在整个书稿写作和编校过程中，非常敬业，提供了周到、耐心的服务，对书稿的完成给予了很大帮助。

黄福广

2020 年 7 月

目 录

# 第一章

# 投资学概述

本章为全书内容的简要概括,希望使读者对于证券投资过程、投资工具、投资分析内容、投资决策有一个大致了解,见林见木,更系统地学习本书知识。

## 第一节　投　资　准　备

### 一、投资活动

#### （一）投资的内涵

投资(investment)是一种支出,将现金资产转换成其他资产。也可以说投资是进行一项交易,使用现金购买其他资产。例如,花钱购买股票、债券、大额银行存单等都属于投资活动。当然,使用非现金资产交换其他资产也可以算作投资,如使用债券换股票。多数情况下,提到投资,一般指使用现金购买其他资产。

在使用现金交换其他资产的行为中,有些不属于投资。按照持有目的,资产可以划分为资本性资产(capital assets)和消费性资产。资本性资产有两个重要特征:①具有市场价值;②持有者可能获取未来现金流入。消费性资产也具有市场价值,但不能为持有者提供未来现金流。例如购买了一辆车用于出租,就属于资本性资产;但购买的汽车自用,就属于消费性资产。两者的主要区别在于是否用于获得未来经济收益,出租汽车能够给购买者带来预期的出租收入,而自用汽车不能给购买者带来未来经济收益。投资指购买资本性资产,而不是购买消费性资产。所以,通俗地讲,投资就是用现在的钱换未来的钱。

作为投资标的的资本性资产主要包括实务资产(real assets)和金融资产(financial assets)。实务资产指个人或企业用于生产产品和提供服务的工具,如厂房、设备,甚至专利、商誉、知识等。金融资产指规定了持有者(所有者)拥有未来某种权利而非义务的合约,如股票、债券、期权等。例如,股票代表持有者拥有投票权及获取未来剩余现金流的权利,债券通常代表持有者获取未来固定现金流的权利,期权代表持有者将来按照一定条件购买或者出售标的物的权利[①]。相对于实务资产,金融资产通常具有更好的市场流动性,交易更便利。股票和债券属于传统的证券(security)金融资产,期权则属于衍生(derivative)金融资产。本书的投资内容仅涉及金融资产,不包括实务资产。

衍生金融工具(derivative financial instrument)的出现拓展了金融投资含义,从购买金融资产的行为,拓展到从事金融工具交易,以达到获利目的的行为。传统的证券金融资产包括股票、债券等,是获取将来一定现金流的凭证。而衍生金融工具是以传统金融资产为标的物所形成的一种合约,主要类型包括远期(forward)、期货(futures)、期权(option)

---

① 在后面的股票和期权的有关章节,会对相关概念做详细解释。

和互换（swap）等。随着金融不断创新，金融衍生工具标的物也逐渐多样化，如以期货为标的物的期货期权、以股票价格指数（stock price index）为标的物的指数期货等。

### （二）投资特征

投资是牺牲当前价值以期换取将来更大价值的一种行为。例如，今天购买某支股票，支出金额为每股 10 元，1 年后出售，得到 15 元。这笔投资就是使用现在的 10 元，交换 1 年后的 15 元，其中的 5 元差价是投资收益。人们进行投资，就会抑制当前的消费（牺牲当前价值）。例如，现在拥有 20 万元，可以购买一辆家庭自用汽车，也可以进行投资。将 20 万元投资出去，不能购买汽车，就会失去很多有车的乐趣。在经济学中，将不能购车而失去的乐趣称为机会成本。将 20 万元购买股票，不仅失去购车机会，也失去很多其他机会，当然也包括其他投资机会。在所有失去的机会中，最大的机会损失，就是本项投资的机会成本。机会成本决定人们进行投资的期望收益，形成投资收益的基准。机会成本越高，要求的投资收益就会越高。而在投资收益不变的情况下，机会成本越低，人们就越愿意进行投资。

投资是一项决策。由于存在机会成本，投资者总是希望通过投资获得超过机会成本的收益。影响投资收益的两个重要因素分别为时间和风险（risk）。所谓时间因素，指每一项投资都要经历一定的时间过程，如 1 年期投资或者 2 年期投资。一般情况下，投资时期越长，投资期末所获得的总收益越高，这是时间累计的结果。风险是指投资行为的结果不确定，无法事前确认投资实现的结果。例如，投资者购买股票后，准备投资 1 年期，1 年后究竟能够获得多少收益，只有投资结束时才成为确定性信息。当然，投资者总是在事前对于投资预设收益，使用专业术语就是预期收益率。投资风险就是投资实现的收益与预期收益不一致。两者不一致是投资的常态，因此投资通常面临风险。实现结果与期望结果可能的差距越大，风险越大。不同的投资有不同的风险，例如，投资国库券风险很小，投资者几乎可以准确预测投资期末的收益；而投资于期货等衍生金融工具，则风险很高。不同的风险特性决定了不同的收益特征。在均衡（equilibrium）和有效市场（efficient market）中，投资者所承担的风险越高，所期望获得的收益越高。进行投资，需要在收益、时间和风险之间进行权衡。

投资是一个过程。当企业或者个人决定进行投资后，首先需要确认可投资金额和投资目标。所谓投资目标，指投资者对于投资期、投资的风险和预期收益以及其他方面特殊的要求。不同的投资者对于风险的承受能力不同，愿意承担的风险高低不同。也就是不同的投资者有不同的风险偏好，有人偏好高风险，有人偏好低风险。因为风险高低会影响投资收益高低，因此在进行投资之前必须予以明确，以便使投资的预期结果满足投资者要求。其次，需要研究金融资产、金融市场和金融机构，也就是研究可供投资的金融资产种类、如何买卖金融资产等，熟悉投资的环境和环节。最后，决定购买哪些金融资产，什么时候购买，通过什么方式购买，购买后如何管理。概括地说，从准备投资开始，一直到投资后管理，所有的环节合在一起，形成完整的投资过程。完整的投资过程，需要按照一定的程序，经过一定的时间完成。投资的各个环节也是有机结合在一起的过程，前期、中期与后期相互影响。例如，投资目标会影响购买什么金融资产，也会影响投资后管理。而反过来，对于投资管理的事前判断，也会影响其他两项决策。

### （三）投资目的

投资者可以分为多种类型，如自然人、金融机构、实产公司等。不同类型投资者的要求不同，投资目的也随之变化。投资目的大致可以划分为两大类，即平衡收支目的和增值目的。所谓平衡收支目的，指平滑不同时间点的现金流；增值目的指使财富获得尽可能高的增长。

对于个人来说，投资的一项重要功能是摊平人生的收入和支出，提高效用。通常，一个人的收入随年龄表现出单驼峰的形态。年轻时收入低，中年时收入高，退休后收入再变低。然而，人们支出形态与收入形态差距较大。例如，老年时虽然收入低，但是支出可能较高。人们使用在壮年时的高收入进行投资，可以增加年长时各种消费支出，补充收入的不足。企业的收入也经常会表现出周期性，如生产季节性产品的企业，产品上市季收入大于支出，产品淡季支出大于收入。为应对上述要求而进行的投资，是应用时间价值的基本原理进行不同时间段的收入与支出的规划。

相当一部分投资与摊平收入的周期性无关，而是为了追求财富的增长，尤其是财富的快速增长。金融投资与实务投资一样，都是实现财富积累的重要手段。通过投资实现财富增长，通常指获得高于社会平均的财富增长速度。世界上有很多依靠金融投资而积累巨额财富的投资者，他们的故事大量地以畅销书的形式传播。尽管金融投资的世界变化万千、纷繁复杂，但入门条件低、程序简便，所以也成为众多追求财富梦想的造梦场。实现财富梦想的前提是发现金融市场错误定价。因此，为满足财富增长而进行投资，是应用定价原理以及投资经验，发现错误定价的过程。

## 二、投资学

### （一）投资学的内容

投资学是研究投资规律的一门学科。所谓投资规律，主要指资产价值的形成、变动规律，投资行为与资产价值间关联的规律，市场规则对于资产价值的影响等。资产既可以指单一资产，也可以指资产组合或者称为投资组合（portfolio）。

投资中的规律，既包括理论规律，也包括经验规律。例如，资产价值是市场对于未来预期收益的累积折现值，折现率根据未来预期收益的风险确定，这是理论规律。资产价值会随着对未来预期收益的变化而变化，也会随着市场对于风险偏好的变化而变化。而现实中，投资者也会根据历史经验，对于资产价值的波动寻找出某种历史规律性，如某些技术分析中的波动规律，很多技术趋势属于经验规律。众多经验规律只是现象的总结，具有不确定性，很难或者根本无法准确判断现象背后的原因。不可否认，经验规律在某些投资实践中起着极其重要的作用，甚至关键性的作用。实际上，很可能在每一种市场波动和市场现象背后都有深刻的原因，只是人们尚未认识而已。对浩瀚宇宙，人类所知甚少。在缤纷的投资世界中，又何尝不是如此。不论如何，本书的投资学理论主要指投资中所谓的理论规律，或者说已经认知的理论规律。

### （二）投资学与其他知识的关系

投资学与多个学科相关。投资首先是市场上的一种经济活动，必然与经济学相关。

投资学研究资本市场规律,研究资本市场上可交易资产的价值变动规律。资本市场是市场参与者进行交换的场所,交易价格和交易行为反映了参与者的判断和心理活动,以及市场实现均衡的过程。其次,资产价值取决于发行人的经济或者经营状况。以股票为例,股东未来预期获得的现金流与发行公司的经营状况密切相关。对于资产价值的评估涉及对发行公司战略、商业模式、组织行为等方面的评估,因此投资学又与管理学相关。最后,投资学越来越多地体现了数学的应用。自从约翰·威廉姆斯构建了股票的累计红利折现模型之后,随着金融资产构造的复杂化,其定价越来越依赖数学模型,如投资组合理论、期权定价理论,都依赖严谨的数学推理。金融工程就是数学工具不断在金融领域应用的结果。近些年来不断壮大的行为金融学,将心理学融入投资行为中,认为人们的主观认知和心理活动,会影响金融资产价值及其波动。甚至有些人将天文学与金融市场也联系在一起,认为天象影响金融资产价值。不论如何,与投资学关系最密切的还是经济学、管理学和数学。

### （三）投资学的作用

投资学知识首先帮助投资者评估金融资产价值。金融理论认为,在市场有效的状态下,市场价格反映价值。在现实世界中,市场有效是个理想状态,即使出现,也未必是常态,市场上经常会出现错误定价。投资者利用市场的错误定价,低买高卖,可以实现财富增值。利用投资学的知识,可以更好地掌握评估资产价值的方法,洞悉资产价值的影响因素。其次,投资学知识可以帮助投资者更好地权衡投资收益与风险,进行合理的投资组合选择。在资本市场中,收益与风险是孪生兄弟,进行投资,势必需要进行收益与风险规划。最后,投资学能够帮助投资者更科学地评价投资结果,找出投资失败原因,以利于未来更好地进行投资。

应用投资学知识进行科学的投资,不仅有利于增加个人财富,也有利于整个社会经济的健康发展。投资活动的场所是资本市场,无论是有形还是无形,基本规律相同,即有效资本市场有助于有效的资源配置。而有效的资源配置,有利于社会资源更有效利用,从而提高社会财富水平,提高社会福利。资本市场有效,既与资本市场制度、结构有关,也与投资者对于金融资产的认识有关。投资者提高对于优良资产的识别水平,不仅是个人投资成功的前提,在客观上也通过资本市场为优秀企业提供更多可用资源,促进社会资源向优秀企业流动,从而为社会经济发展作出贡献。无论以何种形式参与资本市场,规则制定者、市场监管者、基金经理、个人投资者等,通过学习投资学,掌握其中的规律,以一己之力为社会作出应有的贡献,也是每一个社会人应该具备的基本素质和应承担的社会责任。

## 第二节　投资环境

投资环境指投资活动赖以发生的外部条件的总和。投资总要在一定的环境下进行,而且环境也为投资提供重要的信息。尽管投资与各种外部环境均有关系,但主要受经济环境、金融市场环境、制度环境的影响。

## 一、经济环境

投资作为一项经济活动,必然同经济环境存在密切关联。经济环境主要指经济发展状况、经济体制和经济政策。

### (一)经济发展状况

经济发展状况可以从经济发展水平、经济发展速度和经济安全程度三方面进行考察。

(1)经济发展水平。经济发展水平指一国经济实力达到的程度,一般可以用 GDP(国内生产总值)和人均 GDP 来反映。GDP 越高,表示经济整体实力越强。人均 GDP 越高,表示一个经济体越富裕。经济整体实力强,市场容量就大,人们越富裕,购买力就越强。经济发展水平高,金融发达,制度健全,金融工具丰富,可进行投资的选择空间大,投资机会就多。

(2)经济发展速度。经济发展速度以动态形式反映一国经济的情况,通常以 GDP 增长速度、人均收入增长速度等指标表示。经济发展速度快的国家和地区,需求扩展与增长快,企业扩张和发展快。一般来说,经济发展速度快,投资品价值提升空间大,获得高投资收益的机会就多。

(3)经济安全程度。经济安全程度含义广泛,与投资活动密切相关的是金融安全性,一般通过币值、汇率、股指的稳定性和外债情况以及银行的不良资产、资本充足率加以测定。一般而言,经济安全程度低的国家,投资风险大。经济安全程度在金融投资中,主要表明风险的大小。新兴经济体投资机会多,但同时由于经济体制不够健全,经济发展过程中发生很多问题,因此也带来相应的投资风险。

### (二)经济体制

经济体制指经济体系中的组织以及组织权限和行为约束,包括组织机构设置和相关的制度规定。一个国家或者地区的经济体制决定了其资源配置形式。一般来说经济体制包括三方面主要内容,即资源占有制度、资源配置制度、经济运行监管与协调。经济体制可以按照不同维度进行不同的分类。例如,按照资源占有制度,可以划分为公有制、私有制、混合所有制等,按照资源配置方式可以划分为计划配置和市场配置,按照监管与协调方式可以划分为行政协调和市场协调等。

经济体制既影响投资主体,也影响投资对象,对于投资主体和投资对象形成约束。关于对投资主体的影响,包括投资主体的形成、组织形式以及投资权限等。例如,投资基金属于一类投资主体,按照基金资金募集方式可以划分为公募(public offer)和私募(private offer)。一般情况下,各国对于公募基金①管理严格,而对于私募基金(private fund)监管较少。

经济体制影响投资对象的形成与组织形式、业务范围、产品市场机制和行业监管等,因此影响投资对象的商业模式和盈利能力,影响对投资对象的分析。当一个公司的产品价格以及原材料价格都属于外生变量时,盈利的来源只能来自降低运营成本,如提高设备

---

① 通常指共同基金(mutual fund)。

使用率、节约人力与原材料等。以我国的石油公司为例，原油成本按照国际市场随行就市，而成品油根据我国现行的全国统一成品油定价机制进行定价。这样，以石油为原料的炼油公司的盈利，重要的影响因素在于产品质量、内部运营和管理，市场营销的作用就大打折扣了。

### （三）经济政策

经济政策是国家或者各级政府为了促进或者调节经济发展，在一定期间内对于经济活动所采取的一些行动措施以及要求和规定。国家的经济政策主要包括宏观财政政策和宏观货币政策。宏观财政政策包括政府直接投资，也包括税收政策，如政府出资建设基础设施、政府减免税政策等。国家为了调节产业结构，鼓励新兴产业发展，甚至可能实施贴息或者免息贷款政策。宏观货币政策主要涉及货币供应量的调节，如调整商业银行准备金率、中央银行公开市场操作，以及中央银行直接调整基准利率等。地方政府也可能采取一些措施鼓励投资、促进经济发展，如地方政府对于外来投资实施一定时期的减免税政策。

经济政策与投资之间的关系更为明显。政府财政投资，会直接推动某些产业的发展。政府贴息或者免息贷款，会降低鼓励产业的资本成本，促进该产业的规模化发展，提升企业价值。政府减免税政策，提高了企业可支配现金流，缓解了企业融资约束，对于成长期的企业具有很大的支持作用。政府的政策支持方向，既表现为企业可能从中直接获得实惠，因此惠及投资者，也可能表现为未来产业发展方向的信号，或者至少是政府认定的未来产业发展方向。因此，分析政府政策作用，把握政策方向，是投资分析中不可缺少的环节。

## 二、金融市场环境

金融市场是金融资产交易的场所。进行投资，必然与金融市场打交道。金融市场环境指金融市场类型、金融中介和金融市场运行环境。

### （一）金融市场类型

按照不同维度，金融市场可以划分为很多类型。例如，金融市场可以是有形的，也可以是无形的。所谓有形，指具有交易场地，交易双方或者代理人能够直接见面沟通。随着现代通信手段的发展，通过各种通信工具进行的交易越来越多，如通过互联网下单交易，这类市场属于无形市场。现代市场有形、无形相结合，已经很难划分开。又如，按照金融产品类型，金融市场可以划分为资本市场和货币市场，如股票、债券、大额存单、商业票据、银行承兑汇票市场等。再如，按照证券来源，金融市场可以划分为一级市场和二级市场。一级市场指新发证券交易市场；二级市场指已经流通证券的交易市场。不同市场有不同交易规定，因此影响投资决策。

### （二）金融中介

金融中介种类繁多，如银行、券商，甚至投资基金也具有金融中介的性质。金融中介的主要作用是促进金融交易，提高金融市场流动性。一般投资者买卖资产品并不能直接进入金融市场，而是需要通过金融中介。例如，投资者买卖股票和债券，需要通过券商进行委托,才能实现交易。金融中介对于投资的影响包括中介费、服务类型和质量,以及金融中介对于资产的再加工能力。金融中介向客户收取佣金作为其收入的重要来源,同时很多金融中介提供资产品有关信息和分析服务。银行类金融中介则进行资产品再加工,银行投资企业债券,经过加工,再出售给其他投资者。银行充当了现金流和信用转换角色。

### (三) 金融市场运行环境

资产品定价以及价格波动受到各种市场信息、交易双方讨价还价能力的影响,也受到金融市场运行环境的影响。金融市场运行环境主要包括价格形成机制、市场信息披露和交易方行为约束等。典型的金融市场价格形成机制分为拍卖制(auction system)和做市商制(dealer system)。拍卖制指交易双方各自出价,交易所撮合成交。在做市商制市场中,做市商对于各种资产进行双向报价,即公布买价和卖价,由其他交易者决定接受还是拒绝。市场信息披露分为强制性披露和自愿性披露。为了所有交易者更好地了解各种相关信息,交易所或者相关监管机构通常要求具体的强制性信息披露。交易行为约束限制投资者在什么情况下可以交易,什么情况下不能交易,交易时应该遵循什么规则,如新三板规定必须合格投资人①才能参与。

## 三、制度环境

制度指一系列与政治、经济和文化有关的法律、法规,以及人们在长期交往中自发形成的行为规范。形象地说,制度就是游戏规则和行为规范,规定了在社会经济活动中每一个参与者的权利和义务。一般来说,制度可以划分为四个层次,即宪法、法律、行政法规和非正式制度。制度当然也对人们参与金融交易提出各种约束和要求。

一个社会的整体制度环境的各个方面都与投资相关,但形成直接影响的是金融交易制度,如公司经营的制度、公司治理的制度、股票上市和退市的制度、股票流通的制度、股权激励制度等。这些制度主要涉及证券发行人、中介机构、证券交易者三个方面参与人。例如,中国证监会在《上市公司股权激励管理办法》(中国证券监督管理委员会令〔2019〕第148号)中规定:"上市公司全部在有效期内的股权激励计划所涉及的标的股票总数累计不得超过公司股本总额的10%。非经股东大会特别决议批准,任何一名激励对象通过全部在有效期内的股权激励计划获授的本公司股票,累计不得超过公司股本总额的1%。"

不论是针对公司、中介机构,还是交易者的制度规定,均会对投资行为以及投资结果形成影响。例如,《中华人民共和国证券法》和《上市公司收购管理办法》均有类似规定,当投资者及其一致行动人通过二级市场购买上市公司已发行股份5%时,应当及时履行报告和信息披露义务,之后投资者继续买卖上市公司股份的,持股比例每增加或者减少5%,应当继续履行报告和信息披露义务。

---

① 合格的自然投资人需要满足三方面要求:①投资知识;②投资经验;③货币资金额。

# 第三节　投资工具

按照提供收益的形式,投资工具(investment instruments)基本上可划分为固定收益(fixed income)工具、剩余收益(residual income)工具、衍生(derivative)工具和其他(alternative)①投资工具。

## 一、固定收益工具

固定收益工具,通常指在投资期初就约定好未来收益的投资工具。银行大额存单(certificate of deposit,CD)、国库券(treasury bill)、长期国债(treasury bond)、公司债券(corporate bond)等均属于固定收益工具或者固定收益证券(fixed income securities)。多数情况下,这种投资工具属于债权性资产,有些优先股(preferred stock)也被归类为这类资产。持有固定收益类资产,投资者能够在将来确定的时间获得约定数额的现金流,即将来所获得的收益是事先可知的,通常包括定期支付的利息、优先股股息,债券到期需要偿还的本金。债权性资产的利息和本金的支付是强制性的,如果发行者不能按期支付应付利息和本金,则构成违约。

## 二、剩余收益工具

剩余收益工具是指享有剩余收益索取权限的一种股权性资产。股权性资产通常的表现形式是普通股票(common stock),是投资者拥有发行公司资产收益权的凭证。购买股票后,投资者成为公司股东,公司的盈利在支付债权人利息后的剩余部分,归全体股东所有,因此股东收益权是一种剩余索取权(residual claim),股东的收益是剩余收益。购买公司一份股票后,就意味着对公司收益拥有相对应的一份索取权。当公司将归于股东的收益进行分配后就形成股东所获得的股息(dividend),形成股权投资收益的一部分。股息没有固定的数额约定,由发行公司根据具体情况而定。投资者进行股权资产投资的收益,还包括买入和卖出之间的价差收益,也称为资本利得(capital gain)或者资本损失(capital loss)。价差收益多少取决于市场状况,无法在投资前预知。当然,股息收益也不是确定性的。一般来讲,权益性资产的投资风险高于债权性资产,期望收益也高于债权性资产。

还有一种权益,称为优先权益(preferred equity)②,是介于普通权益(common equity)和债券之间的金融资产。优先权益或者优先票的股息收益通常情况下是固定的,因此理论和实务界通常将其归类为固定收益工具。与债权性资产区别之处,是其收益不具有强制性。优先股息的支付顺序在公司使用现金流支付负债利息后,支付普通股息之前,其股息收益较普通权益稳定一些。有些优先股合约规定,如果由于现金流不足,本期股息无法支付,则可以累积到下一期,与下一期股息一同支付。这种优先股被称为累积

---

① alternative 也翻译成另类,本书将随机使用"其他"和"另类"两种翻译方法。

② 权益性资产指股票资产,本书对这两个名词不做区分,优先权益指优先票,普通权益指普通股票。严格来说,权益和股票有区别。公司的权益可以以股票形式存在,也可以不以股票形式存在。对于股份有限公司,两者的含义相同。

优先股。累积几期后仍无法支付,则可能转换成普通权益。

## 三、衍生工具

按照产生的先后顺序和相互之间的依赖关系,金融工具可以分为原生性金融工具和衍生性金融工具。原生性金融工具通常指传统意义上的证券,如股票和债券等。衍生性金融工具则是在原生性金融工具基础上派生出的金融工具。衍生性金融工具的标的物通常就是一种金融产品(可以是原生性的,也可以是衍生性的)。按照衍生金融合约规定,衍生性金融工具持有者拥有在某种条件下买卖某种标的金融工具的权利或者义务。远期(forwards)、期货(futures)、期权(options)和互换(swaps)是四种最基本的衍生性金融工具。衍生性金融工具还可以是在衍生性金融工具基础上再衍生的金融工具。

利用衍生工具,将固定收益工具与剩余收益工具相结合形成的金融工具,称为混合金融工具(hybrid financial instrument),如可转换债券(convertible bonds)、可回购债券(callable bonds)等。在固定收益工具的基础上,结合各种衍生工具,所形成的金融工具称为结构性金融产品(structured financial product),如信用违约互换(credit default swap)。

## 四、其他投资工具

随着人们生活水平的不断提高,人们的投资理念也在不断改变,投资渠道在逐渐拓宽,黄金、艺术品、邮票等都成为人们投资的选择。

### (一)黄金

黄金作为投资品自古有之。黄金投资主要指金属本身,不包括黄金工艺品、首饰。黄金有极强的保值、抗通货膨胀的功能,能保证投资者减少经济危机、政治动荡、自然灾害等的影响。

### (二)艺术品

字画、篆刻、雕塑等艺术品,也是重要的投资对象。艺术品投资的升值空间大,价值通常难以把握,投资者需要具备较高的艺术修养,而且其价值受文化等因素影响大。

### (三)邮票

邮票投资是一种相对大众类的投资。一般投资者购买新发邮票后进行收藏,一段时间后,由于收藏邮票的稀缺性及其欣赏价值,邮票会获得升值,因此获得投资收益。

除了以上提到的几个种类,另外还有名酒、金银币、玉石等在内的投资种类,均属于另类投资(alternative investment)。非公开交易的金融品,如私募(非公开发行)股票和债券等,也属于另类投资。例如,黑石公司(Blackstone)将它们的业务界定为另类投资,主要进行非公开发行股权投资。因为黑石公司主要投资对象为私募权益(private equity),公司也自称为 PE 公司。

# 第四节 投 资 过 程

所谓投资过程,指投资者进行投资决策以及实施投资行动的过程,可以分为两个阶段(即投资准备阶段和投资实施阶段)、五个步骤。投资准备阶段包括确定投资政策和证券分析，投资实施阶段包括构造投资组合、修正投资组合和投资业绩评估。五个步骤在时间上存在交叉重合。

# 一、投资准备阶段

投资准备阶段包括确定投资政策和证券分析两个步骤。

## （一）确定投资政策

### 1. 确定投资目标

投资机构、企业和个人在投资开始前，都应该有明确的投资目标。很多投资基金的目标在成立之初就已经确定，如"在保证资金安全的前提下，尽可能提高资产价值"。多数投资是进行收支平衡。很多工业企业进行金融资产投资，是为了应对经营周期，在收入多于支出的季节，将余钱进行投资；在支出大于收入的季节，结束投资并获得投资收益。个人投资也多数以摊平收入、支出的结构性差异为目的，收大于支，则做投资；收小于支，则收回投资。毫无疑问，投资的目标也包括财富积累，通过科学合理的决策，获得财富的最大增值。

不论是收支平衡还是财富增值，在投资之初都应该认真、慎重地设定投资的预期收益和风险。高风险高收益是资本市场的一般规律。高收益对每个投资者都有诱惑力，但是获得高收益需要以承担高风险为代价。进行投资，需要做收益和风险的权衡。一般来说，如果以收支平衡为目标进行投资，则需要尽可能降低风险，以保证未来必要的支出。如果单纯以财富增值为目的，则可以适当提高投资风险水平。毕竟承担了高风险，可能使得财富增长速度更快，即所谓"不入虎穴，焉得虎子"。

### 2. 确定投资目标时考虑的因素

将投资目标大致划分为收支平衡和财富增值，不足以规定投资方向、确定投资约束，还需要进行如下几个方面的细化。

第一，考虑风险偏好。不同投资工具的风险特性不同，因此在投资决策之前必须明确投资者的风险取向。投资风险受制于收支平衡还是财富增值的投资目标，也受投资者的风险偏好程度的影响。投资者越偏好风险，对于风险感知越弱。风险偏好不同，投资选择就会不同。保守型投资者应投资于低风险投资工具，如国债、高等级公司债券、银行定期存单等；偏好风险的投资者可以投资于高风险投资工具，如公司股票、低等级公司债券、衍生金融工具等。

第二，考虑收益类型。投资于股票和债券，投资者所获收益分为资本收益和股息或者利息收益。一般情况下，两类收益存在一定的平衡关系。例如，零息债券没有利息收益，但是资本收益较高。而高票息债券利息收益较高，但是资本增值的可能性就小得多了，甚至可能出现资本损失。股票投资也是如此。一些高成长公司股票具有很大的资本增值潜力，但是股息很低，甚至不发放股息；相反，平时发放高股息的公司，其股票增值可能性则较小。出于不同的投资目的，投资者对于投资收益可能会有不同的要求，因此需要在投资决策之前予以明确。以投资收益弥补支出的投资者更应倾向于股息或者利息收益，而不以投资收益作为支出来源的投资者可以更倾向于资本收益。

第三，考虑流动性（liquidity）。流动性指资产按照其内在价值（intrinsic value）或者公平市场价值(fair market value),立即转换成现金的可能性。立即指时间很短暂。流动性好,指投资者能够在需要时很快将资产转换成现金,而可能遭受的损失很小。例如,证券交易所交易的证券比非交易所交易证券的流动性好。如果投资者随时可能使用投资本金,则投资于流动性高的资产是合理的选择。当然,投资者承担流动性差的风险,也应该获得相应的补偿,称为流动性风险溢价(liquidity risk premium)。所以,如果可行,投资于低流动性资产或许能够获得较高的收益。

第四,考虑投资期。证券在短期内和长期内可能会表现出不同的特性。短期内,证券价格可能会出现随机的波动。而长期内,证券价格表现主要取决于发行者的经营业绩。因此,进行长期投资和短期投资的决策依据会有所不同。投资者对于投资期的选择有可能是被动的,也有可能是主动的。所谓被动,指投资者根据自己的资金使用计划确定投资期,如父母为子女上大学准备的资金,最长的投资期到缴纳大学学费及其他费用为止。所谓主动,指投资者投资的资金没有具体消费支出计划,那么投资期则完全根据投资收益和风险情况而确定。研究表明,对于大部分投资者而言,主动型投资[1]收益也很难超过市场收益。因此,如果客观情况允许,长期组合投资不失为一种明智的选择。

第五,考虑税收。投资者投资于证券所获投资收益要按照税法规定纳税,通常指所得税。不同类型的投资收益所应纳税的税率可能不同,因此会影响投资决策。例如,在美国不同收入水平的投资者所获股息或者利息应按照各自适用的不同税率纳税,低收入投资者纳税税率较低,而高收入投资者纳税税率较高。另外,股息或者利息与资本收益纳税的方法也不一样,尽管税法修改的结果使得两类收益税率相近,但是资本收益在实现时缴纳,还是存在着推迟纳税的好处。《中华人民共和国个人所得税法》(2018 年)第三条第三项规定:"利息、股息、红利所得,财产租赁所得,财产转让所得和偶然所得,适用比例税率,税率为百分之二十。"对于任何投资者而言,股息和利息收益所应缴纳的税收都一样。企业的投资收益也是按照比例税率纳税。对于个人投资者,目前资本收益暂时不征收所得税。

### (二)证券分析

根据投资者的投资政策要求,大致可以确定投资范围,如投资于债券还是股票,投资于成长股还是收益股等。确定了投资范围之后,在具体实施投资之前,还要在众多的证券中确定究竟购买哪些证券。这一过程就是证券分析。证券分析就是使用一定的方法,考察、评估投资范围内的证券,确认证券是否出现了错误定价,投资的收益和风险情况怎么样,是否值得进行投资,投资后能否获得满意的收益。如果市场价格比价值低,买进能够获得超额收益。如果市场价格高于价值,卖出能够获得超额收益。进行证券分析的方法有很多,基本上可以归结为基础分析(fundamental analysis)和技术分析(technical analysis)两大类[2]。

---

[1] 或称为积极型投资(positive investment),指投资者通过主观判断,找出错误定价资产,或者利用不同资产在不同周期阶段的表现特征进行投资的行为。

[2] 两类分析也称为基本面分析和技术面分析。

基础分析的依据是，证券价格是证券内在价值的市场反应，是与公司经营相关的各种因素以及公司经营成果的反映。基础分析根据基本的经济因素，如国内生产总值、通货膨胀率、利率，或者行业、企业的营业额、盈利等，估计某一证券的现金流及其变化趋势，或者估计证券价格与各种基础经济变量之间的关系，并由此估计证券的内在价值，根据目前证券市场价格，预测证券投资收益和风险，作出投资选择决策。

技术分析的依据是，证券价格有其自身的变化规律，其各种变化模式会重复出现。因此，技术分析家使用过去积累的价格和交易量变化资料，从中寻求市场价格的变化规律，从而估计股票市场价格的变化趋势。技术分析师认为，排除微小的变动，价格的变化规律可以持续一段时间。技术分析主要根据价格和交易量来预测价格。

尽管分为两大类，证券分析并不局限于上述两类方法，影响证券价格的因素也不局限于基本面和技术面。例如，金融学家发现，证券价格变化与天气相关，在好的天气股票价格比较高，而坏天气股票价格较低。

## 二、投资实施阶段

### （一）构造投资组合

投资组合是指投资者所持有的由多种资产构成的资产组合，如其中可能包括部分政府债券、若干只公司债券，以及公司股票，等等。构造投资组合能够使投资者在获得较高回报的基础上，分散非系统风险，尽可能降低投资风险，可以使投资者对于投资业绩作出更准确的预测，因此更好地满足投资目标要求。

通过证券分析，投资者根据投资政策，确定在可选择的证券中投资于哪些证券，以及什么时候投资购买。投资组合构造不仅包括分散化（diversification），还包括择股（selectivity）、择时（timing）。择股是指进行单个证券价格变动分析，寻求错误定价证券。择时是指选择购买证券的时机，观察各种类型证券价值的相对变化，如固定收益证券和普通股之间价格的相对变化。分散化要考虑的是如何构造投资组合才能使风险分散的效果最好。

### （二）修正投资组合

投资风格可以是积极型的，也可以是消极型的。积极型投资指投资者在持有投资组合的过程中，根据市场的变化不断作出投资组合的调整，以获得最大投资回报。消极型投资是指投资后不再对投资组合作出调整。实际上，即使消极型投资，也要根据市场变化，以及投资组合与投资目标的吻合程度，对于投资组合作出适当调整。随着时间的变化，各种证券的价格以及风险均可能发生变化，这样过去构造的投资组合可能在风险收益方面变化，不再能够满足投资政策的要求，因此有必要对投资组合进行调整，出售目前持有的失去吸引力的证券，购入具有足够吸引力的证券。另外，随着时间的变化，即使证券本身未发生变化，投资者的投资目标也有可能发生变化。在这种情况下，仍然要对原有的投资组合进行修正。

## （三）投资业绩评估

投资业绩评估，是指投资者在投资期末，或者投资过程中的某个时间段，如每年年末，对所构造投资组合的业绩进行测算，与投资目标进行对比，考察投资目标的实现情况。投资决策基于历史信息。投资者根据证券的历史业绩，以及基于当时所能获得的其他信息，对将来作出预测，并据此预测作出投资决策。在一个投资期或者一段时间后，考察投资实现的业绩，既是对投资决策过程是否科学合理的检验，也是为进一步调整、修正投资组合提供依据。因为投资收益高低与风险大小相关，投资业绩评估应考虑收益和风险两个方面。通常使用的方法是用风险对收益进行调整，调整后的收益与某一评价基准（benchmark）进行比较，由此评估投资业绩的高低。同时，在评估业绩时，要特别注意预期值与实现值具有一定程度的不可比性。很可能实现值仅仅是预期值的一个随机结果。因此，在进行业绩评估时，要对投资的主客观因素进行综合分析。

# 参 考 网 站

查阅有关投资信息可参考如下网站：

1. 中国证券监督管理委员会，http://www.csrc.gov.cn/pub/newsite/

2. 中国证券报，http://www.cs.com.cn/

3. 上海证券报，http://www.cnstock.com/

4. 金融时报，http://www.financialnews.com.cn/

5. 上海证券交易所，http://www.sse.com.cn/

6. 深圳证券交易所，http://www.sse.org.cn/

7. 中国债券信息网，https://www.chinabond.com.cn/

8. 新浪财经网（有关投资基金信息），http://finance.sina.com.cn/nz/fund/index.shtml

9. 东方财富网，http://www.eastmoney.com/

10. 雅虎财经网，https://finance.yahoo.com/

11. 有关投资的专业词汇（国际网），http://www.investorwords.com

# 习　　题

1. 什么是投资？到银行存钱是投资吗？

2. 实务资产和金融资产有什么区别和联系？

3. 据你所知的证券投资品种有哪些？

4. 购买金融资产后，投资者承担什么义务？

5. 进行证券投资一般需要哪些步骤？

6. 某股票年投资收益率为 12%，另一只股票的年投资收益率为 15%，是否应该投资第二只股票而不是第一只股票？为什么？

7. 你认为不同的投资者投资于不同类型的投资工具,其主要影响因素是什么?

8. 你认为近些年发展起来的另类投资与传统投资有什么区别? 做这些投资时需要注意些什么?

9. 比较积极型投资和消极型投资的异同。

10. 学习投资学有什么作用?

11. 有人认为金融投资行为属于虚拟经济,不创造社会财富,你持有什么观点?

12. 举例说明投资环境影响投资行为和收益。

## 即 测 即 练

# 第二章

# 金融市场

金融市场是进行金融交易的场所。金融市场运行机制决定价格,因此影响投资行为,也影响金融市场的资源配置作用。进行投资,必然需要掌握与金融市场相关的知识和规律。

## 第一节  金融市场概述

### 一、金融市场的性质与功能

#### (一)金融市场的性质

金融市场(financial market)是金融资产(或金融工具[1])交换的场所和系统。金融市场由一定的参与者以及一系列交易制度构成。金融市场的参与者首先是金融资产的买方和卖方。交易所或者行业协会、国家有关部门制定交易制度和规则,将众多的买方和卖方结合到一起,按照一定的程序,达成市场价格,实现金融资产交易。金融市场可以是有形的,也可以是无形的。有形金融市场有固定的交易场所,如设有交易大厅的股票交易所。在国际上著名的股票交易所包括纽约、伦敦、东京、巴黎、多伦多等交易所。无形金融市场没有固定的交易场所,而是通过电子通信工具将买方和卖方联系到一起,如银行间拆借市场,以及著名的 NASDAQ 股票交易系统。

金融市场随着时间的变化,也逐渐发生着变化。18 世纪后期,美国纽约证券经纪人选择华尔街一棵高大梧桐树下作为交易地点,每天收购国债,以较高价格出售,形成了一个较早期的金融市场。1817 年,早期的纽约股票交易所(New York Stock Exchange,NYSE)在此成立。此后,历经多年发展,华尔街成为全球著名的金融市场。但随着现代通信工具的发展,金融资产的交换越来越不局限在某一个固定地点,现代金融市场多数依赖互联网所形成的报价、撮合系统形成交易,现场固定地点交易方式逐渐被非现场交易取代。

#### (二)金融市场的功能

金融市场的根本功能是实现金融资产的交易,为金融资产交易提供便利。货币的发明是金融市场创立的起点,出现货币以后,就逐渐出现了基于货币的交易。不论是以物易物,还是利用货币进行交易,都是为了实现社会分工。经济学理论和社会实践都表明,社会分工是创造价值、提高社会福利的基本保障。金融市场交易是人类原始交易的延伸,其目的是更好地实现社会分工。根据金融市场分离定理[2],市场可以不断积累资源,并将这些积累的资源交由专业人员管理和运营,从而提高资源的使用效率。

---

[1]  随着金融市场的发展,交易标的品种越来越多,已不限于传统金融资产。

[2]  金融市场分离定理的内容参见本书第三章。

金融市场除了实现交易功能外，还有发现金融资产价值的功能。金融资产的价值依赖于金融契约所约定的未来现金流和持有资产的机会成本，具有较高的不确定性。投资者根据自己所掌握的信息，通过信息加工，对金融资产进行估值。由于每一个投资者的知识、能力、信息来源不同，因此对于金融资产的估值具有相当程度的主观性，也就很有可能使得估值具有盲目性和偏差。投资者在金融资产交易的同时，相互之间也交换并汇集了信息，市场在信息不断交换的情况下寻找均衡估值。不仅投资者参与信息交换，市场上的很多中介机构也同样收集、加工信息，并通过各种渠道传递给市场。在此前提下，金融市场凝聚了众多参与者的信息和智慧，形成均衡价格。

金融资产准确定价，有利于实现合理的配置资源。首先，金融市场调剂货币资金余缺。出于各种原因，有些企业或者个人有冗余现金，而另外一些企业或者个人需要资金，双方就可以通过金融市场交换，提高资金的利用效率。其次，金融市场的逐利行为调节市场上的资金流向。金融市场上的专业投资者，通过融资获取资金，并投向各种金融资产获取收益。这些投资者时时刻刻在寻找被市场错误定价的金融资产，利用错误定价获取超额收益。例如，当投资者发现某只股票定价过低时，资金会流向这只股票，导致股票价格上涨。股价上涨后，公司通过发行股票能够获得更多资金。这个过程调节了资源配置。金融市场不断发现错误定价，并在消除错误定价的过程中不断调节资源配置，从而实现均衡配置，最大限度地提高社会福利。

## 二、金融市场的类型

按照不同维度，金融市场可以划分为不同类型。对金融市场划分类型，有利于从不同侧面理解金融市场。

### （一）按照地理范围划分

按照地理范围划分，主要指按照参与者尤其是交易者的地理特性，将金融市场划分为国际金融市场和国内金融市场。所谓国际金融市场，简单说，就是指参与者具有国际属性。纽约股票交易所是一个典型的国际股票市场，来自不同国家和地区的公司可以在这里挂牌所发行的股票，来自不同国家和地区的投资者可以在这里购买股票。所谓国内金融市场，通常指全国金融市场。例如，成立于2008年的天津股权交易所就是一家全国性股权交易市场，可以接受来自全国中小企业的股权挂牌交易。尽管上海股票交易所和深圳股票交易所可以有条件地接受境外投资者买卖证券，但尚不接受境外公司上市，而且由于中国内地仍然存在着一定程度的外汇管制，因此也不是典型的国际证券市场。

目前大多数金融市场都接受不同国家以及地区的参与者。因此，究竟一个市场属于国际市场还是国内市场，界限已经不太明显，大多数市场间的差别仅仅是国际交易量所占比重大小问题。一般来说，金融市场的国际化会增加金融资产的交易活跃性，提高流动性，有利于在更广泛的范围内汇集交换信息。当然，金融市场的国际化，会使得金融资产价值变化受到国际性因素影响更大。例如，一个国家紧缩银根，会通过金融市场迅速传导到其他国家或者地区。

### （二）按照交易组织形式划分

按照交易组织形式，可以将金融市场主要划分为有组织的交易所（exchange）和柜台市场(over-the-counter market,OTC)。有组织的交易所,也称为场内交易市场,是指根据国家有关法律法规所设立,经过有关部门审批后所成立的集中进行证券交易的有形场所,例如分别坐落于我国内地的上海和深圳的证券交易所。柜台市场也称为场外交易市场,通常是由交易商(dealer)①组成的协议市场,是一种分散的、交易商自律的市场。所谓分散,指每一个参与协议的交易商都可以在自己指定的场所交易。所谓自律,主要指在国家有关部门监督指导下实行交易商自我管理。例如,美国的 NASDAQ(National Association of Securities Dealers Automated Quotations)就是典型的场外交易市场。

由于现代通信手段尤其是互联网的发展,金融交易场所越来越虚拟化,交易场所是否集中,已经很难作为区分各种不同市场的标准。另外,虽然场外市场是一个自律市场,参与市场的各个交易商也很难独立制定规则。对于投资者而言,区分两个市场,重要的是理解在两类市场中交易证券的差异。以股票为例,交易所对于上市公司要求更为严格一些,如对于规模大小、盈利水平和稳定性等方面要求相对高一些。而场外交易市场对于上市交易的公司要求会低一些。例如,NASDAQ 对于上市公司规模、盈利性方面的要求相对宽松。

### (三)按照交易性质划分

按照交易性质,金融市场可以划分为发行市场和流通市场,或者分别称为一级市场和二级市场(secondary market)。一级市场又称为初级市场(primary market),是进行新发行金融资产交易的市场,如股票和债券的发行市场。这种市场通常是无形的,由发行公司与证券公司协商谈判,达成发行协议,通过一定的市场程序,完成证券的发行。二级市场是已经发行、处在流通中的证券的买卖市场,如进行已流通股票买卖的市场。

一级市场一方面为资本的需求者提供筹集资本的渠道,另一方面为资本的供应者提供投资场所。所以发行市场是连接筹资者和投资者,实现资本职能转化的场所。与此形成明显对比,二级市场的主要功能不是实现资本职能转化,而是为投资者提供流动性。投资者购买证券后,任何时候如果需要变现,都可以通过在二级市场上出售来实现。在我国股票市场上,投资者打新股就是参与一级市场的一种形式,在证券公司开户并买卖已发股票,就是参与二级市场。一般来说,金融资产在一级市场发行之后,进入二级市场交易。但并不是所有金融资产都存在二级市场,如封闭型银行理财产品,投资者购买后不能在存续期内出售。

按照一级市场与二级市场的分类法,金融市场还进一步划分出第三市场(the third market)和第四市场(the fourth market)。第三市场指上市证券的场外交易市场,第四市场指无中介市场,也就是买卖双方直接交易的市场。

### (四)按照金融工具划分

按照交易金融工具的期限,金融市场可以划分为货币市场(money market)和资本市场(capital market)。货币市场(短期资金市场)是交易期限短于 1 年的金融资产的金融

---

① 有时或者有的交易商承担做市商角色。

市场[1]，如同业拆借、票据贴现、短期债券及可转让存单的买卖。资本市场（长期资金市场）则是交易期限在 1 年以上的金融资产的金融市场，如股票市场、公司债券市场等。

按照交易金融工具的收益特性，金融市场可以划分为股票市场、债券市场和衍生工具市场。衍生工具市场按照工具类型可以划分为远期市场、期货市场、期权市场和互换市场等。各种金融工具收益类型不同，金融工具价值变化规律不同，政府有关部门监管不同，当然投资者参与市场的动机也不同。

按照交易金融工具的币种属性，金融市场可以划分为本币市场和外汇市场。以本币标值的金融工具市场都可以归类为本币市场，如前面所提到的本币股票和债券等。外汇市场交易对象是以外币标值的金融工具，包括外汇、外汇衍生工具和其他外汇资产。

## 三、金融市场参与者

金融市场的参与主体应该是交易者，也就是买方和卖方。由于金融工具交易的特殊性和广泛深入影响性，金融市场的参与者通常还包括中介机构和监管机构。在发行市场中，金融工具的买方和卖方可以明确划分。在流通市场中，买方和卖方的角色会经常转变。一个人或者机构购买股票成为股票的买方，保存一段时间之后，出于某种目的，需要出售所购买的股票，又称为股票的卖方。实际上，在流通市场上，不论是买方还是卖方都是投资者。因此，金融市场的参与者可以归类为发行者、投资者、中介机构和监管机构。

### （一）发行者

发行者指在一级市场上的金融资产出售者，是投资者的交易对方。通常，在金融市场上发行金融资产的目的是融资[2]，如政府机构、金融机构、商业组织或者其他团体为了获得资金的使用权而发行股票或者债券。

金融资产的发行者和投资者之间的交易属于跨期交易，也就是金融交易的完成需要一段时间，甚至没有终止时间。例如，公司发行了债券，只有按照债券契约规定，向投资者支付了所有的票息以及本金，或者履行了所有规定的义务之后，才算完成了交易。投资者购买了公司发行的股票，意味着在出售股票之前，投资者永远拥有该公司股东的投票权、知情权和收益分配权。股票交易合约的期限可以是永久的。

金融资产交易的跨期性特征，使得金融资产的价值在很大程度上取决于发行者目前和未来的状况。发行主体存续之合法性与确定性、资产负债状况、经营业绩、行业前景、高管团队构成、违规记录等事项，对于判断发行者未来履行义务、承担责任的意愿和能力至关重要。为了保障投资者的利益，维护证券发行市场的秩序，防止各种欺诈舞弊行为，多数国家的证券法规都对证券发行者的主体资格、净资产额、经营业绩和发起人责任等设有明确条件要求。如《中华人民共和国公司法》《中华人民共和国证券法》等法规，规定了作

---

① 以 1 年为限划分长短期，符合自然年的周期性，是人们在长期实践中形成的习惯。农业社会的典型特征是每年播种和收获，周而复始，每年对收成进行盘算。虽然工业生产的自然周期很多已经不再是 1 年，但是每年核算的习惯延续下来了。人们习惯上将短于 1 个核算周期的金融工具称为短期工具，长于 1 个核算周期的金融工具称为长期工具。

② 衍生工具出售者的目的可能是风险管理或者套利等。

为金融资产发行者需要具备的条件。

## （二）投资者

投资者即为金融资产的买方。在一级市场，金融资产买卖双方地位能够明确划分。但在二级市场，一个参与人到底是买方还是卖方，并不容易确定。或者说，在二级市场上的每一个交易者，都具有相同的买卖地位。投资者是一个含义更广泛的概念。不论在一级市场还是在二级市场，购买并且持有金融资产的交易者，不论是否将来会在二级市场出售所购买资产，都是金融市场投资者。

与对发行者的严格要求不同，对于投资者的要求相对宽松。自然人成为投资者的基本条件，一般是能够独立承担和享有民事责任和权利[①]。当然，对于每一种金融产品，自然人购买时又可能受到一定限制，需要满足合格投资人案件[②]。机构成为金融市场投资者的条件相对严格一些，需要具备一定的能力，经过规定程序审批。境外机构经过审批，成为境外合格机构投资者（Qualified Foreign Institutional Investor，QFII），就可以参与某些金融资产的交易。具体来说，满足要求的投资者包括社会公众、企业法人、金融机构、非营利社会法人等。

## （三）中介机构

金融资产交易中的中介机构，包括直接金融中介机构和间接金融中介机构。金融活动可以划分为直接和间接两类。直接金融活动，指金融资产发行后，不经过任何实质性的变化，如现金流结构、大小和风险高低等，直接被投资者购买。间接金融活动，指原始金融资产发行后，经过某些金融机构加工，使得原始金融资产在现金流结构、大小和风险等方面发生变化，投资者所购买的是经过加工的新金融资产，而不是原始金融资产。从事两类金融活动的金融机构分别称为直接金融中介机构和间接金融中介机构[③]。

为了更好地理解金融中介机构，以银行和券商为例说明两者的主要区别。银行属于典型的间接金融中介机构。银行吸收社会存款，向社会发放贷款，存贷利息差作为银行的收入来源[④]。银行发放贷款的过程相当于企业向银行发行贷款产品，银行接受存款的过程相当于向投资者出售金融品。银行在需要资金的企业和拥有资金的投资者之间搭起了一座桥梁，但是在桥梁中间设立了一座加工厂，使得投资者购买的不是企业发行的金融资产。券商也是一种金融中介机构，所承担的一些重要职能是提供金融资产的咨询和销售服务，服务收费构成了券商的重要收入来源。券商也在需要资金的企业和拥有资金的投资者之间搭起了一座桥梁，但是桥梁中间不设加工厂，而是设立了服务中心，提供信息和关于金融资产的咨询，为发行者和投资者进行交易提供便利，维护市场秩序等。

典型的间接金融中介机构包括商业银行（commercial bank）、保险公司（insurance company）、养老基金（pension fund）、共同基金（mutual fund）等。典型的直接金融中介机

---

① 我国内地市场目前仍限制外籍自然人直接开立 A 股账户。

② 例如个人开设期权账户，就需要满足合格投资人条件。可参见第一章脚注。

③ 有时本书将间接金融中介机构称为金融中介机构，而将直接金融中介机构称为金融服务机构。

④ 现在的商业银行业务已不限于存贷款，也包括一些其他服务，甚至直接金融服务。但存贷款仍然是主要业务。

构包括投资银行(investment bank)、经纪公司(brokerage firm)和交易商(dealer)等。间接金融中介机构既是投资者,也充当发行人角色,其资质直接影响金融资产质量。直接金融中介机构不发行金融资产,但是在金融资产交易中充当重要角色,发挥重要作用,对发行者资产负债状况和经营状况负有尽职审查义务。因此,金融中介机构的设立都有明文规定。

### (四)监管机构

金融市场监管机构是为了保证金融市场有效运行,从而进行必要管理而设置的组织。金融市场监管机构可以是金融市场参与者组成的自律性组织,也可以是相关政府机构。监管机构本身不进行交易,也不负责促成交易,而是负责制定有关交易规则,监督交易的执行过程,维护金融交易秩序。我国证券管理机关是国务院证券委和证监会。交易所则负责股票或者债券上市交易的审批和监管。

# 第二节　证券交易所

## 一、证券交易所的发展

### (一)证券交易所的起源

证券交易所是证券市场发展到一定程度的产物,是为证券集中交易提供服务的组织机构。证券市场是社会大生产的产物之一,也是商品经济、市场经济发展到一定阶段的必然结果。规范化的运行是证券交易发展的必然要求,因此证券交易所应运而生。

世界上最早的证券交易所诞生于荷兰阿姆斯特丹。1602 年,荷兰东印度公司成立,来自全国的 100 多家贸易公司成为股东,并通过设立在荷兰 6 个城市的办事处开始面向荷兰公众发行价值 650 万荷兰盾的股票。股票的公开发行,使东印度公司迅速完成了远洋贸易的资金储备。股票不设定到期日,股东投资后很难撤回资金。股票交易是降低股东投资后流动性风险的重要途径。1611 年,世界第一家股票交易所——荷兰阿姆斯特丹证券交易所成立[①]。

从对社会贡献的角度看,股份制公司以及股票交易所可以说是人类最伟大的发明之一。股票及其交易不仅为现代大工业生产汇集了必要的资本,而且也推动着社会的创新和进步。当一种商业模式或者一种技术创新出现巨大的市场前景时,公司就可以发行股票的形式吸引社会财富。公司的股东在为社会提供更大便利的同时,也享受着股票变现所带来的巨额财富。

股份制和股票市场促进了经济活力与经济增长,成为发达资本主义国家的通行制度。1773 年,在伦敦柴思胡同的约那森咖啡馆,股票商们商议成立了英国的第一个证券交易所,即现在伦敦证券交易所的前身。1792 年,24 名证券经纪人在纽约华尔街的一棵梧桐树下订立协定,成立经纪人卡特尔,也就是现在纽约证券交易所的前身。1873 年,清朝政

---

① 《人类历史上第一个股票交易所》在《山西日报》的 2003 年 11 月 8 日第 T00 版刊登。关于阿姆斯特丹股票交易所成立日期,不同资料来源日期不一致。交易所网站(https://www.euronext.com/en/markets/nyse-euronext/amsterdam)表明成立日期为 1607 年,维基百科(http://en.wikipedia.org/wiki/Amsterdam_Stock_Exchange)称成立日期为 1602 年。

府成立的轮船招商局成为我国最早发行股票的企业。1882 年,上海股票平准公司成立,成为我国历史上的第一家股票交易所[①]。

根据世界交易所联合会(World Federation of Exchanges,WFE)统计[②],截至 2020 年 1 月,按照市场资本化(market capitalization,股票市场总价值)数额排序,全球五大证券交易所分别是纽约证券交易所、纳斯达克证券市场、日本证券交易集团、上海证券交易所和香港证券交易所。深圳证券交易所排名第七,位列伦敦证券交易所之后。

### (二)证券交易所的组织形式

证券交易所的组织形式主要有两种,分别为会员制和公司制。早期交易所主要采用会员制,但公司制成为近期发展的一个趋势,很多会员制证券交易所改制为公司制证券交易所。

**1. 会员制证券交易所**

会员制证券交易所是由会员发起设立的非营利性法人,是一个会员自律性的协会组织。交易所的最高权力机构是会员大会,由会员选举产生董事会或理事会,负责日常事务的管理,并制定章程和会员业务行为准则。会员的义务是缴纳会费,交易所的筹建费用及营运资金主要由会员以缴纳会费的形式筹集。会员的权利是参与证券交易,在会员制交易所中,只有会员才能直接参与交易,其他参与者的交易必须通过会员才能实现。通常情况下,会员制证券交易所对于会员交易不做干涉,交易风险完全由交易双方承担。

一般来说,只有具有一定资质的交易商或者证券公司才能成为交易所会员。上海证券交易所和深圳证券交易所就属于会员制组织,会员为主要的证券公司。这两个交易所不接受个人为会员。

**2. 公司制证券交易所**

公司制证券交易所依据公司法设立,交易所的资本由股东认购股票所筹集,股东大会是交易所的最高权力机构。股东大会选举董事会和监事会,执行股东大会决议。总经理由董事会聘任,负责证券交易所日常业务,直接对董事会负责。根据需要设立各种业务部、财务部、仲裁部、研究部和文秘部等,负责交易所运行的具体事务。公司制证券交易所通过收取各种费用获得收入,为股东提供投资收益。公司制证券交易所对于证券交易的顺利实施负有担保责任,因此一部分交易风险由交易所承担。

目前公司制已经成为交易所的主体组织形式,大多数公司制证券交易所由会员制证券交易所转制而来。公司制证券交易所股票也可以上市,通过二级市场交易,任何投资者都可以成为交易所的股东。与会员制不同,股东地位与是否具有直接交易权利相分离。

### (三)证券交易所的发展趋势

在经济全球化和证券交易技术进步的背景下,证券交易所也承受着越来越激烈的竞争。交易所在竞争中不断创新,已经并且正在发生一系列重大变化。

---

[①] 田永秀.中国第一家股票交易所[J].文史杂志,1995(1):39.实际上,到底中国第一家股票交易所什么时候成立也有争议。

[②] http://focus.world-exchanges.org/issue/january-2020/market-statistics.

### 1. 公司化与上市

20 世纪 90 年代以后,交易所的一个重大变化是组织形式由会员制向公司制转变。1993 年,斯德哥尔摩证券交易所成为第一家改组为股份公司的证券交易所。1998 年 10 月,澳大利亚证券交易所挂牌上市,成为全球首家挂牌交易的证券交易所。根据世界交易所联合会统计。截至 2012 年年底,大约 70% 的交易所为公司制,其中大约 40% 为上市公司[1]。目前,国际上主要的交易所都已经改制上市,如纽约、伦敦、泛欧、德国,包括亚洲的新加坡和中国香港交易所。

随着技术的进步,证券交易的电子化、无中介化和国际化,交易所面临着越来越激烈的竞争,提高运营效率成为必然趋势。采用公司制组织形式,引入现代公司治理机制,规范化交易所运行,是提高运营效率的有效途径。另外,会员制组织形式下,会员对于交易的垄断降低交易所的竞争性。采用公司制组织形式,可以有效将交易所的投资者与经营者分离,使得交易所运行更加透明。交易所股票上市交易,有利于广泛筹措资金,加快交易所的发展步伐。公司制交易所也存在某些缺点,如公司的收入来自证券交易,容易产生证券交易量与交易所经营不独立的现象。

### 2. 联合重组

即使到了 20 世纪 90 年代以前,人们还是很难将交易所理解为一个相互竞争的企业。通常来看,证券交易所提供的产品具有公共物品的特性,似乎应该成为一个自然的垄断者。然而,随着技术的飞速发展和资本市场的全球化,地域和信息的阻隔都已不再成为跨境交易的障碍,交易所之间的竞争日益明显。为了在竞争中寻求优势,各大交易所都开始了并购的步伐。

NASDAQ OMX 的成立就是一个典型的并购案例。该集团的前身为 1980 年成立的瑞典期货交易所有限公司(Optionsmaklarna Altiebolag,OM AB),1998 年与斯德哥尔摩股票交易所合并。2003 年与赫尔辛基股票交易所(Helsinki Stock Exchange,HEX),成立 OM HEX,2004 年更名为 OMX。2005 年收购哥本哈根交易所,2006 年收购冰岛股票交易所和奥斯陆股票交易所部分股权。2007 年纳斯达克宣布收购 OMX,于 2008 年组成 NASDAQ OMX 集团[2]。

2000 年,巴黎、阿姆斯特丹和布鲁塞尔交易所合并,成立泛欧交易所(EURONEXT)。2002 年兼并了伦敦国际金融期货期权交易所(LIFFE),与葡萄牙证券交易所合并。2006 年纽约交易所与泛欧交易所合并成立 NYSE EURONEXT 集团。至此,国际上出现了两家超大型跨境交易集团。

### 3. 跨境上市与产品多元化

除了交易所之间的合并外,各交易所之间对上市资源的争夺也日趋激烈,特别是对新兴市场的上市公司,各大证券交易所均作为业务新的增长点。伦敦证券交易所、新加坡交易所都曾来我国内地进行宣传,向我国内地的拟上市公司放出了友好的信号;纽约证券交易所、东京交易所、韩国交易所在中国也很活跃;香港行动得更早,早在其回归之前的

[1] DEVAI R,NAACKE G.2012 cost and revenue survey[R/OL].World Federation of Exchanges,2013.
[2] http://en.wikipedia.org/wiki/OMX.

1993 年,H 股就存在了。

除了吸引公司跨境上市外,各交易所不再满足于单纯只交易股票的现货市场,而是纷纷扩大交易产品的类别,朝跨产品的方向发展。泛欧交易所收购伦敦国际金融期货期权交易所就是为了衍生品交易,希望借此整合衍生品交易市场;此外,还收购了欧洲债券交易所(MTS)。而在美国市场上,期货交易所设立股票交易或股票交易所设立期货交易都取得了突破。

## 二、价格形成机制

在证券交易中,不仅交易双方,而且监管机构、中介机构都十分关注交易价格。价格的高低以及变化,对于各方利益都会形成影响。不同的市场有不同价格形成机制,常见的证券交易价格形成机制包括做市商制度(dealer system)和拍卖制度(auction system)。两种制度也分别称为报价驱动制度(quote driven system)和指令驱动制度(order driven system)。拍卖制有时也称为竞价制。

### (一)做市商制度

做市商制度的核心是做市商(dealer)。在证券市场上,由具备一定实力和信誉的证券经营机构作为做市商,不断向市场提供指定证券的买卖价格(bid-ask price),也就是做市商需要不断向市场作出买卖双向报价(quotation)。做市商不是简单的中间人,本身也充当交易者角色。当市场上出现有意愿买卖的投资者时,做市商需要作为买卖的对方,满足投资者买卖的要求。为了充当卖出者角色,做市商需要保有一定的证券库存。

做市商的责任是提供市场流动性,其权利是从交易中获利。例如,当做市商对于某只股票的报价为 15.2～15.9 元时,意味着如果投资者希望购买股票,可以按照 15.9 元的价格从做市商手中购买。如果投资者希望卖掉股票,可以按照 15.2 元的价格卖给做市商。做市商在每一个回合的交易中,能够赚取 0.7 元的差价,作为撮合交易的报酬。买卖价差的大小,受证券交易活跃程度等因素的影响。

负责每一只证券的做市商可能有一个,也可能有多个。不论几个做市商负责一只证券,如果报价与内在价值(intrinsic value)有偏差,则做市商会承担过多单向市场交易压力。当每个证券品种存在多个做市商时,每个做市商都会对该证券作出报价。如果某一做市商报价和其他竞争对手差别太大,则交易量受到影响,那么就会被淘汰出局。在竞争压力下,每个做市商会更充分挖掘关于证券的信息,作出尽可能准确的估值,报出更容易被市场接受的价格,从而使得市场价格向内在价值靠近,实现市场的价值发现功能。同时,多个做市商也有降低买卖价差的压力。

当每只证券的做市商只有一个时,称为垄断做市商,所有投资者进行该证券交易只能通过该做市商。垄断做市商必须具有很强的信息综合能力,能对市场走向作出较为准确的预测,因其垄断性通常也可以获得较高利润。垄断做市商的优点在于责任明确,便于交易所的监督考核；缺点是价格的竞争性较差。这种结构的典型代表是纽约证券交易所[1]。

当每只证券有多个做市商，且在一定程度上允许做市商自由进入或退出时，称为竞争做市商。竞争做市商的优点是通过做市商之间的竞争，降低买卖价差和交易成本，提升市场流动性，同时也会使价格定位更准确。当然过多的做市商减少了交易利润，同时也降低了做市商承受风险的能力。这种结构的典型代表是美国的"全美证券协会自动报价系统"（NASDAQ）。自 1980 年以来，该市场的平均单只证券的做市商数目不低于 7 个，平均每只证券有 10 家做市商，一些交易活跃的股票做市商更多[2]。

### （二）拍卖制度

拍卖制度又称为竞价交易制度，或者指令驱动制度。在这种交易制度下，每个投资者向市场传递包括价格和交易量的买卖指令，交易系统对投资者的指令进行加工，按照一定的原则，将买卖指令配对竞价成交，从而形成交易价格。在拍卖制下，任何一笔交易都需要作为交易对手的双方交易者参与。交易配对原则一般是价格优先、时间优先。这种制度类似于拍卖。例如，某投资者希望出售股票，报出的价格为 35 元。如果市场上两个买方，分别出价为 36 元和 37 元，那么市场会优先按照 37 元成交，即价格优先。如果两个买方所申报的价格都是 36 元，就按照时间优先原则确定买方，即时间优先。我国的上海证券交易所和深圳证券交易所采用的都是拍卖制度。

我国上海证券交易所和深圳证券交易所开盘和收盘使用集合（call auction）形式。每个交易日的 9:15 至 9:25 为开盘集合竞价时间，9:30 至 11:30、13:00 至 14:57 为连续竞价时间，14:57 至 15:00 为收盘集合竞价时间。在集合竞价期间，所有投资者买卖指令都汇集到交易所的主机中，按照价格优先、时间优先的原则计算出最大成交量的价格，这个价格就是集合竞价的成交价格，而这个过程被称为集合竞价。在连续竞价过程中，系统会按照配对竞价原则，自动撮合成交。

在拍卖定价制度下，证券价格由买卖双方在交易中确定。证券买卖双方能在同一市场上公开竞价，充分表达自己的投资意愿，最终直到双方都认为已经得到满意合理的价格，撮合才会成交。因此，拍卖定价更好地反映了证券市场的供求状况，更好地表现了金融市场聚集交易者信息的功能。

### （三）做市商制定与拍卖制定的比较

#### 1. 价格形式

在做市商制度下，任何一个时刻，任何一只证券，在市场上均有买卖两个价格。而在拍卖制度下，任何一个时刻，任何一只证券，在市场上只有一个价格，买卖价格统一。

#### 2. 交易成本

在做市商市场中，做市商通过买卖价差收取费用，这笔费用构成投资者的成本。在拍

---

[1]　纽交所使用竞价交易和垄断做市商相结合的制度，参见交易制度课题组. 纽交所指定做市商制度演进及运行效果研究[J]. 证券市场导报，2016(3)，54-61.

[2]　纳斯达克独特的做市商交易制度[J]. 中国科技财富，2002(1)，21.

卖市场中,尽管交易者之间互为交易对方,但交易需要经过中介机构来进行,中介机构会从交易中收取佣金,佣金对于投资者构成交易成本。至于哪种市场下的交易成本高,受很多因素影响,不能一概而论。

### 3. 市场流动性

做市商既是卖方的买方又是买方的卖方,即投资者随时都可以按照做市商的报价买入、卖出证券,不会因为买卖双方不均衡(如只有买方或卖方)而无法交易,投资者不用担心没有交易对手。在拍卖制度下,市场很可能会出现没有交易对手的情况。在这种情况下,市场流动性很难保证,有时甚至会出现有价无市的现象,也就是想进行交易的一方找不到交易对方,市场完全失去流动性。

### 4. 市场价格的稳定性和连续性

一般情况下,做市商通常拥有较多信息,具有较强经济和研究实力,对于证券价值容易作出合理判断,又承诺随时按报价买卖证券,因此可减少价格波动,缩小价格振幅,有利于维持价格的稳定性和连续性。而在拍卖制度中,证券价格随投资者买卖指令而波动,大量缺乏信息的交易者可能盲目跟风,加大价格波动。

### 5. 对投资者的影响

两种制度对于投资者在不同情况下有不同影响。Viswarathan 和 Wang[1] 通过模型证明了如下结论:第一,当委托规模较小时,投资者在拍卖市场的收益大于做市商市场;第二,若投资者是风险中性的,拍卖市场在任何时候均优于做市商市场;第三,若投资者厌恶风险,而且委托规模波动较大,同时做市商数量较多,那么投资者在做市商市场的收益大于拍卖市场。

### (四)混合交易制度

由于做市商制度和拍卖制度各有特点,有些市场为了发挥两种制度的优点,采用了两种制度相结合的方式。这种相结合的制度称为混合交易制度。混合交易制度有两种形成方式,其一为在做市商制度中引入竞价交易制度,如 1997 年以后纳斯达克在原有做市商制度的基础上引入拍卖制度;其二为在原有拍卖制度中引入做市商制度,如 1986 年以后伦敦交易所在原来拍卖制度的基础上引入做市商。混合交易制度越来越受到重视[2]。

## 三、交易程序

证券交易程序指的是投资者购买证券所经历的过程。各种不同的证券品种,交易程

---

[1] VISWANATHAN, S, WANG J, Market architecture: limit-order books versus dealership markets[J]. Journal of financial markets, 2002,5: 127-167.关于两类市场比较研究,也可参见 HANS, R D, STOCC H R, Dealer versus auction markets: a paired comparison of execution costs on NASDAQ and the NYSE[J]. Journal of financial economics,1996, 41(3): 313-357.

[2] 参见吴林祥.伦敦股票交易所交易制度创新及其启示[J].证券市场导报,2000(8): 23-30,做市商制度与竞价交易制度之比较[N].证券导报,2014-08-06.关于两个交易所的定价制度,可参见 Rules of the London Stock Exchange[EB/OL]. https://www.londonstockexchange.com/; The Nasdaq Stock Market LLC Rules, http://nasdaq.cchwallstreet.com/.

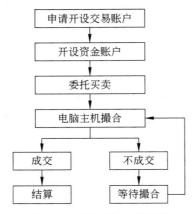

图 2-1　我国证券交易程序

序不尽相同，但差别不大。目前我国证券交易程序如图 2-1 所示。

### （一）申请开设交易账户

投资者欲通过证券交易所从事证券交易，首先要选择一个证券公司营业部，提出开设账户申请，提交身份证明（个人需要居民身份证，机构需要其他资料），填写登记表，提供有关材料，缴纳开户费，取得交易账户卡。之后在所选择的证券营业部签订代理协议，明确代理人和投资者之间的权利义务关系。

### （二）开设资金账户

投资者准备委托买卖证券，必须向代理证券公司申请开设资金账户。证券公司资金账户由商业银行托管。因此，还需要选择托管银行，存入所需资金。投资者购买证券所需资金从资金账户中支出，出售证券所得资金也存入资金账户。在一般证券买卖中，资金账户不能透支。

在允许买空（long）卖空（short）的情况下，投资者还需要开设保证金账户（margin account）。所谓买空，指向开户券商借钱购买证券。所谓卖空，指向开户券商借证券用于出售。买空以后，投资者账户形成证券多头（long position）。卖空以后，投资者账户形成证券空头（short position）。买空一段时间后，投资者卖出证券，归还所借资金。如果是卖空，投资者需要在未来买入证券，将证券归还给券商。不论是买空还是卖空，投资者均需要向证券公司支付相应利息。在上海证券交易所和深圳证券交易所，买空、卖空分别称为融资、融券。

一般来说，投资者使用保证金购买的股票要以转让记名（street name）的形式由证券公司保存。所谓转让记名，指股票发行公司不将股息和其他各种资料直接寄给投资者，而是通过经纪公司转交。保证金账户有两种保证金，一是原始保证金（initial margin），二是维持保证金（maintenance margin）。原始保证金指根据规定，投资者使用保证金账户购买股票时自有资金所占的最低比例。例如，投资者以保证金购买 100 股某公司股票，每股售价 80 元，原始保证金要求为 50%，则投资者最少要支付现金 4 000 元，其他 4 000 元由证券公司垫付，即投资者的借款①。

由于证券价格不断变化，在全部资产价值中投资者自有资金所占比例，即实际保证金必然不断变化。例如，如果所购买的股票从每股 80 元降为每股 50 元，则实际保证金为

$$实际保证金 = \frac{证券市值 - 借款额}{证券市值} = \frac{5\,000 - 4\,000}{5\,000} = 20\%$$

如果证券价格继续下跌，则有可能证券市值比投资者借款额还低。为了防止这种情况出现，证券公司还规定有维持保证金。在市场不断变化的过程中，当实际保证金低于维持保证金要求时，证券公司会要求投资者补交保证金。如果不能按照规定补交保证金，或

---

① 关于买空和卖空保证金规定，不同的市场存在着差异，本书所写只是一般原理。

者保证金账户资金迅速降低到维持保证金之下,证券公司保留强制平仓的权利,也就是强制性地执行与初始交易相对立的交易。在上例中,如果维持保证金要求为30%,则当实际保证金为20%时,投资者应补交保证金,以使保证金达到初始保证金要求水平。例中,投资者需要补交的保证金最低为1 500元。如不能补交,证券公司强制平仓,就是强制性卖出投资者账户中价值5 000元的股票,收回所贷出的4 000元资金。

在卖空交易中,保证金计算方法有所不同。如按照80元价格出售股票100股,原始保证金要求为50%,则投资者不仅不能取出出售借入股票所获得的收益,还需要在保证金账户中存入4 000元现金,此时投资者账户中的总金额(借入股票出售收入与保证金之和)为12 000元。如果股票价格将来下降,投资者账户中的金额足以购买需要偿还的借入股票。但如果股票价格上升了,情况就不一定了。因此,需要时时关注投资者账户中的总金额对偿还借入股票的保障程度,即实际保证金。例如,股票价格提高为每股100元,借款额为借入股票的当前总价值,则实际保证金为

$$实际保证金 = \frac{账户中总金额-借款额}{借款额} = \frac{12\,000-10\,000}{10\,000} = 20\%$$

如果维持保证金要求为30%,则此时投资者应补交保证金,补交的数额应该使保证金金额不低于初始保证金要求,即补交3 000元。

卖空者出售借入的股票,买方购买股票获得了收益权和投票权等一切权利。但同时,出借股票者并没有丧失对股票的所有权。具体处理方法为,当股票发行公司发放股利时,购买者获得发放的股利;股票借入者向出借者支付与股利等额现金。当然,投票权由股票购买者拥有。

### （三）委托买卖

投资者开立了交易账户和资金账户后就可以在证券营业部委托证券买卖。投资者的委托通过填写指令传递给经纪人。指令的内容包括指令有效期限、交易规模和交易价格和其他,如填写时间、买卖品种、签名等基本要素。指令有效期限指买卖证券的有效期限,根据时间长短分为即时指令(fill or kill order)、日指令、周指令、年指令、长期指令(good-till-cancelled order)等。长期指令以投资者撤销为终止标志。交易规模为买卖证券的多少。交易价格为投资者提出的买卖价格。指令价格主要有市价指令(market order)、限价指令(limit order)、限制损失指令(stop order 或 stop-loss order)、停止限价指令(stop-limit order)。

市价指令是指投资者要求经纪人按照市场价格买入和卖出的指令。市价指令不对成交价做任何限制,因此成交迅速。在指令下达和指令执行中间有时间差,证券价格可能发生波动,尽管经纪人有义务为客户寻找最佳成交价格,但投资者仍有可能面临损失。

限价指令是一种有条件的价格指令,设置指令执行的价格界限。只有证券在好于指令规定的价位上,指令才得以执行。例如,投资者准备卖出股票,下达了限价指令,规定只有当股票价格高于30元时才能出售。如果有人出价31元购买股票,则经纪人可以将投资者委托的股票按照31元的价格售出。如果所有出价均低于30元,则指令不能执行。限价指令的好处是可以避免指令下达之后到执行之前这一段时间内的价格风险,但其执行是不确定的。

限制损失指令的特点是只有当市场价格移动到指定价格时才会执行,此时价格指令变为市价指令。买入限制损失指令指只有当市场价格上升到指定价格时才执行,卖出限制损失指令指只有当市场价格跌到指定价格时才执行。例如,某投资者以每股 10 元购买的股票,现在价格已经升到 20 元,有很大的价差利润。经过分析,预期价格还会提高。投资者为了等待更好的出售机会,又能保证获得已有的价差利润,即可以下达限制损失指令,比如限价定为 19 元。这样,如果股票价格继续上升,证券人不会售出股票;如果股价跌到 19 元,投资者的股票会被售出。如果股价出现瞬时性波动,如瞬时下降触及限制价格,之后又反弹,则投资者可能遭受机会损失。另外,股价触及限价后,指令成为市价指令,因此也会存在价格风险。

停止限价指令是限制损失指令和限价指令的结合。这种指令开始就是一个限制损失指令,当市场价触及指定限价时,指令变成了限价指令而不是市价指令。比如在上例中,限制损失限价定为 19 元,一旦市场价格达到 19 元,经纪人就会出售客户股票。但为了防止出售价格过低所造成的损失,可以再确定一个限价指令,限价定为 18 元。这样,当市场价格一旦低于 18 元时,证券人就会停止出售股票。

不同的交易所对接受指令的类型有不同规定。一般来说,投资者常用的指令为市价指令和限价指令。一般投资者在计算机终端甚至智能手机上操作即可。

### （四）竞价成交

经纪商（证券公司）在接到投资者的委托指令后,立即通知其场内交易会员申报竞价[1]。我国上海证券交易所和深圳证券交易所均采用拍卖制,采用两种竞价方式,即集合竞价和连续竞价。集合竞价用于产生开盘价和收盘价。开盘之后收盘之前,为连续竞价阶段。

集合竞价指对一段时间内接受的买卖申报一次性集中撮合的竞价方式。每个交易日开始后或收盘前较短的一段时间内采用集合竞价方式。集合竞价遵从最大成交量原则,即在有效报价范围内,选取成交量最大的价格为集合竞价成交价格。连续竞价是指对买卖申报逐笔连续撮合的竞价方式。连续竞价对截至时间内的报价遵从价格优先、时间优先的原则,由电脑对有效委托进行逐笔处理交易。

成交时价格优先的原则为,较高价格买进申报优先于较低价格买进申报,较低价格卖出申报优先于较高价格卖出申报。在同等价位水平上,遵循时间优先原则,时间先后顺序按交易主机接受申报的时间确定。两种原则下的配对成交情况如图 2-2 所示。

### （五）结算、交割与过户

结算（settlement）是指证券交易双方在证券交易所进行的证券买卖成交以后,通过证券交易所将各经纪商之间买卖的数量和金额予以抵销,计算应收应付证券和金额的一种程序。交易所会员进行交易后,要向交易所和证监会缴纳经手费和证管费。

相对于个人来说,结算就是要结清买卖证券的金额,以及与交易有关的各种税费。以个人投资者交易 A 股为例,除了证券自身价值外,还有三笔其他费用。第一,投资者在出

---

[1]　做市商市场就没有竞价过程了,价格由做市商确定,投资者只是决定是否接受。

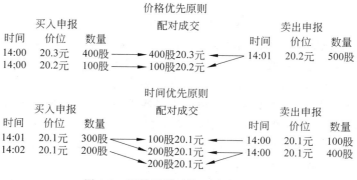

图 2-2　两种原则下的配对成交情况

售证券时,需要按照成交额的1‰缴纳印花税,买入证券目前无印花税①。第二,证券公司佣金。这笔费用的比例根据证券公司不同而可能不同,买卖双向收取,由投资者和委托的证券公司协商确定。目前较为常见的佣金比例为成交金额的0.3‰。第三,过户费。上海证券交易所对于交易的股票,按照每1 000股1元的标准收取过户费,最低为1元。深圳证券交易所的过户费含在佣金中,投资者不用另外支付。根据交易所规定,有可能还会收取较低的通信费。

**例 2-1**　如果你在上海证券交易所以每股15元的价格购买某种股票一手,即100股②,且你和证券公司谈判的佣金费率为0.3‰,那么你的总的支出包括:股票15×100＝1 500(元);印花税为0;佣金1 500×0.3‰＝0.45(元),不足5元,依惯例,按照5元收取;另外由于交易股票不足1 000股,过户费按照1元收取。支出合计为1 506元。当股票涨到16元时出售,那么你的总收入的计算为:股票16×100＝1 600(元);扣印花税1 600×1‰＝1.6(元);扣佣金5元,扣过户费1元。合计出售收入为1 592.4元。当每股涨了1元钱,你通过100股的买卖,可以赚取86.4元。

交割是指卖方将交易证券交付买方,买方将交易金额支付卖方的行为。由于证券买卖都是通过证券商进行的,买卖双方不直接见面,因此证券交割由证券商代为完成。

过户指在记名证券交易中,成交后变更股东登记的手续。

# 第三节　股票价格指数

## 一、股票价格指数的类型

股票价格指数反映股票价格综合变化状态,通过指数可以看出整个市场或者部分市场股票综合变化情况。股票指数类型有很多,按照不同的分类方法,可以划分出不同类型。

### (一)按照包括范围划分

所谓范围,有两层含义:其一指计算指数时所依据的股票有哪些;其二是指数反映了哪

---

①　从1991年开始,证券交易印花税经历了多次调整。

②　买入股票时的最小单位为手,每手100股。卖出时没有限制。

些股票的价格变化状态。

一般来说，每一个市场都有一个主要的价格指数，用以反映整个市场情况，通常称为综合股票价格指数。例如，上证综合指数，反映上海证券交易所所有股票价格走势。由某些金融机构或者交易所自身选择股票，力图反映整个市场状况的股票价格指数也属于这种类型，如标准普尔 500 指数（Standard & Poor's 500 Index，S&P500）。

由于市场中不同类型的股票经常表现出不同特征，为了更准确描述不同股票的不同表现，经常按照不同行业计算指数，如道琼斯工业股票指数、运输股票指数、公用事业股票指数等。上海证券交易所和深圳证券交易所也都有按照行业类型编制的股票价格指数，如上证工业指数、商业指数、地产指数、公用事业指数等。

### （二）按照计算方法划分

指数的另外一种分类维度，是按照指数的计算方法进行分类。不论哪种指数，都是所反映股票的平均价格，只是平均的方法不同而已。常用的平均方法有简单平均和加权平均。简单平均就是对所包括的股票，将价格直接进行平均计算。加权平均，就是针对每一只股票，设定一个权重，然后计算加权平均数。

加权指数按照计算方法还可以分为拉氏指数（Laspeyres index）和派氏指数（Paasche index）。加权指数的权重通常依据股票数量或者总价值计算。拉氏指数使用基期的股票数量或者总价值作为权重计算基础，而派氏指数使用报告期的股票数量或者总价值作为权重计算基础。目前世界上大多数股票指数都是派氏指数，如上海证券交易所和深圳证券交易所就采用派氏加权方法计算指数。

## 二、股票价格指数编制

### （一）编制步骤

编制股票价格指数的第一步是选择样本股。样本股可以是全部所代表的上市公司股票，也可以是其中有代表性的部分。如果选择有代表性股票，要考虑两条标准。第一，指数样本股的市价总值占所代表股票总值的较大比重；第二，样本股的价格变动趋势反映所代表股票价格的变化趋势。如果是综合股票价格指数，要综合考虑其行业分布、市场影响力、交易数量等因素。

在确定样本股票之后，还要构建一种计算方法。首先，股票价格瞬息万变，股票价格指数要有较好的敏感性。其次，样本股票可能会进行调整，也可能会发生分红、配股等直接改变股票价值的公司行为，对于这种非市场交易行为引起的股票价格变化，股票价格指数应该进行修正，保持统计口径的一致性和连续性。因此，股票价格指数的编制，既包括初始指数计算，也包括特定情况下的修正。最后要选定基期。孤立地看一个数，很难说是高还是低，需要找一个比较标准才能判断。股票价格指数的比较标准就是基期股价指数。一般来说，基期应该选择一个股票价格的相对平稳期，而且估值相对合理。在计算基期股票价格指数时，通常使用样本股票的收盘价。收盘价是一天交易的一个总结，反映了投资者当天对于该股票信念的集合。

## （二）指数计算原理

### 1. 简单算术平均指数

首先计算所选样本中股票价格之和，然后用所选样本中的股票种类数量去除价格之和，计算公式为

$$P_{平均} = \frac{\sum_{i=1}^{n} P_i}{n}$$

式中，$P_{平均}$为股票价格的简单算术平均数；$P_i$为每一种样本股票的价格；$n$为样本股票种类数。

计算出报告期的股票价格简单算术平均数之后，再用同样的方法算出基期的股票价格算术平均数。报告期可以是任何时刻，如开盘，收盘，或者期间的某个时刻。基期是指定的某一个日历日期，基期股价指当天收盘价。如果定义基期的股票价格指数为100，则简单算术平均指数的计算公式如下：

$$股票价格指数 = \frac{P_{平均}}{P_{基期平均}} \times 100$$

式中，$P_{基期平均}$为基期股票价格的简单算术平均数。

**例 2-2** 按照一定的原则和方法，选取的样本股票为5种，各种股票在报告期的价格如下：

$$P_1 = 6, \quad P_2 = 8, \quad P_3 = 15, \quad P_4 = 9, \quad P_5 = 10$$

则报告期股票价格的简单算术平均数为

$$P_{平均} = \frac{\sum_{i=1}^{n} P_i}{n} = \frac{6+8+15+9+10}{5} = 9.6$$

如果 $P_{基期平均} = 8$，则股票价格的简单算术平均指数为

$$股票价格指数 = \frac{P_{平均}}{P_{基期平均}} \times 100 = \frac{9.6}{8} \times 100 = 120$$

使用简单算数平均方法计算的指数，价格不同的股票涨跌对指数影响不同。例如，当股票1上涨10％时，股票平均价格变为

$$P_{平均} = \frac{\sum_{i=1}^{n} P_i}{n} = \frac{6.6+8+15+9+10}{5} = 9.72$$

而当股票3上涨10％时，股票平均价格变为

$$P_{平均} = \frac{\sum_{i=1}^{n} P_i}{n} = \frac{6+8+16.5+9+10}{5} = 9.9$$

同样上涨10％，高股价股票对指数影响更大。

### 2. 加权平均指数

由于不同股票在市场上的地位不同，对于股票市场的影响也不同，有的股票对市场影响大，有的股票对市场的影响小。简单算术平均方法没有考虑不同股票对市场的不同影响，对

股票市场的反映有一定的缺陷。对这一问题的解决方法是使用加权平均方法编制指数。

加权平均方法是按照股票在市场上的不同地位赋予其不同的权数，地位越重要的权数越大，地位越不重要的权数越小。然后，将各种样本股票的价格与其权数相乘后求和，再用权数之和去除，得到的即为加权平均股票价格。权数通常使用股票的可交易股数（outstanding shares）。以可交易股数为权数，加权平均价格的计算公式为

$$P_{平均} = \frac{\sum_{j=1}^{n} w_j P_j}{\sum_{j=1}^{n} w_j}$$

式中，$P_{平均}$ 为报告期股票加权平均价格，$w_j$ 为第 $j$ 种样本股票的权数，$P_j$ 为第 $j$ 种样本股票的价格。以股数作为权数，可以选择基期股数，也可以选择报告期股数。确定后，计算基期加权平均价格和报告期加权平均价格应该使用同样的股数，也就是权数不变。

使用同样的方法可以计算出基期样本股票的加权平均价格 $P_0$；另外，如果基期的股票价格指数定为 100，则报告期的股票价格指数为

$$股票价格指数 = \frac{P_{平均}}{P_{基期平均}} \times 100$$

**例 2-3**　从股票市场上选取两个样本股票，其基期和报告期的股票价格以及股票的发行量如表 2-1 所示。

表 2-1　样本股票数据

| 指标 股票 | 基期价格/元 | 报告期价格/元 | 发行量/亿股 |
|---|---|---|---|
| 股票 1 | 120 | 150 | 1.0 |
| 股票 2 | 80 | 100 | 1.5 |

按照发行量加权平均，因为权数不变，报告期和基期加权平均价格相除时，两个分母相互抵消了。因此，股票价格指数为报告期总市值与基期总市值之商：

$$股票价格指数 = \frac{报告期总市值}{基期总市值} \times 100 = \frac{150 \times 1.0 + 100 \times 1.5}{120 \times 1.0 + 80 \times 1.5} \times 100 = 125$$

### （三）指数修正

#### 1. 指数修正目的

股票市场上经常出现公司增资扩股、拆股、分红股或者现金分红的行为，统称为除权除息。所谓增资扩股，是指既增加权益资本额，也增加股票数。所谓拆股、分红股，是指不增加权益资本额，只增加股票数。现金分红指公司按照投资者所持股份比例，使用红利的形式向投资者分配现金。发生增资扩股或拆股或分红股后，公司总股数发生变化。公司分配现金红利，每一只股票代表的价值发生变化。不论哪一种情况，股票价格指数都应该进行修正，否则股票价格指数将会由于股票的除权除息出现计算口径不一致，导致指数不一致，不能准确反映市场的价格变化情况。

股票价格指数修正也称为指数连接，就是使得事件前后指数一致。

**2. 股票价格调整**

当股票发生除权除息事件后,为了计算股票价格指数,需要对样本股的股票价格重新确认。

例如,如果公司对股票进行拆分,每一股拆分成两股。拆分完成后的第一个交易日为除权日,从除权日当天开始,股东持有每一股的权利发生变化。如果除权前一天股票收盘价为 20 元,经过除权处理的收盘价格应该调整为 10 元。除权日当天开盘时的前一个参考收盘价就是 10 元,而不是 20 元。除权日的市场价格可能高于 10 元,也可能低于 10 元,取决于当时的市场状况和投资者的反应。也就是参考收盘价 10 元是以后交易价格变化的新起始点,除权除息日股价涨跌幅度以 10 元作为基准值计算。

一般来说,发生除权除息的情况可以包括以下几种:增发、配股、拆分、股票红利、现金红利。在这几种方式中,涉及股份变化的为前四种,最后一种仅涉及公司现金变化,不涉及股份变化。所有涉及股份变化的情况都可以做相同处理。因此,可以写出如下公式:

$$除权除息价格 = [(前收盘价 - 现金红利) + 配(新发)股价格 \times$$
$$配(新发)股导致流通股份变动比例] \div$$
$$(1 + 流通股份变动比例)$$

**例 2-4** 某只股票准备派发每 10 股 1.5 元的现金红利,除息日为 6 月 15 日。6 月 14 日的收盘价为 18 元,那么除息后 6 月 14 日的参考收盘价计算如下:

$$除权除息价格 = 18 - 0.15 = 17.85(元)$$

如果公司分红方案修改为派发每 10 股 1.5 元现金红利,同时每 10 股送 2 股公司股票,除权除息日为 6 月 14 日。那么除权除息后 6 月 14 日的参考收盘价为

$$除权除息价格 = [(18 - 0.15) + 0] \div (1 + 20\%) = 14.88(元)$$

**例 2-5** 某公司宣布将进行每 10 股配 3 股的增发方案,除权日为 7 月 13 日,配股价格为配股说明书公告日之前 20 个交易日市场平均价格的 70%,即 13 元。7 月 12 日的收盘价为 20 元。那么除权后 7 月 12 日参考收盘价为

$$除权价格 = [20 + 13 \times 30\%] \div (1 + 30\%) = 18.38(元)$$

**3. 指数修正计算**

指数计算的基础是平均价格。以 $P_{前}$ 表示除权除息前平均价格,$P_{后}$ 表示使用除权除息价格计算的平均价格,由于股票除权除息前后价格不等,所以两个平均价格不相等,相差 $k$ 倍。

$$k = \frac{P_{前}}{P_{后}}$$

指数调整等价于平均价格调整。指数调整的基本原则是除权除息对于指数没有影响,也就是对于平均价格没有影响。因此,对使用除权除息后价格计算的平均价格,只要乘上调整系数 $k$,就相当于除权除息对平均价格没有影响。

**例 2-6** 以例 2-2 计算简单平均指数的数据为例。如果将第 4 种股票 1 股拆为 3 股,拆股前股票价格为每股 9 元,除权价格为每股 3 元,所计算出来的新的平均价格为

$$\frac{6 + 8 + 15 + 3 + 10}{5} = 8.4(元)$$

在除权之前的平均价格为 9.6 元,$k$ 系数的值为 9.6/8.4 = 1.14。除权后计算平均价

格时,只要在实际计算出的平均价格后面乘以一个 1.14 即可。例如,除权日以后的第二个交易日,指数样本股的平均价格为 8.8 元,乘以 1.14 等于 10.03 元。因为基期股票平均价格为 8 元,当前的股票价格指数为（10.03/8）×100＝125.4。与除权之前相比,指数涨了 5.4 个百分点。

对于计算加权平均股票价格的调整方法完全一致。

以样本股票总市值直接相除计算指数,使用除数调整法更方便,也是加权平均指数常用的调整方法。

**例 2-7**　以表 2-1 中的数据为例。如果报告期第 2 只股票每股发放现金股息 2 元。除息后,每股价格变为 78 元。除息后的总市值变为 150×1.0＋78×1.5＝267 元。为保证指数不变,可在分母中乘以一个调整因子 $f$：

$$股票价格指数 = \frac{报告期总市值}{原基期总市值 \times f} \times 100 = \frac{150 \times 1.0 + 78 \times 1.5}{(120 \times 1.0 + 80 \times 1.5) \times f} \times 100 = 125$$

计算得出 $f=0.89$。原来除数为 120×1.0＋80×1.5＝240,新的除数变为 240× $f$＝240×0.89＝213.6。未来指数计算公式可以修改为

$$股票价格指数 = \frac{报告期总市值}{调整后除数} \times 100 = \frac{267}{213.6} \times 100 = 125$$

如果除息日第 1 只股票价格变为 151 元,第 2 只股票收盘价变为 79 元,则报告期总市值为 151×1.0＋79×1.5＝269.5 元,则股票价格指数变为

$$股票价格指数 = \frac{报告期总市值}{调整后除数} \times 100 = \frac{269.5}{213.6} \times 100 = 126.17$$

## 三、主要股票价格指数

### （一）境外几种著名的价格指数

#### 1. 道·琼斯股票价格指数

道·琼斯股票价格指数（Dow Jones index）,由美国道·琼斯金融新闻出版公司编制,指数发布于 1884 年 6 月 3 日,并刊登在《每日通信》（现改为《华尔街日报》）上,到现在已经有 100 多年历史。

道·琼斯股票价格指数的样本股票一开始只有 12 种,目前样本股票为 65 只,采用简单算术平均法编制。1928 年开始使用指数连接技术,使得指数更具有历史延续性。现在的道·琼斯股票价格指数的基期为 1928 年 10 月 1 日,基期指数定为 100。

道·琼斯股票价格指数除了综合指数外,还将 65 种股票分为 3 组,编制成分类指数。首先是道·琼斯工业指数,由 30 种有代表性的大工业公司的股票构成;其次是道·琼斯运输指数,由 20 种运输业有代表性的大公司股票构成;最后是道·琼斯公用事业股票价格指数,由 15 种有代表性的公用事业大公司的股票组成。

#### 2. 标准普尔股票价格综合指数

标准普尔股票价格综合指数[①],简称为标准普尔 500 指数,最初由标准统计公司

---

[①]　2011 年,芝加哥商品交易所集团（CME Group）和 McGraw-Hill 宣布成立合资公司"标普/道·琼斯指数公司",整合道·琼斯工业平均指数和标普 500 指数业务。McGraw-Hill 是标普 500 指数业务的所有者,CME Group 此前拥有道·琼斯公司 90% 的股份。两类指数现在都属于同一个公司产品,而且公司提供种类繁多的指数。

(Standard Statistics Co.)于 1923 年开始编制。1941 年,标准统计公司与普尔印刷公司
(Poor's Publishing)合并,成立标准普尔公司,并开始编制标准普尔股票价格综合指数。
1957 年,标准普尔指数的样本股从开始的 233 种股票,扩展到 500 种,形成了标准普尔
500 指数。标准普尔 500 指数以样本股票 1941—1943 年的平均价格为基期,基期指数定
为 10,基于报告期股数,采用加权平均方法编制。

为了综合反映股票市场整体状况,标准普尔 500 指数的样本股依据公司规模、盈利性
和股票流动性综合而定,包括了各主要行业的主要公司股票。随着经济结构和行业发展
状况的变化,样本股也经常性随之调整,但样本股总数一直保持为 500 种。除了综合指数
外,标准普尔公司也将股票分成不同类别,发布分类指数。

**3. 伦敦金融时报股票价格指数**

伦敦金融时报股票价格指数(Financial Times index,FTSE index),由英国 FTSE 集
团编制,主要包括 FTSE100 和 FTSE250。FTSE100 的样本股票包括 100 种资本化价值
最高的股票,FTSE250 的样本股票则是资本化价值在 100 名之后、350 名之前的股票。样
本股票每个季度重新确定一次。指数使用加权平均方法计算。

FTSE Group 编制了种类繁多的指数,其中 FTSE100 应用最广泛。FTSE100 的前
身为伦敦金融时报 30 种股票价格指数(Financial Times composite index)[①]。1984 年,金
融时报和伦敦交易所成立 FTSE Group。2011 年,该公司成为伦敦交易所的独资子公司。
FTSE100 的基期确定为 1984 年 1 月 3 日,基期指数确定为 1 000。

**4. 日经股票价格指数**

日经股票价格指数(Nikkei index 或 Nikkei average),由日本经济新闻社编制,指数计算
采用道•琼斯指数所使用的算术平均法,基期为 1950 年 9 月 7 日,基期指数定为 100。

日经指数的主要类型为日经 225 指数,所选样本为在东京证券交易所(Tokyo Stock
Exchange,TSE)上市的股票,样本每年 9 月进行评价,如果必要,每年 10 月做出样本股票
调整。样本股筛选的主要标准是成交活跃、市场流通性高。其他的主要日经指数包括日
经 300 和日经 500 等。

**5. 恒生股票价格指数**

恒生股票价格指数(Hang Sheng Index)开始由香港恒生银行编制,后分设恒指服务
有限公司(HSI Services Limite)负责指数编制。基期为 1964 年 7 月 31 日,基期指数定为
100,基于报告期股数,使用加权平均法计算。该指数于 1969 年 11 月 24 日开始公布。开
始该指数的样本股票包括 33 只,随着香港联交所上市公司结构变化,样本股数量不断增
加,至 2012 年逐渐增至 50 只。

恒生股票价格指数的样本股定期调整,选股主要依据三方面标准,分别为股票总市
值、一段时间的成交总额和上市时间,同时还要考虑公司的财务状况。除传统的恒生指数
外,恒指服务公司也编制、发布各种分类指数。

---

① 伦敦金融时报 30 种股票价格指数的基期为 1935 年 7 月 1 日,基期指数为 100。

### （二）境内主要股票价格指数

**1. 上证综合指数**

上证综合指数是中华人民共和国成立以来内地出现的第一个股价指数，也是使用最广泛的股价指数，是投资者日常交流最习惯使用以及新闻媒体关注度最高的股票价格指数。原上证综合指数以 1990 年 12 月 19 日为基期，以全部上市股票为样本，以股票发行量为权数使用加权平均法计算，基期指数为 100 点，于 1991 年 7 月 15 日正式发布。2020 年 6 月 19 日，上海证券交易所发布公告（参见上交所网站），于 2020 年 7 月 22 日起修改上证综合指数编制方法，在样本股中剔除风险警示股票、推迟新股计入指数时间，并引入科创板上市证券，以便更加全面地反映经济结构变化的影响。

**2. 上证 180 指数**

为了构建既反映股票市场状况，又能够作为金融衍生品标的的基准指数[1]，2002 年 6 月，上海证券交易所对原上证 30 指数进行了调整，更名为上证成份指数，简称上证 180 指数。

指数基期确定为 2002 年 6 月 28 日，基期指数为 1 000，使用上证综合指数同样的平均方法计算。上证 180，顾名思义，指数样本股包括 180 种股票，按照规模（总市值、流通市值）、流动性（成交金额、换手率）、行业代表性三项指标进行选择。样本股每半年调整一次。

**3. 深圳成份指数**

深圳成份指数是以深圳证券交易所上市股票为样本股的股票指数。在上海证券交易所和深圳证券交易所成立之初，都编制了相应的综合股票指数。由于早期上海股票比深圳股票交易更活跃，因此上证综合指数影响力更大。1994 年，深圳证券交易所推出了成份指数，并且以流通股为权重，更能反映当时我国股权分置的状况，成为我国股票市场的主要指数之一。

深圳成份指数以 1994 年 7 月 20 日为基期，基期指数为 1 000 点，使用流通股数量[2]为权数加权平均计算，于 1995 年 1 月 23 日正式发布。深圳成份指数的目标是综合反映深交所上市 A、B 股的股价走势。深圳成份指数的样本股数量为 500 只，按照上市时间、市场规模（流通市值）、流动性三方面主要因素，并参照公司行业代表性、成长性和财务状况进行选择。每年的 1 月、5 月、9 月为考察期。

**4. 沪深 300 指数**

不论是上证指数还是深证指数，都是单个市场的反映。为了更全面反映我国内地股票市场价格状况，上海证券交易所和深圳证券交易所于 2005 年联合编制并发布沪深 300 指数。同年，两个交易所联合发起成立了中证指数有限公司（China Securities Index Co.，Ltd），指数的编制发布工作转交给该公司负责。沪深 300 指数的发布，也给市场创立衍生工具提供了更多便利，例如，2010 年 4 月由中国金融期货交易所推出的沪深 300 指数期货，就是以该指数为标的所开发的指数期货。

沪深 300 指数以 2004 年 12 月 31 日为基期，基点为 1 000 点，以自由流通股为权数，

---

[1]　如上证 180ETF（Exchange Traded Fund）。

[2]　在股权分置改革前，公司的普通股划分为可流通股和不可流通股。

采用派许加权平均法进行计算。自由流通量就是剔除公司创建者、家族和高级管理人员长期持有的股份、国有股、战略投资者持股、冻结股份、受限制的员工持股、交叉持股后的流通量。样本股选择的主要标准为市值和流动性,同时考虑财务状况和行业代表性,一般每年1月和7月进行调整。特别值得注意的是,沪深300指数不对成份股票发放现金红利进行修正。

# 参 考 网 站

1. 投资百科,https://www.investopedia.com/
2. 道·琼斯公司,https://www.dowjones.com/
3. 标准普尔公司,https://www.standardandpoors.com/
4. 富时罗素公司,https://www.ftserussell.com/
5. 中证指数公司,http://www.csindex.com.cn/

# 习 题

1. 金融市场的主要功能是什么?
2. 金融市场如何服务于实体经济发展? 要服务实体经济发展,需要哪些必要条件?
3. 怎样理解金融市场交易有利于促进社会分工?
4. 为什么金融市场需要分为多个层次,例如存在有组织的交易所,同时还存在场外市场?
5. 金融市场对于参与者为什么会提出一定的要求,例如机构投资者需要满足一定条件,才能进行金融市场交易?
6. 请比较会员制交易所和公司制交易所的区别。
7. 金融市场定价的两种机制,即做市商制和拍卖制,如何设计才能更好地发挥市场功能?
8. 通过融资融券进行交易,为什么证券公司要求投资者支付保证金?
9. 通过融资融券方式交易股票最大损失是多少?
10. 股票价格指数对于投资者进行投资决策有什么作用,是否可以根据股价指数进行个股的买卖决策?
11. 假设从某一股市采样的股票为 A、B、C、D 四种,在某一交易日的收盘价分别为 10元、16元、24元和30元,4只股票的流通股数分别为1.5亿、1.3亿、1.2亿和1.6亿,利用简单平均和加权平均两种方法,计算该市场采样股票股价平均数。
12. 如果第11题中采样股票 A、B、C、D 基期算数平均价格分别为7元、11元、10元、12元,基期指数确定为20,按照简单平均和加权平均两种方法,计算采样日期的股份指数。
13. 如果第11题中的股票 D 进行了1股拆3股,计算拆股后的股价平均数。拆股后如何进行股价指数的对接?

14. 股票价格数据如表 2-2 所示,计算报告期加权平均股票价格指数。

**表 2-2　股票价格数据**

| 指标<br>股票 | 基期价格/元 | 报告期价格/元 | 发行量/亿股 |
|---|---|---|---|
| 股票 1 | 80 | 120 | 1.0 |
| 股票 2 | 90 | 100 | 1.5 |
| 股票 3 | 100 | 140 | 1.2 |

## 即 测 即 练

# 第三章

# 投资收益和风险

进行证券投资决策的一项基础性工作是计算证券的投资收益和风险。本章的内容包括单项资产投资收益与风险的,投资组合的收益与风险,以及资产配置。

## 第一节　单项资产投资收益与风险

### 一、投资收益

#### (一)基本概念

投资收益(return on investment)是指投资者在一定期间内进行投资所获取的净收益。投资收益的表现形式分为股票的红利、债券票息以及资本利得等。股票的红利或者债券票息是投资者在持有投资工具期间所获得的分配收入,资本利得是投资者在投资期末卖出投资工具与期初买入时的价差。

投资收益可以使用绝对值表示,也可以用相对值表示,使用相对值表示称为投资收益率(rate of return)。本书有时也会将投资收益和投资收益率两个概念混用。

投资收益率的一般计算公式为

$$r = \frac{P_1 - P_0 + C_1}{P_0}$$

式中,$r$ 为投资收益率;$P_0$ 为投资期初投资者购买投资品的投入;$P_1$ 为投资期末投资者出售投资品所获得的收入;$C_1$ 为投资期间投资者所获得的股票的红利或者债券票息。

**例 3-1**　投资者购买了一只股票,在投资期内获得了每股分红 0.2 元,购买股票时支出 12.8 元,出售股票时获得 13.6 元。

投资者的投资收益率计算如下:

$$r = \frac{P_1 - P_0 + C_1}{P_0} = \frac{13.6 - 12.8 + 0.3}{12.8} = 7.81\%$$

在例 3-1 中,投资者在期初的投入等于购买投资品的价格,在期末的收入等于出售投资品的价格。有时这些数值并不相等,计算投资收益率时就要当心。

**例 3-2**　投资者使用保证金账户进行投资,按照规定初始保证金率为 50%,也就是购买价格为 45 元的股票只需支付 22.5 元的现金,其余部分由有关机构垫付。如果投资期末股票价格涨到了 52 元,期间没有红利,则投资收益率为(忽略保证金利息)

$$r = \frac{52 - 45}{22.5} \times 100\% = 31.11\%$$

当股票价格下降到 32 元时,投资收益率为

$$r = \frac{32-45}{22.5} \times 100\% = -57.78\%$$

### （二）收益率换算

计算收益率时，为了便于交流和比较，时间期限通常以年为单位，需要计算年收益率即年化收益率。实践中，投资者的投资期不一定等于 1 年，需要将各种投资期的收益率换算成年收益率，也就是对不同时间段收益率之间进行换算。

**1. 投资期收益率与年收益率**

将一个投资期内的收益率换算成年收益率的计算公式为

$$r_y = (1 + r_T)^{\frac{1}{T}} - 1$$

式中，$r_y$ 为年收益率；$r_T$ 为投资期 $T$ 内的收益率，$T$ 以年度为单位，例如 2 年，或者 1/2 年。在例 3-1 中，$r_T = 7.81\%$。

**例 3-3**　如果例 3-1 中的投资是在半年内完成的，$T = 1/2$ 年，该项投资的年收益率为

$$r_y = (1 + r_T)^{\frac{1}{T}} - 1 = (1 + 7.81\%)^2 - 1 = 16.23\%$$

换一个时期，如果例 3-1 中的投资是在 1 年半内完成的，$T = 1.5$ 年，该项投资的年收益率为

$$r_y = (1 + 7.81\%)^{\frac{1}{1.5}} - 1 = 5.14\%$$

**2. 分期收益率与平均收益率**

按照不同的时间长度单位，一个时期总可以分为多个分期，如 1 年可以分为 12 个月，或者 4 个季度，月和季是分期。将 1 周作为一个时期，可以分为 7 天，天是分期。相类似，一个投资期也可以划分为多个分期。当投资期较长时，投资者经常遇到一种情况，已知各分期收益率，需要计算投资期内年化收益率。

如果投资期中有多个年度，分期长度等于 1 年，投资期内年收益率（年均收益率或者年化收益率）的计算方法有两种，分别为几何平均法（geometric mean）和算数平均法（arithmetic mean）。几何平均法将各个分期（年）之间看成是连续性的复利（compound）投资过程，年均收益率为

$$r_y = \left( \prod_{i=1}^{n} (1 + r_i) \right)^{\frac{1}{n}} - 1$$

算术平均法，将多个时期中的每一个都看成一次独立的投资，平均收益率为

$$r_y = \frac{\sum_{i} r_i}{n}$$

式中，$r_y$ 为投资期的年均收益率，$n$ 为投资期内的分期数（此处即年数），$r_i$ 为第 $i$ 个分期的收益率。

**例 3-4**　投资者共投资 5 年时间，在 5 年内各个年度的收益率如表 3-1 所示。

表 3-1　5 年内各年度投资收益率

| 年　份 | 2008 | 2009 | 2010 | 2011 | 2012 |
|--------|------|------|------|------|------|
| 收益率/% | -10 | 15 | 24 | 18 | 33 |

将数值代入几何平均公式得到平均每年的收益率为

$$r_y = [(1-10\%)(1+15\%)(1+24\%)(1+18\%)(1+33\%)]^{\frac{1}{5}} - 1 = 15\%$$

利用算术平均法计算的结果为

$$r_y = \frac{-10\% + 15\% + 24\% + 18\% + 33\%}{5} = 16\%$$

假设历史重复,根据上述计算结果,可以得到如下推论。如果投资者再做一次 5 年期投资,期望年均收益率为 15%。如果投资者再做一次 1 年期投资,期望年收益率为 16%。

当分期时间长度不等于 1 年时,如为季或者月,按照几何平均法计算的年均收益率公式如下:

$$r_y = [(1+r_1)(1+r_2)\cdots(1+r_n)]^{\frac{m}{n}} - 1$$

式中,$r_1,\cdots,r_n$ 表示在计算时间段内每一个时期的收益率,$n$ 表示时期的数量,$m$ 表示 1 年中有多少时期。

**例 3-5** 已知 1 年中 12 个月的收益率同样都为 2%,使用这个数据计算年收益率。本例中 $n=12, m=12$,代入公式:

$$r_y = [(1+2\%)^{12}]^{\frac{12}{12}} - 1 = 26.82\%$$

例 3-5 中的年收益率同样可以使用算数平均法计算。使用算数平均法的计算公式为

$$r_y = \frac{m}{n} \sum_{t=1}^{n} r_t$$

式中,$r_t$ 为每个时期的收益率。

代入例 3-5 中的数据,平均年收益率为

$$r_y = \frac{12}{12} \times (2\% \times 12) = 24\%$$

如果投资期为 2 个月,2 个分期即月收益率分别为 1.8% 和 0.5%,利用几何平均法计算的年均收益率为

$$r_y = [(1+1.8\%)(1+0.5\%)]^{\frac{12}{2}} - 1 = 14.68\%$$

### (三) 投资收益率类型

#### 1. 实现收益率、期望收益率与要求收益率

实现收益率(realized rate of return),指在投资期结束之后,按照实际投入和回收所计算出来的投资收益率。实现收益率是对一个投资期投资业绩的事后评价,反映了资本市场中各种变量对于投资结果的影响。由于影响因素众多,各种因素变化具有不确定性,实现收益率在投资期初难以准确判断,尤其是对于非固定收益类投资。投资收益率被认为是一个随机变量,实现收益率是随机变量的一个取值。如果将投资过程再重复一遍,实现收益率可能会取另外一个数值。无论实现收益率取什么数值,都是随机变量分布中的一个实现而已。

期望收益率(expected rate of return),也称为预期收益率,是进行投资决策时,根据市场状况和资产投资风险所预判未来投资期能够获得的平均收益率,是未来投资期内各种可能实现收益率的平均值。尽管投资收益率是随机变量,不能事前判断具体实现数值,

但是投资收益率的变化有一定规律性。根据历史数据，以及所掌握的关于未来经济和资本市场状况的信息，可以推测出未来发生的各种可能的变化。如果能够推测每种变化结果出现的概率，以及每种变化结果下的投资收益率数值，可以对收益率的结果求加权平均：

$$E(\tilde{r}) = \sum_{i=1}^{n} p_i r_i$$

通过这个公式计算出的 $E(\tilde{r})$ 就是投资的期望收益率，随机变量 $\tilde{r}$ 代表投资收益率。$p_i$ 为第 $i$ 种状况出现的概率；$r_i$ 为随机变量 $\tilde{r}$ 在第 $i$ 种状况出现时的实现值，即实现收益率。

投资决策需要事前评估投资收益率。按照上述公式，未来的期望收益也需要根据未来的实现收益计算，未来的实现收益未知，期望收益也无法测算。在实践中，经常假设资产的投资收益随机变量在一段时期内符合一个不变的分布特征，因此可以使用历史实现收益率计算历史期望收益率。因为随机变量分布特征不变，可以使用历史期望收益率估算未来期望收益率。

表 3-2 是一个计算期望收益率的例子。表中第 1 列为影响投资收益率的经济状况可能出现的结果，第 2 列为根据历史经验估计的各种经济状况下对应的实现收益率，第 3 列为各种经济状况出现的概率，第 4 列为各个收益率与对应概率的乘积。表中最后一行最后一列的 19% 为计算出的期望收益率结果。

表 3-2    期望收益率计算                                    %

| 经济状况 $i$ | 对应的收益率 $r_i$ | 概　率 | $p_i r_i$ |
| --- | --- | --- | --- |
| 1 | 0 | 20 | 0 |
| 2 | 10 | 10 | 1 |
| 3 | 20 | 40 | 8 |
| 4 | 30 | 20 | 6 |
| 5 | 40 | 10 | 4 |
| 合　计 | | | 19 |

要求收益率(required rate of return)，指从投资者角度出发，对从事投资活动所要求的最低报酬。投资者进行投资，要牺牲当前的消费，还要承担投资风险，因此降低当前的效用水平，也就是存在机会成本。投资的结果必须通过提高收益而提高效用水平，并且提高的效用水平至少能抵偿因为投资而降低的效用水平，投资者才会愿意进行投资。投资者要求的收益具有一定的主观性。每一个投资者根据自己所掌握的信息寻找参照物，做出自己对于投资收益的判断，都会提出自己的投资收益率要求。

尽管要求的收益率具有主观性，在市场均衡条件下，投资者要求的收益率等于期望收益率。投资者根据所掌握的信息对于市场做出判断，参与市场交易。如果投资者要求与市场不符，就不可能达成交易。例如，投资者要求收益率高，而市场期望收益率低，投资者不愿参与投资；反之，投资者就会有高涨的投资热情。为了能够实现交易，投资者会根据市场状况，调整自身的要求。当市场顺畅交易，每个投资者都满足了自身愿望时，市场达成均衡。在市场均衡条件下,要求的收益率等于期望收益率,也等于市场均衡收益率。

使用期望、要求与均衡三个收益率的概念,是分析不同问题的需要。期望收益率从收益率分布特征出发,测量收益率随机变量的期望值。要求收益率反映的是心理预期,是投资者综合各种信息对一项投资应获得收益率的判断。当进行资产品价值评估时,需要对未来现金流进行折现,使用的折现率是要求收益率。期望收益率经常作为要求收益率的估计值。均衡收益率反映了市场的一种状态,一种无套利状态下的投资收益率。经济学研究均衡状态间的变量关系,均衡状态建立了期望收益率和要求收益率之间有意义的等值关系。

**2. 名义收益率与实际收益率**

名义收益率(nominal rate of return)是使用投资的投入货币和回收货币所计算出的收益率。如例 3-1 中使用出售股票的价格,加上期间股息,扣除购买股票时的价格,就是名义投资收益。名义投资收益率是基于货币收益计算的收益率,也可以称为货币收益率。

实际收益率(real rate of return)是名义收益率扣除通货膨胀影响后的收益率,是基于不变购买力收益计算的收益率,也可以称为购买力收益率。例如,年初种 1 斤小麦,不考虑各种其他开支,年末产出 1.5 斤小麦,小麦种植的年实际收益率为 50%。由于年初年末小麦价格未必一致,使用基于货币计算的收益率未必是 50%。以单期投资为例,实际收益率与名义收益率之间的关系可以表示为

$$r_r = \frac{1 + r_n}{1 + \text{CPI}} - 1$$

式中,$r_r$ 为实际收益率;$r_n$ 为名义收益率;CPI(consumer price index)为通货膨胀率[①]。

当通货膨胀率较低时,如低于两位数时,上述关系可以近似表示为

$$r_r = r_n - \text{CPI}$$

通过对两种收益率的分析,能够更好地反映投资收益的构成,反映通过投资,投资者能够获得的实际财富增长。

以上述小麦种植为例,如果年初每斤小麦价格为 1 元,年末为 1.1 元,CPI 为 10%。年初投入货币为 1 元,年末货币收入为 1.5×1.1=1.65 元,当年投资的名义收益率为 65%,而使用购买力表示的实际收益率为 50%。使用公式表示如下:

$$r_r = \frac{1 + r_n}{1 + \text{CPI}} - 1 = \frac{1 + 65\%}{1 + 10\%} - 1 = 50\%$$

使用近似公式计算出的实际收益率为

$$r_r = r_n - \text{CPI} = 65\% - 10\% = 55\%$$

近似值产生了较大误差。CPI 越低,误差越小。

注意,实际收益率不等同于实现收益率。实现收益率可以使用实际收益率表示,也可以使用名义收益率表示。

**(四)除权除息时收益率处理**

除权除息多数发生在股票资产。在实践中,经常会遇到在投资期内发生公司发放现

---

[①] 尽管 CPI 不是通货膨胀的同义词,但是投资学中经常使用 CPI 表示通货膨胀率。

金红利、股票红利、配股、增发等情况。发生这些情况时，股票价格会发生非交易性的变化。如果仍然使用市场价格计算投资收益率，就会发生错误。例如，某公司股票价格为 12 元，当日发放了股票股利，每 10 股送 2 股。送股后股票市场价格降为 10 元。投资者在除权前购买股票，支付 12 元，除权后卖出股票，每股得到 10 元，使用公式计算：

$$r = \frac{10 - 12}{12} \times 100\% = -16.67\%$$

实际上，在发放股票股利之前，如果投资者持有 10 股，总财富为 120 元，发放股票红利后，持有 12 股，总财富仍为 120 元，总财富没有变化。从投资者财富变化情况看，投资者在当日的收益率应为 0。所以，一旦发生各种影响股票价格的非交易性事件，投资收益率不应直接使用股票价格计算，而应该进行一定的调整。调整的原则是，在除权除息的瞬间，即在除权除息前买入，除权除息后卖出，投资收益率等于 0。

一般情况下，发生除权除息后，当天股票投资收益率 $r_t$ 可按照下面公式计算：

$$r_t = \frac{p_t(1 + F_t + S_t)x_t + \text{DIV}_t}{p_{t-1} + x_t S_t K_t} - 1$$

式中，$p_t$ 为股票在 $t$ 日（除权除息日）的收盘价；$p_{t-1}$ 为股票在 $t-1$ 日调整前的收盘价；$\text{DIV}_t$ 为股票在 $t$ 日发放的现金股利；$F_t$ 为股票在 $t$ 日发放的每股红股数；$S_t$ 为股票在 $t$ 日的每股配股数；$K_t$ 为股票在 $t$ 日的每股配股价；$x_t$ 为股票在 $t$ 日的每股拆细数。

将上述数据代入公式：

$$r_t = \frac{10 \times (1 + 0.2 + 0) \times 1 + 0}{12 + 1 \times 0} - 1 = 0$$

定义 $P'_t$ 为股票在 $t$ 日的可比收盘价，$P_1$ 为股票在上市首日的收盘价。按照上述方法计算出每一天的投资收益率，可以利用这个收益率计算出每一天的可比收盘价，即复权价格[①]：

$$P'_t = P_1 \prod_{z=2}^{t} (1 + r_z)$$

利用股票的可比收盘价，可以计算出任何一个时段的股票投资收益率。例如，计算月收益率，可以用月末可比收盘价与上月末可比收盘价进行计算。利用本部分开始的数据，除权除息前一日股票收盘价为 12 元，除权除息日收盘价为 10 元，因为当日收益率为 0，所以除权除息日可比收盘价为 12 元。可比收盘价与实际收盘价之间的比值为 1.2。如果以后不发生除权除息，那么后续交易日的可比收盘价也可以利用开始 1.2 的比值计算。如果除权除息后的第 2 个交易日实际收盘价格为 10.1 元，那么可比收盘价为 10.1×1.2＝12.12（元）。

当股票发生除权除息后，不同时间阶段的投资收益与风险需要使用可比交易价格计算。如果投资者除权除息前一天按照收盘价买入股票，除权除息后第 2 天按照收盘价卖出股票，则 2 天投资收益率为（12.12－12）/12×100%＝1%。

---

① 使用当前价格推算以前价格称为前复权，使用首次公开发行价格推算以后价格称为后复权。

## 二、投资风险

### （一）基本概念

投资风险是指投资者面临的未来投资收益的不确定性[1]，不确定性程度高，风险高；反之，则风险低。所谓收益不确定，指实现的收益率不确定，而不是期望收益率不确定。例如，购买股票以后，没有人能够准确获知投资期末实现的收益率会是多高。投资债券也是如此。虽然债券投资者可以较明确推测收益，但也不能确定债券发行人是否能够百分之百偿还债务。投资期货与期权等衍生工具的不确定性收益特征更明显。

实现的投资收益出现不确定性波动是伴随着大多数投资过程的必然现象。人们根据现有信息预测未来。人们现在掌握的信息可能不完全，也可能人们对于信息的理解不准确，无法准确预测未来。即使掌握完全信息、具备完美计算能力，现实世界仍然可能出现不可预知的变化。所有这些因素，都会导致资产价格的不确定性变化，会或多或少地影响投资收益率。

在投资学中，投资风险指实现收益率围绕期望收益率的双向波动。尽管任何投资的实现收益都无法准确预知，但是根据收益率的历史信息以及对于未来经济状况的判断，可以估计出一个收益率的预期值，或者平均值、期望值。期望值可以预先判断，实现的投资收益率会表现出以期望收益率为基准的上下波动，但具体数据无法预知。实现收益率可能高于期望收益率，也可能低于期望收益率。所以，当投资者面临投资风险时，不一定仅仅承担经济损失。

投资风险具有一定程度的可测性。根据历史经验，投资实现收益经常表现出一定的规律性。例如，可以根据历史经验以及对未来的判断，推测收益率可能实现的最高值与最低值，多数情况下投资收益会落在最高值与最低值之间。再如，偏离期望收益率越小的实现收益率出现的可能性越大，偏离越大的实现收益率出现的可能性越小。根据投资收益率的规律性，可以使用某些数学变量描述随机波动性。当然，在有规律变化的同时，也会出现一些无规律的变化。投资风险具有可测性，不是指一切变化都可测。

### （二）投资风险测量

测量投资风险就是测量投资收益随机变量的波动特征。随机变量的波动特性可以使用多种方法描述，实现收益率的标准差（standard deviation）是一种常用的方法。使用标准差描述投资风险具有如下三方面特点：第一，标准差描述随机变量取值围绕均值的波动情况，表现了投资风险的双向波动特性；第二，标准差综合反映了随机变量取值与期望值之间的偏差以及出现的概率，较全面地反映了投资收益变动信息；第三，投资组合中有多个资产收益率随机变量，可以利用数学中关于随机变量组合方法计算标准差，因此有利于投资组合风险的测量。

随机变量的标准差，也称为均方差，是方差的算术平方根，用 $\sigma$ 表示。计算随机变量

---

[1] 严格来说，风险和不确定性有区别。不确定性指事前知道有不同的结果出现，但是哪种结果会出现无法判断，出现的概率也无法预期。风险指事前知道有不同结果出现，尽管哪种结果会出现无法准确判断，但是出现的概率可以预期。

标准差需要两种信息：第一为随机变量的各种取值，第二为各个随机变量取值的概率。在计算投资风险时，首先预测出未来实现收益率的可能数值，以及各种可能实现收益率出现的概率。

根据表 3-2 中的数据计算投资收益率的标准差为

$$\sigma = \sqrt{\sum_{i=1}^{n} p_i [r_i - E(r)]^2}$$

$$= \sqrt{20\% \times 19\%^2 + 10\% \times 9\%^2 + 40\% \times 1\%^2 + 20\% \times 11\%^2 + 10\% \times 21\%^2}$$

$$= 9.7\%$$

为了使标准差与收益率的单位一致，经常使用百分数表示，如上述计算得出的标准差为 9.7%。

在实践中，如果没有关于实现收益率及其出现概率的数值，通常假设未来是过去若干个投资期的重复，因此可以使用历史收益率变化推测未来收益率的变化情况。以表 3-3 中的股票月收益率为例，表中给出了某年 1 月至 12 月的投资收益率数值，需要测量该股票投资收益率的标准差。假设月投资收益率是随机变量，在这个例子中有 12 个月收益率随机变量，分别为 $\tilde{r}_1, \cdots, \tilde{r}_{12}$，表中对应的每个月的收益率是每个月投资收益随机变量的一个取值，如 0.5% 是 $\tilde{r}_1$ 的一个取值。注意，0.5%、1.9% 等数值不是同一个随机变量的取值，而是不同随机变量的取值。

表 3-3　股票投资月收益率　　　　　　　　　%

| 月　份 | 1 | 2 | 3 | 4 | 5 | 6 | 7 | 8 | 9 | 10 | 11 | 12 |
|---|---|---|---|---|---|---|---|---|---|---|---|---|
| 收益率 | 0.5 | 1.9 | −0.2 | 1 | 1.8 | 1.4 | 0.8 | 1 | 1.3 | 1.2 | 1.8 | 1.2 |

假设每个月投资收益率变量相互独立，具有相同分布，即独立同分布假设。这样，历史中 12 个月实现的投资收益率可以被认为是下个月份实现收益率的各种可能取值，也就是过去 12 个月的 12 个收益率，是同一个随机变量的不同实现值，利用这些数据可以计算出下个月份期望收益率和标准差。如果股票月收益率分布特征不发生变化，由此所计算出的期望收益率和标准差也可以用来描述未来任何一个月份。

因此，依据表 3-3 中的数据，投资月收益率的均值为 1.14%，月投资收益率 $\tilde{r}$ 的方差为

$$\sigma^2 = \frac{\sum_{i=1}^{n} [r_i - E(\tilde{r})]^2}{n-1}$$

$$= \frac{(0.5\% - 1.14\%)^2 + (1.9\% - 1.14\%)^2 + \cdots + (1.2\% - 1.14\%)^2}{12-1}$$

$$= 0.000\,4$$

标准差为 2%。如果表 3-3 为 2020 年 1 月至 12 月数据，那么 1.14% 和 2% 可以用来表示 2021 年 1 月该股票的期望收益率和标准差，也可用来描述该股票未来投资的月收益率和标准差。

### （三）不同长度投资期风险换算

一个投资期可能是 1 个月，如表 3-3 中的投资，也可能是 1 年。有时已知的投资收益

率数据与投资期不一致,就需要做不同长度投资期之间风险的换算。以年投资期和月投资期之间的换算为例,在各月投资收益率变量独立同分布(i.i.d,independent identical distribution)假设下,使用算数平均法计算年度收益率,即不考虑复利,那么

$$\tilde{r}_y = \tilde{r}_1 + \tilde{r}_2 + \cdots + \tilde{r}_{12}$$
$$\sigma^2(\tilde{r}_y) = \sigma^2(\tilde{r}_1) + \sigma^2(\tilde{r}_2) + \cdots + \sigma^2(\tilde{r}_{12})$$

式中,$\tilde{r}_y$ 为年收益率随机变量;$\tilde{r}_1$ 至 $\tilde{r}_{12}$ 为一年中 1 月至 12 月的月收益率随机变量;$\sigma^2(\tilde{r}_y)$ 为投资收益率随机变量的方差。因为独立同分布,各个月份的标准差相等,则

$$\sigma(\tilde{r}_y) = \sqrt{12} \times \sigma(\tilde{r}_m)$$

式中,$\sigma(\tilde{r}_m)$ 为月投资收益率标准差。

以表 3-3 中数据为例,因为月收益率标准差为 2%,所以年投资收益率标准差为 $\sqrt{12} \times 2\% = 6.93\%$。

# 第二节　投资组合的收益与风险

## 一、投资组合的收益

### (一)两项资产组合的投资收益

考虑由两项资产构成的投资组合,也就是投资组合中仅包括资产 1 和资产 2,根据投资收益率的基本计算公式,该组合的投资收益率可以计算如下[①]:

$$r_p = \frac{P_{1,1} + P_{2,1} - P_{1,0} - P_{2,0}}{P_{1,0} + P_{2,0}}$$

$$= \frac{1}{P_{1,0} + P_{2,0}}(P_{1,1} + P_{2,1} - P_{1,0} - P_{2,0})$$

$$= \frac{P_{1,0}}{P_{1,0} + P_{2,0}} \times \frac{P_{1,1} - P_{1,0}}{P_{1,0}} + \frac{P_{2,0}}{P_{1,0} + P_{2,0}} \times \frac{P_{2,1} - P_{2,0}}{P_{2,0}}$$

$$= w_1 r_1 + w_2 r_2$$

式中,$P_{1,0}$、$P_{1,1}$ 和 $P_{2,0}$、$P_{2,1}$ 分别为两种资产在期初和期末的价值;$w_1$、$w_2$ 是资产 1 和资产 2 的权重(即该项资产价值占投资组合价值的比重),$r_1$、$r_2$ 是两项资产的投资收益率(可以是两个随机变量,也可以是实现收益率,计算方法一致)。

整理后可得

$$r_p = w_1 r_1 + w_2 r_2$$

$$r_i = \frac{P_{i,1} - P_{i,0}}{P_{i,0}}$$

$$w_i = \frac{P_{i,0}}{P_{1,0} + P_{2,0}}$$

式中,$i$ 为第 $i$ 项资产。

---

① 为书写简便,以下省略了随机变量的波浪号～。

收益率公式两边取期望值为

$$E(r_p) = w_1 E(r_1) + w_2 E(r_2)$$
$$w_1 + w_2 = 1$$

**例 3-6**　投资者分别投资于两只股票，两只股票的买入价格分别为 15 元、27 元，卖出价格分别为 16.5 元和 26.7 元，两只股票各购买 100 股，计算投资者在此期间的投资收益率。

首先，分别计算两只构成股票的投资收益率：

$$r_1 = \frac{P_{1,1} - P_{1,0}}{P_{1,0}} \times 100\% = \frac{16.5 - 15}{15} \times 100\% = 10\%$$

$$r_2 = \frac{P_{2,1} - P_{2,0}}{P_{2,0}} \times 100\% = \frac{26.7 - 27}{27} \times 100\% = -1.11\%$$

其次，分别计算两只构成股票的权重：

$$w_1 = \frac{P_{1,0}}{P_{1,0} + P_{2,0}} \times 100\% = \frac{15}{15 + 27} \times 100\% = 35.71\%$$

$$w_2 = 1 - w_1 = 64.29\%$$

最后，计算投资组合收益率：

$$r_p = w_1 r_1 + w_2 r_2 = 35.71\% \times 10\% + 64.29\% \times (-1.11\%) = 2.86\%$$

## （二）多项资产组合的投资收益

按照两项资产构成投资组合收益率的计算方法，推广至多项资产，可以表示为

$$r_p = \sum w_i r_i$$

$$w_i = \frac{P_{i,0}}{\sum_{i=1}^{n} P_{i,0}}$$

$$\sum w_i = 1$$

公式两边取期望值，得到

$$E(r_p) = \sum w_i E(r_i)$$

**例 3-7**　由某 3 种股票构成的投资组合的有关原始数据如表 3-4 所示。

表 3-4　投资组合构成

| 股票 | 股数 | 期初价格/元 | 期末价格/元 | 期初总投资额/元 |
|---|---|---|---|---|
| A | 100 | 20 | 25 | 2 000 |
| B | 200 | 15 | 18 | 3 000 |
| C | 200 | 25 | 32 | 5 000 |

对投资组合收益的计算如表 3-5 所示。表中第 1 列表示 3 只股票，第 2 列表示 3 只股票投资占总投资的比重，第 3 列为各个股票的投资收益率，第 4 列为每只股票的权重与对应收益率的乘积。表中最后一行最后一列，为最后一列 3 个数之和，即为投资组合收益率 25%。

表 3-5　投资组合计算　　　　　　　　　　　　　　　%

| 股　票 | 权　重 | 收　益　率 | 权重×收益率 |
|---|---|---|---|
| A | 20 | 20 | 5 |
| B | 30 | 15 | 6 |
| C | 50 | 25 | 14 |
| 组合 | | | 25 |

　　一般情况下,投资组合中资产的权重在 0 和 1 之间。当存在买空卖空(融资融券)条件时,某项资产的权重也可以超出 0 至 1 的范围,即取大于 1 或者小于 0 的数。如投资者资金不足时,可以借钱买股票(融资)。如果投资者拥有现金 50 万元,借入 50 万元,将 100 万元购买股票。借钱的利率为 8%,通过购买股票的收益率为 15%。在这种情况下,投资者总投资为 50 万元,购买股票 100 万元,构成了一个投资组合,组合中的两项资产分别为股票和现金。按照权重的计算方法,股票投资的权重为 2,现金的权重为 −1(将来要还钱)。投资者投资组合中构成资产的总权重仍然为 1。投资组合的收益率可以计算为

$$r_p = w_1 r_1 + w_2 r_2$$
$$= 2 \times 15\% + (-1) \times 8\%$$
$$= 22\%$$

## 二、投资组合的风险

### (一)两项资产组合的投资风险

　　根据随机变量标准差的性质,以及投资组合的收益率计算公式,容易推导出投资组合收益率的标准差。如果投资组合中有两项资产,则标准差为

$$\sigma^2(r_p) = \sigma^2(w_1 r_1 + w_2 r_2)$$
$$= w_1{}^2 \sigma^2(r_1) + w_2^2 \sigma^2(r_2) + 2 w_1 w_1 \mathrm{cov}(r_1, r_2)$$
$$= w_1^2 \sigma^2(r_1) + w_2^2 \sigma^2(r_2) + 2 w_1 w_1 \rho_{12} \sigma(r_1) \sigma(r_2)$$

式中,$\sigma^2$ 为各变量的方差符号;$\mathrm{cov}(r_1, r_2)$ 为资产 1 和资产 2 收益率之间的协方差;$\rho_{12}$ 为两项资产之间的相关系数,相关系数取值在 1 和 −1 之间。

　　如果 $\rho_{12} = 1$,可以推导出

$$\sigma(r_p) = w_1 \sigma(r_1) + w_2 \sigma(r_2)$$

　　**例 3-8**　两只股票在过去连续 12 个月的收益率如表 3-6 所示。如果投资者拥有 100 万元,准备投资于第 1 只股票 30%,第 2 只股票 60%,留有 10% 的现金,投资期为 1 年。计算投资组合的期望收益率和风险。

表 3-6　两只股票 12 个月内的收益率

| 月　　份 | | 1 | 2 | 3 | 4 | 5 | 6 | 7 | 8 | 9 | 10 | 11 | 12 |
|---|---|---|---|---|---|---|---|---|---|---|---|---|---|
| 收益率/% | 股票 1 | 1 | 1.2 | 0.3 | 0.8 | −0.1 | 1.1 | 1.2 | 0.8 | 0.9 | 1 | 1.1 | 1.2 |
| | 股票 2 | 0.8 | 0.6 | 1.1 | 1.2 | 0.3 | 0.9 | 1 | 1.1 | 1.2 | 0.6 | 0.5 | 2 |

利用表 3-6 中数据可以计算出两只股票的月期望收益率分别为 0.88% 和 0.94%，月收益率标准差分别为 1.32% 和 1.47%。两只股票的年收益率分别为 10.5% 和 11.3%，年收益率标准差分别为 4.57% 和 5.09%，两只股票年收益率相关系数为 0.3。

投资组合年收益率期望值为

$$
\begin{aligned}
r_p &= w_1 r_1 + w_2 r_2 + w_3 r_3 \\
&= 30\% \times 10.5\% + 60\% \times 11.3\% + 10\% \times 0 \\
&= 9.93\%
\end{aligned}
$$

投资组合的年收益率方差为

$$
\begin{aligned}
\sigma^2(r_p) &= \sigma^2(w_1 r_1 + w_2 r_2 + 0) \\
&= w_1{}^2 \sigma^2(r_1) + w_2^2 \sigma^2(r_2) + 2 w_1 w_2 \rho_{12} \sigma(r_1) \sigma(r_2) \\
&= 30\%^2 \times 4.57\%^2 + 60\%^2 \times 5.09\%^2 + 2 \times 30\% \times 60\% \\
&\quad \times 0.3 \times 4.57\% \times 5.09\% \\
&= 0.137\ 2\%
\end{aligned}
$$

投资组合年收益率的标准差为

$$
\sigma_p = 3.70\%
$$

## （二）多项资产组合的投资风险

如果投资组合由 $n$ 项资产组成，则组合的收益率及其方差可以表示为

$$
r_p = w_1 r_1 + w_2 r_2 + \cdots + w_n r_n
$$

$$
\sigma_p{}^2 = \sum_{i=1}^{n} w_i{}^2 \sigma^2(r_i) + \sum_{i \neq j}^{n} w_i w_j \mathrm{cov}(r_i, r_j)
$$

方差还可以写成如下形式：

$$
\sigma_p{}^2 = \sum_{i=1}^{n} \sum_{j=1}^{n} w_i w_j \mathrm{cov}(r_i, r_j)
$$

投资组合方差计算公式的右侧共有 $n^2$ 项，这些项可以按照表 3-7 的形式摆成一个方阵。

表 3-7　投资组合风险的方阵分解

| | | | |
|---|---|---|---|
| $w_1^2 \sigma^2(r_1)$ | $w_1 w_2 \mathrm{cov}(r_1, r_2)$ | $\cdots$ | $w_1 w_n \mathrm{cov}(r_1, r_n)$ |
| $w_2 w_1 \mathrm{cov}(r_2, r_1)$ | $w_2^2 \sigma^2(r_2)$ | $\cdots$ | $w_2 w_n \mathrm{cov}(r_2, r_n)$ |
| $\vdots$ | $\vdots$ | | $\vdots$ |
| $w_1 w_n \mathrm{cov}(r_1, r_n)$ | $w_2 w_n \mathrm{cov}(r_2, r_n)$ | $\cdots$ | $w_n{}^2 \sigma^2(r_n)$ |

表 3-7 中的第 1 行所有各项相加，可以得到

$$
\begin{aligned}
& w_1{}^2 \sigma^2(r_1) + w_1 w_2 \mathrm{cov}(r_1, r_2) + \cdots + w_1 w_n \mathrm{cov}(r_1, r_n) \\
&= w_1 [w_1 \mathrm{cov}(r_1, r_1) + w_2 \mathrm{cov}(r_1, r_2) + \cdots + w_n \mathrm{cov}(r_1, r_n)] \\
&= w_1 \mathrm{cov}(r_1, r_p)
\end{aligned}
$$

再将每一行相加，投资组合的方差可以写成

$$
\sigma^2(r_p) = w_1 \mathrm{cov}(r_1, r_p) + w_2 \mathrm{cov}(r_2, r_p) + \cdots + w_n \mathrm{cov}(r_n, r_p)
$$

上式中的每一项都可以看成投资组合中单一资产对于组合风险的贡献值。每一种证券对于投资组合风险的贡献率可以表示为

$$\frac{w_i \text{cov}(r_i, r_p)}{\sigma^2(r_p)}$$

将每单位证券（排除证券投资数额的影响）对投资组合风险的贡献率命名为 $\beta$。

$$\beta = \frac{\text{cov}(r_i, r_p)}{\sigma^2(r_p)}$$

### （三）投资组合的图形表现

#### 1. 两项资产组合

假设资产收益率随机变量符合联合正态分布，那么资产的特性可以使用收益和风险两个维度描述。当然，每个投资者都应该对资产具有相同的认识，也就是所有投资者对于市场上同样资产的收益和风险拥有同质预期（homogeneous expectation），否则对于任何一项资产，市场上无法计算出一致的收益率和标准差。对于任何一项资产，收益率的期望值与标准差确定。反过来，既定的期望值和标准差，也对应特定的资产。也就是期望值、标准差与资产相对应。

当资产特性可以完全用两维变量描述，可以使用一个平面图进行投资分析时，这样的分析也称为 $E\text{-}\sigma$ 分析[①]，其中 $E$ 表示期望收益，$\sigma$ 表示标准差。构建一个坐标图，横轴为标准差，纵轴为收益率。这样，任何一项资产都可以使用坐标图中的一个坐标点表示出来，如图 3-1 所示。图中，点 $A$ 代表资产 A，点 $B$ 代表资产 B。

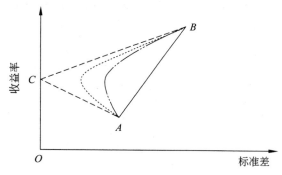

图 3-1　资产投资组合坐标图

使用两项资产 A 和 B 构造投资组合，投资组合的收益率和标准差可以表示为

$$r_p = w_A r_A + w_B r_B$$

$$\sigma(r_P) = [w_A{}^2\sigma^2(r_A) + w_B{}^2\sigma^2(r_B) + 2w_A w_B \rho_{AB}\sigma(r_A)\sigma(r_B)]^{\frac{1}{2}}$$

当组合中的构成资产确定后，投资组合的收益率由构成资产的权重决定。投资组合的标准差由构成资产的权重和相关系数决定。资产之间的相关系数在 1 和 −1 之间。假设资产之间的相关系数等于 1，则投资组合的收益率和标准差可以表示为

---

①　MARKOWITZ H. Portfolio selection[J]. Journal of finance, 1952, 20(1): 77-91.

$$r_p = w_A r_A + w_B r_B$$
$$\sigma(r_p) = w_A \sigma(r_A) + w_B \sigma(r_B)$$

改变构成资产的权重，就会改变投资组合的收益差和标准差，也就会改变在图3-1中的坐标点。将所有的坐标点连接到一起，可以形成一条图3-1中连接点 $A$ 和点 $B$ 之间的实心直线 $AB$。

假设两项资产之间的相关系数取$-1$，则投资组合的收益率和标准差可以表示为

$$r_p = w_A r_A + w_B r_B$$
$$\sigma(r_p) = |w_A \sigma(r_A) - w_B \sigma(r_B)|$$

改变构成资产权重，形成不同的投资组合。如图3-1所示，将所有形成的投资组合连接，可以形成一条连接点 $A$ 和点 $B$ 之间的虚折线 $ACB$。

通过推导可以证明，当构成资产之间的相关系数在1和$-1$之间时，投资组合坐标点落在图3-1中 $A$、$B$ 两点之间的实直线 $AB$ 和虚折线 $ACB$ 构成的三角形 $ABC$ 区域之内。资产确定下来，相关系数就确定下来了。改变资产权重，可以改变投资组合点。对于由不同相关系数资产构造的投资组合，可以形成不同的 $A$、$B$ 点之间的连线。除了极端的两个相关系数1和$-1$之外，其他所有相关系数形成的连线都是曲线。相关系数越高，曲线越靠近 $AB$ 直线；相关系数越低，曲线越靠近折线 $ACB$。图3-1中的点画线和点线比较，点画线表示相关系数高。

**2. 多项资产投资组合**

首先从三项资产开始。假如图3-1中的 A、B 资产已经构成了点线所表示的投资组合，选取资产 D 与 AB 组合中的任何一个可能的组合，如组合 C，再构造组合，形成如图3-2中所示的 $CD$ 实曲线。

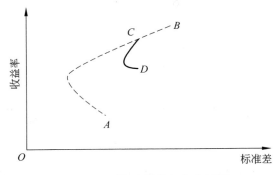

图3-2　三项资产投资组合坐标图

使用同样的方法，也可选取 AB 组合中的其他点与资产 D 再构造组合。进一步，选取新的资产（非 A、B、C、D 的其他资产）与已经使用三项资产构成的组合再组合。利用同样的方法，可以构造出无数多个投资组合。当任何两项资产构造组合时，投资组合形成的曲线向左凸，同样多项资产形成组合的曲线也向左凸。应用多项资产进行组合，构成组合的可能坐标点如图3-3阴影所示。

在图3-3中，A、B、C 点内的阴影区域为所有可能的投资组合，称为投资可行域。这

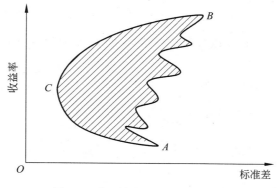

图 3-3　多项资产投资组合坐标图

个可行域的边缘形成投资组合边界线。

## 三、风险分散

### （一）投资组合的风险分散原理

投资组合的风险分散,指通过构造投资组合,改变投资的收益风险特征。收益风险特征的一个简单描述是收益风险比,或者称为单位风险收益,即 $r/\sigma$。在例 3-8 中,两只股票的年收益率分别为 10.5% 和 11.3%,年收益率标准差分别为 4.57% 和 5.09%。如果进行单只股票投资,单位风险收益分别为 2.30 和 2.22。进行组合后,投资组合的期望收益率为 9.93%,标准差为 3.7%,单位风险收益达到 2.68,高于进行单只股票投资的比值。

构造投资组合后,改变组合中构成资产的权重,也可以改变组合的收益风险特征。观察图 3-1,以点虚线为例。A 点表示资产 A 的权重为 100%,资产 B 的权重为 0。从 A 点沿曲线向左移动,表示资产 A 的权重逐渐降低,资产 B 的权重逐渐提高,组合的收益逐渐提高,标准差逐渐下降,单位风险收益得到改善。当资产 A 的权重进一步降低,直到点虚线的最左端,组合收益继续提高,组合标准差达到最低点。之后,组合的收益仍然提高,但标准差也开始提高。

构造投资组合时,组合构成资产收益率之间的相关系数不同,组合收益风险特性也不同。以两项资产构造组合为例。当两项资产的相关系数等于 1 时,投资组合的标准差为

$$\sigma(r_P)\big|_{\rho=1}=\left[w_1^2\sigma^2(r_1)+w_2^2\sigma^2(r_2)+2w_1w_2\sigma(r_1)\sigma(r_2)\right]^{\frac{1}{2}}$$

当两项资产的相关系数小于 1 时,投资组合的标准差为

$$\sigma(r_P)\big|_{\rho<1}=\left[w_1^2\sigma^2(r_1)+w_2^2\sigma^2(r_2)+2w_1w_2\rho\sigma(r_1)\sigma(r_2)\right]^{\frac{1}{2}}$$

显然,$\sigma(r_P)\big|_{\rho<1}<\sigma(r_P)\big|_{\rho=1}$。由于相关系数下降,投资组合风险下降。与构成组合的单项资产相比,如果相关系数小于 1,则投资组合的标准差小于构成组合单项资产标准差的平均值。

不仅如此,当改变投资组合中资产数量(类型)时,投资组合的风险也会发生变化。当投资组合中有 n 项资产时,为了简化分析,假设每项资产在组合中的价值比例相等,即投资组合中的资产等权重。根据投资组合方差的表达式:

$$\sigma_p{}^2 = \sum_{i=1}^{n} w_i{}^2 \sigma^2(r_i) + \sum_{i \neq j}^{n} w_i w_j \text{cov}(r_i, r_j)$$

等式右侧共有 $n \times n$ 项，可以分解成两大类，即方差项和协方差项。方差项有 $n$ 项，协方差项有 $n^2 - n$ 项。

定义平均方差和平均协方差为

$$平均方差 = \frac{1}{n} \sum_{i=1}^{n} \sigma^2(r_i)$$

$$平均协方差 = \frac{1}{n(n-1)} \sum_{i \neq j} \text{cov}(r_i, r_j)$$

根据等权重假设 $w = \frac{1}{n}$，所以

$$\sigma_p^2 = \frac{1}{n^2} \sum_{i=1}^{n} \sigma^2(r_i) + \frac{1}{n^2} \sum_{i \neq j}^{n} \text{cov}(r_i, r_i)$$

$$= \frac{1}{n}(平均方差) + \frac{n(n-1)}{n^2}(平均协方差)$$

$$= \frac{1}{n}(平均方差) + \left(1 - \frac{1}{n}\right)(平均协方差)$$

$$= \frac{1}{n}(平均方差 - 平均协方差) + 平均协方差$$

如果投资组合所选择资产的平均方差和平均协方差不发生较大变化，随着 $n$ 变大，投资组合的方差会下降。当 $n \to \infty$ 时，投资组合风险中的方差部分不起作用，被消除了，仅仅剩下平均协方差，平均协方差成为投资组合风险的极限，即

$$\lim_{n \to \infty} \sigma_p^2 = 平均协方差$$

即为投资组合风险分散的原理。

### （二）风险的分类

根据上述分析可知，投资组合能够从两个方面降低风险。一方面，组合中资产之间相关系数降低时可以降低组合资产的协方差，因此降低由平均协方差项构成的风险。另一方面，组合中资产充分多时能够消除平均方差项构成的风险。

通过降低构成资产之间的相关系数而降低平均协方差，降低的幅度受到限制。处于同样经济环境中，各种证券的收益或多或少受到某些共同因素的影响，在一定程度上表现出相同的变化特征。这些共同影响因素包括经济周期、利率、技术革新、劳动力和原材料成本等。证券收益率之间一般表现出正相关特性，虽然协方差项随着相关系数降低而下降，但是下降幅度受到最小正相关系数的限制[1]。也就是，从平均协方差的角度看，通过构造投资组合降低风险，存在着降低的极限。

通过增加资产数量的方式降低方差项构成的风险，其边际作用随着资产数量增加而下降。所谓边际作用，就是每增加单位资产而降低的风险数量。为了便于说明投资组合

---

① 可能找到完全负相关资产，但现实中投资组合的构成会受到资产配置要求的限制，因此构成资产的相关系数存在下限。

风险和构成资产数量之间的关系,假设增加资产不改变投资组合的平均方差和平均协方差。当投资组合中资产从两项增加到三项时,风险下降的边际作用为

$$\frac{1}{2}(\text{平均方差}-\text{平均协方差})-\frac{1}{3}(\text{平均方差}-\text{平均协方差})$$

当投资组合中资产从三项增加到四项时,风险下降的边际作用为

$$\frac{1}{3}(\text{平均方差}-\text{平均协方差})-\frac{1}{4}(\text{平均方差}-\text{平均协方差})$$

前式减后式,为边际作用的下降幅度:

$$\frac{1}{12}(\text{平均方差}-\text{平均协方差})$$

类似地可以证明,资产数量越多,风险下降的边际作用越小。这种作用关系如图 3-4 所示。在图 3-4 中,横轴表示投资组合中资产数量,纵轴表示投资组合的总风险,即标准差。

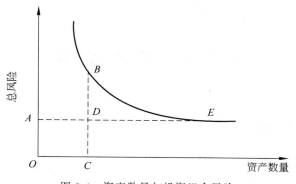

图 3-4  资产数量与投资组合风险

图 3-4 中的 $BE$ 曲线表示投资组合中资产数量与风险之间的关系。$B$ 点的高度 $BC$ 代表投资组合的风险水平,横坐标上的 $C$ 点代表资产数量。首先,随着投资组合中资产数量越来越多,风险越来越低;其次,随着投资组合中资产数量增加,多增加一项资产降低风险的作用越来越小。实践表明,大约投资组合中资产数量超过 15～30 个,风险降低的效果已经不明显了。

图 3-4 中的曲线 $BE$ 有一条渐近线 $ADE$,表示增加资产导致投资组合风险下降能够达到的最低水平,也就是投资组合风险的下限。曲线 $BE$ 上任何一点的风险由此可以分解成两部分,如 $B$ 点的风险可以分解成 $BD$ 和 $DC$ 两部分。$BD$ 部分为可以通过增加资产消除的风险,$DC$ 为不能通过增加资产而消除的风险。

此处消除风险的措施是增加资产类型,称为风险分散,或者投资组合多样化。当投资组合风险达到下限时,意味着构成组合资产的风险中只有协方差部分发挥作用,方差部分不发挥作用了。对于任何一只证券,与其他资产之间的协方差是不能被分散掉的风险。可以被分散掉的风险,称为特殊风险(specific risk),或者称为可分散风险(diversifiable risk)、非系统风险(unsystematic risk)、残值风险(residual risk)。不能被多样化消除掉的风险称为系统风险(systematic risk),也称为市场风险(market risk)、不可分散风险

(undiversifiable risk)。特殊风险和系统风险之和,称为总风险。图 3-4 中,*BC* 表示 *B* 点投资组合的总风险,*BD* 表示特殊风险,*DC* 表示系统风险。

系统风险来自整个经济系统,是影响整个经济运行的共同因素发生变化,包括发生战争、经济周期波动、通货膨胀变化、利率波动等,由此而引起资产投资收益发生波动。这些共同因素的变化,任何一项资产都需要面对,无法规避,属于系统性变化。需要注意的是,尽管每一项资产都受系统性因素变化影响,并不意味着影响大小都一样。就像天气变化对每个人的影响一样。首先,每个人都受天气变化的影响。其次,由于每个人各方面条件不同,所受影响程度不同。因此,即使面临着同样的变化因素,不同资产的系统风险也可能不一样。

特殊风险则是影响个别资产收益的特殊因素发生变化所引起的收益率波动。特殊因素指仅仅影响特殊资产的因素,如由于公司管理失误所引起的产品开发失败,发生劳资纠纷或者法律纠纷等。特殊因素种类众多,针对每项资产发生的事件、发生的时间和影响都不同。当投资组合中增加资产种类时,某项资产由于特殊因素变化而引起的收益率波动会被摊薄或者对冲,因此降低总风险水平。

# 第三节　资产配置

## 一、投资者决策

### （一）投资者风险偏好

#### 1. 投资者风险偏好基本类型

投资者风险偏好(risk preference or risk attitude),指在投资中,投资者对于承担风险的态度。例如,是否愿意承担风险,能够承担多高风险,愿意以及能够承担哪些种类风险。个别投资者风险偏好是投资者在心理上对于风险的主观感受,市场整体的风险偏好是市场上所有投资者风险偏好平均值。投资者的风险态度在很大程度上决定投资者对于投资收益的要求,因此决定投资决策。理解投资者风险偏好,是理解投资者行为、理解资本市场的基础。

按照对于风险的偏好程度大小,投资者风险态度可以划分成三种基本类型:风险规避(risk averse)、风险中性(risk neutral)和风险追求(risk seeking)。在 $E$-$\sigma$ 坐标图中,资产使用收益率和风险两个维度表示,对于风险态度的分类也使用这两个维度表示。风险规避指对于期望收益率相同的资产,投资者偏好于低风险资产。风险中性指投资者决策仅仅依赖于期望收益率指标,不考虑风险指标,风险不影响投资者行为。风险追求正好与风险规避相反,对于期望收益率相同的资产,投资者偏好于高风险资产。

投资决策取决于投资收益率和风险大小,两个维度指标给投资者带来的综合感受定义为投资效用(utility)。针对投资所获得的收益和承担的风险,每个投资者根据其风险偏好,拥有一个效用计算方法。资产的收益风险与效用之间的关系,称为效用函数。投资决策需要综合考虑收益和风险,目标是效用最大化而不是期望收益率最大化。投资者的投资行为是效用函数的反映,不同效用函数形式会表现出不同的决策标准和投资行为。

投资者效用函数是投资偏好的反映,如图 3-5 所示。当投资者面临着同样的期望收益率 $E(r)$ 时,可以有三种资产可供选择,分别为高风险资产 H、低风险资产 L 和无风险资产 F。为了简化问题分析,假设风险资产的实现投资率只有高和低两种结果,每种结果的实现概率均为 50%。图 3-5 横轴表示资产的收益率,纵轴表示效用,图中的曲线表示投资者效用函数。高风险资产的实现收益率分别为 $r_{HH}$、$r_{HL}$,低风险资产实现的收益率分别为 $r_{LH}$、$r_{LL}$。高风险资产收益率波动大,所以高低收益之间差距更大。

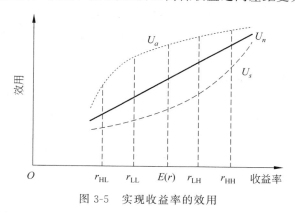

图 3-5　实现收益率的效用

图 3-5 中有 3 条效用函数曲线,$U_a$ 代表风险规避投资者效用函数,$U_s$ 代表风险追求投资者效用函数,$U_n$ 代表风险中性投资者效用函数。对于每一种类型投资者,每一个实现收益率对应一个效用值。例如,实现收益率为 $r_{HL}$,即高风险资产实现的低收益率,对于风险规避投资者来说,效用值落在下凹的效用曲线 $U_a$ 上,取值为 $U_a(r_{HL})$,对于其他类型的投资偏好以及其他投资收益以此类推。

首先考虑风险规避型投资者。投资于高风险资产的期望效用[①]为

$$E(U_a) = 50\% \times U_a(r_{HL}) + 50\% \times U_a(r_{HH})$$

投资于低风险资产的期望效用为

$$E(U_a) = 50\% \times U_a(r_{LL}) + 50\% \times U_a(r_{LH})$$

比较两个期望效用,后者大于前者。当期望收益率相同时,投资者选择期望效用高的投资机会,因此选择低风险资产。在这种情况下,如果投资者选择了高风险资产,会受到效用损失。在资本市场中,如果投资者都选择低风险资产,高风险资产会受到抛弃。在现实市场中,低风险资产和高风险资产并存。要达到低风险资产和高风险资产的平衡,需要使投资者对于低风险资产和高风险资产感受无差异,就要对于高风险资产投资给予补偿,资本市场上的补偿方式是高收益。因此,资本市场中存在高风险高收益的规律。

风险追求投资者情况正好相反,当期望收益率相同时,投资者选择高风险资产。

风险中性投资者面临的则是一条直线的效用函数,不论风险多高,期望效用都相同,风险不改变投资结果,也就是投资者对于高风险资产和低风险资产的感受无差异。

---

①　期望效用有关原理可参阅 VON NEUMANN J, MORGENSTERN O. Theory of games and economic behavior[M]. Princeton:Princeton University Press, 1944.该书出版多次,最新为 2007 年版。

图 3-5 中共有 3 条线,分别表示风险规避型投资者效用函数、风险中性投资者效用函数和风险追求投资者效用函数。实际上,即使针对风险规避型投资者,风险规避的程度也有差别,也可以画出无数条效用函数线,只是所有这些效用函数线都表现出下凹形状。同理,风险追求的效用函数也有无数条,全部表现为下凸。风险中性效用函数只有一条直线,没有曲率差别。

投资者效应可以使用多种函数形式表示,其中一种简单形式为 $U = E(r) - 1/2A\sigma^2$,$A$ 的大小可以用来表示偏好。$A > 0$,表示投资者选择风险规避,$A$ 值越大,风险规避程度越高。$A = 0$,表示风险中性。$A < 0$,表示投资者选择风险追求,$A$ 的绝对值越大,风险追求程度越高。

**2. 关于风险偏好的基本假设**

尽管不同的人对待风险有不同的态度,但是作为一个整体,人们在对待风险的态度上,在大多数情况下会表现出类似的特征。这些类似的特征构成了人们共同的投资行为指导原则,形成了市场交易行为的基础。

设想做一个实验,实验中设计两种选择机会:

A. 确定性获得 1 万元;

B. 获得 100 万元收益的概率是 50%,亏损 98 万元的概率也是 50%。

这两种选择的期望收益都是 1 万元。第一种选择无风险,第二种选择高风险。如果你是被测试者,会倾向于做出哪种选择?

当然,还可以做出很多类似的实验。使用实验结果,还可以画出如图 3-5 所示的效用曲线。面对着这样的选择机会,多数理性投资者会倾向于 A 方案,也就是规避风险。为了获得一个一致的行为准则,从而可以推测资本市场上投资选择结果,并由此推导资本市场上投资收益与风险之间的关系,投资学中假设投资者风险规避。根据前面叙述可知,风险规避型投资者要求对承担的风险给予补偿,因此产生资本市场中高风险高收益的现象。

投资者风险规避假设可能会受到质疑。一般情况下,多数人的选择确实表现出风险规避特征。但无论如何,并非所有人,并非人们在所有时候都表现出这种特性[①]。投资者的心理,并由此导致的市场规律,经常让人难以揣摩。

**（二）效用无差异曲线**

图 3-3 描绘了在 $E$-$\sigma$ 平面上的投资可行集,面临着这样的可行集,投资者按照效用最大化的准则进行选择。每一个投资者有一个效用函数,根据图 3-5 中的效用函数 $U_a$,面对每一项资产所表现的收益率和标准差,可以计算出相应的期望效用函数。对应在图 3-3 的 $E$-$\sigma$ 平面,相当于图中每一个点代表一个效用水平。将所有效用相同的点连接成一条线,如图 3-6 所示,称为效用无差异曲线。效用不同的点会形成不同的无差异曲线,各条无差异曲线平行。$E$-$\sigma$ 平面上的点可以形成无数条相互平行的无差异曲线,称为投资者的效用无差异曲线簇。越靠左上方,无差异曲线代表的效用越高。

对于风险规避的投资者,当提高风险时,必须提高投资的期望收益率给予补偿,因此

---

　　① KAHNEMAN D,TVERSKY A.Prospect theory:an analysis of decision under risk[J].Econometrica,1979,47(2):263-291.

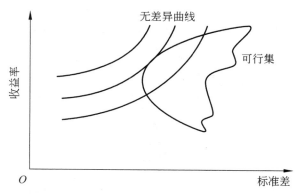

图 3-6　投资者效用无差异曲线与投资选择

无差异曲线表现出向右上方倾斜的特征。再次回到图 3-5 中风险规避效用函数。提高风险会导致效用下降。因为图 3-5 中风险规避投资者效用函数下凹,当风险较小时,单位风险提高带来的效用下降程度小于当风险较高时,单位风险提高带来的效用下降。也就是风险水平越高,效用下降的边际效应越大。为了保证效用水平不变,风险水平越高,每提高一个单位风险,需要提高的收益率越大。因此,图 3-6 中的无差异曲线表现出下凸的形状,随着标准差提高,曲线的切线斜率递增。

每一个以效用最大化为目标的投资者,根据自身的无差异曲线簇,结合投资可行集进行决策。图 3-6 中有 3 条无差异曲线,最左上方的无差异曲线与投资可行集之间有间隔,表明投资者不可能利用投资可行集实现这条曲线代表的投资效用。最下边的无差异曲线与可行集有多个交点,表明这条无差异曲线所代表的效用,可以通过可行集中很多点来实现。向左上方移动无差异曲线,效用可以提高。中间一条无差异曲线与可行集仅有一个交点,也称为切点,即表明该无差异曲线表示的效用可以实现,又表明已经无法通过改变投资组合实现更高效用了。无差异曲线与可行集的切点应该是投资者的决策点,也就是这一点代表了投资者最佳投资组合。

## 二、有效前沿

### (一)风险资产有效前沿的形成

在投资可行集图形中,画两条线,一条为水平线,一条为垂直线。将这两条线无限靠近可行集,直到有一点而且仅有一点相交,会形成两个点,分别为 A 点和 B 点,如图 3-7 所示。将投资者效用无差异曲线放到同一个图中,可以做出投资者决策点 C。在投资者规避风险的前提下,改变投资者的无差异曲线形状,满足可行集条件,又能够实现最大效用的点一定全部落在 ACB 曲线上。

ACB 是可行集的边缘线,是保证投资者实现效用最大化的可行集,是可行集中的非劣集,称为投资组合有效前沿(efficient frontier)。所谓非劣集,指风险规避投资者按照如下原则进行投资决策所能够选择的投资组合集合。

(1)对每一风险水平,提供最大期望收益率。

(2)对每一期望收益率水平提供最小的风险。

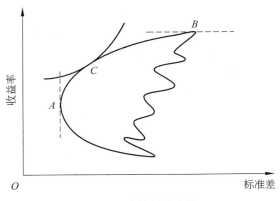

图 3-7  有效前沿曲线

$ACB$ 曲线中的每一点均满足这两个条件，而可行集中的其他任何点都不满足这两个条件。风险规避投资者的投资决策点一定落在有效前沿 $ACB$ 上。

### （二）分离定理

在图 3-7 风险资产组合的基础上，引入无风险资产，与风险资产有效前沿再构造新的组合。无风险资产与风险资产有效前沿上的任何一点，均可以构造组合。其中只有一种组合，既可行，又使投资者效用最大化，即为无风险资产与图 3-8 中 $M$ 点的组合。新构造组合的所有资产连成线，形成图 3-8 中 $E$-$\sigma$ 平面上的一条直线 $r_f M$。如果允许无风险资产的权重为负值，即允许投资者使用无风险收益率借钱投资于风险资产，直线 $r_f M$ 向右延长。

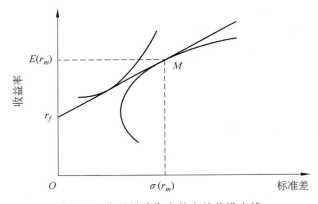

图 3-8  含无风险资产的有效前沿直线

出现 $r_f M$ 线后，投资者决策发生两点变化。第一，大多数投资者的无差异曲线向上抬升了，也就是效用提高了。第二，投资者决策与其他投资者效用函数无关。无风险资产与投资可行集形成的切线，为新的最佳可行投资集，也就是非劣集，也称为存在无风险资产条件下的有效前沿，称为有效前沿直线。有效前沿直线与投资可行集的切点组合称为市场投资组合（market portfolio）。市场组合的构造和有效前沿直线形成与投资者偏好完全无关,仅与资产收益和风险特点相关。每个投资者只需要根据客观形成的有效前沿直线和自身的无差异曲线结合进行投资决策即可。

构造有效前沿直线为投资带来的很大便利。资本市场上经常出现委托投资,例如基金经理受托为基金投资人进行投资。基金投资人相互之间风险偏好不同,效用函数不同,无差异曲线与风险资产有效前沿的切点不同,形成不同的投资要求。引入无风险资产后,对风险资产组合的选择与投资者偏好无关。基金投资人完全可以利用无风险资产进行再配置,实现效用最大化。不仅投资经理不用担心出资人偏好,投资者自身进行配置决策,或者投资者群体进行配置决策,均可以不必考虑投资者的个人偏好。这种资产配置决策与个人偏好相分离的原理,称为托宾分离定理(Tobin's separation theorem)[①]。

### (三)资本市场线

图 3-8 中的有效前沿直线的函数形式为

$$E(r_p) = r_f + \frac{E(r_m) - r_f}{\sigma(r_m)} \times \sigma(r_p)$$

式中,$E(r_p)$ 和 $\sigma(r_p)$ 分别为有效前沿直线上的任何投资组合的期望收益率和标准差;$r_f$ 为无风险收益率;$E(r_m)$ 和 $\sigma(r_m)$ 分别为市场投资组合的期望收益率和标准差。

函数的斜率为

$$斜率 = \frac{E(r_m) - r_f}{\sigma(r_m)}$$

该斜率表明了有效投资组合的风险每增加一个单位,作为风险补偿所需要增加的收益率。例如,无风险收益率为 6%,市场组合收益率为 15%,市场组合收益率的标准差为 20%,则直线斜率等于 0.45,表明投资组合的风险每增加 1 个百分点,其收益率的期望值就增加 0.45 个百分点。因此,该斜率称为有效投资组合的风险市场价格(market price of risk)。

有效前沿直线给出了每一种风险水平下的投资组合应得的收益率,称为资本市场直线(capital market line)。资本市场直线函数的后一部分表明风险投资组合的收益率高于无风险收益率的部分,称为风险溢价(risk premium),是对投资者承担风险提供的补偿。有效前沿直线表明,投资组合收益由两部分构成,分别为无风险收益和风险溢价。

# 习　　题

1. 举例说明金融资产投资的期望收益率与实现的收益率之间的关系。

2. 如果说不同的投资者具有不同的效用函数,那么投资基金实际上很难满足不同投资者效用最大化的要求。请对这种说法进行评述。

3. 资本市场上存在风险溢价的前提条件是什么?

4. 已知过去 20 年的历史收益率数据,准备使用历史收益率对未来期望收益率进行估算,如果投资者预期的投资期为 1 年,使用算术平均法还是几何平均法计算平均收益率

---

[①]　TOBIN J.Liquidity preference as behavior towards risk[J].Review of economic studies,1958,25:65-86.

更合理?

5. 在独立同分布假设条件下,使用已知的月投资收益率,应用几何平均法计算年收益率,并由此计算年收益率的标准差,与使用算术平均法计算的年收益率标准差有什么不同?

6. 举例说明同一个投资者在不同条件下,风险偏好会发生变化的实例。由此是否可以否定资本市场上投资者整体上风险规避的一般假设?

7. 投资者进行投资,1 年后,A 股票投资收益率为 12%,B 股票投资收益率为 23%,是否据此可以判断 B 股票相对于 A 股票是更好的投资标的? 请说明理由。

8. 投资组合的标准差一定小于每一项构成资产的标准差吗? 为什么?

9. 在资本市场上众多的股票中,挑选 3 只股票构成投资组合,第 1 只股票与第 2 只股票的协方差为 15%,第 1 只股票与第 3 只股票之间的协方差为 20%。是否可以说 15% 与 20% 之和是第 1 只股票的系统风险?

10. 什么是资本市场上投资者对于股票投资收益的同质预期,这一假设对于资产配置分析起到什么作用?

11. 如果投资收益率非正态分布,是否仍然可以使用 $E\text{-}\sigma$ 分析?

12. 请尝试找到 10 只股票投资收益率的历史数据,并依据这些历史收益率制作风险资产的有效前沿曲线。

13. 利用第 12 题所得出的有效前沿曲线,假设投资者效用函数为 $U = E(r) - 1/2A\sigma^2$,尝试使用不同的 $A$ 值,找到最优决策点。

14. 资本市场线通过投资组合而推导出来,是否说明该直线所表明的收益和风险之间的关系不适合单一证券,为什么?

15. 若某股票 1 年前的价格为 4 元,当年获得股息为 0.1 元,现在的市价为 5 元。计算该股票在本年度获得的股利收益率、资本利得收益率和投资收益率。

16. 某企业分别投资于 A、B 两项资产,其中投资于 A 资产的期望收益率为 8%,计划投资额为 800 万元,投资于 B 资产的期望收益率为 10%,计划投资额为 1 200 万元,计算该投资组合的期望收益率。

17. 投资组合中有两只构成股票,股票 A 的期望收益率为 15%,标准差为 20%,股票 B 的期望收益率为 20%,标准差为 25%。如果两只股票相关系数为 0.3,制作使用两只股票进行组合的可能组合曲线。如果相关系数变为 −0.3,再次制作曲线,并进行比较。

18. 若一投资组合包含 A、B 两种股票,股票 A 的期望收益率为 14%,标准差为 10%;股票 B 的期望收益率为 18%,标准差为 16%,两种股票的相关系数为 0.4,投资股票 A 的权重为 40%,B 的权重为 60%,则该投资组合的期望收益率与标准差分别为多少?

19. 已知某种证券收益率的标准差为 0.2,当前的市场组合收益率的标准差为 0.4,两者之间的相关系数为 0.5,计算两者之间的协方差。

20. 某企业有甲、乙两个独立性投资项目,计划投资额均为 1 000 万元,其收益率的概率分布如表 3-8 所示,计算两个项目的期望收益率、标准差,以及投资组合的期望收益率和标准差。

表 3-8　两个独立性投资项目收益率的概率分布

| 市场状况 | 概率 | 甲项目 | 乙项目 |
|---|---|---|---|
| 好 | 0.3 | 20% | 30% |
| 一般 | 0.5 | 10% | 10% |
| 差 | 0.2 | 5% | −5% |

21. 假设市场组合的期望收益率为 8%,标准差为 0.2,无风险利率为 3%,某有效投资组合的标准差为 0.3,则该有效投资组合的期望收益率是多少? 如果进行该组合投资,是否可以预期,期末可以实现所计算出的收益率?

22. 已知国库券的年收益率为 3.5%,市场组合的期望年收益率为 9%,标准差为 20%。为了获取更高的收益,你以无风险收益率借款 10%,将全部自有资金以及全部借款投入市场组合,你所构造投资组合的期望收益率和风险分别是多少?

23. 本章的投资组合理论与资本市场实践有什么不吻合之处? 你怎样认识投资组合理论可能存在的缺陷?

# 即 测 即 练

# 第四章

# 资产定价

在金融资产投资中,投资者获得投资收益,同时承担投资风险。在投资活动中,收益与风险如影相随,两者之间的关系,构成投资理论的重要内容。掌握收益与风险之间的关系,也是投资决策的重要基础。由于收益和风险之间的对应关系,资产定价也可以称为风险定价。

## 第一节  资本资产定价模型

资本资产定价模型(capital asset pricing model,CAPM)是关于投资收益和风险之间的关系模型,是整个金融领域最重要的模型之一,对投资理论和实践的发展产生了重要影响。所谓资本资产,是指能够创造未来现金流的资产。该模型于20世纪60年代中期,由美国金融学家夏普(William F. Sharpe)、林特纳(John Lintner)和莫辛(Jan Mossin)等,分别撰文提出。

### 一、模型假设

资本资产定价模型是一个理论模型,可以通过严谨的数学模型推导得出。为了便于进行模型推导,需要对复杂的世界使用假设进行简化。学习这些假设,既是深刻理解资本资产定价模型的基础,也是进一步发展资产定价模型的必由路径。前两条假设涉及投资者行为,后几条假设涉及资产和市场特征。

#### (一)风险规避的投资者最大化财富的期望效用

第三章对投资者按照风险态度进行了分类。为了明确说明收益与风险之间的关系,表现出现实中高风险高收益的特性,假设市场上的所有投资者都是风险规避的,或者投资者整体上表现出风险规避特征。根据第三章的投资组合理论,对于以财富效用作为衡量标准的投资者,对于同等水平的期望收益,风险规避投资者认为,高风险的投资带来的效用低,而低风险的投资效用高。

实际上,这个假设隐含着最大化财富的期望效用,既有动机,又有可能。有动机意味着投资者有能力根据所拥有的信息,计算出自己的效用;有可能意味着投资者可以想方设法进行组合,或者使用其他投资手段,以最大化自身的效用。根据投资组合理论,按照这样的假设,投资者会选择使用市场组合以及无风险资产再构造组合。

为简化分析,只考虑所有投资者均进行单期投资的情形。另外,不考虑所得税,以避免资产之外的因素对效用的影响。

### （二）作为价格接受的投资者对于资产收益及其联合正态分布具有同质预期

首先，每一个投资者都是证券市场的价格接受者，不能通过任何行为和信息改变价格。投资者之间不结盟，独立进行决策。每个投资者的资金实力、交易量对于整个市场来说都微不足道，没有能力改变市场。金融资产价格受任何操纵，都难以形成客观规律。

其次，投资者对于资产收益及其联合正态分布特性具有同质预期（homogeneous expectation）。按照这样的假设，资产期望收益大小是客观的，并且单项资产收益符合正态分布，联合正态分布保证多项资产构成的线性投资组合收益也符合正态分布。同质预期指相同预期或者判断，具有两层含义：①每一个投资者都掌握资产收益及其分布信息；②每一个投资者都知道其他投资者具有相同信息，资本市场信息完全对称。在联合正态分布假设、同质预期假设下，才可以应用 $E\text{-}\sigma$ 分析。

### （三）市场存在投资者可以按照无风险利率自由借贷的无风险资产

无风险资产指没有任何风险的资产，实现的收益就是无风险收益，即无风险利率。没有任何风险指资产实现的收益永远等于期望收益。判断无风险资产的条件有两个：第一，未来收益固定，没有违约；第二，未来收益的再投资收益固定。[①]

按照无风险利率自由借贷具有两层含义。其一，指投资者可以购买无风险资产，从而获得无风险收益，也就是以无风险收益率向市场贷出资金；也可以卖出无风险资产，支付无风险收益，也就是以无风险收益率从市场借入资金。买入和卖出按照同样的无风险收益率。其二，指投资者买卖无风险资产的数量没有限制，因为无风险，投资者不受信用能力的影响。

### （四）市场上资产总量固定并且可以无限分割、交易

市场上资产总量固定，指市场上可供投资的资产总量不变。如果资产总量发生变化，那么投资组合就要一直调整，资本市场线就会不断发生变化。所有的资产都是可交易资产，交易的最小单位不限。只有资产可交易，才能在投资组合构造中发挥作用。只有不限制交易的最小单位，才能对投资组合进行精细的调整，充分满足投资者对于收益和风险权衡的要求。这样的假设，等价于市场上存在满足任何特定需要的资产，也就是资产种类完全[②]。

### （五）市场交易无限制、无摩擦

资本市场没有交易限制，主要指对卖空等交易行为的限制。为了保证公平交易，任何市场都制定有多种规定，例如要求上市公司信息披露，不允许操控市场，不允许内幕交易等，没有交易限制非指此类限制。市场无摩擦（friction），包括没有制度性交易成本和信息交易成本。制度性交易成本包括交易税、中间商佣金等。信息交易成本指获取信息需

---

① DAMODARAN A.What is the risk-free rate? A Search for the basic building block[Z].New York University Working Paper,2008.收益率不变指实际收益率，即购买力收益率不变。

② 实际上这里隐含着完全资本市场（complete capital market）的假设。关于完全资本市场的描述，详见 De MATOS J A.Theoretical foundations of corporate finance[M].Princeton：Princeton University Press,2002：20-21.在该书的第一章，作者将完全资本市场定义为金融资产数量等于自然状态数量，自然状态无限，资产数量也就无限。只有资本市场完全，才能保证实现均衡。

要支付代价,因此带来交易成本。只有无限制、无摩擦,投资者才能对投资组合进行微调,实现效用最大化,市场实现均衡,发现唯一的资产定价。

## 二、模型形式

### （一）公式形式

#### 1. 表达式

如果投资者风险规避,一般的市场规律是承担高风险,获得高收益。资本资产定价模型将这一规律描述成如下公式形式:

$$E(r_i) = r_f + \beta_i \times [E(r_m) - r_f]$$

式中,$E(r_i)$ 为资产 $i$ 的期望收益率;$r_f$ 与 $E(r_m)$ 分别为无风险利率与市场期望收益率;$\beta_i$ 是资产 $i$ 的风险系数,表示资产 $i$ 的系统性风险大小。风险系数越高,表示资产的系统风险越大。

公式中,之所以对于无风险收益 $r_f$ 没有加期望值符号,是因为根据无风险资产的定义,无风险资产的实现收益等于期望收益,是否取期望值对于公式没有影响。

资本资产定价模型表明,一项资产的期望收益由无风险收益和系统风险所带来的风险溢价(risk premium)构成。通常风险溢价也称为超额收益(excess return),资产的超额收益是总收益减去无风险收益。如果投资者承担了高系统风险,按照市场规律,就应该获得高期望收益。

**例 4-1**  某公司股票的系统风险 $\beta = 1.7$,无风险收益率为 5%,同时估计市场期望收益率为 16%,那么作为投资者,如果购买该股票,可以使用资本资产定价模型计算出投资的期望收益率。

将相关数据代入资本资产定价模型:

$$\begin{aligned}
E(r_i) &= r_f + \beta_i \times [E(r_m) - r_f] \\
&= 5\% + 1.7 \times (16\% - 5\%) \\
&= 23.7\%
\end{aligned}$$

也就是投资于该资产,预期可以获得 23.7% 的收益。其中,无风险收益 5%,由于承担系统风险所获得的附加收益或者风险溢价为 18.7%。

特别值得注意的是,一项资产的期望收益高,并不意味着实现收益也高。实现收益是投资者真正获得的收益,但实现收益多数情况下都不等于期望收益。对一项风险资产而言,投资收益是一个随机变量,实现收益是随机变量分布的一个取值。例如,一个投资期结束后,经过核算,投资者持有该股票可能仅仅实现了 18% 的收益,即使如此也不能说投资者期望收益的估算错了。

#### 2. 推导

第三章中的资本市场线形成了投资者决策的一个有效前沿,即各种可能的机会必然出现在这条直线的右下方,也只能出现在右下方,否则就不能称为有效前沿了。如果在直线 $r_f M$ 的左上方存在任何投资机会,有效前沿就会以 $r_f$ 点为轴转动,以使其左上方不存在任何投资机会为止。

考虑市场中的任何一种资产 $i$,以该种资产与市场组合再进行组合,组合轨迹形成 $i$-

$M$ 线,如图 4-1 所示。由于资产允许卖空(卖空的资产在投资组合中权重为负),组合曲线在 $M$ 点连续,并且继续向右延伸。因为 $i$-$M$ 曲线通过 $M$ 点,要么与资本市场线相切,要么与其相交,只有这两种可能性。由于资本市场线是有效前沿,与 $i$-$M$ 线不能相交,否则就会通过 $M$ 点穿越到资本市场线的上方,违背了资本市场线作为有效前沿的前提。既然不能相交,必然与资本市场线相切。

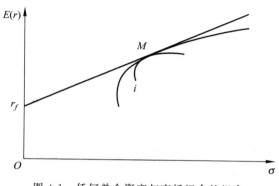

图 4-1　任何单个资产与市场组合的组合

假设在新形成的组合中,单项资产 $i$ 所占权重为 $\alpha$,市场组合所占权重为 $(1-\alpha)$,则新组合的收益及其风险可以分别表示如下:

$$r_p = \alpha r_i + (1-\alpha)r_m$$

$$\sigma_p = \sqrt{\alpha^2 \sigma_i{}^2 + (1-\alpha)^2 \sigma_m{}^2 + 2\alpha(1-\alpha)\mathrm{cov}(r_i, r_m)}$$

式中,$r_p$ 和 $\sigma_p$ 分别为新组合的收益率和总风险;$r_i$ 和 $\sigma_i$ 分别为资产 $i$ 的收益率和风险;$r_m$ 和 $\sigma_m$ 分别为市场组合的收益率和风险。

当 $\alpha$ 在取值域内连续变化时,可以构成无穷多个新组合,其收益和风险是权重 $\alpha$ 的函数。无穷多个组合构成 $i$-$M$ 线,该曲线在切点 $M$ 的斜率可以计算为

$$\frac{\mathrm{d}r_p}{\mathrm{d}\sigma_p} = \frac{\mathrm{d}r_p / \mathrm{d}\alpha}{\mathrm{d}\sigma_p / \mathrm{d}\alpha}$$

$$= \frac{r_i - r_m}{\left(\dfrac{1}{2}\right) \times \left[\alpha^2 \sigma_i{}^2 + (1-\alpha)^2 \sigma_m{}^2 + 2\alpha(1-\alpha)\mathrm{cov}(r_i, r_m)\right]^{-\frac{1}{2}}} \times$$

$$\frac{1}{2\alpha\sigma_i{}^2 + 2\sigma_m{}^2(\alpha-1) + 2\mathrm{cov}(r_i, r_m)(1-2\alpha)}$$

因为 $i$-$M$ 线与资本市场线在 $M$ 点相切,两条线在切点处的斜率应该相等。在切点 $M$ 点,新组合的权重 $\alpha$ 取值应该等于 0,此时新组合曲线的切线斜率为

$$\left.\frac{\mathrm{d}r_p}{\mathrm{d}\sigma_p}\right|_{\alpha=0} = \frac{\sigma_m(r_i - r_m)}{[\mathrm{cov}(r_i, r_m) - \sigma_m{}^2]}$$

资本市场线的斜率为

$$\frac{r_m - r_f}{\sigma_m}$$

使上述两式相等,并且经过整理后得到

$$r_i = r_f + (r_m - r_f) \frac{\text{cov}(r_i, r_m)}{\sigma_m{}^2}$$

根据资本市场线，上式中的各项收益率均为期望收益率，因此上式也可以写成

$$E(r_i) = r_f + [E(r_m) - r_f] \frac{\text{cov}(r_i, r_m)}{\sigma_m{}^2}$$

定义（回顾第三章关于 $\beta$ 的定义，并进行对比）：

$$\beta_i = \frac{\text{cov}(r_i, r_m)}{\sigma_m^2}$$

因此可以得到

$$E(r_i) = r_f + \beta_i \times [E(r_m) - r_f]$$

即为资本资产定价模型。

### （二）证券市场线

#### 1. 证券市场线的形成与含义

证券市场线（security market line，SML），是资本资产定价模型的图形表现形式，如图 4-2 所示。图形的横坐标为证券的系统风险系数 $\beta$，纵坐标为证券的期望收益。

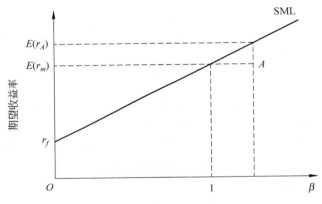

图 4-2　证券市场线

证券市场线表明了证券收益与市场收益之间的关系，也表现了证券收益与风险之间的关系特征。每一只证券的收益和风险都会在如图 4-2 的图形中构成一个点，在均衡状态下的所有证券点连接成线就是证券市场线。证券市场线的截距为无风险收益 $r_f$，斜率为市场风险溢价 $[E(r_m) - r_f]$。斜率表示投资者由于承担了单位系统风险而要求的超过无风险收益率的附加收益率，它可以体现市场上投资者对风险的平均规避程度。投资者对风险的规避程度越高，证券市场线的斜率越大，对于风险资产要求的风险补偿越大，即期望收益率越高。证券市场线向右上方倾斜，表示系统风险越高期望收益越高。

证券市场线上对应横轴 $\beta=1$ 的点，所对应的纵坐标为 $E(r_m)$，代表市场投资组合点。市场投资组合的 $\beta=1$，收益为 $E(r_m)$。当一个证券或者投资组合的系统风险系数低于市场投资组合风险时，该证券或者投资组合的期望收益小于市场投资组合，反之亦然。

根据资本资产定价模型,在市场均衡情况下,每一只证券的期望收益和系统风险所构成的点坐标不会在证券市场线的上方,也不会在下方,必然落到证券市场线上。此时,投资者持有这样的证券,所获得的全部收益为无风险收益与风险溢价之和,称为正常收益(normal return)。如果证券坐标点落在证券市场线的上方或者下方,意味着投资者持有这样的证券会获得超出正常收益的收益,超出部分称为超常收益(abnormal return)。如图 4-2 中的点 $A$,风险高于市场组合,收益却等同于市场组合,落在了证券市场线的下方。投资者如果持有证券 $A$,意味着只能获得 $E(r_m)$ 的收益。而按照证券市场线,该证券的正常收益为 $E(r_A)$。该证券在市场上的期望收益与正常收益之差,即 $E(r_m)-E(r_A)$,为该证券目前的超常收益,该超常收益为负值。

由于市场允许套利,而且信息充分,任何市场套利机会都会被充分利用,因此图 4-2 中 $A$ 点所示的特征点不会长时间存在。市场的交易行为会消除套利机会,实现市场的均衡状态。在均衡市场条件下,任何证券点都在证券市场线上。

**2. 证券市场线与资本市场线比较**

对比第三章中的资本市场线与本章的证券市场线。这两条线都描述了证券投资收益与风险之间的关系,横轴都是风险,纵轴都是收益,两条线都是向右上方倾斜,表明高风险高收益。但仔细观察,会发现两条线在适用范围、风险变量选择和应用等方面存在明显区别。

首先,二者的适用范围有所不同。SML 描述的是任何一种资产或者资产组合的期望收益与系统风险之间的关系;而 CML 则是描述有效资产组合的期望收益与总风险的关系。在 CML 中,有效资产组合是市场组合和无风险资产构成的组合。SML 不讨论有效与无效组合问题。

其次,二者的风险变量选择不同。SML 的横坐标是系统风险 $\beta$,考虑的风险仅仅是总风险中的一部分;而 CML 的横坐标是总风险 $\sigma$,其中既包括系统风险,又包括特殊风险。当然,如果认为市场组合是充分多样化的组合,该组合的风险不含有特殊风险成分。但不论如何,CML 使用标准差作为横坐标。

最后,二者在应用上有所不同。SML 作为资本资产定价模型的图像形式,主要应用于资产定价,计算证券的期望收益和超常收益;而 CML 主要是用于确定市场组合,构造投资组合,因此 CML 也称为有效的资本配置线(capital allocation line)。

# 三、模型应用

资本资产定价模型建立了单项或者组合资产的系统风险和期望收益率之间的内在关系。使用该模型,可以推断任何一项资产或者资产组合的期望收益。因为计算简便,而且基本上反映了资产收益的实际变化规律,该模型在投资实践中得到了广泛应用。在推断资产收益的过程中,需要首先测量三个变量的数值,即无风险收益、市场风险溢价和 $\beta$ 系数。

## (一)无风险收益

无风险收益是持有无风险资产所获得的收益,不含有任何风险溢价成分,属于纯货币时间价值(pure time value of money)。纯货币时间价值是投资者抑制当前消费而进行投资的补偿。

无风险收益是一个理论概念，在实践中很难找到无风险收益，最接近这个理论概念的数据是短期政府债券利率。首先，政府债券一般来说没有违约风险，符合无风险资产的第一个条件。其次，短期政府债券也或多或少含有通货膨胀成分，但由于期限较短，受预期外通胀影响小。最后，短期政府债券投资通常不涉及利息再投资。

债券期限不一样，收益中含有的通胀成分就不一样。为避免短期债券期限与评估资产投资期限不一致，导致通胀影响不一致，一个简单原则是时期一致性，即所选择政府债券的期限，等于所分析资产的投资期限。如果所分析资产的投资期限为1年，无风险收益就选择1年期政府债券的收益率。当然，如果所分析资产的投资期限为长期，无风险收益就选择长期政府债券的收益率。这样计算的无风险收益率包括了通胀风险溢价，计算出的证券收益率也是含有通胀成分的名义收益率，缺陷是忽略了市场利率变化（再投资风险）的影响。

Copeland等认为，尽管市场利率对于任何一种资产的收益率都很重要，但市场利率的变化却没有完全包括在资本资产定价模型中。为了避免市场利率变化对于无风险收益率和权益资产收益率形成差别性影响，无风险收益率与权益资产收益率应该对市场利率变化具有相类似的敏感性。经过测算，中期政府债券符合这样的特点。[①] 因此，在应用资本资产定价模型测算权益资产收益率时，选择中期政府债券收益率代表无风险收益率。

## （二）市场风险溢价

计算市场风险溢价只需要测量市场收益即可。根据资本资产定价模型假设，所谓资产的市场组合，指一切资本性资产，可以包括金融资产，也可以包括非金融资产。按照这样的界定，测量市场组合收益几乎不可能。

资本资产定价模型通常用于测算权益资产的期望收益，在实践中通常使用股票价格指数收益代表市场收益。例如，Copeland等使用S&P500作为市场组合，计算得出1963年至2002年美国股票市场的市场风险溢价大约为5%。其中S&P500的算数平均收益大约为12%，同期政府债券的收益为7%。

一般来说，可以使用历史平均值作为未来市场风险溢价的代理变量。但是，未来毕竟不是历史的简单重复。预测未来的市场风险溢价还需要考虑多种影响因素。这些因素主要有三类。第一，市场利率。一般情况下，市场繁荣伴随着高利率。而市场繁荣常伴随风险偏好上升，因此导致风险溢价下降。第二，大事件。某些大事件对于经济会形成较大影响，因此也会影响人们的预期，例如日本福岛核泄漏。第三，战争。战争与武装冲突会影响能源供应，影响市场稳定，因此影响经济发展。负面大事件以及战争都会提高市场风险溢价水平。

## （三）$\beta$ 系数

### 1. $\beta$ 系数的概念

$\beta$ 系数是对特定资产（或资产组合）系统风险的度量，与总风险使用标准差测量不同，

---

① COPELAND T，WESTON J，SHASTRI K. Financial theory and corporate policy[M]. 4th ed. New York：Pearson，2005：173.

$\beta$ 系数是一个相对数,是一个无量纲数。根据定义式,一项资产的 $\beta$ 系数等于该资产收益与市场收益之间的协方差,除以市场组合收益的方差,反映资产收益与市场收益协同变化的相对值。

$\beta$ 系数反映了特定资产(或资产组合)的收益率对市场组合收益率变动的反应灵敏程度,即市场组合收益每变动 1 个百分点,该资产的收益变动的幅度。例如,$\beta=0$ 表示没有系统风险(不等于没有特殊风险),市场组合收益变化对于该资产收益没有影响,这种资产称为零 $\beta$ 资产;如果 $\beta=0.5$,表示该资产的系统风险是市场组合风险的一半,当市场组合的收益率变化 1%,该资产的收益率变化 0.5%;$\beta=1$ 表示该资产的系统风险与市场组合风险相同,市场组合的收益率变化为 1%,该资产的收益率变化也是 1%。总之,资产的 $\beta$ 系数反映的是该资产收益的变化与整个市场收益变化的相关性。

对于一般使用者来说,$\beta$ 系数可以通过各种公开渠道获得,如通过 Yahoo Finance、Moody 网站查找。上海和深圳证券交易所上市股票的 $\beta$ 系数可以通过某些数据库来查找。表 4-1 中列出了某些沪深上市公司股票的 $\beta$ 系数。其中,平安银行和国农科技的 $\beta$ 系数小于 1,中国南车 $\beta$ 系数接近于 1,其他股票 $\beta$ 系数大于 1。特瑞德与华谊兄弟为创业板上市公司,$\beta$ 系数不是最高,并不简单理解为这两只股票的收益波动小,而只是与市场之间的相关性较小。华泰证券的 $\beta$ 系数达到 1.59,表示该只股票与市场之间的联动性较强。如果市场涨 1%,该股票涨 1.59%;如果市场跌 1%,该股票跌幅会达到 1.59%。

表 4-1　部分股票的 $\beta$ 系数

| 公司简称 | 股票代码 | $\beta$ 系数 |
| --- | --- | --- |
| 平安银行 | 000001 | 0.59 |
| 国农科技 | 000004 | 0.89 |
| 华泰证券 | 601688 | 1.59 |
| 中国南车 | 601766 | 0.97 |
| 特瑞德 | 300001 | 1.09 |
| 华谊兄弟 | 300027 | 1.08 |

注：表中数据来自 RESSET 数据库,为 2016—2019 年平均值。

**2. $\beta$ 系数的估算**

根据 $\beta$ 系数的定义式:

$$\beta_i = \frac{\text{cov}(r_i, r_m)}{\sigma_m^2}$$

式中,$\text{cov}(r_i, r_m)$ 为第 $i$ 种资产的收益率与市场组合收益率之间的协方差;$\sigma_m$ 是市场组合的标准差。

如果用 $\sigma_i$ 表示第 $i$ 种资产的标准差,$\rho_{im}$ 表示第 $i$ 种资产的收益率和市场组合收益率的相关系数,由于 $\text{cov}(r_i, r_m) = \rho_{im}\sigma_i\sigma_m$,所以公式可以变换为

$$\beta_i = \rho_{im} \frac{\sigma_i}{\sigma_m}$$

通过上式可知,决定 $\beta$ 系数的因素有三个：该资产与市场组合收益率的相关性;该资

产收益率的标准差；市场组合收益率的标准差。

**例 4-2** 某股票的收益率和市场组合收益率如表 4-2 所示，根据表中数据计算该股票的 $\beta$ 系数。

表 4-2  某股票的收益率和市场组合收益率

| 年份 | 市场组合收益率($X_i$) | 某股票收益率($Y_i$)/% |
|---|---|---|
| 1 | 2% | 4% |
| 2 | 5% | 11% |
| 3 | −4% | −7% |
| 4 | 11% | 21% |
| 5 | 7% | 12% |
| 6 | −2% | −9% |
| 7 | 3% | −4% |
| 8 | 8% | 8% |
| 均值 | 3.75% | 4.5% |

根据 $\beta$ 系数的计算公式：

$$\beta = \frac{\mathrm{cov}(X,Y)}{\sigma_X^2} = \frac{\sum_{i=1}^{n}\left[(X_i - \bar{X})(Y_i - \bar{Y})\right]}{\sum_{i=1}^{n}(X_i - \bar{X})^2} = \frac{341}{179.5} = 1.90$$

上述 $\beta$ 系数结果是如下一元线性回归的变量系数估计值。根据资本资产定价模型，两边去除期望值符号，资产 $i$ 的收益率可以表示成如下方程：

$$r_i = r_f + \beta_i(r_m - r_f) + \varepsilon_i$$

式中，$r_i$ 为资产 $i$ 的收益率，$r_f$ 为无风险利率，$r_m$ 为市场组合收益率，$\varepsilon_i$ 是误差项。

即为

$$r_i - r_f = \beta_i(r_m - r_f) + \varepsilon_i$$

改写成如下形式：

$$r_i - r_f = \alpha_i + b_i(r_m - r_f) + \varepsilon_i$$

回归直线方程为

$$r_i - r_f = \alpha_i + b_i(r_m - r_f)$$

这个回归直线方程称为证券特征线(security characteristic line，SCL)。其中股票收益率、无风险收益率和市场收益率已知，$\alpha_i$ 和 $b_i$ 为从回归中得到的系数，$b_i$ 即为该证券系统风险 $\beta$ 系数的估计值。

使用历史数据估计出的为历史 $\beta$ 系数。在实践中，根据上述方法得出 $\beta$ 系数估计值之后，经常对估计值进行调整，以预测未来的 $\beta$ 系数。例如，使用如下方式进行调整[1]：

$$\beta_i' = 1.0 + k(\beta_i - 1.0)$$

---

[1]  KLEMKOSKY R，MARTIN J．The adjustment of beta forecasts[J]．Journal of finance，1975，30(4)：1123-1128.

其中，$\beta_i$ 为利用历史数据估计的 $\beta$ 系数，$k$ 为调整系数，取值大于 0 小于 1，$\beta_i'$ 为调整后的 $\beta$ 系数。如果 $k$ 等于 1，那么是否调整没有变化。如果 $k$ 小于 1，在调整后的 $\beta$ 系数会趋向 1 变化。之所以进行这样的调整，是因为随着公司逐渐成熟，规模逐渐加大，对市场指数的影响越来越大，公司本身的风险也可能越来越低，都会使得 $\beta$ 系数逐渐下降。$k$ 值取多少，以及如何进行调整，更多的是一个实践问题，而不是理论问题。不同的计算者可能会采取不同的方法。

根据上述回归方程，得到 $\beta$ 系数以后，还可以计算出系统风险与特殊风险的绝对数值。

首先，利用回归方程计算 $r_i$ 的方差：

$$\sigma_i^2 = \mathrm{var}[r_f + \beta_i(r_m - r_f) + \varepsilon_i]$$
$$= \mathrm{var}[\beta_i(r_m - r_f)] + \mathrm{var}(\varepsilon_i)$$
$$= \beta_i^2 \sigma_m^2 + \sigma^2(\varepsilon_i)$$

由此，资产 $i$ 的风险可分为两部分之和，$\beta_i^2 \sigma_m^2$ 即为系统风险，$\sigma^2(\varepsilon_i)$ 是特殊风险。

**3. 组合资产的 $\beta$ 系数**

$\beta$ 系数具有良好的线性性质，也就是说，资产组合的 $\beta$ 值等于每一项单个资产的 $\beta$ 系数按其在资产组合中的权重进行加权求和，即

$$\beta_p = \sum_{j=1}^n w_j \beta_j$$

式中，$\beta_p$ 为组合资产的 $\beta$ 值；$w_j$ 为第 $j$ 种资产在资产组合中所占的比例；$\beta_j$ 为第 $j$ 种资产的 $\beta$ 值；$n$ 为资产组合中的资产总数。

**例 4-3** 某投资组合由 3 项资产构成，$\beta$ 系数分别为 1.1、1.6 和 0.9，3 项资产的投资额分别为 30 万元、40 万元和 30 万元，则该投资组合的系统风险计算如下：

$$\beta_p = \sum_{j=1}^n w_j \beta_j = 0.3 \times 1.1 + 0.4 \times 1.6 + 0.3 \times 0.9 = 1.24$$

# 第二节　资本资产定价模型拓展

## 一、资本资产定价模型检验

资本资产定价模型形式简单，为应用提供了很大便利。然而，在模型应用中也不断受到争议和挑战。经受争议和挑战是理论进步的必然过程，也不断推动着资本资产定价模型的发展。

### （一）对资本资产定价模型的争议

#### 1. 假设问题

对资本资产定价模型的批判首先来自假设。毫无疑问，资本资产定价模型的假设与现实有差距，有些甚至有较大差距，正是这些与现实不符的假设，可能弱化模型对于现实的解释力。

模型中假设投资者可以按照无风险收益率无限制地借入和贷出。正是由于投资者借贷利率相同，才可以基于图 4-1 的资本市场线进行模型的推导。而现实中，由于存在金融

中介以及其他市场交易成本,通常借贷利率并不相等。不相等的借贷利率会导致资本市场线在 $M$ 点弯折,影响资本资产定价模型的推导。

模型隐含假设投资者可以为了效用最大化自由地进行投资组合。现实中投资者很难实现充分多样化以分散风险,因此假设投资者只关注系统风险未必成立。如果不仅关注系统风险,也关注特殊风险,那么只有承担系统风险才能获得风险补偿就未必站得住脚。很容易找到投资者不能充分分散风险的例证,如公司的经理人,其人力资产是投资组合中的一个重要组成部分,而且经常由于公司激励计划,经理人还持有所在公司的一定比例的股票,这样经理人很难做到资产充分多样化。即使非公司经理,也很难做到投资充分多样化。

模型的基本条件是投资者理性。实际上投资者很难拥有全部甚至大部分关于投资对象的信息,也不具备完美的计算能力,投资的效用难以测度,最大化效用的目标具有不确定性。市场上信息不对称是常见的现象,当然也就无法形成对于投资对象收益和风险的同质预期。市场交易制度和各种摩擦产生交易成本,也难以保证不存在操纵交易现象。所有这些实际状况导致资本市场不完美,怎么能够构建一条资本市场线?

**2. 测量问题**

即使不考虑上述的假设问题,模型还存在关键变量的测量问题。模型中的几个关键变量分别为无风险收益、市场风险溢价和 $\beta$ 系数。关于变量测量,在前文模型应用中已经给出了建议的方法。这些关键变量的测量可能存在两方面问题:其一测量方法不唯一;其二测量方法不准确。

关于无风险收益的测量,至少存在一个政府债券期限选择问题。根据第一节讨论,无风险收益大致有三种选择,短期、中期和一致性期限,各有优缺点。在一些特殊时期,某些国家政府债券也难以保证没有违约风险。

关于市场风险溢价,市场收益本身不可测。市场上的可投资资产数量众多,如红木家具投资、宝石投资等,但是针对各种资产投资收益的统计却相对有限。Roll 在 1977 年指出[1],市场组合可能仅仅是一个理论概念,现实中无法计量。即使可以使用股票市场价格指数,也存在着如何使用历史数据确定未来溢价的问题。投资者在不同时期,产生不同的风险偏好,因此影响风险溢价水平。

关于 $\beta$ 系数的测量,正像前文所述,首先存在利用历史 $\beta$ 系数如何推测未来 $\beta$ 系数的问题。其次,即使可以使用历史数据测量,也存在着使用多长时间历史数据的问题。更进一步,$\beta$ 系数的大小还会受到公司基本面变化的影响。例如,Rosenberg 和 Guy[2] 发现很多财务指标都可以用来预测 $\beta$ 系数:盈利的变动性、现金流的变动性、每股盈余的成长、市场资本化规模、红利回报率、资产负债率等。例如,可使用下述公式进行 $\beta$ 系数的测量。

$$\beta_t = a + b_1\beta_{t-1} + b_2(\text{FirmSize}) + b_3(\text{DebtRatio})$$

式中,FirmSize 为公司规模;DebtRatio 为负债率。

**3. 模型形式问题**

资本资产定价模型简洁、清晰,使用了一个简单的线性形式描述了资产收益和风险之

---

[1]　ROLL R.A Critique of the asset pricing theory's tests[J].Journal of financial economics,1977,4:129-176.

[2]　ROSENBERG B,GUY J.Beta and investment fundamentals:Part 1[J].Financial analyst journal,1976,32(3):60-72.

间的关系,形式优美。但是,模型简洁的缺陷可能是丢失信息。如 Roll[①] 认为,资本资产定价模型仅仅使用一种风险计量变量,对现实的解释受到局限。

## （二）检验过程

第一步,确定样本。确定样本的原则首先是保证样本量,样本量足够大才能保证回归的可靠性。其次,关于样本时间长度,在以往的检验中时间长度选择相差较大,所选样本数据的时间段不同,可能会得出不同的结果[②]。一般来说,选择时间长度长一些,更能反映市场状况。但是,由于市场发生一些异常变化,也可能影响检验精度。最后,关于计算收益率期限,可以选择日收益、周收益、月收益等,常用的是月收益[③]。使用月收益率可以尽量规避一些特殊因素影响,又同时兼顾了观测股价的波动性。

第二步,对于每一只股票,按照证券特征线进行回归,以便估算证券的 $\beta$ 系数:

$$r_{it} = a_i + b_i r_{mt} + e_{it}$$

式中的 $b_i$ 即为该证券 $\beta_i$ 的估计值。

第三步,将资本资产定价模型变换成另一种形式:

$$r_{it} - r_{ft} = a_i + b_i(r_{mt} - r_{ft}) + e_{it}$$

进一步变换为

$$\bar{r}_i - r_f = a_i + b_i(\bar{r}_m - r_f)$$

式中,$\bar{r}_i$ 和 $\bar{r}_m$ 分别为第 $i$ 只股票和市场在所选定区间内收益的平均值,即使用检验期间每期的收益求平均。

使用第二步中估计的 $\beta_i$ 值,对样本中所有证券收益的均值进行如下的截面回归:

$$\bar{r}_i - r_f = \gamma_0 + \gamma_1 \beta_i + \gamma_2 \sigma^2(e_i)$$

该回归模型要验证的假设为

（1）$\gamma_0 = 0$；（2）$\gamma_1 = \bar{r}_m - r_f$；（3）$\gamma_2 = 0$。

如果上述假设得到验证,则资本资产定价模型成立。第（3）个假设得到验证,意味着证券的收益与非系统风险无关。

## （三）检验结果

John Lintner 首先进行了资本资产定价模型的检验,其后 Merton Miller 和 Myron Scholes 重复了 Lintner 的工作[④]。他们的研究结果如表 4-3 所示。

---

① ROLL R.A critique of the asset pricing theory's tests[J].Journal of financial economics,1977,4:129-176.

② JAGANNATHAN R,MCGRATTAN E. The CAPM debate [J]. Federal Reserve Bank of Minneapolis quarterly review,1995,19(4):2-17.

③ MARTIKAINEN T.The impact of infrequent trading on betas based on daily,weekly and monthly return Intervals:Empirical Evidence with finnish data[J].Finnish economic papers,1991,4:52-64.

④ LINTNER J,Security prices,risk and maximal gains from diversification[J].Journal of finance,1965,20(4):587-615；MILLER M H,SCHOLES M.Rate of return in relation to risk:a reexamination of some recent findings [A].//JENSEN M C .Studies in the theory of capital markets. New York:Praeger,1972:47-48.

表 4-3　检 验 结 果

| 系数值 | $\gamma_0 = 0.127$ | $\gamma_1 = 0.042$ | $\gamma_2 = 0.310$ |
|---|---|---|---|
| 标准差 | 0.006 | 0.006 | 0.026 |
| 样本平均 | — | $\bar{r}_m - r_f = 0.165$ | |

资料来源：BLACK F.Capital market equilibrium with ristricted borrowing[J].Journal of business,1972,45(3)：444-455.

检验结果表明，$\gamma_0$ 并不显著为 0，$\gamma_1$ 显著不等于 $\bar{r}_m - r_f = 0.165$，$\gamma_2$ 也显著不等于 0。

除了上述检验外，为数众多的财务学家对资本资产定价模型进行了检验，所得出的结论大致可以分类如下。

（1）常数项 $\gamma_0$ 显著不等于 0，斜率 $\gamma_1$ 明显小于市场组合收益与无风险利率之差，意味着低 $\beta$ 系数股票收益高于资本资产定价模型所估计的收益，高 $\beta$ 系数股票收益低于资本资产定价模型所估计的收益。

（2）$\beta$ 系数对股票收益解释力不足，也就是模型可能存在遗漏变量问题。除 $\beta$ 系数之外，还有其他指标在一定程度上对于股票收益具有解释力，如市盈率、公司规模、红利率等。通常，市盈率低、小公司及高红利率的股票收益率比资本资产定价模型所预期的要高，其原因也许是因为在 $\beta$ 系数估计中忽略了这些影响因素。

（3）尽管存在解释力不足问题，也就是理论模型与实际的吻合性不是很好，但是线性模型对于数据还是有很好的拟合特性。

如果不考虑资本资产定价模型的标准理论形式，根据证券收益和 $\beta$ 系数之间的线性关系，资产收益可以写成如下直线形式：

$$r_{it} = \hat{\gamma}_0 + \hat{\gamma}_1 \beta_{it} + \varepsilon_{it}$$

式中，$\hat{\gamma}_0$ 和 $\hat{\gamma}_1$ 为参数估计值。该模型称为经验市场线（empirical market line）模型。经验市场线的应用与资本资产定价模型检验的步骤相类似，即首先使用证券特征线估计证券 $\beta$ 系数，然后使用截面数据估计 $\hat{\gamma}_0$ 和 $\hat{\gamma}_1$。得出 $\hat{\gamma}_0$ 和 $\hat{\gamma}_1$ 的估计值，就可以使用经验市场线推断任何一只证券在未来一个时期的收益。

## 二、零 $\beta$ 模型

### （一）零 $\beta$ 模型的概念

所谓零 $\beta$ 模型，就是使用零 $\beta$ 资产替代无风险资产，从而无须存在无风险资产的假设。观察证券市场线会发现，无风险资产的坐标点在纵轴上，代表风险的 $\beta$ 系数为 0。如果找到了 $\beta$ 系数为 0 的资产，也就是零 $\beta$ 资产，并不影响资本资产定价模型的成立。首先，利用零 $\beta$ 资产与市场组合再组合，形成的组合资产的轨迹是一条直线。其次，零 $\beta$ 资产不影响证券市场线的形状。

注意，$\beta$ 系数为 0 与无风险资产的概念不一致，零 $\beta$ 资产表示资产的收益波动性与市场收益波动性不相关。无风险资产的实现收益率等于期望收益率，也就是资产收益不波动，因此无风险资产属于零 $\beta$ 资产。但是，反过来，零 $\beta$ 资产未必是无风险资产。

### （二）零 $\beta$ 模型的构造

零 $\beta$ 模型于 1972 年由布莱克提出[①]。确定市场组合（实际上对于任何有效前沿上的组合，均可做类似分析），找到与市场组合具有零协方差的所有投资组合，称为零 $\beta$ 组合。由于 $\beta$ 相同的资产具有相同的期望收益，所有零 $\beta$ 组合在同一条水平线上。其中，存在唯一零 $\beta$ 组合在可行集边缘线上，称为最小方差零 $\beta$ 组合，如图 4-3 中的 $Z(M)$ 点。资产 $Z(M)$ 的期望收益为 $E(r_z)$。使用零 $\beta$ 资产 $Z(M)$ 与市场组合再组合，利用类似资本资产定价模型的推导方法，即可得到零 $\beta$ 模型。

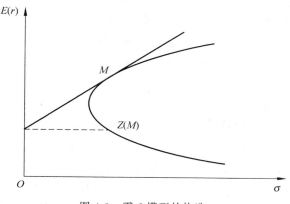

图 4-3 零 $\beta$ 模型的构造

用零 $\beta$ 值资产组合的收益率 $r_z$ 代替无风险收益率 $r_f$，那么零 $\beta$ 模型的 CAPM 的方程可以表达为

$$E(r_i) = E(r_z) + \beta_i [E(r_m) - E(r_z)]$$

其中

$$\beta_i = \frac{\mathrm{cov}(r_i, r_m)}{\sigma_m^2}$$

在布莱克的模型中，无风险资产被零 $\beta$ 资产所取代。零 $\beta$ 资产并非完全没有风险，只不过所存在的风险是特殊风险，而系统风险为零。零 $\beta$ 资本资产定价模型与传统模型有着同样的线性关系，对风险的度量也是 $\beta$ 值。当然，形成零 $\beta$ 资产经常需要一定的条件，如允许证券的卖空。否则，在绝大部分证券存在正相关的经济中，系统风险不能对冲，很难形成零 $\beta$ 资产。

## 三、其他拓展

### （一）交易费用

资本资产定价模型假设资本市场完美，不存在交易费用。但是，投资过程中的交易费用有多种形式，如税收。不同的资产交易的税收不同，不同的投资者面临的税种和税率也不同，因此导致投资者的税后实现投资收益与预期不同。如果两个投资者的资产组合的

---

[①] BLACK F.Capital market equilibrium with ristricted borrowing[J].Journal of business，1972，45（3）：444-455.

税前收益相同，但由于不同税收的影响，他们税后获得的投资收益将有所不同。

较早考虑交易成本的资本资产定价模型是 Brennan 于 1970 年提出的考虑资本利得与红利税负不同时的资本资产定价模型[①]。他认为，投资者将根据自己的税负来确定自己的最优风险资产组合，并提出了公式：

$$E(r_i) = r_f(1-T) + \beta_i[E(r_m) - r_f] + T[D_i - \beta_i(D_m - r_f)]$$

$$T = \frac{T_d - T_g}{1 - T_g}$$

式中，$D_m$、$D_i$ 分别表示市场组合和资产 $i$ 的红利收益率；$T_d$、$T_g$ 分别表示资本市场中资本收益和红利的所得税税率；$T$ 表示税收调整因子。

从公式中可以看出当 $T_d = T_g$ 时，$T = 0$，这个模型的形式与标准资本资产定价模型一致。如果这两个税率有差别，将上面的公式进行变换，可以得到

$$E(r_i) = r_f(1-T) + \beta_i[E(r_m) - r_f - T(D_m - r_f)] + TD_i$$

即期望的收益率线性地依赖于系数 $\beta_i$，与标准资本资产定价模型一致。

### （二）跨期模型与消费模型

针对资本资产定价模型的假设问题，金融学家们还做出了很多模型拓展。如跨期模型（intertemporal CAPM，ICAPM）和消费模型（comsumption CAPM，CCAPM）。跨期模型由 Merton 于 1973 年提出，主要解决资本资产定价模型中的单期投资假设问题。消费模型由 Rubinstein 于 20 世纪 70 年代后期提出，主要解决投资者消费效用函数对于资产定价的影响问题[②]。由于这些模型较为复杂，在实践中的应用受到了限制。

# 第三节    套利定价理论与因子模型

## 一、套利定价理论

### （一）套利

套利（arbitrage）指针对同一项资产，在同一时间，在同一市场或者不同市场，进行两笔对冲交易，即同时买入、卖出，以期获得无风险收益的行为。

套利是一种交易行为，这种交易行为需要建立在如下信念的基础上：在均衡市场上，未来价值相同的资产，当前应该具有一致的定价；组合资产价值应该等于组合中各资产价值之和。也就是说，市场应该存在单一价格定律（the law of one price），如果单一价格定律被违背，就会出现套利的机会。如果投资者发现套利机会，那么所有投资者都会进行套利交易，从而使套利收益下降，直到套利机会消失。

理想的套利交易，应该不使用任何投资而获取无风险收益。设想证券公司能够从第一个客户手中按照 50 元的价格购买某种金融券，而同时他又能以更高的价格，如 52 元，

---

① BRENNAN M.Taxes,market valuation and financial policy[J].National tax journal,1970,23：417-429.

② MERTON R.An intertemporal capital asset pricing model[J].Econometrica,1973,41：867-887；RUINSTEIN M.The valuation of uncertain income streams and the pricing of options[J].Bell journal of economics and management science,1976,7：407-425.

卖给第二个客户。如果证券公司在同一个时刻从事了这样的两笔交易,则能够获得无风险收益 2 元,而且没有任何投资支出。

在实践中很难出现严格满足定义要求的套利,大部分套利或多或少需要承担一定的风险。即使同时签订对冲的买、卖两笔合同,也可能存在交易违约风险。某些套利,针对类似资产进行对冲交易,寻找错误定价空间,承担风险会更高。

### (二)套利定价理论假设

套利定价理论(arbitrage pricing theory,APT),通过构造无套利投资组合,利用单一价格定律(the law of one price),推导出在均衡市场条件下的资产收益。为了能够构造出无套利投资组合,并从中找出资产收益的规律,推导套利定价模型(arbitrage pricing model)需要三个基本假设:①资本市场完全竞争、无摩擦;②贪婪且风险规避的投资者具有同质预期,认为资产服从由 $k$ 个因子构成的多因子模型;③可交易的资产种类 $n$ 足够多,远大于因子数量 $k$。

上述三方面基本假设,意在保证不出现套利组合,即消除所有的套利机会。资本市场完全竞争,要求每个投资者都没有能力影响市场,不能影响资产定价,都只能是价格的接受者。无摩擦指不存在各种交易成本,交易的中间环节没有任何阻碍。只有完全竞争、无摩擦,才能实现市场完全消除各种套利机会。投资者关于资产投资收益与风险的预期是构造投资组合和资产价值判断的基础,市场对于同一项资产如果具有不同预期,则很难形成同样的价值判断,也就很难进行套利行为。假设资产种类相对于因子数量足够多,是为了保证投资者有足够选择,构造套利组合。

关于假设,套利定价模型与资本资产定价模型不同:①没有关于资产收益分布的假设,并不需要资产收益服从联合正态分布;②尽管也需要投资者贪婪、风险规避,但并不需要做投资者效用函数假设,也就不需要做无所得税假设,不需要做单期效用最大化分析;③不需要对市场组合做出假设,即套利并不需要市场组合,也不需要使用无风险资产与市场组合进行再组合,只是判断资产之间的相对价格。

### (三)套利定价模型推导

套利定价模型由 Ross 于 1976 年提出[①]。假设资产收益可以描述成多个因素(因子)的线性形式,即

$$r_i = a_i + b_{i1}F_1 + b_{i2}F_2 + \cdots + b_{ik}F_k + \varepsilon_i$$

式中,$a_i$ 为资产 $i$ 在不存在其他因子和干扰因素作用条件下的收益,也就等同于不考虑各种变化因素情况下的期望收益,$a_i = E(r_i)$。$F_k$ 为影响资产收益的第 $k$ 个共同因子(factor),$F_k$ 取值随机变化,是一个随机变量,均值为 0;$b_{ik}$ 为资产 $i$ 对因子 $k$ 的敏感系数;$\varepsilon_i$ 为随机残差项,均值为 0,与各种影响因素不相关,残差之间不相关。

Ross 认为,无套利是市场实现均衡状态的特征,在无套利情况下的资产收益率即为均衡收益率。因此,推导模型就是要构造出无套利组合,从中推出资产收益。

假设投资者能够使用 $n$ 种资产构成无套利投资组合。以 $x_1,x_2,\cdots,x_n$ 表示在无套

---

① ROSS S.The arbitrage theory of capital asset pricing[J].Journal of economic theory,1976,13:341-360.

利组合中 $n$ 种资产的权重。当使用这 $n$ 种资产构造组合后,组合收益为各项资产收益的加权平均,即

$$r_p = \sum_{i=1}^{n} x_i r_i$$
$$= \sum x_i E(r_i) + \sum x_i b_{i1} F_1 + \cdots + \sum x_i b_{ik} F_k + \sum x_i \varepsilon_i$$

式中, $r_i$ 为第 $i$ 项资产的收益率。

当 $n$ 足够大时, $x_i$ 足够小,由此各项资产的权重:

$$x_i \approx \frac{1}{n}$$

这样,根据大数法则,无套利投资组合收益中的残差项由于相互独立, $\sum x_i \varepsilon_i$ 趋于 0,特殊风险可以被分散掉,可认为投资组合的特殊风险为 0。因此,投资组合的收益可以表示为

$$r_p = \sum x_i E(r_i) + \sum x_i b_{i1} F_1 + \cdots + \sum x_i b_{ik} F_k$$

现构造一个 0 投入、0 风险的组合。0 投入为

$$\sum x_i = 0$$

0 风险为

$$\sum x_i b_{ik} = 0$$

根据无套利条件,这样的组合期望收益为 0。由于投资组合收益可以表示为

$$r_p = \sum x_i E(r_i) + \sum x_i b_{i1} F_1 + \cdots + \sum x_i b_{ik} F_k = \sum x_i E(r_i)$$

期望收益等于 0,即为

$$\sum x_i E(r_i) = 0$$

上述构造的无套利投资组合满足三个条件:

$$\sum x_i = 0$$
$$\sum x_i b_{ik} = 0,\text{对于所有因素 } k$$
$$\sum x_i E(r_i) = 0$$

将 $x_i$、$b_{ik}$、$E(r_i)$ 分别组成权重向量、敏感系数矩阵和期望收益向量。根据线性代数知识,权重向量与单位向量正交,权重向量与敏感系数矩阵正交(或者权重向量与每一个因素的敏感系数向量正交),权重向量与期望收益向量正交。因此,期望收益向量一定是一个常数向量与敏感系数矩阵的线性组合,也就是存在 $k+1$ 个常数 $\lambda_0, \lambda_1, \cdots, \lambda_k$,使得

$$E(r_i) = \lambda_0 + b_{i1} \lambda_1 + \cdots + b_{ik} \lambda_k$$

当证券对各种因子的敏感性为 0 时, $E(r_i) = \lambda_0$。此时的资产为无风险资产, $\lambda_0$ 称为无风险收益率。这样,上述定价模型可以写成

$$E(r_i) = r_f + b_{i1} \lambda_1 + \cdots + b_{ik} \lambda_k$$

即为套利定价模型。

如果资产收益仅与因子 $k$ 相关,可以简化成如下形式:

$$E(r_i) = r_f + b_{ik}\lambda_k$$

类似于资本资产定价模型,该模型也可以用图形表示出来。该模型的图形表现形式称为套利定价线(arbitrage pricing line),如图 4-4 所示。

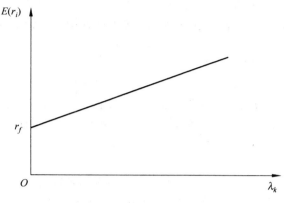

图 4-4　套利定价直线

比照资本资产定价模型,套利定价线中的 $\lambda_k$ 可以认为是第 $k$ 个因子所引起的风险溢价,因此可以写成

$$\lambda_k = \bar{\delta}_k - r_f$$

式中,$\bar{\delta}_k$ 为对第 $k$ 个因子具有单位敏感性时的收益。如果第 $k$ 个因子是市场风险,那么 $\bar{\delta}_k$ 就是市场收益,$\bar{\delta}_k - r_f$ 称为市场风险溢价。当资产的市场风险为 1 时,由第 $k$ 个因子产生的收益为 $\bar{\delta}_k$。

从形式上看,资本资产定价模型属于套利定价模型的一个特例。当只有一个市场风险因子影响收益时,套利定价模型就变成了资本资产定价模型。

### (四)套利投资组合

所谓套利投资组合,是指投资者能够用以进行无风险套利的投资组合。当然,不能据以进行套利的投资组合称为无套利投资组合。根据无风险套利的概念,无套利投资组合具有投资额为 0、系统风险为 0 和收益为 0 三个特点。

例如,某投资者现所持有的投资组合由 3 种证券构成,并且假设资产收益符合单因子模型特征,数据如表 4-4 所示。

表 4-4　投资组合构成

| 构成股票 | 收益率/% | 对因素敏感性 $b$ | 股票权重 $x$ |
| --- | --- | --- | --- |
| 股票 1 | 15 | 0.9 | 0.33 |
| 股票 2 | 21 | 3.0 | 0.33 |
| 股票 3 | 12 | 1.8 | 0.33 |

投资者使用这 3 种股票构成一个无套利投资组合的条件如下。

(1)不支付任何投资。分别以 $x_1$、$x_2$、$x_3$ 表示为构成无套利组合,在投资者总投资中

各种证券的权重变化,因为套利投资组合中总投资为 0,则

$$x_1 + x_2 + x_3 = 0$$

（2）无风险。所谓无风险主要指不存在系统风险,而特殊风险可以通过多样化分散掉,则投资组合对影响因素的敏感系数为 0。以 $b_1$、$b_2$、$b_3$ 分别表示 3 种证券对某种因素的敏感性,投资组合对该种因素的敏感性等于各种证券敏感性的加权平均。因此

$$x_1 b_1 + x_2 b_2 + x_3 b_3 = 0$$

（3）组合收益为 0。即

$$x_1 r_1 + x_2 r_2 + x_3 r_3 = 0$$

符合上述三个条件的投资组合为无套利投资组合。如果仅符合前两个条件,而组合收益大于 0,则组合为套利组合。不妨设 $x_1 = 0.1$,解由前两个条件构成的方程组,即

$$0.1 + x_2 + x_3 = 0$$

$$0.09 + 3.0 x_2 + 1.8 x_3 = 0$$

结果为 $x_2 = 0.075$,$x_3 = -0.175$。要考察所构成的投资组合是否为套利投资组合,还需要考察第三个条件。将解得的权重结果代入第三个条件式:

$$x_1 r_1 + x_2 r_2 + x_3 r_3 = 15\% \times 0.1 + 21\% \times 0.075 + 12\% \times (-0.175)$$
$$= 0.975\%$$

因为存在正收益,所以所构成的投资组合为套利投资组合。这个套利投资组合可以通过如下操作所形成:①购买 1 200 元的股票和 900 元的股票 2;②出售 2 100 元的股票 3。由于投资组合的总投资额为 0,又没有系统风险,这样的套利投资组合对任何投资者均具有足够的吸引力。

如果没有任何投资,怎么构造投资组合? 为了容易理解,假设投资者手里有 12 000 元,不失一般性,假设投资者将这笔钱平均分摊到 3 种股票上,形成一个原始组合,如表 4-4 所示。当投资者发现存在套利机会时,可以构造一个套利投资组合,并且持有这个套利投资组合。这样,投资者就相当于持有了两个投资组合,即原有投资组合和套利投资组合。两个投资组合构成了一个新的投资组合。整个过程相当于投资者发现套利投资机会,将原有投资组合调整为新投资组合。各相关投资组合权重如表 4-5 所示。

表 4-5　投资组合中各种证券权重

| 证券<br>投资组合 | 证券 1 | 证券 2 | 证券 3 |
|---|---|---|---|
| 原有投资组合 | 0.333 | 0.333 | 0.333 |
| 套利投资组合 | 0.100 | 0.075 | −0.175 |
| 新投资组合 | 0.433 | 0.408 | 0.158 |

表 4-5 中各种投资组合特性如表 4-6 所示。

表 4-6　投资组合特性

| 投资组合<br>风险与收益 | 原投资组合 | 套利投资组合 | 新投资组合 |
|---|---|---|---|
| 收益率/% | 16.000 | 0.975 | 16.975 |
| 敏感系数 | 1.900 | 0.000 | 1.900 |

表 4-5 和表 4-6 中各种投资组合的收益率和敏感系数均为组成资产收益率和敏感系数的加权平均。套利投资组合没有系统风险,可能有特殊风险。根据特殊风险可分散原理,此处可不考虑特殊风险。使用原有投资组合和套利投资组合构成新投资组合,投资者的风险基本上没有增加,而收益率提高了 0.975%。

实际上,套利投资组合不一定必须在原有投资组合基础上才能形成。仍以上述股票收益率数据为例。只要卖空股票 3,并使用卖空的收入购买股票 1 和股票 2,并通过适当控制证券卖空和买入数量,使得投资组合的系统风险为 0,即可以构成套利投资组合。

套利行为会增加对资产 1 和资产 2 的购买,增加资产 3 的出售,因此在市场上提高资产 1 和资产 2 的价格,降低资产 3 的价格,直到无套利机会为止。套利行为加速了市场的流动性,而且能够使得市场更容易发现资产的真实价值。反过来,如果市场的流动性很充分,则不会存在套利机会。因为套利行为不需要额外净投资,一旦出现套利机会,并且被人们发现,会立即被加以利用以获取利润。甚至只要有一个投资者发现,这个机会也会被利用,以致消失。资产的价格变化导致收益率的变化,如果其他条件不变,收益率变化和资产价格变化是等价的。到底资产收益率变化到什么程度时才会消除套利机会?

根据套利定价模型,如果资产收益符合如下形式,将不能构成套利投资组合:

$$E(r_i) = \lambda_0 + \lambda_1 b_i$$

式中,$\lambda_0$ 和 $\lambda_1$ 为常数,取决于投资者的风险偏好程度、财富数量和时间偏好等因素;$b_i$ 为资产收益对单因子的敏感系数。不妨设定 $\lambda_0 = 8$ 和 $\lambda_1 = 4$,则资产收益为

$$E(r_i) = 8 + 4b_i$$

根据这一表达式,代入敏感性数值,可以计算出资产 1、2、3 的收益率,分别为 11.6%、20.0% 和 15.2%。将这三个收益率数值代入套利投资组合的第三个条件式中,得到

$$x_1 r_1 + x_2 r_2 + x_3 r_3 = 11.6\% \times 0.1 + 20.0\% \times 0.075 + 15.2\% \times (-0.175)$$
$$= 0$$

符合无套利投资组合条件。

## 二、因子模型

### (一) 单因子模型

因子模型(factor model)是关于资产收益的一类经验模型。因子模型的直觉逻辑是,任何资产收益均可以表示为两个部分,可预期部分,以及不可预期部分。而不可预期部分又可以分为各种资产的共同因素部分和单个资产的特殊因素部分。回顾上一节关于套利定价模型的推导,其中假设资产收益可以表示成多个因子的线性表达式,即为因子模型:

$$r_i = a_i + b_{i1} F_1 + b_{i2} F_2 + \cdots + b_{ik} F_k + \varepsilon_i$$

其中,$a_i$ 是与因子无关的收益,可以认为是根据历史数据,以及投资者目前所掌握的关于资产的信息,对资产收益所做出的预期,也就是预期收益 $E(r_i)$。将公式中的常数 $a_i$ 改写为预期收益 $E(r_i)$,$F$ 表示为因子变化值,是因子模型的另一种表达方式。

模型中的其他符号定义同本节第一部分。

单因子模型（single factor model）指上述影响资产收益的共同因子只有一个，即

$$r_i = a_i + b_i F + \varepsilon_i$$

例如，假设模型中的共同因子为宏观经济状况，使用 GDP 的非预期增长率表示。同时假设 $b_{i1}$ 为 1.2。2013 年预期 2014 年的 GDP 增长率为 7%，但实际实现了 8%，超过预期 1 个百分点。按照单因子模型，资产的收益就可以写成

$$r_i = a_i + 1.2 \times (8\% - 7\%) + \varepsilon_i$$

其中，$a_i$ 是确认 GDP 实现增长率之前对资产收益的预期，$\varepsilon_i$ 是该项资产特殊因子的干扰项，如公司经营状况。当 GDP 实现值与预期相同时，如果不考虑干扰项，那么资产的收益就等于原来的预期。

如果该资产的原来期望收益是 10%，那么新的期望收益就会变为 11.2%。

如果将单因子模型中的共同因子确定为股票市场指数，称为单指数模型。可表示为

$$r_i = a_i + b_i \text{Index} + \varepsilon_i$$

式中，Index 为股票市场指数。

在单指数模型中，使用股票市场指数表示市场组合，则模型称为市场模型（market model）[①]。市场模型可以表示如下：

$$r_i = a_i + b_i r_m + \varepsilon_i$$

其中，$r_m$ 为市场组合，可以使用股票市场指数代替。由于 $r_m$ 为市场组合，市场模型中的 $b_i$ 就是资本资产定价模型中的 $\beta_i$。将市场模型中的 $b_i$ 替换为 $\beta_i$，就是证券特征线。

根据套利定价理论，如果资产收益可以表示成单因子模型形式，那么资产的期望收益可以表示为

$$E(r_i) = r_f + b_i(\bar{\delta} - r_f)$$

这是一个单因子套利定价模型。其中系数

$$b_i = \frac{\text{cov}(r_i, \delta)}{\sigma^2(\delta)}$$

如果使用 $E(r_m)$ 代替 $\bar{\delta}$，$r_m$ 替代 $\delta$，将 $b_i$ 改写成 $\beta_i$，则单因子套利定价模型与资本资产定价模型形式完全相同，即

$$E(r_i) = r_f + \beta_i[E(r_m) - r_f]$$

## （二）多因子模型

当资产收益对于不同因子具有相同敏感系数时，可以将多个因子综合成单个因子，构造单因子模型。在实践中，各个因子的敏感系数通常不一致。例如，一个食品加工厂，现金流对于 GDP 的变化敏感性差；而利息率的变化由于影响到折现率，因此对于公司价值有很大影响。显然，这个食品加工厂对于两个因子的敏感系数就不一样。这样，将多个因子综合成单个因子，显然会出现丢失信息的错误，不能准确描述资产收益。

---

[①] 参见 FAMA E. A note on the market model and the two-parameter model[J]. Journal of finance. 1973，28(5)：1181-1185.

使用因子模型,考虑两个共同因子,分别为 GDP 非预期增长率和非预期通货膨胀 INF,那么因子模型可以拓展为

$$r_i = a_i + b_{i1}\text{GDP} + b_{i2}\text{INF} + \varepsilon_i$$

仍然令 $b_{i1}$ 等于 1.2,$b_{i2}$ 等于 $-1$。预期之外的 GDP 增长率为 $1\%$,预期外的通胀率为 $1.5\%$(原来预期 $3\%$,实际为 $4.5\%$)。资产原来的期望收益为 $10\%$,那么该资产新的期望收益为 $9.7\%$。

如果再加入利息率(interest rate,IR),那么模型将会变为

$$r_i = a_i + b_{i1}\text{GDP} + b_{i2}\text{INF} + b_{i3}\text{IR} + \varepsilon_i$$

更为一般地,考虑多个因子,按照上述思想,资产收益可以分解为

$$r_i = E(r_i) + \beta_1 F_1 + \beta_2 F_2 + \cdots + \varepsilon_i$$

当希望借助于多因子模型描述资产收益时,寻找因子也是一项难做的工作。选择因子时,应该遵循如下两个原则:①所使用的因子尽可能对资产收益影响大;②在尽可能保持模型简单的前提下,提高所有因子对资产收益的解释力。

在实践中,究竟取多少个因子,以及选取哪些因子,一般通过两种方法来确定。

**1. 基础分析法**

所谓基础分析,是根据经济理论,寻找各种经济变量之间的关系,从而确定资产收益的影响因素。通常,影响资产收益的经济因素有三类,即宏观经济因素、行业状况和公司自身经营管理状况。例如,在宏观经济因素中,通货膨胀率、利息率和经济增长率对资产收益有着重要影响。宏观经济因素和行业状况与资产收益之间呈线性关系,公司自身状况则通常使用随机误差表示。

使用这种方法不能保证所使用的因子较全面地解释资产收益,可能遗漏变量,也可能选错变量。

**2. 因子分析法**

因子分析(factor analysis)法是一种寻找影响因子的统计分析方法。使用这种方法之前,既不知道有哪些影响因子,也不知道各种因子的敏感性,而已知的仅仅是一组资产样本的历史收益率。根据这些历史收益率,应用统计分析方法,可以分析出有多少个关键因子影响着资产的收益,以及这些关键因子的敏感性有多大。

使用这种方法较明显的缺陷是不能准确说明影响因子的经济含义是什么。

# 三、Fama-French 三因子模型

## (一)模型概述

Fama-French(FF)三因子模型是由 Fama 和 French[①] 在 1993 年提出,使用三个因子对证券投资收益进行描述的模型。在对众多因子进行研究后,Fama-French 发现除了市场风险外,公司规模和账市比(book-to-market,代表成长性)是证券收益的主要影响因素,因此建立了如下包括市场风险、公司规模和账市比三个因子的因子模型:

---

① FAMA E,FRENCH K.Common risk factors in the returns on stocks and bonds[J].Journal of financial economics,1993,33(1):3-56.

$$E(r_{it}) - r_{ft} = \beta_i [E(r_{mt}) - r_{ft}] + s_i E(\mathrm{SMB}_t) + h_i E(\mathrm{HML}_t)$$

式中，$r_{ft}$ 表示时期 $t$ 的无风险收益率；$r_{mt}$ 表示时期 $t$ 的市场收益率；$r_{it}$ 表示资产 $i$ 在时期 $t$ 的收益率；$E(r_{mt}) - r_{ft}$ 是市场风险溢价；$\mathrm{SMB}_t$ 称为市值因子，为时期 $t$ 的规模因素的收益溢价；$\mathrm{HML}_t$ 表示账市比因子，为时期 $t$ 归因于成长因素的收益溢价。$\beta_i$、$s_i$ 和 $h_i$ 分别是三个因子的系数。

Fama 和 French 研究表明，小公司股票收益一般高于大公司股票，高账市比公司股票收益一般高于低账市比公司股票。

### （二）模型构建

FF 三因子模型的回归形式为

$$r_{it} = \alpha_i + \beta_i (r_{mt} - r_{ft}) + s_i \mathrm{SMB}_t + h_i \mathrm{HML}_t + \varepsilon_{it}$$

式中，$\alpha_i$ 为模型截距，$\varepsilon_{it}$ 为残差项。

要进行三因子模型回归，需要对样本公司进行分组。首先，计算每个样本公司两个市场价值和一个账面价值。所谓两个市场价值，分别指在 $t-1$ 年度 12 月 31 日的市场价值 $\mathrm{MV}_{i,Dt-1}$ 和 $t$ 年度 6 月 30 日的市场价值 $\mathrm{MV}_{i,Jt}$。其中，市场价值为当天股票收盘价乘以总股数。所谓一个账面价值，指在 $t-1$ 年度该公司财政年度末的账面价值 $\mathrm{BV}_{i,Jt-1}$，如公司的财政年度从每年 7 月 1 日开始，那么财年末就是去年 6 月 30 日。其次，在 $t$ 年度的 6 月末，将所有样本公司按照本年度 6 月末的市场价值 $\mathrm{MV}_{i,Jt}$ 排序，中位数下 50% 作为小市值组 S(small)，中位数上 50% 作为大市值组 B(big)。再次，在 $t$ 年度的 6 月末，按照每个公司账市比 $\dfrac{\mathrm{BV}_{i,Jt-1}}{\mathrm{MV}_{i,Dt-1}}$，下 30% 分位数以下作为低账市比组 L(low)，上 30% 分位数以上作为高账市比组 H(hign)，中间 40% 作为中等账市比组 M(middle)。最后，两种分类法交叉，将所有样本公司分成 6 个组，分别为 S/L、S/M、S/H、B/L、B/M、B/H。例如，S/L 表示样本公司既属于小市值组，又属于低账市比组。

做了分组后，计算每个样本组股票组合的加权平均收益，计算期间为从第 $t$ 年的 7 月 1 日开始，到第 $t+1$ 年的 6 月 30 日止。利用每个样本组股票组合的加权平均收益，计算每个月的如下两个数值：

$$\mathrm{SMB}_t = 1/3(\mathrm{S/L}_t + \mathrm{S/M}_t + \mathrm{S/H}_t) - 1/3(\mathrm{B/L}_t + \mathrm{B/M}_t + \mathrm{B/H}_t)$$

$$\mathrm{HML}_t = 1/2(\mathrm{S/H}_t + \mathrm{B/H}_t) - 1/2(\mathrm{S/L}_t + \mathrm{B/L}_t)$$

Fama 和 French 在模型检验中，对于因变量也做了分组处理。他们使用上述同样的指标，将样本公司按照市场价值分成 5 个组，按照账市比分成 5 个组，再交叉成 25 个组，也就是形成了 25 个投资组合。他们以这 25 个投资组合每个月的价值加权平均收益作为因变量，进行三因子模型回归，用以检验三因子模型的稳健性。

### （三）模型应用

资本资产定价模型和 FF 三因子模型，同样都是理论研究和投资实践中广泛应用的模型。在实务界，在预测个股收益时资本资产定价模型应用更广泛。在构建投资组合，预测投资组合收益时，理论界还是推荐使用 FF 三因子模型。实证检验确实表明，在预测个股收益时,FF 三因子模型没有表现出比资本资产定价模型更强的解释性[①]。

# 习　题

1. 在资本资产定价模型推导中,为什么要作出投资者对于金融资产的收益和风险同质预期的假设?

2. 如果金融资产收益率不符合正态分布,是否仍然可以应用线性定价模型,理论依据是什么?

3. 如果不存在无风险资产,投资者不能按照无风险收益率自由借贷,资本市场线的折弯点在哪里,资本资产定价模型仍然成立吗?

4. 请比较证券市场线、资本市场线和证券特征线。

5. 如果投资者风险偏好,在资本市场上会出现什么结果?

6. 在公司的存续期内,股票 $\beta$ 系数会随着时间的变化而变化吗? 请分析原因。

7. 请比较套利定价模型与资本资产定价模型,两个模型得出的共同结论是什么?

8. 套利定价模型在形式上与因子模型是否一致?

9. 试利用公开数据,计算某些公司股票的 $\beta$ 系数。

10. 试利用公开数据,建立某公司股票收益的市场模型,并计算该股票的系统风险、特殊风险。

11. 思考公司股票的 $\beta$ 系数与公司资产的 $\beta$ 系数是同一个概念吗? 得数是否相同?

12. 你是否认可金融资产收益率只与系统风险相关,与特殊风险无关的观点,为什么?

13. 零 $\beta$ 资产的期望收益率、系统风险和特殊风险如何确定?

14. 什么是证券投资的风险溢价、附加收益、正常收益和超常收益?

15. 如果无风险收益率和市场预期收益率分别是 6% 和 11%,某 $\beta$ 值为 1.1 的证券的预期收益率是多少?

16. 某人花了 550 元投资了一只 $\beta$ 值为 1.22 的证券,又投资了 450 元到一只 $\beta$ 值为 0.96 的证券上。请计算此人的投资组合的 $\beta$ 值。

17. 证券 A、B 的预期收益率和 $\beta$ 值见表 4-7。

表 4-7　习题 17 表

| 证券 | 预期收益率/% | $\beta$ 值 |
|---|---|---|
| A | 14.8 | 1.24 |
| B | 16.3 | 1.82 |

如果市场收益是 12.5%,无风险收益率是 3.6%,哪一只证券更值得购买?

18. 无风险收益率是 6%,市场的期望收益率是 12%, $\beta$ 值为 0.8 的股票的风险溢价是

①　BARTHOLDY J,PEARE P.Estimation of expected return:CAPM vs. Fama and French[J].International review of financial analysis,2005,4(4):407-427.

多少?

19.某公司的投资组合中有 8 种股票,每种股票的市场价值均为 2 000 元,风险最大的股票 $\beta$ 值为 1.95,该投资组合的 $\beta$ 值为 1.25。如果该公司出售风险最大的股票而购进另一种股票来降低投资组合的 $\beta$ 值到 1.12,那么新购进的股票的 $\beta$ 值是多少?

20.考虑一个双因子模型,因子 $a$ 和因子 $b$ 对应的风险溢价分别是 4% 和 6%。股票 A 在因子 $a$ 上的 $\beta$ 为 1.2,在因素 $b$ 上的 $\beta$ 为 0.9。股票 A 的预期收益率是 16%。如果不存在套利机会,无风险收益率是多少?

21.利用双因子模型研究一只股票的预期收益。这些因子的 $\beta$ 和风险溢价如表 4-8 所示,无风险利率是 4.5%,这只股票的预期收益是多少?

表 4-8　习题 21 表

| 因子 | $\beta$ | 风险溢价/% |
|------|---------|-----------|
| A | 1.6 | 2.0 |
| B | 0.9 | 10.4 |

22.考虑单因子套利定价模型,由 3 种证券组成的充分分散的资产组合的有关数据见表 4-9。

表 4-9　习题 22 表

| 证券 | 预期收益率/% | $\beta$ 系数 |
|------|------------|-------------|
| A | 10 | 1 |
| B | 9 | 2/3 |
| C | 4 | 0 |

根据以上数据,该资产组合是否存在套利机会? 投资者应该如何制定套利策略?

## 即 测 即 练

# 第五章

# 债券投资基础

债券是资本市场上常见的投资工具,也是基础投资工具,很多结构性产品基于债券工具而建立。同时,债券价值评估相对简单,掌握债券的相关知识,有利于对其他金融工具的学习。

## 第一节  债券基础知识

### 一、债券的概念

债券是一种有价证券,是代表某种债权的凭证。债券代表了债权债务的契约关系。持有债券的人是债权人,是债券投资者。债券的原始出售人是债务人,是债券的发行者。债券契约通常规定,持有人定期获得约定的票息,在到期日获得债券面值(face value)。

债券的典型特征是投资收益具有相对固定性。首先,债券有固定的期限(maturity),投资者在规定的期限内实现投资收益。其次,投资者在到期日收回固定的债券面值,债券面值也称为本金(principal),或者平价价值(par value)。最后,在债券存续期限内,每隔一段时间,投资者可以获得一份票息(coupon),普通债券的票息通常为固定数值。当然,也不是所有债券的收益都是固定的,如浮动利率债券等。因为债券的收益具有明显固定性特征,所以债券也称为固定收益证券(fixed income security)[①]。如果债务人不能按照约定,支付给投资者票息和本金,称为违约,债务人违约需要承担法律责任。债权人不能收到约定收益的可能性,是债券投资的违约风险(default risk)。

债券契约有三个基本构成要素:第一,票面金额,即债券的面值,通常标明在债券票面上。当然现在的电子化债券已经很少有纸质票面了,面值只能反映在契约中了。债券面值指发行人借入的并且承诺于未来某一特定日期偿付给债券持有人的金额。第二,债券的票息,既包括票息的支付频次,也包括票息的计算。债券的票息等于票息率(coupon rate)乘以面值。第三,债券到期日,指债券发行者和投资者结清债权债务关系的日期,在到期日投资者收回债券本金。从债券发行日到到期日的这段时间称为债券期限,如1年期债券、3年期债券等。

在债券基本契约中,票息条款变化稍多一些。票息条款通常规定票息率和支付频次。票息率的常用表示方式是年票息率,年票息率乘以票面值等于债券的年票息。年票息不一定一次性支付,需要根据支付频次而确定。所谓支付频次,通常指1年内支付几次票息。如果1年支付1次票息,票息数额等于年票息额。如果1年支付2次,每次票息额等于年票息额的1/2。

---

① 要特别注意,债券属于固定收益证券,但是固定收益证券不仅包括债券,通常还包括优先股。固定指根据契约的规定而固定。

市场上有时也将债券的票息称为利息，票息率称为利息率。实际上，票息率与利息率有差别。票息率仅指针对某只债券约定的利息率。而利息率的含义比较广泛，甚至可以泛指市场利率。

## 二、债券的类型

债券发行与交易已经有很长的历史，债券发展的种类繁多。债券类型的差异，通常表现在债券发行主体、发行方式、债券期限、担保和其他契约条款等方面。

### （一）按照发行主体划分

按照发行主体，债券可以划分为政府债券、市政债券（municipal bonds）、金融债券、公司债券（corporate bond）和国际债券。

政府债券，即一般所称的"公债""国债"或者"国库券"，是各国政府为筹集资金而向投资者出具并承诺在一定时期内支付利息和到期还本的债务凭证。国债使用国家信用作为偿债的保证。政府债券通常具有两大特征，其一是投资者获得的利息免税[1]；其二是信用级别高，违约风险低，一般达到最高信用级别 AAA 级[2]，代表了无违约风险债。例如，在第四章中的无风险收益率就是基于政府债券而确定。

市政债券，指州、市、县、镇、政治实体的分支机构以及它们的授权机构或代理机构所发行的债券。市政债券偿还的收益来源可以划分为地方政府税收和地方政府项目收益。地方政府为了实施某项目，可以授权代理机构发行债券并且建设项目，项目建成后以项目运行收益作为还债保证。市政债券与地区政府信用关联，因此信用级别也比较高。

金融债券是指由银行和其他非银行金融机构发行的债券，银行和其他非银行金融机构除了以吸收存款、发行大额可转让存单等方式吸收资金之外，经过批准，还可以通过发行债券筹集资金。一般情况下，发行金融债券的金融机构资金实力较强，资信度高，而且金融机构在国民经济中的地位较特殊，政府一般实施较为严格的监管。因此，金融债券与一般公司债有一定区别。

公司债券是由公司发行并承诺在一定时期内还本付息的债权债务关系凭证。与政府债券和金融债券相比，公司债违约风险相对较高，票面利息率也较高。公司经营业务类型繁多，财务状况差距较大，公司债券的风险区别较大，不同的公司债券违约风险有很大的差别，也就是某些公司债风险很高，而某些公司债风险很低。公司信誉越低，违约风险就越大，公司债券的利息率就越高。

国际债券是由外国政府、外国法人或者国际组织在其他国家境内发行的债券，包括普通外国债券和欧洲债券（Euro-bond）。普通外国债券指外国政府或者法人或者国际组织在某个国家发行的以该国本币标值的债券，如在美国发行的以美元标值的债券，即扬基债（Yankee bond）；又如在日本发行的以日元标值的债券，即武士债（Samurai bond）。欧洲债券指发行地与发行货币是分离的，是债券发行者在非货币发行国所发行的以该种货币标值的债券。例如，德国发行者在英国市场发行的美元债券，就属于欧洲债券。欧洲债券

---

[1]　在美国，国债收益不是全免税。

[2]　使用标普评级体系。如果使用穆迪评级体系，则可以表示为 Aaa。

的优点是发行和交易限制条件少。

## （二）按照发行方式划分

按照发行方式，债券主要可以划分为公募债券（publicly placed bond）和私募债券（privately placed bond）。公募债券指经过有关部门按照规定的标准审批，向社会公众公开发行，任何投资者均可购买的债券，而且多数情况下可以在二级市场自由交易。因为公募债向非特定投资者发行，为保护投资者，也是为了维护金融市场秩序，发行主体需要在财务状况上达到一定标准，并且需要定期公开披露有关信息。

相反，私募债券则是指在特定范围内、向特定对象（投资者）发行的债券。私募债券因为发行范围小，影响面小，而且通常购买私募债券的投资者具备一定的金融信息和知识，所以对于发行者资质要求较低，而且发行者也不必定期公开披露有关信息。私募债一般不能上市交易，转让所受限制较多，多通过投资者之间协商转让，因此投资者的流动性风险较高。私募债券的投资收益也通常比公募债券高。广义来看，公司向银行贷款，也可以称为是一种私募债券。

根据发行时债券是否记名，可以分为记名债券（registered bond）和无记名债券（bearer bond）。记名债券是在票面上载明持有人姓名且在发行者名册上进行登记的债券。转让记名债券时，要在债券上背书，并且办理过户登记手续。在领取债券本息时需要出示持有人的印鉴。无记名债券则指在票面上不注明持有人姓名、在发行者名册上也不予登记注册的债券。在转让无记名债券时，不需要在债券上背书，也不需要办理过户登记手续。在领取本息时不需要出示持有人印鉴。

记名债券与无记名债券相比，记名债券的安全性要好一些，遗失后还可以向发行人挂失，而无记名债券的安全性则差一些。然而，由于转让手续多，记名债券在转让时与无记名债券相比流动性要差。为了便于债券流通，对个人投资者发行的债券通常采用无记名方式。而面向机构投资者发行的私募债券，由于投资者人数较少，持有债券比例较高，考虑债权人对于发行者的影响，会更愿意使用记名债券。

## （三）按照发行期限划分

所谓发行期限，指发行时债券的约定存续期限，也就是债券契约期限，而不是投资者持有期限。按照偿还期限的长短，债券可以划分为长期债券、中期债券和短期债券。

一般情况下，短期债券则指偿还期短于 1 年的债券，中期债券指偿还期限在 1 年至 10 年之间的债券，长期债券指偿还期限超过 10 年的债券。这个划分标准基于公司经营传统和自然经营周期而确定。所谓短期，指企业不做固定资产调整，仅做流动资产调整，所以企业短期债券的融资通常作为流动资金使用。中期通常指企业进行固定设备调整的周期，如购置一条生产线、更新一台设备等。长期则指企业进行战略调整、经营方向调整的周期。

从投资者的角度看，投资期限不同，承担的风险不同。首先是违约风险，债务人在短期内财务状况发生大的变化的可能性不大，在投资期初的违约风险评估几乎可以适用于整个短投资期内。但是在较长时间内，债务人财务状况发生变化的可能性加大，投资期初的违约风险评估很难应用到整个长投资期内。另外，即使不考虑违约风险，长短期债券本身的价值受市场环境影响不一样。通常长期债券受经济环境变化影响大,而短期债券影响小。

当然,究竟如何划分长短期并没有绝对的标准,各国的习惯也不尽相同。例如,在英国长期金边债券为 15 年以上,而在日本 15 年以上的债券称为超长期债券。在美国,短期政府债券也就是国库券(treasury bills)的期限为 1 年以内,中期政府债券(treasury notes)期限为 1 年至 10 年,长期政府债券(treasury bond)的期限多为 10 年至 30 年。

### (四) 按照担保类型划分

债券担保(security),是债券发行人降低投资者违约风险的一种方式。对于公平的金融交易,投资人感受的风险越高,要求的收益补偿越高。在有些情况下,债务人有信心按照约定偿还债券本息,但有可能债权人并不这么认为,债务人和债权人在评价债券违约风险的认识上不一致。此时债券增加担保会提高其交易价格,因此降低债务人的利息负担。

按照这个维度,可以把债券划分为无担保债券和有担保债券。

无担保债券又称为信用债券(debenture),指发行者不提供任何形式的担保,仅凭自身信用发行的债券。政府债券通常为无担保债券。一些信用好的公司有时也发行这种债券,称为信用公司债券。信用债券的发行者实际上使用自身的盈利能力作为正常还本付息的保证。如果债务人违约,不能按照债券契约规定偿还本息,债权人有权要求发行人清算资产以强制偿还债权人,这种情况实际上相当于债务人破产。为了保证在资产清算时有足够的资产用以还债,信用债券契约通常规定债务人在签订债券契约后,不能再将任何资产以任何形式抵押给任何人。

信用债券也可以按照等级划分为优先级信用债券(senior debenture)和次级信用债券(subordinate debenture 或者 junior debenture)。两种债券的差别主要在偿还顺序上。如果债务人同时存在优先级债和次级债,优先级债利息和本金支付都在次级债之前。如果债务人现金不足以偿还次级债的本息,只要对优先级债没有违约,次级债的债权人不能单方面要求债务人破产清算。次级债与低信用等级债概念不同,低信用等级指债务人的信用级别低,导致发债的信用级别低。低信用等级的债务人即使只发一种债,也可能是低信用级别债。按照高风险高收益的原则,同一个债务人的次级债收益要高于优先级债。

有担保债券与信用债券相对应,是指债务人发债时使用某种有价值的资产对还债能力进行担保,一旦债务人无力还债,担保就会发生作用。按照担保资产的区别,有担保债券还可以划分为抵押债券(mortgage bond)、质押债券(collateral bond)和保证债券(guarantee bond)。

抵押债券,指发行者以土地、设备、房屋等不动产或者某些特殊动产(如汽车)作为抵押品,保证到期还本付息的债券。如果发行者不能如期还本付息,投资者有权要求处分抵押品作为应获得本息的抵偿。当然,债权人为了充分保证自身利益,总是要求抵押品的现行总价值要高于所发行债券的本息总额。

质押债券,指以债务人所持有的政府、其他公司或者机构所发行的有价证券作为担保资产所发行的债券。发行质押债券的债务人通常将质押品交给信托机构保管,当债务人无力偿还债券本息时,债权人有权请求由信托机构处理质押品,并代为偿债。与抵押债券相同,发债质押品的价值也要能够完全覆盖债券本息。

保证债券,指由发行者和投资者之外的第三方担保如期偿还本息的债券。担保人可以是银行或者非银行金融机构,也可以是其他公司。担保人需要确定有担保能力,因此担保人的信用级别一般较高。保证债券实际上相当于使用担保人的信用对债务人还本付息担保。如果债务人无力还债,担保人在法律上承担还债的责任,也就相当于换了一个债务人。

### （五）按照契约条款划分

债券的契约中包含三要素的基本条款,三要素中的票面值相对固定。按照期限变化形式,可以形成如前所述的不同期限债券。按照票息变化形式,也可以形成很多种类型债券。债券其他契约条款变化更加丰富,形成的债券种类更多。下面仅举出几种常用的分类。

按照是否支付利息,债券可以划分为附息债券(coupon bond)和零息债券(zero coupon bond)。附息债券是在债券契约中规定债务人向债权人定期支付约定的票息,当然票息可能高,也可能低。与此相对,零息债券是在整个债券存续期内,债务人不支付票息的债券。零息债券需要折价发行,也就是按照低于面值的价格发行,因此也称为折扣债券(discount bond)。发行价与面值之差通常被认为是零息债券的利息。附息债券和零息债券的区别是改变了投资者收益的结构,从而会改变投资风险。我国的银行定期存款实质上也可以看成零息债券,投资者期初存款,期末获得本息和。

按照利息的变化形式,可以划分为固定利率债券(fixed interest bond)和浮动利率债券(floating interest bond)。固定利率债券指在发行时就规定了每一个票息支付日应该支付的固定利息金额的债券。因为债券的面值确定,固定利息就相当于固定利息率。浮动利率债券指票面利率随时间可能发生变化的债券。通常,浮动利率债券的票面利率在每一个规定的期间(如每 6 个月)调整一次。例如,某债券契约规定,每半年支付一次票息,债券年票息率为 LIBOR＋2％,半年的票息就是这个年票息率除以2,再乘以面值。其中 LIBOR(London interbank offered rate)为伦敦银行同业拆借利率,是一个浮动利率。如果当前是 7 月 1 日,就以当日 6 个月期的 LIBOR 为基础,加上 2％就是下个半年期的年利率。与固定利率债券相比,浮动利率债券改变了投资者的收益水平,当然也改变了风险特性。

债券其他契约条款的变化可以形成丰富多样的债券种类。例如,当债券中嵌入期权的时候,会产生很多变化。如果债券附加了可转换期权时,称为可转换债券(convertible bond),指在约定条件下,投资者有权将其持有的债券按照约定的转股价格转换成普通股票。当债券附加了出售期权时,称为可退回债券(putable bond),指债权人有权按照约定条件将债券退回给发行人。当债券附加了可回购条款时,称为可回购债券(callable bond),指债券发行人有权在约定条件下赎回债券。

## 三、债券的收益形式

进行债券投资的收益可以分解为三个部分,即资本利得(capital gain)、债券票息(bond interest)和票息的利息(interest on interest)。债券投资的总收益等于三种收益之和。

## （一）资本利得

所谓资本利得，指投资者的债券买入价与卖出价之差，或者债券买入价与持有至到期的到期偿还额（面值）之间的差值。若债券的卖出价或者面值高于买入价，其差额为投资者的资本利得；相反，若投资者在卖出债券或者持有至到期后的偿还额小于债券的买入价，投资者就面临着资本损失（capital loss）。资本利得通常在二级市场上买卖债券实现。

**例 5-1**  某 2018 年 8 月 26 日发行的长期债券，面值 100 元，发行时的价格也是 100 元，称为平价发行（issue at par），票息率为 6%，每年 8 月 26 日支付。投资者在 2019 年 5 月 30 日按照 99 元的净价（clean price）（不含票息价格）买入，2019 年 12 月 15 日按照 100 元的净价卖出，两者之间的差价，就是资本利得，此处为每张债券 1 元。使用 1 元除以 99 元的投资额，即资本利得收益率为 1%。如果债券净价下降，资本利得收益率就是负值，为资本损失。

## （二）债券票息

债券票息，指债券发行人和投资者之间约定定期支付给投资者，由票面价值乘以票面利率计算出的利息收入。债券票息可以在债券期限内定期偿付，也可以到期日与本金同时一次付清，后者属于零息债券的付息方式。

票息率的报价单位是年，如果一只债券的报价票息，也就是债券契约规定的票息率为 6%，对于面值为 100 元的债券，意味着每年投资者可以得到 6 元的票息。如果每年支付 1 次票息，每次投资者获得 6 元票息。如果每年支付 2 次票息，那么投资者每半年得到 3 元票息，全年总计得到 6 元票息。

有时投资者的投资期不是整年度，投资者所获得的票息按照应计票息计算。应计票息的计算原理是认为票息每天都会产生，并且在票息支付日之前，累计附加到债券总价值中。如果 1 年按照 365 天计算，应计票息的计算公式为

$$C = \frac{上个付息日到交易日的天数}{365} \times 年票息$$

**例 5-2**  根据例 5-1 中的数据，2018 年 8 月 26 日发行的债券，8 月 26 日开始计息。到了转年 5 月 30 日，距上个付息日的天数为 278 天[①]。这样，在 5 月 30 日的应计票息应该为

$$C = \frac{278}{365} \times 6 = 4.57（元）$$

例 5-1 中提到债券的净价为 99 元，加上例 5-2 中计算的应计票息为全价（dirty price），即 103.57 元。投资者在 5 月 30 日购买债券时支付的价格应该为全价，即 103.57 元。当年 8 月 26 日为票息支付日，投资者获得 6 元票息，进入投资者资金账户。但实际上投资者并没有获得全部 6 元票息，而仅仅获得了 6−4.57＝1.53（元）的票息。

---

① 注意日期的计算方法。从计息日的后一天开始计算，计算日当天不算。如果一年按照 365 天计算，闰年的 366 天中的 2 月 29 日不计息。本书中将计息开始的日期 8 月 26 日作为发行日，与实践有出入。实践中一般发行日要延续一段时间。本例中的天数计算方法为，8 月 26 日记为 1 天，5 月 29 日记为最后 1 天，5 月 30 日不计天数，即计头不计尾。

从 8 月 26 日开始进入下一个计息期,到当年投资者 12 月 15 日出售债券,总计 111 天[1]。在这一段时间内的应计票息为

$$C = \frac{111}{365} \times 6 = 1.82(元)$$

投资者出售债券的净价为 100 元,实际上能够获得相当于全价的现金 101.82 元。合计投资者获得了前一段 1.53 元和后一段 1.82 元,总计 3.35 元的票息。

注意,当购买债券时,如果债券的净价不等于面值,那么债券契约规定的票息率不等于投资者实际所获得的票息收益率。使用例 5-1 中的数据,如果投资者 2019 年 5 月 30 日按照 99 元净价购买债券,2020 年 5 月 30 日出售债券,投资者实际所获得票息收益率为 6/99=6.06%。这个收益率的计算方法是 1 年的票息除以购买债券时的净价,称为当前收益率(current yield),指投资者按照当前价格购买债券所能够获得的票息收益率。债券的当前收益率反映了市场收益率的变化。

如果 2020 年 5 月 30 日按照 100 元的净价出售债券,按照近似计算,债券的当前收益率加上资本利得收益率,就是按照前两项收益计算的债券投资收益率,即为 7.06%。

### (三) 票息的利息

票息的利息,也就是利息的利息(interest on interest),是投资者在债券投资期内获得票息后的再投资收益。投资者购买附息债券,在债券到期期限内会定期获得票息收益。投资者将这些票息再投资,所获得的利息收益就是票息的利息。

**例 5-3** 应用例 5-1 中的数据,投资者在 2019 年 5 月 30 日购买债券,在当年 8 月 26 日投资者获得 6 元的票息后,需要进行再投资。假设再投资收益率为 6.06%,那么到了当年 12 月 15 日,投资者共投资 111 天,6 元钱投资 111 天的投资收益为(不含 6 元本金)

$$C = \frac{111}{365} \times 6.06\% \times 6 = 0.11(元)$$

对于长期债券而言,在债券到期期限内市场利率变化可能性比较大,很可能债券的票息也面临着不同的再投资收益率。这样,即使投资者购买发行债券一直持有到期,收益很可能也不确定。

**例 5-4** 某 5 年期债券的票面金额为 100 元,票息率为 10%,每年付息一次。已知发行价格为 97.5 元,折价发行。投资者在债券发行时购买,两年后出售债券,出售价格为 115.2 元(含息价格,也就是全价)。在两年的投资期内市场利率发生了波动,第一年年末的 1 年期市场利率为 8%。计算投资者在两年投资期内实现的收益率。

按照上述收益分解,分项计算投资收益率。

债券在两年投资期末价格为含息价格,扣除 10 元的利息后,不含息价格为 105.2 元,因此两年投资期内投资者所获得的资本利得为

$$105.2 - 97.5 = 7.7(元)$$

在两年投资期内,持有债券共获得两次票息,每次均为 10 元,所以票息总收入为 20 元。

---

[1]  12 月 15 日当日不算在内。

在两年投资期内,利息的获得时间分别为第一年年末和第二年年末。第二年年末的利息没有再投资收益。因此,票息的利息只有一部分,即第一年年末收到票息所做的再投资:

$$10 \times 8\% = 0.8(元)$$

因此,债券投资在两年投资期内的总收益为

$$7.7 + 20 + 0.8 = 28.5(元)$$

在债券投资总收益中,资本利得占 27.02%,票息收益占 70.18%,票息的利息占 2.81%。票息的利息仅占收益的很小部分,票息收益占据了债券投资收益的大部分。

该债券投资实现的收益率为

$$(28.5 \div 97.5) \times 100\% = 29.23\%$$

这个收益率是在两年投资内所获得的收益率。一般情况下,考察债券实现投资收益应该使用年度有效收益率(effective annual rate,EAR)。使用几何平均法,平均每年实现的收益率(realized compound yields,RCY)为

$$RCY = \sqrt{1 + 29.23\%} - 1 = 13.68\%$$

例 5-4 中的投资期为 2 年,如果投资期短于 1 年,使用类似的方法可以计算出 RCY。如某投资者在 3 个月内实现投资收益为 3%,那么相当于年实现收益为

$$RCY = (1 + 3\%)^4 - 1 = 12.55\%$$

一般情况下,投资者年实现收益可以表示为

$$RCY = (1 + r)^m - 1$$

式中,$r$ 代表在投资期内的收益;$m$ 代表每年有多少个投资期,$m$ 可以大于 1 也可以小于 1。

# 第二节　债券的估值模型

## 一、折现模型原理

金融资产的价值等于未来预期现金流的累计折现,债券估值道理相同。债券的价值就是债券的发行者按照规定所支付的现金流的总体现值,包括各期票息和本金。计算各期现金流折现时使用的折现率,取决于当前的市场利率和现金流量的风险。

### （一）债券价值的计算

有固定票面利息和到期日的债券,属于典型的债券。如果债券每期支付一次票息,价值计算公式为

$$V = \frac{C_1}{(1+r)^1} + \frac{C_2}{(1+r)^2} + \cdots + \frac{C_n}{(1+r)^n} + \frac{B}{(1+r)^n}$$

又可以写成如下形式:

$$V = \sum_{t=1}^{n} \frac{C_t}{(1+r)^t} + \frac{B}{(1+r)^n}$$

式中,$V$ 为债券内在价值;$C_t$ 为第 $t$ 期的票息;$r$ 为折现率;$B$ 为债券面值;$n$ 为距到期日

的期数。

上述公式在应用中需要特别注意,分母中的折现率时间单位(分母幂次)应该与票息支付的时间单位一致。或者说,如果票息按年支付,折现率应使用年利率,那么分母上脚标的时间长度也应该按照年计。如果票息按半年支付,折现率使用半年利率,以此类推。

**例 5-5** 腾飞公司拟于 2020 年 9 月 30 日发行面额为 100 元的债券,其票面利率为 5%,每年 9 月 30 日支付一次票息,债券于 2025 年 9 月 30 日到期。已知该债券现金流折现时应该使用的折现率为 10%,则该债券的价值为

$$V = \frac{5}{(1+10\%)^1} + \frac{5}{(1+10\%)^2} + \frac{5}{(1+10\%)^3} + \frac{5}{(1+10\%)^4} + \frac{5}{(1+10\%)^5} + \frac{100}{(1+10\%)^5}$$

这个算式的计算有两种方法:其一为查表法,其二为计算机函数法。

使用查表法手头需要有现值系数和年金现值系数表。通过查表得出 5 年 10% 折现率的年金现值系数 $(P/A, 10\%, 5)$ 为 3.791,5 年期末 10% 折现率的现值系数 $(P/F, 10\%, 5)$ 为 0.621。其中的符号 $P$(present value)为现值,$A$(annuity)为年金,$F$(future value)为将来值。因此上述债券的价值可以计算如下:

$$\begin{aligned}V &= 5 \times (P/A, 10\%, 5) + 100 \times (P/F, 10\%, 5) \\ &= 5 \times 3.791 + 100 \times 0.621 \\ &= 18.96 + 62.1 \\ &= 81.06(\text{元})\end{aligned}$$

使用计算机函数法的步骤如下:第一步,打开一个 Excel 文件,将光标放在指定的位置(没有什么特殊要求,根据自己的需要确定);第二步,单击工具栏中的 $f_x$(也就是函数),计算机页面中出现一个表格;第三步,在表格中选择函数类型,本例中选择 PV,点击 PV,计算机页面会再出现一个表格;第四步,将相关数据填入表格,即可得到债券价值的结果。最后的表格如表 5-1 所示。

**表 5-1 计算机现值函数表 1**

| Rate | 0.1 | =0.1 |
|---|---|---|
| Nper | 5 | =5 |
| Pmt | 5 | =5 |
| FV | 100 | =100 |
| Type | | =数值 |
| | | =－81.05 |

表 5-1 中各符号的含义如下。Rate 为折现率,第 2 列对应输入 0.1,使用小数形式,不是百分数;Nper(number of periods)为现金流期数,第 2 列对应输入 5,表示共有 5 期现金流,第 5 年年末的票息和本金因为在同一时点可以合成一个现金流;Pmt(payment)指每期年金的数额,第 2 列对应输入 5;FV(future value)为期末本金现金流,第 2 列对应输入

100；Type 为现金流支付类型，为二选一项，在期初年金和正常年金（期末年金）之间选择，输入 1 表示为期初年金，输入 0 或者缺省，表示正常年金，本例此处缺省。

表中第 3 列的数值为计算机计算数值，最后一行的数字－81.05 即为本债券的价值。其中负值表示使用这个 81.05 正好和表格中给定的现金流对冲。计算机函数方法得出的结果与查表法得出的数值稍有差别，属于计算误差。

如果例 5-5 中的债券每半年支付一次票息，并且假设半年期折现率为 4.8%，计算的公式为

$$V = \frac{2.5}{(1+4.8\%)^1} + \frac{2.5}{(1+4.8\%)^2} + \cdots + \frac{2.5}{(1+4.8\%)^{10}} + \frac{100}{(1+4.8\%)^{10}}$$

对于这个计算使用查表法需要插值，期数为 10。

使用计算机函数法，计算结果如表 5-2 所示。

表 5-2    计算机现值函数表 2

| Rate | 0.048 | =0.048 |
|------|-------|--------|
| Nper | 10 | =10 |
| Pmt | 2.5 | =2.5 |
| FV | 100 | =100 |
| Type | | =数值 |
| | | =－82.07 |

债券的评估价值为 82.07 元。

一般地，如果每年多次支付利息，那么债券价值评估公式为

$$V = \sum_{t=1}^{n} \frac{C/m}{(1+r)^t} + \frac{B}{(1+r)^n}$$

式中，$V$ 为债券内在价值；$C$ 为每年票息额，为债券票息率乘以面值；$r$ 为每个计息期的折现率；$B$ 为债券面值；$m$ 为年付利息次数；$n$ 为距到期日的期数，$n=$年数×$m$；$t$ 为票息支付次数。

对于零息债券和其他类债券，只要公式稍做变化即可。

**例 5-6**    星辉公司于 2019 年 1 月 1 日发行纯贴现债券（零息债券），面值为 2 000 元，折现率为 10%，债券期限为 20 年。其债券内在价值为

$$V = \frac{2\,000}{(1+10\%)^{20}} = 297.2（元）$$

### （二）债券价值的影响因素

根据债券估值模型，债券现金流的变化和折现率的变化都会影响债券价值。因此，债券价值的影响因素包括面值、票息支付次数、票息率、折现率和到期期限。债券面值一般都是固定数值，如我国内地大部分公司债的面值都是 100 元。折现率是一个市场化的利率，具体是多少取决于市场因素。票息和到期期限属于发行者的决策变量。

#### 1. 票息与价值

债券票息的高低是一个相对数，比较的基准是市场利率。在资本市场上，任何时候讲

到市场利率,都不是指某一个利率,而是一个泛指。每一种资产都可以对应一种市场利率(收益率)。市场利率可以是 LIBOR,也可以是上海银行同业拆借利率(Shanghai interbank offered rate,SHIBOR)。针对某一只债券的市场利率时,指市场给予该债券的利率定价,也可以指市场上类似于该债券的所有债券的平均收益率。当一只债券的票息率高于市场利率,称为高票息债券;反之则称为低票息债券。

按照价值评估原理,一只债券的市场收益率就是该债券的折现率。债券的折现率是进行该债券投资的机会成本(opportunity cost)。所谓机会成本,指投资者不投资于该债券,但仍然承担相同的风险,投资相同的时期,在市场上能够获得的最高收益率。

高票息债券会表现出溢价特征,即债券价值高于面值,称为溢价债券;低票息债券会表现出折价特征,即债券价值低于面值,称为折价债券;债券票息率等于市场利率,债券价值等于面值,称为平价债券。对于发行的债券来说,分别为溢价发行债券、折价发行债券和平价发行债券。

例 5-7　腾飞公司拟于 2020 年 1 月 1 日发行面额为 100 元的债券,其票面利率为 5%,每年 1 月 1 日计算并支付一次票息,债券以 5 年后的 1 月 1 日为最后一个计息日,2025 年 1 月 1 日到期。已知该债券的市场收益率为 8%。通过比较可以看出,该债券的票息率低于市场利率,属于低票息债券,应该表现出折价特征。此处使用查表法计算债券价值。

$$V = 5 \times (P/A, 8\%, 5) + 100 \times (P/F, 8\%, 5)$$
$$= 5 \times 3.993 + 100 \times 0.681$$
$$= 19.965 + 68.1$$
$$= 88.07(元)$$

如果市场利率变为 4%,则该债券的票息率高于市场利率,属于高票息债券,应该表现出溢价特征。同样使用查表法计算债券价值如下:

$$V = 5 \times (P/A, 4\%, 5) + 100 \times (P/F, 4\%, 5)$$
$$= 5 \times 4.451 + 100 \times 0.821$$
$$= 22.255 + 82.1$$
$$= 104.36(元)$$

**2. 到期期限与价值**

债券期限也会改变价值特征。

例 5-8　数据基本上等同于例 5-7,仅仅改变债券的到期期限,从 5 年改变为 2 年,使用计算机函数法,债券价值计算如表 5-3 所示。

表 5-3　债券价值计算表(折现率 8%)

| Rate | 0.08 | =0.08 |
| --- | --- | --- |
| Nper | 2 | =2 |
| Pmt | 5 | =5 |
| FV | 100 | =100 |
| Type | | =数值 |
| | | =-94.65 |

如果将市场利率调整为 4%，则债券价值计算如表 5-4 所示。

**表 5-4　债券价值计算表（折现率 4%）**

| Rate | 0.04 | =0.04 |
|------|------|-------|
| Nper | 2 | =2 |
| Pmt | 5 | =5 |
| FV | 100 | =100 |
| Type | | =数值 |
| | | =— 101.89 |

对比例 5-7 和例 5-8，若债券的票面利率和折现率不变，无论票面利率高于还是低于折现率，债券的价值都会随着到期时间的缩短而愈发接近于债券的面值。在到期日，债券价值（净值）等于债券面值。若票面利率 $i$ 低于折现率 $r$，债券的价值会低于其面值，但随着时间向到期日无限靠近，其价值会逐渐升高，最终等于其面值；相反若票面利率 $i$ 高于折现率 $r$，债券的价值会高于面值，随着时间无限接近于到期日，债券的价值会逐渐下降，最终等于其面值。

## （三）流通债券价值

流通债券指在二级市场交易的债券。流通债券与发行债券相比，明显差别是流通债券的到期期限大多数情况下都不是整年度。不论是否整年度，债券估值的基本原理和模型都不变。

考虑例 5-5 中的债券，腾飞公司在 2020 年 9 月 30 日发行了面额为 100 元的债券，其票面利率为 5%，每年 9 月 30 日支付一次票息，债券于 2025 年 9 月 30 日到期。发行后债券上市交易，到了 2020 年 12 月 18 日，已知该债券现金流折现时应该使用的折现率为10%，债券的价值为

$$V = \frac{5}{(1+10\%)^{\frac{286}{365}}} + \frac{5}{(1+10\%)^{1\frac{286}{365}}} + \cdots + \frac{5}{(1+10\%)^{4\frac{286}{365}}} + \frac{100}{(1+10\%)^{4\frac{286}{365}}}$$

286 指从 12 月 18 日至转年 9 月 30 日之间的计息天数。注意公式中分子是年票息，分母中的 10% 为年折现率，分母中的幂次也应该以年为单位，所以流通债券幂次会出现分数。对于这个公式，不论使用查表法还是计算机中的 PV 函数实现都比较困难。直接使用计算器计算，短期债券还可以，对于长期债券也是一项艰难的工作。对于流通债券，通常使用计算机 PRICE 函数计算价值。与 PV 函数不同，PRICE 函数计算出的是债券净价，总价还要加上应计票息。

PRICE 函数的输入变量如表 5-5 所示。其中，Settlement 指交易日，也就是价值计算日，本例中为 2020 年 12 月 18 日，在第 2 列中输入 date(2020,12,18)（字母大小写没关系），第 3 列为计算机计算数值[①]；Maturity 指债券到期日，是最后一个付息日，为 2025 年 9 月 30 日，在第 2 列输入 date(2025,9,30)，第 2 列与第 1 列的计算机计算值相减，就是债

---

① 这个计算值实际上也是天数，是从 1900 年 1 月 1 日开始计算的天数。例如，2020 年 12 月 18 日的数值为 41 991，表示从 1900 年 1 月 1 日算起，到 2020 年 12 月 18 日共 41 991 天。

券的总存续期限;第 3 行 Rate 指债券年票息率,按照小数形式输入,对应第 2 列输入 0.05;第 4 行 Yld(Yield)为债券折现率,按照小数形式输入,对应第 2 列输入 0.1;第 5 行 Redemption 为债券面值(对于回购债券使用回购价格),对应输入 100;第 6 行 Frequency 为债券每年支付几次票息,对应输入 1;第 7 行 Basis 为债券应计票息计算方式,Excel 给出了四种选项,1 表示实际天数/实际天数,2 表示实际天数/360,3 表示实际天数/365,4 表示 30/360,输入 3。最后一行 81.65 为输出结果,表示债券的净价为 81.65 元。

**表 5-5　债券价值 PRICE 函数计算表**

| Settlement | date(2020,12,18) | =41 991 |
|---|---|---|
| Maturiry | date(2025,9,30) | =43 738 |
| Rate | 0.05 | =0.05 |
| Yld | 0.1 | =0.1 |
| Redemption | 100 | =100 |
| Frequency | 1 | =1 |
| Basis | 3 | =3 |
| | | =81.65 |

下一步是计算应计票息。从上一个计息日 9 月 30 日开始,到 2020 年 12 月 18 日,一共 79 个计息天数,因此应计票息为

$$应计票息 = \frac{79}{365} \times 5 = 1.08(元)$$

这样,债券的总价值为

$$81.65 + 1.08 = 82.73(元)$$

## 二、到期收益率

在本章第一节讲过债券投资实现收益率的计算方法。债券实现收益在投资后计算,但投资前需要评估投资收益率。考虑债券投资的三项收益,并且考虑时间价值,可以推导得出。按照当前市场价格购买债券所能够获得的收益率,就是将债券价格代入价值评估模型,推算出的折现率。在这个计算过程中,假设债券的票息再投资收益与债券投资收益相等,也就是债券投资收益等于折现率,再投资收益也等于折现率。由于这个收益率为从购买债券开始,一直持有债券到到期日的收益率,所以也称为到期收益率(yield to maturity,YTM),简称为债券收益率(yield)。

以年付息,债券为例,求债券到期收益率,就是下述方程中求解折现率:

$$P = \frac{C_1}{(1+y)^1} + \frac{C_2}{(1+y)^2} + \cdots + \frac{C_n}{(1+y)^n} + \frac{B}{(1+y)^n}$$

式中,$P$ 为购买债券的市场价格;$n$ 为到期年限;$C_n$ 为第 $n$ 年的票息;$B$ 为债券面值;$y$ 为要求解的到期收益率。从求解过程看,计算债券到期收益率就是债券估值模型的一个应用。

对于这个 $r$ 的高阶方程,也可以使用查表法和计算机函数法求解。将公式改写成现

值系数的表现形式，即

$$P = C \times (P/A, y, n) + B \times (P/F, y, n)$$

**例 5-9**  债券面值为 100 元，票息率为 5％，5 年后到期，发行市价为 88.07 元，从债券发行开始持有债券，求债券投资的到期收益率。

将变量数值代入债券估值公式，得

$$88.07 = \sum_{t=1}^{5} \frac{5}{(1+y)^t} + \frac{100}{(1+y)^5}$$

使用试误法，首先取 $y = 6\%$，等式右边为

$$\sum_{t=1}^{5} \frac{5}{(1+y)^t} + \frac{100}{(1+y)^5} = 5 \times 4.212 + 100 \times 0.747 = 95.76 > 88.07$$

将收益率取值提高为 8％，等式右边为

$$\sum_{t=1}^{5} \frac{5}{(1+y)^t} + \frac{100}{(1+y)^5} = 5 \times 3.993 + 100 \times 0.681 = 88.07$$

因此该债券的到期收益率就是 8％。如果两次计算没有正好的结果，就需要使用插值法计算。

进行试算是一个麻烦的过程。为了简化计算，可以先找到一个近似值，然后插值计算更为快捷。到期收益率的近似计算公式为

$$y = \frac{C_t + \dfrac{B - P}{n}}{\dfrac{B + P}{2}}$$

在例 5-9 中，使用简化计算公式：

$$y = \frac{5 + \dfrac{100 - 88.07}{5}}{\dfrac{100 + 88.07}{2}} = 8\%$$

凑巧，这个近似值等于上述试算得出的数值。如果先计算近似值，会使计算过程大幅度简化。

债券到期收益率与价格一一对应，有一个价格就有一个到期收益率。所以，债券市场报价也等价于到期收益率报价。在进行债券投资决策时，使用市场价格计算出一个对应的到期收益率，与进行该债券投资的要求收益率比较。债券到期收益率高于要求收益率，购买该债券就可以赚钱了。如果债券到期收益率低于要求收益率，出售该债券可以赚钱。这个要求收益率是投资者通过市场评估得出的结果，有主观成分。

到期收益率的计算也可以使用计算机函数法。需要注意，计算机函数中使用的是债券净值。仍以例 5-5 中的债券为例，假设债券发行日为 2020 年 9 月 30 日，发行价为 88.07 元。如果计算债券发行时整个寿命期内的到期收益率，计算日应该为 2020 年 9 月 30 日。所使用的函数为 YIELD，实现结果如表 5-6 所示。

表 5-6　到期收益率 YIELD 函数计算表

| Settlement | date(2020,9,30) | =41 912 |
|---|---|---|
| 上 Maturiry | date(2025,9,30) | =43 738 |
| Rate | 0.05 | =0.05 |
| Price | 88.07 | =0.1 |
| Redemption | 100 | =100 |
| Frequency | 1 | =1 |
| Basis | 3 | =3 |
| | | =7.99 |

函数中的符号含义与表 5-5 相同。Price 表示计算时债券的购买价格。这个计算结果近似为 7.99%，与上述试算法基本相同。

## 三、债券价值波动

债券发行以后，票面值、票息率、票息支付方式以及到期日就都已经确定下来了。但是，债券价值的折现率是一个市场决定变量，随着市场状况变化而变化，折现率发生变化，必然导致债券价值发生变化。同时，尽管到期日确定，但随着时间的流逝，流通债券距离到期日的时间总在变化，折现的时间段也在变化，因此债券价值也发生变化。所以，债券价值的波动随着折现率和时间两个因素的变化而变化。

### （一）折现率的变化

根据债券估值公式，在其他因素不变的情况下，债券价值与折现率变化之间呈反向关系，也就是折现率提高，债券价值下降；而折现率下降，债券价值提高。

**例 5-10**　使用例 5-7 中债券数据，当折现率为 8% 时，通过计算得出债券价值为 88.07 元。如果折现率变化为 7%，使用计算机函数法，计算得出的债券价值如表 5-7 所示。

表 5-7　债券价值计算

| Rate | 0.07 | =0.07 |
|---|---|---|
| Nper | 5 | =5 |
| Pmt | 5 | =5 |
| FV | 100 | =100 |
| Type | | =数值 |
| | | =－91.80 |

折现率下降 1 个百分点，债券价值从 88.07 元提高到 91.80 元，价格提高了 4.24%。

按照这个计算过程，可以把任何一只债券的价值与折现率之间的关系使用图 5-1 的形式表示出来。

首先，图形表示的关系是两者呈反向关系，即折现率提高价值下降。

其次，图形表示的关系是两者呈非线性关系，当折现率较高时，折现率的下降导致价

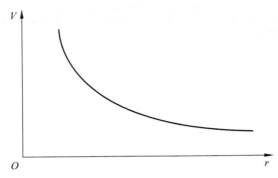

图 5-1　债券价值与折现率关系

值上升幅度小；而折现率较低时，折现率下降导致价值上升幅度大。

　　**例 5-11**　在例 5-8 中债券的期限从例 5-7 中的 5 年降低到了 2 年，计算出的债券价值为 94.65 元。针对 2 年期债券，将折现率从 8％降低到 7％，债券价值变为 96.38 元，价格提高了 1.83％。

　　例 5-11 说明了债券价值与折现率变动之间关系的另一种规律，长期债券受折现率影响大，短期债券受折现率影响小。

　　按照同样的方法，可以得到如下的规律性，即高票息债券与低票息债券相比，高票息债券价值受折现率变化影响小。根据这个规律还可以得出如下推论，附息债与零息债相比，附息债价值受折现率变化影响小。

### （二）时间变化

　　考虑例 5-7 中的债券，发行时的价值为 88.07 元。计算公式如下：

$$V = \frac{5}{(1+8\%)^1} + \frac{5}{(1+8\%)^2} + \cdots + \frac{5}{(1+8\%)^5} + \frac{100}{(1+8\%)^5}$$

如果折现率不变，1 个月后债券价值的计算公式变为

$$V = \frac{5}{(1+8\%)^{\frac{11}{12}}} + \frac{5}{(1+8\%)^{1\frac{11}{12}}} + \cdots + \frac{5}{(1+8\%)^{4\frac{11}{12}}} + \frac{100}{(1+8\%)^{4\frac{11}{12}}}$$

　　对比两个公式，很明显价值会发生变化，变化的方向是随着时间向计息日临近，债券价值会变高。按照这种规律，可以将平价债券价值随着时间变化而变化的规律表示如图 5-2 所示。

　　这里的债券价值指总价值，也就是含息价值。即使折现率不变，债券价值也会随着时间的变化而呈现出图中锯齿形状的变化。以平价债券为例，发行价等于面值，如图中虚线所示的高度。发行后债券价值逐渐提高，到了第一个付息日，债券价值达到最高点，就是锯齿的最高点，价值等于面值加上 1 个票息的数额。付息日过后，债券价值立刻又降回到面值，然后又开始了下一个付息周期的变化。这样，可以推测，债券总价值的变化就是债券中票息累计变化的结果。如果扣除掉票息累计变化，就相当于扣除掉了图形中的锯齿。

　　使用前面应计票息近似代表图 5-2 中票息累计结果，用图 5-2 中债券的总价值减去

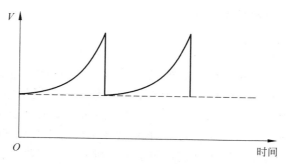

图 5-2　债券价值随时间变化

应计票息,等于债券面值,也就是债券净值,如图 5-2 中的虚线,是一条水平线。因此,如果折现率不变,对于平价债券而言,债券的净值不随债券距离到期日时间的变化而变化,是个常数。反过来,对于平价债券,如果观察到了债券总价值发生变化,如果变化后的数值等于面值加上应计票息,那么就可以推断债券价值的变化由时间引起,而不是由折现率的变化引起。因此,区分债券的净价与全价,可以判断债券价值变化的原因。

对于溢价或者折价债券,债券总价减去应计票息不等于面值,如图 5-3 所示。以图 5-3 中的溢价债券为例,债券净值逐渐下降,直到到期日,净值等于面值。从开始的溢价点到到期日的面值之间连成一条线,即为图 5-3 中的点画线。如果折现率不变,那么债券的净值会变现出点画线的形状。反过来,如果首先观察到债券净值发生了偏离点画线的变化,就认为是折现率变化引起的变化。如果债券净值没有偏离点画线,仅仅由于时间变化,导致债券总值发生变化,就是应计票息变化的结果。

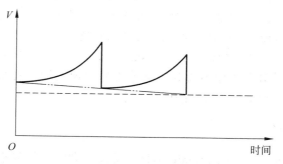

图 5-3　溢价债券价值随时间变化

# 第三节　债券投资收益分解

根据第四章资本资产定价模型,资产的收益可以分解为无风险收益加上风险溢价,债券也是如此。只是与权益相比,债券投资的风险表现有所不同,因此溢价来源也有所不同。债券风险主要可以分解为通胀风险(inflation risk)、违约风险、流动性风险和利率风险四种,因此债券投资收益等于无风险收益加上四种风险溢价。无风险收益为不含通货膨胀的收益，具体确定方法见第四章。

## 一、通胀风险溢价

通胀风险指由于通货膨胀所引起的投资者购买力的损失，通胀风险溢价（inflation risk premium，IP）就是对于投资者购买力损失的补偿。如果通货膨胀水平为 10%，就意味着年初 100 元能够购买的物品，到了年末需要 110 元才能够买到。债权人将资金交给债务人使用，双方形成了一个跨时金融契约，债权人不仅需要对所牺牲的时间价值要求补偿，也会要求对损失的购买力要求补偿。如果 1 年期债券投资收益为 5%，通货膨胀率为 10%，那么投资后债权人的购买力不仅没有提高，还下降了 5%，投资者就没有动力进行投资了。

债券通胀风险溢价的高低按照投资期计算。与权益投资不同，债券投资之所以明确划分出通胀风险溢价，是因为债券有明确的到期期限。债券通胀风险溢价就是与债券到期期限内对等的时期通胀率的预期。例如，现在发行 1 年期债券，预期未来 1 年内的通胀率为 3%，那么债券的通胀风险溢价就是 3%①。如果发行债券为 3 年期，那么债券的通胀风险溢价就是未来 3 年通货膨胀率的几何平均值。

例如，某公司准备发行 3 年期债券，预期未来 3 年内的通货膨胀率分别为 3%、4% 和 5%，那么此债券的通胀风险溢价为 4%，也就是基于对通胀预期，此债券的年收益率需要提高 4%，计算过程如下：

$$[(1+3\%) \times (1+4\%) \times (1+5\%)]^{\frac{1}{3}} - 1 = 4\%$$

如果不含通胀溢价的收益率为 5%，加上通胀溢价债券的收益率提高到 9%。

债券的通胀风险溢价水平的高低受未来通货膨胀预期的影响，与债券期限长短没有关系。短期债券未必通胀溢价低，长期债券通胀溢价也未必高。

在通货紧缩阶段，债券的通胀溢价也有可能为负值。

在实践中，通常使用消费物价指数（consumer price index，CPI）表示通货膨胀率。在投资实践中，也通常使用 CPI 作为通胀风险溢价的代理变量。其原理是，投资者作为消费者，实现投资收益是为了提高未来的消费水平。

## 二、违约风险溢价

违约风险溢价（default risk premium，DP）是投资者购买债券承担违约风险的补偿。所谓违约风险，也称为信用风险（credit risk），指债券的发行方不能如期还本付息，给投资人带来的投资风险。发行人由于经济状况恶化，无力支付已经到期的利息或者本金，债权人很可能遭受损失。当然，债权人有权要求法院强制债务人还债，这种情况称为清算。在清算时，债务人的资产不足以偿还所有的债务，债权人就会遭受损失。这种损失就是违约风险损失。遭受违约风险损失后，投资者就不能获得预期的收益率了，形成投资风险。

债券违约风险受到发行人经营状况的影响，也受到宏观经济环境影响，影响因素多，

---

① 这种计算方法实际上是个近似值，参照第三章名义收益和实际收益之间的关系，当通胀率较高时，这样的计算方法误差较大。

不易判断,通常需要由专业评级机构来评价。专业评级机构使用信用级别(credit rating)表示违约风险高低。国际上著名的评级机构包括标准普尔(Standard & Poors)和穆迪(Moody's),我国债券评级机构包括中诚信、联合、大公、上海新世纪等公司。信用级别使用专用符号表示,国际上较为通用的是标普和穆迪的符号体系,如表5-8所示。

表 5-8　标普与穆迪评级符号对应

| 标准普尔符号 | 穆迪符号 | 标准普尔符号 | 穆迪符号 |
| --- | --- | --- | --- |
| AAA | Aaa | BBB | Baa |
| AA | Aa | BB | Ba |
| A | A | | |

违约风险溢价的高低主要取决于两个因素:其一为信用级别高低;其二为投资者风险偏好。表5-8中的符号表明了信用级别高低,AAA级表示风险最低,按照顺序排列,BB级表示风险最高。其中BBB级以及以上级别称为投资级信用级别,相应的债券称为投资级债(investment grade bond)。BB级以及以下级别称为低信用级别,相应的债券称为垃圾债(junk bond)[①]。信用级别越高,违约风险溢价越低;信用级别越低,违约风险溢价越高。垃圾债因为违约溢价高,导致债券收益高,也称为高收益债(high yield bond)。

即使违约风险相同,在不同经济状况下,违约风险溢价也表现出差异。其主要原因是投资者对于风险的态度发生变化。通常在经济萧条期,尤其是经济危机期间,投资者对于风险更为敏感,承担同等风险会要求更高溢价,因此表现出较高的违约风险溢价。而在经济繁荣期,投资者对于收益的关注胜于风险,会要求较低的风险溢价。

在实践中,违约风险溢价是一个经验数值。表5-9是Hull等人[②]针对美国债券计算出的结果。他们使用的日期为1996年至2004年,债券期限为6.5年至9年。表中的溢价单位为基点(basis point,bp),为万分之一。以BBB债券为例,违约风险溢价等于28点,即0.28%,也就是购买了信用级别为BBB的中期债券,与无违约风险的债券相比,应该加上0.28%的违约风险溢价。当然,他们仅仅计算了某一个时期和针对一个国家的情况,债券期限、投资环境变化,违约风险溢价都可能发生变化。

表 5-9　违约风险溢价

| 信用级别 | AAA | AA | A | BBB | BB | B |
| --- | --- | --- | --- | --- | --- | --- |
| 违约风险溢价(bp) | 2 | 4 | 8 | 28 | 144 | 449 |

## 三、流动性风险溢价

流动性风险溢价(liquidity risk premium,LP),是投资者承担流动性风险的补偿。流动性风险指当投资者购买某只债券后,需要时不容易按照内在价值(intrinsic value)或者

---

① 表5-8仅仅表明了较高信用级别,往下还有一些级别,一直排列到D级别。D级别为违约级别。

② HULL J,PREDESCU M,WHITE A.Bond prices,default probabilities and risk premium[R].International Equity Risk Premia Report,Ibbotson Associates,Inc.,2006.

公平价值（fair value）出售。在这里,内在价值指与债券同样大小和风险的现金流,一直持有到期末的评估价值。流动性风险主要源于资产的市场流动性,即资产按照内在价值立即变现的可能性。由于参与某项资产交易的投资者人数少,当出售资产时未必有购买者。为了能够出售,持有者需要降价出售以吸引购买者,即为流动性风险。

例如,某投资者购买了某只 5 年期债券,票息率为 8%,平价发行。投资者持有 2 年后,由于消费需求增加,准备出售该债券换取现金。如果该债券为非上市债券,只能通过经纪人或者通过其他渠道搜索购买者,而且由于购买者有限,这项工作可能有一定难度。为了快速卖出,投资者决定打个 5% 的折扣,按照价值的 95% 出售。这个 5% 的折扣就是流动性风险的影响。对于上市债券,也存在着一定的流动性风险。通常,一只高信用风险债券的做市商市场买卖价差为 5 点至 10 点,此就包括流动性风险溢价。小公司的投机级上市债券的流动性风险溢价可高达 150 点左右。

流动性风险溢价与投资者风险态度、投资者未来的消费计划和债券发行人的经营状况等因素有关。投资者规避风险,则流动性风险溢价高。投资者未来消费不确定性程度高,则流动性风险溢价高。债券发行人的经营状况不容易判断,或者出现暂时的困难,都会引起市场对于该债券的购买意愿下降,降低债券交易量,因此降低流动性,提高流动性风险溢价。

## 四、利率风险溢价

利率风险溢价（interest risk premium,IRP）,指给债券投资者承担由于市场利率发生变化而产生的收益率波动风险的补偿。利率风险有两个构成部分,分别为价格波动风险（price volatility risk）和再投资风险（reinvestment risk）[1]。

价格波动风险,指由于市场利率波动导致债券价格变化,因而带来的债券投资收益的不稳定性。在其他条件不变的情况下,债券价格与市场利率呈反方向变化,市场利率上升,债券价格下降,投资者蒙受资本损失;市场利率下降,则债券价格上升,投资者获得资本利得。债券的价格波动风险与债券期限有密切关系,长期债券价格受利率变动影响大,债券的价格波动风险就高。价格波动风险也与票息支付相关,低票息债券受利率变动影响越大,价格波动风险就越高。

再投资风险,指由于市场利率发生变化,债券投资中的票息再投资收益部分会发生变化。再投资收益与利率变化之间表现出同向关系。利率提高,再投资收益提高;利率下降,再投资收益下降。与价格波动风险类似,债券期限影响再投资风险大小。期限越长,未来再投资次数越多,再投资风险越高。再投资风险与票息相关,票息越高,再投资收益部分越大,再投资风险越高。

投资者同时承担价格波动风险和再投资风险,同时两种风险对于投资者的作用在一

---

[1] 对于利率风险、价格波动风险和再投资风险,存在不同的分类方法。例如,有些将价格波动风险称为利率风险,将利率风险和再投资风险统称为到期风险。有些认为利率风险就是价格波动风险,也称为到期风险。作者认为利率的变化会导致价格和再投资收益变化,因此将这两类风险统称为利率风险。

定程度上会抵消。当利率提高时,债券价格下降,投资者会承担由此带来的资本损失,但同时票息再投资收益也会上升,又使得投资者获得增加的收益。当利率下降时,债券价格上升,投资者会获得资本利得收益,但同时票息的再投资收益会下降,使得投资者在再投资收益上遭受损失。相对来说,在债券总投资收益中,资本利得占比相对票息再投资收益占比较大,参见例5-4。因此,一般利率风险中价格波动风险的影响比再投资风险的影响大。在投资实践中,据 BARRA International 公司的研究,90%的固定收益证券投资风险来自价格波动[1]。

投资者预期持有时间相对于债券到期期限长短,也是决定两种风险中哪种风险起主要作用的重要因素。投资者持有债券越靠近到期日,价格波动风险越小,而再投资风险越大;距离到期日越远,价格波动风险越高,而再投资风险越低。投资者将债券持有到到期日,不承担价格波动风险,只承担再投资风险。投资者持有债券到第一个付息日之前,不承担再投资风险,只承担价格波动风险。当投资者预期持有时间达到某一点时,两种作用完全抵消,从债券发行日到这个点的时间长度称为债券久期(duration)。持有期间短于久期,价格波动风险起主要作用;长于久期,再投资风险起主要作用。

从上述分析可以看出,债券利率风险不仅与债券特征和市场特征有关系,还和投资者的投资期限密切相关。而且投资者恰当安排投资期限,还可能规避利率风险。因此,尽管存在利率风险溢价,针对一只债券来说利率风险大小不是一个准确概念,针对一只债券来测量利率风险溢价也不确切。

# 习　　题

1. 投资者购买债券,未来所能获得的现金流具有什么特点?

2. 构成债券契约的基本要素有哪些?

3. 为什么国债的信用级别高于公司债的信用级别?

4. 有些公司债契约含有保证条款,例如使用不动产进行抵押,类似条款是否有利于债权人,而不利于债务人,也就是债权人从中获得了好处,债务人遭受了损失?

5. 公司发行信用债之后,契约中通常规定债务人不能以任何资产做抵押进一步负债,为什么?

6. 抵押债券的抵押品,如果在债券存续期内发生损坏,是否会影响债券价值,为什么?

7. 浮动利率债券的价值与利率变化之间会表现出什么规律?

8. 有息债券与零息债券相比,信用风险是否有区别,违约风险是否有区别,通胀风险是否有区别,价格波动风险是否有区别?

9. 在进行债券价值评估时,折现率取决于投资者,是否意味着对于投资者持有的所

---

[1]　http://www.investinganswers.com/financial-dictionary/bonds/interest-rate-risk-979.

有债券，都应该使用同一个折现率进行计算？

10. 债券评估中的折现率具有主观性，是否意味着投资者完全可以根据个人态度和状况决定折现率的高低？

11. 债券契约的条款完全相同，如期限、票息等，仅仅发行人不同，债券价值有可能不同吗？原因是什么？

12. 债券市场交易中，价格区分净价和全价，市场通常使用净价进行报价，全价结算。区分两种价格有什么意义。

13. 债券到期收益率是否等于债券投资收益率，到期收益率在投资中有什么用途？

14. 债券投资收益率的影响因素有哪些，如何评价这些因素的影响？

15. 两只仅仅在票息高低上有区别的债券，风险规避投资者应该选择高票息还是低票息债券？

16. 市场上有 X 和 Y 两种债券，X 债券目前距到期日还有 3 年，Y 债券目前距到期日还有 5 年。两种债券除到期日不同外，其他方面均无差异。如果市场年利率从 6% 上升到 10%，哪个债券价值变化更大？

17. 某公司以平价购买刚发行的债券，面值为 100 元，6 年到期，每半年支付票息 5 元，计算该债券按年计算的到期收益率。

18. 某债券面值 100 元，票面利率 8%，5 年到期，单利计息，即到期时一次还本付息。市场利率为 6%，计算该债券的价值，以及该债券的年投资收益率。

19. 某公司在 2020 年 1 月 1 日平价发行新债券，面值为 100 元，票面利率为 8%，5 年到期，每年 12 月 31 日付息。计算：

（1）该债券的到期收益率。如果发行价格改为 99 元，到期收益率变为多少？

（2）市场利率不变，到 2020 年 5 月 30 日，债券的价值（全价）为多少？应计票息是多少？

（3）假定 2024 年 1 月 1 日的市场利率下降到 6%，此时债券的价值是多少？

（4）假定 2024 年 1 月 1 日的市价为 90 元，此时购买该债券的到期收益率是多少？

20. 某公司发行面值为 100 元的债券，票面利率为 10%，2020 年 7 月 1 日发行，5 年到期，每半年支付一次利息（6 月 30 日和 12 月 31 日支付），假设市场的期望收益率为 12%。计算：

（1）该债券在发行时的价值。

（2）该债券在 2020 年 12 月末，支付利息之前的价值。

（3）该债券在 2021 年 1 月 1 日的价值。

（4）该债券在 2021 年 9 月 1 日的价值。

21. 某公司有一笔闲置的资金，可以进行为期 1 年的投资，市场上有 3 种债券可供选择，相关资料如下：

（1）3 种债券的面值均为 100 元，到期时间均为 4 年，到期收益率均为 6%。

（2）该公司计划 1 年后出售购入的债券，1 年后 3 种债券到期收益率预期仍为 6%。

（3）3 种债券票面利率及付息方式不同。甲债券为零息债券,到期支付 100 元;乙债券的票面利率为 6%,每年年末支付 6 元利息;丙债券的票面利率为 8%,每年年末支付 8 元利息。

计算:①每种债券当前的价格;②每种债券 1 年后的价格。

如果公司投资希望尽可能降低风险,你会给公司提出什么建议?

# 即 测 即 练

# 第六章

# 债券投资分析

本章在第五章的基础上,进一步分析债券收益与风险,为债券投资决策提供依据。本章共包括三部分内容,分别为收益率曲线、债券信用评级和债券的久期与凸性。

## 第一节　收益率曲线

### 一、收益率曲线概述

债券收益率曲线描述的是债券到期收益率与到期期限之间的关系。按照金融学中收益与风险相匹配原理,高风险高收益,债券期限长短不同,投资者承担的风险不同,收益会表现不同。收益率曲线使用期限与收益之间的关系,实际上表现了收益与风险之间的关系。收益率曲线通常使用横轴表示债券到期期限,纵轴表示收益率,如图 6-1 所示。收益率曲线也称为利率期限结构(term structure of interest rate)曲线,描述的是收益率的期限结构关系。

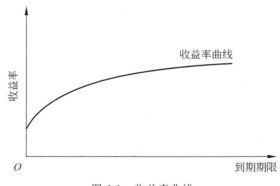

图 6-1　收益率曲线

收益率曲线是某一个时刻债券收益和到期期限之间的关系。例如,在 2020 年 8 月 22 日交易收盘时刻,各种期限债券的收益率如表 6-1 所示。根据表 6-1 的债券期限与对应的收益率,就可以在图 6-1 的坐标中画出 5 个点,连接这 5 个点,所形成的曲线就是此刻的收益率曲线。坐标点越多,曲线形状越准确。但是,到了第二天开盘,各种债券的收益率会发生变化,收益率曲线就会发生变化,按照第二天开盘的债券收益作出的图形又形成一个新的收益率曲线。

按照表 6-1 中的数据,如果公司发行 1 年期债券,平价发行,票息率应该为 2.5%;如果发行 5 年期债券,平价发行的票息率应该为 4.2%。

表 6-1  不同期限的债券收益率

| 期限 | 1 | 2 | 3 | 4 | 5 |
|---|---|---|---|---|---|
| 收益率/% | 2.5 | 2.8 | 3.3 | 3.6 | 4.2 |

根据第五章的知识,即使债券到期期限相同,由于票息结构不同,也会导致风险不同。另外,显而易见,不同主体发行的债券,还面临着违约风险差异问题。存在这两个因素的干扰,无法作出市场上唯一的收益率曲线,也无法描述收益与期限之间的准确关系。因此,市场上的收益率曲线实际上是无票息、无违约债券的收益与到期期限之间的关系。无票息规避了债券再投资问题,所以债券收益率曲线中不包含再投资风险对于收益的影响。无违约规避了不同发行主体的违约风险差异问题。

市场上的无违约风险债券是国债。然而,市场未必存在每一个时间期限的零息国债。当市场上不存在零息债券时,使用有息债券也可以构造出反映零息债券收益率的收益率曲线。例如,市场上存在 3 只附息债券,基本情况如表 6-2 所示。

表 6-2  附息债券价格与收益率

| 剩余期限 | 1 | 2 | 3 |
|---|---|---|---|
| 价格/元 | 99.06 | 100.10 | 103.67 |
| 票息率/% | 2 | 3.5 | 5 |

假设对应 3 个年度的零息债券收益率分别为 $y_1,y_2$ 和 $y_3$。首先计算 $y_1$,求解如下等式:

$$99.06 = \frac{100+2}{1+y_1}$$

$$y_1 = 2.97\%$$

使用这个 $y_1$ 的结果,构造如下等式并求解 $y_2$:

$$100.1 = \frac{3.5}{1+y_1} + \frac{103.5}{(1+y_2)^2} = \frac{3.5}{1+2.97\%} + \frac{103.5}{(1+y_2)^2}$$

$$y_2 = 3.46\%$$

使用 $y_1$、$y_2$ 的计算结果,并构造等式求解 $y_3$:

$$103.67 = \frac{5}{1+2.97\%} + \frac{5}{(1+3.46\%)^2} + \frac{105}{(1+y_3)^3}$$

$$y_3 = 3.71\%$$

收益率曲线的形状变化多样。图 6-1 中描述的是一条向右上方倾向的曲线,期限越长,债券收益越高。实践中一般也是这样。但也有可能出现向右下方倾斜的曲线和不规则形状的曲线,如图 6-2 所示。实际上,收益率曲线出现各种情况都有可能,未必是一条平滑的上行线。

债券投资收益由五部分构成,即无风险收益率、通胀风险溢价、违约风险溢价、流动性风险溢价和利率风险溢价。收益率曲线包括了五种构成部分中的四种,即扣除违约风险溢价后的四种。国债一般存在着流动性较好的二级市场,因此实际上国债的流动性风险

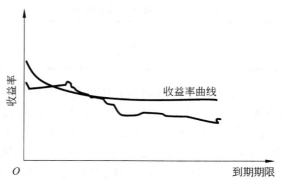

图 6-2　其他形状收益率曲线图

很小。而且公司债的流动性未必与国债的流动性相同。在此意义上，可以说收益率曲线仅反映了无风险收益率、通胀风险溢价和利率风险溢价（准确说是价格波动风险溢价）。对于一个有违约债券，使用收益率曲线，再加上违约风险溢价和流动风险溢价，基本上可以反映出债券的收益率水平（其中忽略了债券票息的影响）。

## 二、收益率曲线决定

收益率曲线反映了收益率随着期限的变化而变化的情况，收益率曲线的变化就是收益率随着期限的变化而发生的变化。主要有三种理论解释了收益率曲线的变化。

### （一）市场分割理论

市场分割理论（market segmentation theory）认为，不同的市场参与者有不同的期限偏好，长期债券、中期债券和短期债券各有不同的供给和需求，从而形成不同的市场，形成不同的收益率。也就是有一部分投资者偏好投资于长期债券，只关注长期债券，恰好也有一部分发行人有长期融资要求，这两部分市场参与者形成了一个长期债券市场，双方的效用要求，对于风险评估以及风险态度决定了长期债券收益率。另外，也有一些交易者只关注中期债券或者短期债券，与那些关注长期债券的交易者相比，效用函数、风险评估和风险态度发生变化，形成了不同的市场，出现了不同的定价方式，很可能出现不同的价格。

市场分割理论认为，市场之所以出现分割，有几方面的原因，包括法律法规、习惯、成本制约和特殊投资需要等。不同期限的投资者和融资者受不同的法律、法规和习惯等因素的影响。例如，商业银行为了保证资金的流动性，运营资金主要投资于短期证券；养老基金能够比较准确估计将来的资金支出，为了提高收益，更偏向投资于长期债券。另外，为了降低获取及其分析信息的成本，投资者和融资者一般更专注于某一部分市场。再有，出于套期保值等特殊要求，投资者必须购买某些到期期限的债券。

使用市场分割理论，可以解释收益率曲线的不规则变化。例如，30 天债券收益率可以低于 60 天债券收益率，而 90 天债券收益率也可能低于 60 天债券收益率。尽管 3 种期限债券的收益率不同，投资者由于交易偏好，也不会进行套利，从而使得 3 种债券的收益率差表现在市场上。但是，市场分割理论很难解释债券收益率随着期限变化而发生的趋势性变化，如收益率曲线上倾、下倾等。

### （二）期望值理论

期望值理论（expectation theory）认为，投资收益曲线的形态取决于投资者对未来通货膨胀的预期。债券投资的收益可以分解为三个部分，无风险收益或者时间价值、通货膨胀溢价以及其他风险溢价。通胀风险溢价在收益率曲线的决定中起着重要作用。

以 $r_1$ 表示从第 1 年年初开始 1 年期投资的收益率，$r_2$ 表示从第 1 年年初开始 2 年期投资的年收益率，$r_{1,2}$ 表示从第 1 年年末开始 1 年期投资的收益率，也就是从第 1 年年末投资到第 2 年年末，$f_{1,2}$ 表示在第 1 年年初约定的，从第 2 年年初（第 1 年年末）到第 2 年年末的 1 年期投资收益率，这种投资属于远期（forward），也就是 1 年后的 1 年期投资的远期收益率。注意 $r_{1,2}$ 和 $f_{1,2}$ 的差别，前者是到了 1 年后的投资时点才知道当时投资的收益率，后者是现在就预期的未来投资的收益率。

假设市场完美，简单来说，在完美市场中无套利机会。在上述条件下，投资者进行两年期投资有两种选择：第一，直接投资于 2 年期债券，获得 $r_2$ 的收益；第二，首先投资于 1 年期债券，获得 $r_1$ 的收益，期满后再投资于 1 年期债券，获得 $r_{1,2}$ 的收益。投资者根据对将来的预期作出投资决策，哪种选择更有利，就会作出哪种选择。$r_{1,2}$ 是未来的投资收益率，现在未知，因此现在无法判断哪种选择更好。如果将 $r_{1,2}$ 现在固定下来，也就是现在做出一笔 1 年期投资，收益率为 $r_1$，再做出一笔 1 年以后的 1 年期投资，收益率为 $f_{1,2}$。因为市场无套利，并且忽略流动性溢价，在市场均衡的条件下，两种投资方案的收益率应该相等：

$$(1+r_2)^2 = (1+r_1)(1+f_{1,2})$$

公式左边为一次性进行 2 年期投资的收益率，右边为分别进行两个 1 年期投资的收益率。公式展开计算可得

$$1 + 2r_2 + r_2^2 = 1 + r_1 + r_1 f_{1,2} + f_{1,2}$$

$r_2^2$ 和 $r_1 f_{1,2}$ 为小数值的高阶形式，如果单个收益率足够小，高阶数值更小，假设可以忽略不计，公式可以化简为

$$r_2 \approx (r_1 + f_{1,2})/2$$

简化来看，期望值理论认为 2 年期债券的收益率应该等于 1 年期收益率和 1 年后开始的 1 年期远期投资收益率的平均值。1 年后的 1 年期远期收益率是现在对将来 1 年后的 1 年期即期收益率的估计。

如果投资者预期将来的通货膨胀率有上升的趋势，即预计第 2 年的通货膨胀率高于第 1 年的通货膨胀率，则第 2 年的即期收益率应该高于第 1 年的即期收益率。例如，预计今年的通货膨胀率为 3%，现在预期明年的通货膨胀率为 4%，并且假设两年内有关于市场和债券的其他条件不变，例如投资者风险偏好、经济状况等，也就是假设两年内的实际收益率[①]相等，不妨假设都是 5%。因此，第 1 年名义收益率为 8%，现在的第 2 年远期收益率为 9%，现在的 2 年期投资收益率大约为 8.5%。2 年期收益率大于 1 年期收益率，收益率曲线表现出上倾形状。相反，如果预期未来的通货膨胀率下降，长期收益率会低于短

---

① 实际收益率不是无风险收益率，实际收益率是一个相对于名义收益率的概念，两者之间只相差通货膨胀率。

期收益率,收益率曲线表现出下倾形状。当然,如果预期未来通胀率不变,则会出现水平的收益曲线。

期望值理论对于收益率曲线的趋势有较好的解释力,但忽略了实际利率的变化对于债券投资收益率的多方面影响,考虑的因素不全面。对于两种现实情形,解释力受到质疑:第一,即使通货膨胀率有所下降,仍然可能出现上倾曲线;第二,通货膨胀率没有变化,曲线仍然表现出波动特征。

### （三）流动偏好理论

流动偏好理论(liquidity preference theory)认为,投资者出于交易性动机、预防性动机和投机性动机等而偏好流动性好的债券。如果不存在二级市场,长期债券的流动性天生差于短期债券。即使存在二级市场,由于债券契约是跨期契约,时间越长,未来面临的不确定性越大,债券价值发生波动的可能性和程度越大,当需要变现时进行出售,很可能给市场带来额外信息,产生折价交易,因此降低流动性。由于投资者偏好流动性好的债券,在市场上流动性差的债券就会出现风险溢价,也就需要提供更高的收益以补偿流动性差而产生的效用损失。

例如某投资者准备投资债券两年,可以直接买入两年期的债券,到期兑现;也可以买入 1 年期的债券,1 年后兑现再买入 1 年期债券。如果投资者的投资期限为两年,两种策略等价,收益率应相等。设想,在两年中投资者可能有预料之外的资金需求,提前退出投资,假设提前 1 年。两年期的债券需要提前出售,价格不确定,有一定的价格风险。在这种情况下,如果想让投资者购买两年期的债券,只能在收益率上提供额外的"风险溢价"。

仍然考虑投资者进行两年期投资。投资者可以借助于远期投资进行未来的投资,即先投资 1 年期债券,到期后自动按照现在已经确定好的远期投资合约再进行 1 年期投资,为了简化分析,将这种方案称为一次性投资。一次性投资的收益为

$$(1+r_1)(1+f_{1.2})$$

投资者也可以分两次进行投资,即 1 年期投资到期后,再进行第 2 年的投资。两次投资的收益率为

$$(1+r_1)(1+r_{1.2})$$

假设不存在二级市场,一次性投资与两次性投资比较,显然两次性投资的流动性好于一次性投资。考虑流动性的要求,只有一次性投资的总收益率高于两次投资的总收益率时,投资者才会选择一次性投资,即须满足如下条件:

$$(1+r_1)(1+f_{1.2}) > (1+r_1)(1+r_{1.2})$$

即

$$f_{1.2} > r_{1.2}$$

此时才能保证一次性投资收益高于两次性投资收益。$f_{1.2}$ 与 $r_{1.2}$ 两者之差即为一次性投资与两次性投资相比的流动性溢价。在流动性预期理论中,远期利率不再是未来即期利率的无偏估计,而是未来即期利率与流动性溢价之和:

$$f_{1.2} = r_{1.2} + LP$$

式中,LP 表示流动性溢价。注意,在这个分析过程中忽略了再投资风险。

即使每年预期的即期利率都相同,因为存在流动性溢价,远期利率高于未来的即期利

率，长期投资收益率是当年即期收益率与远期收益率的综合，使用远期利率所构造的收益率曲线必然表现出上倾形状。但是，考虑了经济形势和通货膨胀率的变化，反过来推理并不成立。也就是发现收益率曲线上倾，因此推断是流动性溢价所致，这个推断未必成立。

将期望值理论与流动性偏好理论相结合，可以大致推测，由于存在流动性溢价，收益率曲线大部分时间上倾。但是，由于对于未来的预期出现明显变化，可能会出现下倾的收益率曲线。再将市场分割理论相结合，可以解释在各种收益率曲线趋势下，出现不规则的变化。

**例 6-1** 市场上同时存在两种期限债券，1 年期债券的收益率为 3％，2 年期债券的收益率为 3.5％。如果今明两年预计通货膨胀率没有变化，经济状况、货币政策也不会发生变化，那么预期明年的 1 年期收益率也会为 3％。

在这种情况下，现在开始投资的第 1 年年末 1 年期远期债券投资收益率为

$$f_{1.2} = \frac{(1+r_2)^2}{1+r_1} - 1 = \frac{(1.035)^2}{1.03} - 1 = 4.00\%$$

因此，流动性溢价为 4％－3％＝1％，或者 100 基点。

## 三、收益率曲线变动

收益率曲线描述了长短期债券之间的收益率关系。当收益率曲线变化时，长短期债券之间的收益差会发生变化，影响投资决策，如利用曲线变化的各种形状构造套利组合等。收益率曲线的变化多种多样，基本变化有三种，其他变化是三种基本变化的组合。

### （一）曲线平行移动

收益率曲线的平行移动，指短期债券和长期债券的投资收益同时发生变化，并且变化幅度相同，如图 6-3 描述了一条平行上移的收益率曲线。平行移动包括向上平移和向下平移。

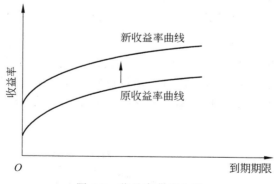

图 6-3　收益率曲线上移

曲线上移将引起所有债券的价格下降。不过由于长期债券和短期债券价格的利率敏感性不同，长期债券价格变化幅度应该更大。

### （二）曲线旋转

收益率曲线旋转，指以曲线上的某一个点为圆心，圆心不动，曲线其他部分发生转动。圆心可以在中点，也可以在两边。旋转可以是逆时针，也可以是顺时针。图 6-4 描述了一

条以中心为圆点顺时针旋转的曲线。

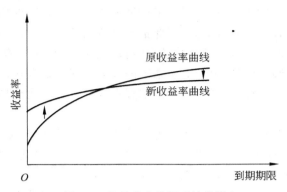

图 6-4　收益率曲线顺时针旋转

收益率曲线发生图 6-4 的旋转变化后,长期债券价格上涨,短期债券价格下降。因为长期债券对于价格的敏感性高,所受影响更大一些。

**例 6-2**　在收益率曲线变化之前,1 年期债券收益率为 3%,10 年期债券收益率为 8%。由于市场对于未来经济下行压力担心的减弱,对于流动性要求下降,收益率曲线出现如图 6-4 所示的顺时针旋转,旋转后 1 年期债券收益率变为 3.5%,10 年期债券收益率变为 7%,两种债券面值均为 100 元。如果某公司在半个月前刚刚发行了两种平价债券,收益率曲线发生变化后,债券价格会发生什么样的变化?

因为是平价发行债券,所以两只债券的票息率与收益率曲线变化前的收益率相同(忽略违约风险溢价),分别为 3% 和 8%。债券平价发行,发行时债券价格等于面值,半个月之后,在收益率曲线变化之前,债券的净值仍然等于面值,为 100 元。收益率曲线变化之后,1 年期债券的净值变为 99.53 元,10 年期债券净值变为 106.99 元。如果投资者事前能够预期到这种变化,在市场变化之前,卖空 1 年期债券,买空 10 年期债券就能够获利。

### （三）曲线弯曲

曲线弯曲的主要表现为以中心点为圆点,曲线两段同时上翘或者下弯。图 6-5 表示了一条两端下弯的曲线。收益率曲线下弯,使得短期收益率和长期收益率均下降,而中期收益率不变。因此,短期债券和长期债券价格都会上涨,中期债券价格不变。收益率曲线

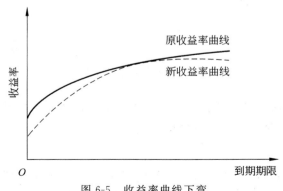

图 6-5　收益率曲线下弯

发生弯曲变化对于具有哑铃型现金流的固定收益工具影响更大。所谓哑铃型现金流,指在投资期限的前期和后期现金流大,而中期现金流小。这种现金流可能会出现在债券组合中,单只债券投资中很少出现。

# 第二节 债券信用评级

## 一、债券信用评级概述

债券信用评级,是由除了投资者和发行人之外的第三方机构,针对债券在整个到期期限内的违约风险进行评价。一般来说,债券公开发行都强制性要求有第三方机构评级结果,以便为投资者提供决策依据。第三方机构称为评级机构,对债券违约风险评价后,使用简单的符号表示,就是债券的信用等级。第五章已经提到,目前国际上最著名的信用评级机构是美国的标准普尔公司和穆迪公司。两家公司使用的信用级别表示方法及其标准如表6-3所示。我国各家机构目前基本上沿用了这两家公司的信用级别表示方法和标准。

表 6-3　信用级别表示方法及其标准

| 信用级别 | | 信用级别含义及其评价标准 |
|---|---|---|
| 标普表示法 | 穆迪表示法 | |
| AAA | Aaa | 安全性最高,本息偿付有保证,基本无风险 |
| AA | Aa | 安全性高,本息偿付有保证,风险低 |
| A | A | 安全性良好,能按期偿付本息,风险较低 |
| BBB | Baa | 安全性中,目前偿付本息没问题,不景气时需注意 |
| BB | Ba | 有投机因素,偿付本息可能有问题,收益不可靠 |
| B | B | 投机性较强,本息偿付安全性差,收益不可靠 |
| CCC | Caa | 投机性强,公司盈利有问题 |
| CC | Ca | 投机性强,公司盈利有严重问题 |
| C | C | 投机性很强,接近违约状态 |
| D | D | 违约级,债券已经违约 |

表6-3是一个信用等级与定性判断标准的对应。信用等级对应违约风险,信用等级越低,违约风险越高。表6-4给出了一个信用级别与违约风险的对应情况。

表 6-4　各种信用等级债券的违约概率　　　　　　　　　　　%

| 信用等级<br>发行后年数 | AAA | AA | A | BBB | BB | B | CCC |
|---|---|---|---|---|---|---|---|
| 3 | 0.00 | 1.11 | 0.60 | 0.85 | 1.36 | 9.41 | 19.72 |
| 5 | 0.00 | 1.70 | 0.65 | 1.54 | 5.93 | 20.87 | 38.08 |
| 7 | 0.19 | 1.91 | 0.87 | 2.70 | 10.91 | 29.62 | — |
| 10 | 0.19 | 2.11 | 1.28 | 3.85 | 13.86 | 40.86 | — |

资料来源:ALTMAN E.Defaults and returns on high-yield bonds through the first half of 1991[J].Financial analyst journal,1991,47(6):74-75.

信用级别是评级机构根据有关信息，对于未来违约状况的判断。由于两方面原因，评级结果可能有误差。第一，由于所掌握信息不全面，或者评级方法有缺陷，可能导致评级结果不准确；第二，由于未来环境可能会发生预料之外的变化，因此导致原始评级不准确。评级机构给出信用等级后，并不对评级结果做任何担保。评级机构为了尽量克服信用等级会随经济环境和发行人状况变化而变化，因此对于长期债券还会做跟踪评级，如每年评价一次，并给出跟踪评级报告。投资者不仅需要关注原始信用级别，也要关注跟踪信用级别。

## 二、债券信用级别决定

### （一）违约风险评估

在不考虑信用增级的条件下，债券的信用级别指发行公司的违约风险大小。在这种情况下，评价债券信用级别等价于评估发行公司违约风险。公司的违约风险可以通过财务指标判断，比较常用的违约概率评估方法是 Z 评分法。当然，对于各种财务指标的全面性分析，会使信用评级结果更加稳健。

Z 评分法是由著名金融专家阿尔特曼（Altman）于 1968 年所创立的一种破产预测模型[1]。模型使用五个财务变量加权平均，得出评估公司的 Z 分值，计算公式如下：

$$Z = 1.2(X_1) + 1.4(X_2) + 3.3(X_3) + 0.6(X_4) + 0.99(X_5)$$

其中，$X_1$ 表示净运营资本/总资产（NWC/TA），净运营资本等于流动资产减去流动负债；$X_2$ 表示留存收益/总资产（RE/TA）；$X_3$ 表示息税前收益/总资产（EBIT/TA）；$X_4$ 表示权益市值/总负债账面值（MVE/TD）；$X_5$ 表示销售收入/总资产（S/TA）。模型中变量的单位直接使用小数表示。

阿尔特曼同时给出了 Z 分值评价标准。Z 值以 2.675 为临界值，低于临界值为违约组。由于可能存在评估偏差，以 $1.81 < Z < 2.99$ 为灰色区域，Z 分值落入这个区域则不易判断。当 Z 值小于下限，即 1.81 时，公司违约风险较高，位于违约级别；当 Z 值大于上限，即 2.99 时，公司违约风险低，位于安全级别。

之后，阿尔特曼对 Z 评分模型又做了几次调整[2]。在原始 Z 评分模型中需要使用权益市场价值，对于非上市公司而言，权益市场价值不容易判断，阿尔特曼将第四个变量的计算由市场价值调整为账面价值，模型随之变为

$$Z' = 0.717(X_1) + 0.847(X_2) + 3.107(X_3) + 0.420(X_4) + 0.998(X_5)$$

$Z'$ 模型的灰色区域为 1.23 至 2.9，分值低于 1.23 意味着违约，高于 2.9 表示安全。

模型的第五个变量为销售收入除以总资产，因为不同行业资本密集程度不同，这个变量受行业因素影响很大，很可能影响评估结果。为了进一步避免行业因素对于违约风险的影响，阿尔特曼将第五个变量删除，建立了四变量模型，称为 $Z''$ 模型。

[1] ALTMAN E.Financial ratios,discriminant analysis and the prediction of corporate bankruptcy[J].Journal of finance,1968,23(4): 569-609.

[2] ALTMAN E.Corporate financial distress and bankruptcy[M]. 2nd ed. New York: John Wiley & Sons,1993: 233-264.

$$Z'' = 6.56(X_1) + 3.26(X_2) + 6.72(X_3) + 1.05(X_4)$$

在这个模型中,权益价值仍然使用账面价值,其他变量测量方法与 $Z'$ 模型相同。

阿尔特曼使用 $Z''$ 评分与债券的信用级别相关联,使每一个 $Z''$ 分值对应某一个信用级别。在实践中,可以设定出每一个信用级别的 $Z''$ 评分均值和置信区间,由此可以更有利于判断属于哪一个级别。阿尔特曼 $Z''$ 评分与债券的信用级别关联结果如表 6-5 所示。

**表 6-5　债券信用级别与 Z 评分值**

| 标普评级 | AAA | AA | A | BBB | BB | B | CCC | D |
|---|---|---|---|---|---|---|---|---|
| $Z''$ 平均评分 | 8.15 | 7.30 | 6.65 | 5.85 | 4.95 | 4.15 | 2.50 | 0 |

资料来源:ALTMAN E,SAUNDERS A.Credit risk measurement:developments over the last 20 years[J]. Journal of banking & finance,1998,21:1721-1742.

在 $Z$ 评分模型中,各个财务指标的系数是阿尔特曼使用美国市场数据计算得出的,在其他环境下未必准确,需要做出调整。另外,在阿尔特曼的后续研究,以及其他学者的研究中,有些模型在 $Z$ 评分模型变量的基础上又增加了其他变量。除了线性模型,例如,KMV 公司还推出了 KMV 模型计算债券违约的概率,但 KMV 模型对于数据的要求比较多[①]。

## (二)信用评级分析

除了使用发行公司的财务指标之外,在债券的信用评级分析中,还需要考虑其他方面的影响因素,包括产业状况、经营管理能力、信用增级等。

### 1. 产业状况分析

公司债券信用等级在很大程度上取决于公司的盈利性和盈利稳定性,尤其是盈利稳定性。公司经营的宏观环境存在着各种不确定性,必然会传导进而影响公司盈利稳定性,因此影响偿债能力。每一个公司大多属于某一个产业,一个产业对于宏观经济环境的反应具有共性。同时,同一个产业中的公司又面临着同样的产业政策、同样的技术环境、同样的竞争环境。产业状况分析是债券信用分析的基础性工作,是对决定债券信用的基础环境的分析。

首先,考察产业盈利稳定性,也就是当宏观经济发生波动时,产业需求的波动情况。越是上游的产业,即产业链的前端,因为受到多种下游需求变化的影响,可能受到的影响越大。相反,下游产业,直接生产最终消费品的产业,受到影响可能会小。当然,同是下游产业,由于产品收入弹性不同,当收入发生波动时,公司盈利稳定性也不同。例如,制药公司与旅游服务公司相比,某些药品需求的刚性强,而旅游需求的弹性大,当人们预期收入发生变化时,两类产业的盈利变化特点明显不同。

其次,分析产业技术革新和产业政策。产业技术革新带来新产品和新工业,甚至会带来产业内的巨大变革,产业技术革新越快,产业中公司地位和盈利状况改变的可能性越大,公司面临的挑战性越大,盈利波动可能性越大。领先采用新技术的公司面临着技术风险,滞后采用新技术的公司面临着技术落后风险。产业政策影响产业的未来趋势,影响国

---

[①]　CAOUETTEE J,ALTMAN E,NARAYANAN P.Managing credit risk[M].New York:John Wiley & Sons, 1998:139-153.

计民生的关键产业,由于国家政策支持,破产的可能性低。国家大力扶植的某些技术,可能未来会面临着良好的发展机遇,由此大幅度提升公司盈利能力。

产业内的竞争状况,也会影响公司盈利的稳定性。竞争本身会降低盈利水平,并不会影响盈利稳定性。但是竞争激烈的产业,容错性较低。公司自身的决策和经营错误,对于公司未来盈利水平和稳定性会造成较大影响。一旦战略失败,或者经营失败,很可能面临着破产的风险。

### 2. 经营管理能力分析

公司盈利归根到底还是经营管理能力的反映。在同样环境下,不同的公司由于经营管理能力不同,可能盈利能力和稳定性不同。从财务指标可以判断盈利水平、盈利稳定性,从而评估公司偿债能力,但难以准确判断其根源,从而难以准确推测未来。

公司经营管理能力是个隐性变量,很难找到一个明确的指标判断其高低,而是多种公司特征归集的结果。例如,高管团队结构,管理经验,公司管理制度,职工文化素质,公司文化特征,公司声誉等。以公司管理激励制度为例,良好的激励,能够激发员工工作热情,从而提升工作效率,提高盈利能力。健全的管理制度,是公司健康经营的保障。

经营管理能力还可以通过历史业绩和公司战略得以表现。公司的主业清晰、历史业绩好,反映了良好的经营管理能力。公司的历史业绩可能不错,但是如果主业不清晰,而且经常性发生变化,也很难保证未来公司的稳定盈利。公司主业不清,很可能表现为盲目多元化,而且多元化的方向不确定,在较短的时间内会发生较大的变化。主业不清,有些情况下是一个产业的盈利状况不佳,为了寻找资本出路而作出的选择。

### 3. 信用增级分析

同一个公司发行的债券,可能会出现多种信用级别。每一个公司有一个主体信用级别,一般情况下,一个公司发行的信用债券级别等同于主体信用级别。有时公司的主体信用级别不够高,公司发行债券可能导致资本成本高,甚至不能发行债券。在这种情况下,公司可能会对某种债券进行信用增级。投资者需要关注债券是否进行了信用增级,以便于更准确判断未来可能的信用级别变化。

信用增级指债务人运用各种有效手段和金融工具,提高按时支付债券本息的能力,从而提高债券的安全性,使债券获得比主体信用级别更高的信用评级。信用增级类似于债券的担保,可以使用公司特定资产进行抵押、质押,也可以使用第三方保证。信用增级又不限于担保,债券中的某些附加条款也能起到信用增级作用,如设立偿债基金(sinking fund)。

当债券存在信用增级时,对于未来债务人偿债能力的判断,不仅需要分析其自身状况,还要分析抵押、质押资产状况,以及信用增级提供方(担保人)信用等级变化情况。

**例 6-3** 某公司主体信用级别为 BBB 级,准备发行 10 年期债券,对应市场上的收益率为 9%。如果公司找到第三方担保人,如保险公司,对公司债券进行增级,增级后债券信用级别可以提高到 AAA,对应市场上的收益率为 7.5%。如果担保费率为 1%,那么该公司就可以利用信用增级,提高债券信用级别。通过信用增级,公司可以获得 0.5%的利率节约。

### （三）信用级别的变化

在债券存续期内，经济环境以及发行者经营管理状况不断变化，债券的信用质量也会发生相应的变化。由于债券的现金流在发行时根据当时的信用质量而确定，当信用质量发生变化后，债券投资收益会随之变化。如果债券真的发生违约，投资者通常遭受损失。即使不出现违约，而仅仅是违约概率发生变化，市场要求的违约风险溢价也会发生变化，必然导致债券价格的变化，从而导致投资收益率的变化。因此，投资者必须关注债券信用质量的变化。

根据对历史的观察，可以得到债券信用质量变化的经验模式。表 6-6 反映了一项观察的结果。这项研究对 1970 年至 1989 年间超过 7 000 种债券的信用质量进行了追踪调查分析，按照标准普尔的评级标准将债券从 AAA 级到 C 级分成了不同的等级。以 1、3、5、7 年为时间观测点，分别观测在这些时间点上债券保持原有信用等级的比例有多大。表 6-6 显示了债券信用等级与初始发行时保持一致的百分比。

表 6-6　债券信用等级与初始发行时保持一致的百分比　　　　　%

| 信用等级 | 发行后时间 | | | |
|---|---|---|---|---|
| | 1 年 | 3 年 | 5 年 | 7 年 |
| AAA | 94.6 | 81.0 | 69.8 | 52.1 |
| AA | 92.6 | 77.8 | 67.9 | 46.7 |
| A | 92.1 | 78.9 | 72.5 | 61.5 |
| BBB | 90.1 | 73.4 | 65.7 | 43.3 |
| BB | 86.1 | 62.9 | 40.8 | 21.6 |
| B | 94.0 | 75.4 | 59.9 | 53.9 |

资料来源：ALTMAN E,KAO D.The implications of corporate bond rating profit[J].Financial analysts journal,1992,3:64-75.

表 6-6 中只考察了 B 以上级债券，而 CCC 级及以下级由于数量很少，未做考察。表中的数据表明，在研究期内，相当大比例的债券会发生信用等级的变化。而且，随着时间的延长，保持原有信用等级的债券会越来越少。另外，在研究中还得出了如下结论。

（1）A 级债券比其他债券表现的稳定性更好，BB 级债券的稳定性最差。

（2）原始信用等级高于 A 级的债券信用质量下降的可能性大于上升的可能性。

（3）原始信用等级为 BBB 的债券的信用质量趋于上升。

（4）垃圾债券的信用等级上升或者下降的趋势不明显。

（5）债券信用质量下降之后很可能将来继续下降，但上升之后继续上升的趋势不明显。

# 第三节　债券的久期与凸性

## 一、久期与凸性的测量

久期（duration）和凸度（convexity）是反映债券价格随着利率变化而变动的幅度及速度的两个指标，表明了债券利率风险的大小。久期也称为有效期限、持续期限或者平均期限。

### （一）久期

#### 1. 久期的计算

令 $R = 1 + r$，其中 $r$ 为债券的市场利息率，也就是折现率。

根据债券评估方法，债券价格是约定现金流的折现，即

$$P = \sum_{t=1}^{n} \frac{C_t}{(1+r)^t} + \frac{B}{(1+r)^n}$$

其中各个字母含义见债券价值评估部分内容。

使用价格函数对折现率求导，债券价格随着市场利率波动而变化的变化率为

$$\frac{\mathrm{d}P}{\mathrm{d}r} = -\frac{1}{1+r}\left[\sum_{t=1}^{n} \frac{tC_t}{(1+r)^t} + \frac{nB}{(1+r)^n}\right]$$

负号表示债券价格与利率变化方向相反。对公式进行变换：

$$\frac{\mathrm{d}P/P}{\mathrm{d}r/R} = -\frac{\left[\sum_{t=1}^{n} \frac{tC_t}{(1+r)^t} + \frac{nB}{(1+r)^n}\right]}{P}$$

表示了债券价格与利率变化之间的相对关系。定义：

$$D = \frac{\left[\sum_{t=1}^{n} \frac{tC_t}{(1+r)^t} + \frac{nB}{(1+r)^n}\right]}{P}$$

称为债券的久期。久期是个期限的概念，是债券产生每一个现金流年限的加权平均，权重是每一个现金流折现值与全部现金流累计折现值之比。

**例 6-4** 假设一个 5 年期的附息债券，面值为 100 元，票面率为 8%，每年支付一次，市场利率（折现率）为 10%，则该债券久期计算如表 6-7 所示。

表 6-7 债券久期计算

| 年　　份 | 1 | 2 | 3 | 4 | 5 | 总　　计 |
|---|---|---|---|---|---|---|
| 现金流 | 8 | 8 | 8 | 8 | 108 | |
| 现金流现值 | 7.27 | 6.61 | 6.01 | 5.46 | 67.06 | 92.41 |
| 现金流现值权重 | 0.079 | 0.072 | 0.065 | 0.059 | 0.725 | 1 |
| 权重和期限之积 | 0.079 | 0.144 | 0.195 | 0.236 | 3.625 | 4.28 |

现金流一行表示未来 5 年每期的现金流，现金流现值一行表示现金流的折现值，现金流现值的权重是现金流现值占债券现值总计的比例，最后一行表示现金流现值权重和期限的乘积，加总之后的合计即为债券的久期。

久期的计算也可以使用计算机 Excel 函数，所使用的函数为 DURATION。假设例 6-4 中的债券发行日为 2019 年 12 月 1 日，到期日为 2024 年 12 月 1 日。那么计算过程如表 6-8 所示。

表 6-8　债券价值 DURATION 函数计算表

| Settlement | date(2019,12,1) | =41 991 |
|---|---|---|
| Maturiry | date(2024,12,1) | =43 739 |
| Coupon | 0.08 | =0.08 |
| Yld | 0.1 | =0.1 |
| Redemption | 100 | =100 |
| Frequency | 1 | =1 |
| Basis | 3 | =3 |
| | | =4.281 412 086 |

**2. 久期的变化规律**

根据计算公式,久期是一个函数,其中影响因素包括票息率和折现率。

**例 6-5**　两种债券的到期期限均为 5 年,折现率相同为 8%,两种债券的票息率分别为 10% 和 6%,使用公式计算,两种债券的久期分别为 4.10 和 4.36。如果将两种债券的到期期限延长至 10 年,则两种债券的久期分别为 6.77 和 7.44。如果票息率为 10% 的 5 年期债券的折现率为 5.39%,则债券的久期为 4.15,而折现率等于 12.77% 时债券的久期则等于 4。

从上述运算中可以得出如下规律。

(1) 有票息债券的久期短于到期期限。

(2) 票息和久期呈反比关系,即息票越高久期越短,息票越低久期越长。

(3) 折现率与久期呈反比关系,即折现率越高久期越短,折现率越低久期越长。

(4) 久期随着到期期限的延长而增加。

**3. 利用久期方法计算债券价格变化**

从公式的推导过程可知,债券的久期近似反映了市场利率每变化一个百分点,债券价格波动的百分比。例如,如果债券的久期为 4。当市场利率由 12.77% 降低到 11.77% 时,利息率变化的百分比为

$$\frac{\mathrm{d}r}{R}=-\frac{1\%}{1+12.77\%}=-0.89\%$$

因此,债券价格变化为

$$\frac{\mathrm{d}P}{P}=0.89\%\times 4=3.55\%$$

为了使得久期准确反映市场利率每变化一个百分点债券价格变化的百分比,可以对久期进行修正。令

$$D_m=\frac{D}{1+r}=-\frac{1}{\mathrm{d}r}\times\frac{\mathrm{d}P}{P}$$

称为修正久期。得到修正久期后,债券价格的变化可以近似写成(注意加负号表示反向关系)

$$\frac{\Delta P}{P}=-\Delta r\times D_m$$

**例 6-6**　债券目前的市场价格为 108.03 元，到期收益率为 8%，距到期日的期限为 5 年，久期为 4.10。如果到期收益率下降到 7%，那么债券的价格变化可计算如下。

首先计算修正久期。

$$D_m = \frac{D}{1+r} = \frac{4.10}{1+8\%} = 3.80$$

因此价格的变化百分比为

$$\frac{\Delta P}{P} = -\Delta r \times D_m = -(7\% - 8\%) \times 3.8\% = 3.80\%$$

价格变化幅度：

$$\Delta P = P \times \frac{\Delta P}{P} = 108.03 \times 3.80\% = 4.11(元)$$

新的债券价格为

$$P_1 = P + \Delta P = 108.03 + 4.11 = 112.14(元)$$

久期反映了债券价格随市场利率变化而变化的程度，因此久期越大，每单位市场利率变化引起的债券价格变化越大，债券价格对于市场利率变化越敏感，债券的价格波动风险越大。相反，久期越小，债券的价格波动风险越小。

**4. 投资组合久期的计算**

假设利率期限结构曲线为水平线，根据久期的定义，债券投资组合的久期等于组成债券久期的加权平均，权重为每种债券的价值占组合总价值的比例。

以两个债券形成的投资组合为例，第一个债券到期期限为 2 年，第二个债券的到期期限为 3 年。两个债券在第 1 年的票息分别为 $C_{11}$ 和 $C_{21}$，在第 2 年的票息分别为 $C_{12}$ 和 $C_{22}$，第 3 年的票息为 $C_{23}$，面值分别为 $B_1$ 和 $B_2$。债券组合在第 1 年、第 2 年和第 3 年的现金流分别为 $C_{11}+C_{21}$、$C_{12}+C_{22}+B_1$ 和 $C_{23}+B_2$。因此，债券投资组合的久期 $D_p$ 为

$$
\begin{aligned}
D_p &= \frac{1}{\dfrac{C_{11}+C_{21}}{1+r} + \dfrac{C_{12}+C_{22}+B_1}{(1+r)^2} + \dfrac{C_{23}+B_2}{(1+r)^3}} \times \\
&\quad \left[ \frac{C_{11}+C_{21}}{1+r} \times 1 + \frac{C_{12}+C_{22}+B_1}{(1+r)^2} \times 2 + \frac{C_{23}+B_2}{(1+r)^3} \times 3 \right] \\
&= \frac{1}{P_1+P_2} \left[ \left( \frac{C_{11}}{1+r} \times 1 + \frac{C_{12}+B_1}{(1+r)^2} \times 2 \right) + \right. \\
&\quad \left. \left( \frac{C_{21}}{1+r} \times 1 + \frac{C_{22}}{(1+r)^2} \times 2 + \frac{C_{23}+B_2}{(1+r)^3} \times 3 \right) \right] \\
&= w_1 D_1 + w_2 D_2
\end{aligned}
$$

债券组合以 $w_i$ 作为第 $i$ 种债券的价值在债券投资组合总价值中的比例，$D_i$ 作为第 $i$ 种债券的久期，则 $D_p$ 债券投资组合的久期为

$$D_p = \sum w_i D_i$$

**例 6-7**　一个投资组合有两种债券，价值分别为 200 万元和 800 万元，那么投资组合的总价值就为 1 000 万元，两个债券的权重分别为 0.2 和 0.8，两个债券的久期分别为 2 年和 4 年，投资组合的久期为两个债券久期乘以各自权重的加和。

投资组合的久期＝（200/1 000）×2＋（800/1 000）×4＝3.6（年）

### （二）凸度

久期反映了债券价格随着利率变化而变化的规律。实际上，久期是利率的函数，利率变化久期也随之变化。单纯使用久期计算债券价格变化不够准确，因此引入凸度的概念。

应用 Maclaurin 级数展开式，并保留到二阶无穷小，可以得到债券价格的近似表达式：

$$P = P_0 + \frac{\mathrm{d}P}{\mathrm{d}r} \times \mathrm{d}r + \frac{1}{2} \times \frac{\mathrm{d}^2 P}{\mathrm{d}r^2} \times (\mathrm{d}r)^2$$

式中，$P_0$ 为利率变化前的价格；$P$ 为利率变化后的价格。

因此

$$\frac{\mathrm{d}P}{P} = \frac{\mathrm{d}P}{\mathrm{d}r} \times \frac{\mathrm{d}r}{P} + \frac{1}{2} \times \frac{\mathrm{d}^2 P}{\mathrm{d}r^2} \times \frac{(\mathrm{d}r)^2}{P}$$

定义：

$$CX = \frac{1}{2} \times \frac{\mathrm{d}^2 P}{\mathrm{d}r^2} \times \frac{1}{P} = \frac{1}{2} \times \left[ \sum_{t=1}^{n} \left( \frac{\frac{C_t}{(1+r)^t}}{P_0} \right) \times t(1+t) \right] \times \frac{1}{(1+r)^2}$$

为凸度。则债券价格的变化可以表示为

$$\frac{\mathrm{d}P}{P} = -D_m \times \mathrm{d}r + CX \times (\mathrm{d}r)^2$$

将微分换成差值：

$$\frac{\Delta P}{P} = -D_m \times \Delta r + CX \times (\Delta r)^2$$

**例 6-8**  面值为 100 元的债券，票息率为 8%，10 年到期，当前市场利率为 8%。因为债券的票息率等于市场利率，债券价值等于面值 100 元。如果市场利率从 8% 提高到 9%，则债券价格变化可以估计如下：

根据计算得出债券的久期为 7.25，修正久期为 6.71（7.25/1.08）。凸度为 30.254。因此，债券价格变化的百分比为

$$\frac{\Delta P}{P} = -D_m \times \Delta r + CX \times (\Delta r)^2$$
$$= -6.71 \times 1\% + 30.254 \times (1\%)^2$$
$$= -6.41\%$$

即收益率上升 1%，债券的价格下降 6.41%。新的债券估计价格为 100－6.41＝93.59（元）。

## 二、久期与凸度的应用

### （一）久期与免疫

免疫（immunization）是指对债券利率风险进行规避的一种策略。当市场利率发生变化时，投资者持有债券会承担价格波动风险和再投资风险。某些金融机构的资产（如银行

的贷款）属于固定收益工具，负债（如银行的存款）也属于固定收益工具，当利率发生变化时，资产和负债的价值都发生变化，因此导致机构资产净值的波动。为了规避这些投资收益和价值的波动，使得投资收益和资产净值免受市场利率波动的影响，因而所采取的措施就是免疫。

久期是进行利率免疫的基本工具。对于单只债券，投资者可以适当设计持有期限，就可以规避利率波动带来的风险。对于资产和负债价值差，可以使用匹配久期的方法规避利率变化带来的价值差变化。比如银行、养老基金和保险公司，它们在资产和负债到期结构上存在自然的不匹配。举个例子，银行负债主要是客户存款，总体期限较短，但是银行资产主要由商业和客户贷款构成，这样就使得银行资产久期长于负债久期。一旦利率提高，它们的净价值会下降，也影响偿债能力。解决这个问题的方法可以使用资产、负债久期管理，因此使得资产和负债对于利率变化的敏感性相同，使得净资产价值相对利率变化不发生变化，获得免疫。

**例 6-9** 5 年期债券的面值为 100 元，票息率为 10％，发行时的市场利率为 12.77％，发行价格为 90.20 元，其久期约为 4 年。如果投资期为 4 年，在市场利率不发生变化的情况下，债券投资实现的收益率必然为 12.77％。如果市场利率发生变化，从 12.77％降到 10％，实现的收益率可计算如下。

票息及其再投资收益为

$$10 \times (1.1^3 + 1.1^2 + 1.1 + 1) = 46.41$$

出售债券所得（第 4 年息后出售）：

$$\frac{110}{1.1} = 100$$

总所得为

$$46.41 + 100 = 146.41（元）$$

实现的收益率为

$$RCY = \left(\frac{146.41}{90.20}\right)^{\frac{1}{4}} - 1 = 12.87\%$$

同样，如果利率从 12.77％上升到 14％，实现的收益率计算如下。

票息及其再投资收益为

$$10 \times (1.14^3 + 1.14^2 + 1.14 + 1) = 49.21$$

出售债券所得（息后出售）：

$$\frac{110}{1.14} = 96.49$$

总所得为

$$49.21 + 96.49 = 145.70（元）$$

实现的收益率为

$$RCY = \left(\frac{145.70}{90.20}\right)^{\frac{1}{4}} - 1 = 12.74\%$$

如果投资期长于久期，如投资期为 5 年，仍假设市场利率从 12.77％降低为 10％，其他条件不变。票息及其再投资所得为 61.05 元,期末收回本金 100 元,投资总收益为 161.05 元。实现投资收益率 12.29%,收益率下降。如果市场利率从 12.77% 提高到 14%,息票及其再投资所得为 66.10 元,到期收回本金 100 元,投资总收益 166.10 元,实现投资收益率为 12.99%,收益率上升。收益率随着市场利率发生同向变化,表现出再投资风险作用大于价格波动风险。

如果投资期短于久期,如投资期为 3 年,当市场利率从 12.77% 降低为 10% 时,票息及其再投资所得为 33.10 元,投资期末收回 100 元,投资总收益为 133.10 元,实现投资收益率为 13.85%,收益率上升。如果市场利率从 12.77% 提高到 14%,息票及其再投资所得为 34.40 元,投资期末收回 93.41 元,投资总收益 127.81 元,实现投资收益率为 12.32%,收益率下降。此时,投资所表现出的风险特征,是收益率随着市场利率发生反向变化,表现出价格波动风险作用大于再投资风险。

通过计算可以看出:

(1) 如果债券投资期与久期大致相同,则投资收益率基本不受利率变化的影响。

(2) 如果债券投资期明显长于久期,则债券投资收益率与利率同方向变化,即利率上升,收益率上升;利率下降,收益率下降。

(3) 如果债券投资期明显短于久期,则债券投资收益率与利率反方向变化,即利率上升,收益率下降;利率下降,收益率上升。

上述例子表明,投资者持有债券所面临的两种风险即价格波动风险和再投资风险,如果投资期等于久期,这两种影响基本抵消,所以久期也是使价格波动风险和再投资风险达到平衡时的持有期。在这种情况下,利率发生变化,基本不会影响投资者的总收益。

对于债券组合而言,免疫的原理完全相同。但由于收益率曲线形状以及债券凸性不同,会使得免疫过程复杂一些,也未必能够达到完全免疫。

### (二)凸度与免疫

市场利率的变化不仅影响债券价格和再投资收益率,而且也影响债券的久期。事实上,如果考虑久期随着市场利率的变化而变化,则免疫的效果会受到影响。久期变化越大,免疫效果越差。债券的凸度反映了久期随利率变化而变化的程度。所以,凸度越小,免疫效果越好;凸度越大,免疫效果越差。

使用久期描述债券价格变化与利率变化之间的关系,仅仅适用于一个无穷小的利率变化,对于实践中出现的一定幅度的利率变化,计算结果会存在一定的误差。做一个简化的假设,使用一项资产和一项负债做久期匹配,并且假设资产和负债在目前利率水平上价值相同。按照久期定义,当资产和负债久期相同时,可以对净值进行免疫,也就是净值不受利率变化的影响。实际上,久期匹配免疫并不准确。如图 6-6 所示,A、B 两只债券在横轴为 $i$(表示利率无变化)的点相切,对于价值相同的债券,切线斜率相同久期相同。图中两只债券在切点处虽然斜率相同,但是曲率不同,因此导致当利率变化时,两只债券价值变化并不相同。其中 A 债券的价值变化大于 B 债券。因此,要进行完全免疫,还需要凸度匹配。至少考虑凸度后,可以使得免疫效果更好。

### (三)免疫组合构建

期限匹配是债券组合免疫的一种重要方法。期限匹配指使得债券组合的久期等于投资期。这种免疫组合的构建首先要根据投资目标确定组合要求的久期,即组合的加权久

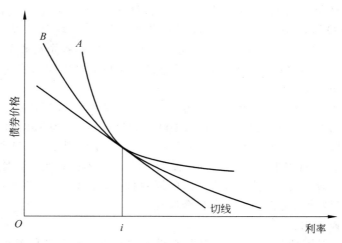

图 6-6　不同凸度债券价格与利率变化关系曲线

期；其次，选择备选债券；最后，确定组合中各种债券的投资比例。

例 6-10　投资者在 2 年后需要支付一笔 100 万元的现金流。在这笔 100 万元的负债到期前，投资者希望充分利用现有资本进行增值，但为了保证还债，也要保证投资的安全，出于以下几个方面原因考虑，投资者决定进行债券组合投资：①债券的投资风险一般低于股票投资；②债券组合能够规避特殊风险；③采用免疫策略能够规避价格波动风险和再投资风险；④使用不同期限的债券组合还可能获得收益率曲线变化的好处。

为了实现免疫，债券组合的加权久期应等于 2 年。如果备选的两种债券分别为 1 年期债券和 3 年期债券，两种债券的面值均为 100 元，假设利率的期限结构曲线保持水平，两种债券的当前到期收益率均为 10%。1 年期债券的票息率为 7%，3 年期债券的票息率为 8%，票息都是每年支付一次。根据上述数据，1 年期债券的价值为 97.27 元，3 年期债券的价值为 95.03 元。两种债券的久期分别为 1 年和 2.78 年。这样，组合中的投资比例可以通过以下方程组解出：

$$\begin{cases} w_1 + w_2 = 1 \\ w_1 \times 1 + w_2 \times 2.78 = 2 \end{cases}$$

式中的两个未知数 $w_1$、$w_2$ 分别为投资于两种债券上的比例，解得的结果分别为 0.438 2 和 0.561 8，即投资于 1 年期债券 43.82%，投资于 3 年期债券 56.18%。

由于目前两种债券投资的到期收益率均为 10%，所以要在 2 年后获得 100 万元的现金流，只需现在投入 82.644 6 万元（100/1.12）。所以，投资于 1 年期债券的投资额为 36.214 9 万元，投资于 3 年期债券的投资额为 46.429 7 万元。或者投资于 1 年期债券 3 723 张（36.214 9/97.273），投资于 3 年期债券 4 886 张（46.429 7/95.025）。

表 6-9 计算了到期收益率不变、提高或者下降三种情况下债券投资组合的期末价值变化。表中结果表明，当利率发生变化时债券组合的价值变化不大。

当然，在构建债券组合时备选债券可能有很多，实现要求的加权久期可能有很多种方案。因此，在符合加权久期的各种方案中也存在选择问题。这种选择问题的准则一般是债券组合的投资收益，即在各种方案中选择收益率最高的组合。除此之外，为了避免可能的风险,应尽可能使债券的现金流与组合的加权久期相吻合。在上述的例子中,即使现金流尽可能集中在第 2 年年末。

**表 6-9 债券投资组合在不同利率水平上的免疫** 万元

| 收益率变化<br>收益来源 | 9% | 10% | 11% |
|---|---|---|---|
| 1 年期债券本息及其再投资收益 | 43.39 | 43.78 | 44.18 |
| 3 年期债券的票息及其再投资收益 | 8.18 | 8.22 | 8.25 |
| 3 年期债券的出售价格 | 48.45 | 48.01 | 47.58 |
| 合　　计 | 100.02 | 100.01 | 100.01 |

债券组合还可能实现对于收益率曲线变动的套利。例如,如果投资者预期收益率曲线在整体平移的基础上还可能出现两端下移,使用长、短期债券组合成中期投资,比单纯投资短期债券或者长期债券可能获得更高的收益。

# 习　　题

1. 债券的到期期限结构曲线为什么会发生多种变化?

2. 债券的收益率曲线表明,2 年期债券收益率为 5%,3 年期债券的收益率为 5.5%,是否意味着 2 年以后投资能够获得 5% 的收益率,3 年以后投资能够获得 5.5% 的收益率?

3. 如果投资者购买公司债券,如何根据债券收益率曲线,确定是否可以购买的标准?

4. 债券流动性风险与发行公司经营状况是否存在某种联系?或者说流动性仅仅与市场机制相关?

5. 债券收益率曲线中所表现的收益率高低,为什么不含有再投资风险溢价因素?

6. 债券收益率的卷曲变化,是否可以使用流动性风险溢价解释?

7. 证券监管机构对公开发行债券,强制性要求进行信用评级,试说明依据。

8. 违约风险溢价的大小,在不同的时期是否会发生变化,原因是什么?如果发生变化,对于债券投资是否有影响?

9. 使用久期进行风险管理,为什么实现结果与预期结果可能产生差异,是否有什么方法可以降低由此产生的差异?

10. 零息债券的久期相对较长,是否凸度也相对较高?

11. 面值为 1 000 元的零息债券,期限为 5 年,到期收益率为 8%,求债券的现值。

12. 已知接下来 5 年的 1 年期利率分别为 5%、6%、8%、9%、10%,那么假设期望理论是成立的,则从现在开始的 1 年期至 5 年期的债券到期收益率分别为多少?

13. 当前有两个投资选择,一个是票息率为 7% 的国库券,面值为 100 元,利息免税。另一个是票息率为 10% 的公司债券,面值同样为 100 元,利息税率为 20%。你会选择哪种债券来投资?

14. 现在有两种投资选择,第一个是年收益率为 17% 的 2 年期债券;第二个是连续做两个 1 年期债券投资,第 1 年收益率为 15%,第 2 年收益率为 19%。比较两种投资方案的投资收益率。

15. A公司要发行公司债券，面值100元，期限为2年期，利率为10%，当前无风险利率为2%，流动性风险溢价为0.2%，违约风险溢价为1%，预期第1年的通货膨胀率为2%，求第2年的预期通货膨胀率。

16. 现在同时有以下3种债券：①面值100元的一年期零息债券，售价91.91元；②面值为100元的3年期息票债券，票息率为10%，售价100元；③面值为100元的2年期息票债券，票息率为10%，售价100元。求从现在起2年后的1年期利率。

17. 考虑下面的现金流（表6-10），市场利率均为10%，求：①现金流的现值为多少？②这些现金流的久期为多少？

表6-10 习题17表

| 年份 | 0 | 1 | 2 | 3 | 4 |
|---|---|---|---|---|---|
| 现金流/元 | | 110 | 140 | 190 | 240 |

18. 计算面值为1 000元，票息率为6%的息票债券的久期，债券3年到期，假设市场利率始终是7%。

19. 甲公司拥有以下3种债券（表6-11）：

表6-11 习题19表

| 债券 | 市场价值 | 久期 |
|---|---|---|
| A | 12万元 | 3年 |
| B | 20万元 | 4年 |
| C | 28万元 | 5年 |

如果利率从6%上升到6.5%，则投资组合的价值改变多少？

20. 考虑第19题中的债券，如果利率下降到6.25%，用久期方法计算，则债券的期望价格变为多少？用折现现金流计算，则债券的期望价格变为多少？两者结果差异大吗？

21. 有一个10 000元的投资组合，久期为10年。有4 000元的新资产增加到投资组合，使得新的投资组合的久期增加到14年，请问新增加的资产的久期为多少？

22. 一个投资者拥有两种3年期的公司债券，现值总额为9万元，第一个债券是零息债券，本金为5万元，3年后付给投资者6.3万元；第二个债券是息票债券，每年付给投资者0.36元，第3年支付本金4万元，利率为8%，求：①投资组合的久期；②如果利率从8%上升到9%，投资组合价值会变为多少？

23. 一种债券的久期为3.75年，凸度为28.125，当市场利率从6%上升到6.5%时，债券价格变化率为多少？（用修正久期计算）

## 即 测 即 练

# 第七章

# 股票投资基础

股票投资既常见，又具有很大的挑战性。由于股票投资的简便性，很多人进行过或者准备进行股票投资，也有不少人通过股票投资获得巨额财富，成为亿万富翁。要进行科学投资，还需要掌握相关的基础知识，如股票估值的基本原理、影响因素等。

## 第一节　股票基础知识

### 一、股票及其类型

#### （一）股票的概念

股票是股份公司为筹措资本而发行的有价证券。首先，股票一般标有面额，如面额 1 元，用以表明公司股本账户的金额数。其次，持有股票的投资者经常能够获得股息收益。最后，投资者所持有股票是持有公司资产的凭证，每持有 1 股，代表投资者持有公司相当于 1 股份额的资产，拥有对等的权利。

股票是一个金融合约。合约的签订双方为作为公司的融资者和作为购买人的投资者。公司进行融资，是为了执行公司战略，扩大生产能力，开发新产品，开发新市场等项经营业务，公司出售了股票，就等于获得了资金的永久使用权，除非公司清算。投资者购买股票，表明愿意将一定数额的资金交给公司使用，并从中获得投资收益。

投资者购买股票，就成为公司股东，也就是公司所有者。作为公司所有者，不仅有收益要求权，也就是要求从公司经营成果中分配收益，还有监督公司管理的权利，有参与公司重大决策的权利。不论持有多少股份，都有上述权利。通常股东参与管理的方式是选举董事会，以及直接投票决定重大事项。要参加投票，需要表明身份，因此公司股票通常采用记名方式，也就是公司登记股东名册。

股票可以在满足市场和公司规定下进行交易。投资者购买了股票，成为公司股东。投资者任何时候希望出售股票，股东的身份就会转移给购买股票的投资者。一般情况下，上市公司股东可以自由在二级市场上买卖股票，除非有特殊规定。例如，公司为了激励员工，会发行限制股票（restricted stocks 或 letter stocks），只有达到公司规定的时间条件或者业绩条件，限制股票才能进行交易。又如，在公司首次公开发行（initial public offering，IPO）时，证券监管部门通常规定某些股东不能在一定时间内出售股票，只有满足锁定期（lockup period）条件才能出售，就是在锁定期之后才能出售股票。

公司发行股票所获得的资本称为权益资本。权益资本账户通常分为几个子账户，分别为股本（common stock）、资本公积（paid in surplus 或者 capital in excess of par value）和留存收益（retained earning）。公司发行股票，相当于股票面值的资金额计入股本账户，超出面值部分计入资本公积账户。当公司经过经营获得盈利后，分配剩余的盈利部分进入留存收益账户。资本公积可以转增为股本，留存收益可以用于未来利润分配。股本则表明了每一个股东持股比例，例如，尽管一个股东按照每股 15 元买入股票，如果面值为 1元，股本仍然仅仅是 1 元。以前股票可能按照 5 元买入，股本也是 1 元。前后 2 个 1 元的股本，表明拥有公司同样的权利。不能因为后来花了 15 元，就比以前花 5 元购买的股票拥有的权利大。

### （二）股票的种类

一般股票按照所拥有的权利类型分类。如普通股和优先股，又如分级股票。

普通股票和优先股票的区别表现在三个方面：第一，投资者持有普通股票，按照持股份额拥有相应的投票权，可以参与董事会选举，可以对公司重大事项进行投票。而持有优先股票则没有对应的选举权和决策权。第二，普通股与优先股均有获得分红的权利，但在分配顺序上，优先股在前，而且优先股通常规定固定的红利数额。第三，当公司清算时，两种股票都有对清算资产的要求权，在顺序上也是优先股在前。

当公司不能支付优先股的固定股息时，通常规定可以延期累积，将所欠的股息推迟到下一期。当然，当几年仍然不能支付时，优先股东可以选择转换成普通股票。

有些公司将有投票权的普通股票也进行分类，称为股票分级。常见的股票分级是将公司普通股划分为具有普通投票权的 A 级股票（class A share）和具有相当于多个投票权的 B 级股票（class B share）。两级股票的差别是 B 级股票的投票权相当于多个 A 级股票，如 Google 将股票分为 A、B 两级，向所有外部投资人发行的均为 A 级股，每股对应1 个投票权，创始人和高管则持有每股对应 10 个投票权的 B 级股。使用分级股票的目的主要是创始人希望在不断从外部融资，不断稀释创始人持股比例的条件下，仍然保持对公司足够的控制权。例如，福特家族凭借仅仅 6% 的持股比例，应用分级股票的方法，拥有福特汽车 40% 的投票权。出于对控制权的保护，通常规定高投票权股票不能公开交易。

通常 A 级股票和 B 级股票主要在投票权上有区别，在收益权上具有同等权利。但也有公司发行投票权以及收益权均不同的分级股票。如 Berkshire Hathaway Inc. 也将股份分为 A 级和 B 级。该公司使用的符号与 Google 相反，A 级股的权利大，而 B 级股的权利小。两级股票不仅在投票权上有差别，在收益权上也有差别。公司规定，B 级股票是 A级股票收益权的 1/30，投票权是 A 级股的 1/200。

我国按照上市地区和交易币种区别，将股票做了另外两种划分。首先，按照发行地区，股票可以划分为境内上市股和境外上市股。境内上市股主要是 A 股（和前面的 A 级股不同）。境外上市股根据上市地不同，而划分为 H 股、N 股。H 股为内地公司在香港上市的股票，N 股为内地公司在纽约上市的股票。按照此类划分，还可以有 S 股（新加坡上市）、K 股（韩国上市）等。其次，按照交易币种，股票可以划分为 A 股和 B 股。A 股为内地公司在内地发行的以人民币标值以人民币交易的股票，B 股为内地公司在内地发行的以人民币标值以美元（上海交易所）或者港币（深圳交易所）进行交易的股票。内地投资者购买 B 股，需要专门设立外币账户。

## 二、股东基本权利

此处所讲股东，指普通股东。一般情况下，投资者购买股票，应该承担出资义务，但同时享有两种类型权利,即收益权和投票权。

## (一)收益权

股东的收益权指正常收益权和清算收益权。

正常收益权指在公司正常经营的情况下,股东有获得股息分配的权利。公司分配红利有几种形式,其中一种形式为现金分红。当公司进行现金分红时,股东有权按照所持股份比例获得分红。需要注意的是,公司分红有几个日期,分别为股息宣告日、股权登记日、除息日和股息发放日。

股息宣告日为公司宣布决定发放股息的日期。股息宣告有预案宣告和股东大会通过宣告,股东大会通过宣告日后,股息成为公司负债,必须按期向股东支付。股权登记日指在这一天在册的股东有权获得分配股息。除息日指在该天交易的股票,股票购买者不能获得上一期股息。股息发放日指现金到投资者账户的日期。例如,在贵州茅台(600519)公布的 2020 年分红派息实施公告中,宣布每 10 股派 170.25 元(含税),股权登记日为 2020 年 6 月 23 日,除息日为 2020 年 6 月 24 日,现金红利发放日为 2020 年 6 月 24 日。

公司发红不仅以现金红利形式,有时还以股票红利形式。股票红利相关日期与现金红利相同,只是分配形式不同。例如,公司宣告每 10 股送 10 股,你的账户不需要做任何操作,股票数量会多出 1 倍。实际上,投资者所拥有的资产没有什么变化,持有资产的形式还都是股票,总资产价值在送股的时刻也没有变化。

有时公司也会配股。所谓配股,就是向原有股东定向发行新股票,当然定向发行的价格会低于当时市场价格。例如,按照配股公告日期前 20 个交易日平均价格的 70% 为发行价格。如果投资者账户没有足够的资金,就视为自动放弃配股。当除权日一过,股票以除权价为基础进行交易,放弃配股的投资者就亏损了。

所谓股东的清算收益权,指当公司解散或者由于经营不善而破产清算时,对于清算的资产拥有要求权。对于清算资产,在偿还了所有破产费用和各种欠款(负债)后,按照股东持股比例进行分配。对于破产公司而言,通常是资不抵债,公司清算时也就没有什么资产剩给股东了。

## (二)投票权

投资者购买股票,成为公司股东,就拥有了公司投票权。公司投票权通常拥有选举董事会和对于重大事项进行表决的权利,如公司分红方案、并购重组方案、经营方向重大变化等。

股东投票权多少按照持股比例而确定。投资者投资多,持有股票比例大,话语权就大。对于公司重大事项决定,通常需要 2/3 以上票数通过,对于董事选举,通常需要半数以上票数通过,或者按照票数多少而定。当一个投资者拥有 51% 股票时,总能让中意的人当选董事,从而控制公司经营。其他股东无论如何投票,均不能改变这种局面。所以一股一票表面上的公平,由于选举制度导致实际上不公平,小股东实际没有说话的权利。正是这个原因,很多大宗股票交易会出现溢价,称为控制权溢价。

为了改变上述实际不公平的现象,有些公司在董事会选举时采用累积投票制(accumulated voting system)。在常见的投票制中,股东对于每个董事单独投票。例如,股东在张三、李四和王五三个人中选举两个董事,可以投票选张三和李四,他们两个人因此也各获得相应的票数。在累积选举制度中,允许股东将所有的票数投给一个候选人。在上述选举例子中,如果投资者持有 30 股,假设每股一票,而且愿意选举张三,那么可以将 60 票投给张三,这样张三很可能顺利当选了。如果使用非累积投资制,投资者手里只有对每位候选人投 30 票的权利。

一般地,在累积投票制中,希望选举某人当选董事所需要的持股数量计算如下:

$$n = \left( \frac{ds}{D+1} \right) + 1$$

式中,$n$ 为需要的持股数量,不是比例;$D$ 为一次需要选举的董事人数;$d$ 为投资者希望按照自己的意愿选举的董事人数;$s$ 为拥有投票权的总股数。

对于拥有 11 个人的董事会来说,如果一次选举一个董事,累积投票制等同于非累积投资票制。如果一次将 11 个董事全部改选,那么累积投票制所能起到的作用最大。因此,公司还可以利用每次选举董事人数,改变累积投票制作用的大小。

除了上述两种基本权利外,股东还拥有股份转让权、优先认股权和剩余财产要求权。股份转让权,是指股东有权将其所持有的股票出售或者转让。优先认股权,是指股东有权拥有优先认购本公司增发股票的权利。剩余财产要求权是指当公司清算时,股东有对清偿债务、清偿优先股股东以后的剩余财产索取的权利。

## 三、股票投资收益

### (一)股票投资收益的分类

股票投资收益的主要形式是股息和资本利得,这两种形式收益均具有不确定性,因此股票投资收益的典型特点就是不确定性,收益大小无法确定,是否能够获得收益也无法准确判断。即使能够预期,实现结果往往也与预期相差甚远。

股息收益是公司进行分红后投资者所获得的收益。不论是国家的有关法律,还是公司的章程,基本上都不会规定公司应该分配多少股息,也不会规定什么时候分配股息。即使公司永远不分配股息,也不构成任何违约。尽管在实践中,公司总会尽可能保持股息稳定性,但是仍然不可避免地会出现波动。

公司分红不仅受经营状况的影响,也受发展战略的影响。当公司经营成果出现波动时,由于股息分配顺序在利息之后,而且股息也不是约定的负债,公司就有可能因为现金流紧张而降低甚至停止发放股息。因为股息顺序靠后,所以股票也称为剩余索取权[①]。另外,当公司处于高速成长期,或者出现好的投资机会,而且面临外部高融资成本时,就会选择使用内部资金实施投资项目,而放弃分红。

资本利得是投资者所获得的买卖股票价差。当出售股票的价格高于买入价格时,两者之差称为资本利得。资本利得是股票投资收益的重要组成部分,某些著名投资机构的投资收益大部分来自资本利得,如 Berkshire Hathaway Inc.。获取资本利得是实现资本高速增值的必要条件。资本利得的大小既取决于购买价格,也取决于出售价格。股票市

---

① 剩余索取权意味着日常分配顺序靠后,清算资产分配顺序也靠后。

场是一个充满不确定性的市场,价格随时会发生变化,而且有可能发生较大的变化。如果说股息还可以预期的话,资本利得不确定性就高得多了。

### (二)股票投资收益来源

股票投资收益可以分解为正常收益和超常收益,也就是投资总收益等于正常收益和超常收益之和。投资收益水平的高低,取决于正常收益和超常收益两个组成部分。

正常收益是按照资本资产定价模型,根据风险而决定的收益,是投资者时间等待和承担风险的补偿。时间等待获得无风险收益,承担风险获得风险溢价。尽管每一次股票投资的收益水平不确定,单只股票投资的收益水平不确定,但从市场整体情况来看,股票投资收益存在一定的规律,收益高低受风险影响,高风险高收益。投资者进行股票投资所能获得的正常收益可以通过资本资产定价模型而推测。实现正常收益的手段通常是构造投资组合,从而较为充分地分散特殊风险,实现大致可预期的收益。

超常收益是正常收益之外的收益部分,其主要来源是发现并投资于错误定价的股票。错误定价越大,能够获利的空间就越大,超常收益水平就越高。所谓错误定价,指股票的市场价格不同于内在价值。市场价格是市场的一致性判断的结果,所以发现错误定价,就是寻找市场一致性判断的错误,是一个困难的过程。市场纠偏的过程就是投资者获得超常收益的过程。例如,一只股票的市场价格为 12 元,意味着目前市场上的一致性预期结果是 12 元。某投资者通过研究发现股票的内在价值为 18 元,如果投资者认为市场很快会纠偏,那么投资购买该股票,就能很快获得 6 元的超常收益。

股票错误定价通常来源于信息不充分和市场情绪。市场是否存在错误定价,取决于对于股票内在价值的判断,而判断内在价值需要充分的信息。掌握完全充分的信息是个奢求,甚至根本不可能。另外,市场情绪是一个强大的力量,能够在很大程度上左右股市整体价格水平,当然每一只股票或多或少都会受到影响。市场情绪捉摸不定。从当前市场定价的逻辑出发,寻找当前定价逻辑的错误,从而判断错误定价,谈何容易。

# 第二节　折现估值模型

## 一、红利折现模型的基本原理

### (一)持有期收益与股票定价

根据资本性资产定价原理,资本性资产的价值等于持有该资产所能获得的未来现金流折现。投资者购买股票后,在投资期内能够期望获得的现金流入分别为预期股息和期末出售股票的收入。如果投资期为 1 年,那么目前股票的内在价值可以按照如下公式评估:

$$P_0 = \frac{Div_1 + P_1}{1 + r}$$

式中,$P_0$ 为现在的股票评估价值;$P_1$ 为投资期末出售股票的预期价格;$Div_1$ 为持有期内投资者预期获得的股息。在实践中,股息分配未必在投资期末,为了计算简便,忽略股息分配时间差异。$r$ 为折现率。与债券估值一样,股票估值中的折现率是股票投资者要求的收益率，是在市场均衡状态下的期望收益率。期望收益率的决定原理见第四章。

如果投资者持有股票期限为 2 年，那么股票价值评估公式可以写成

$$P_0 = \frac{\text{Div}_1}{1+r} + \frac{\text{Div}_2 + P_2}{(1+r)^2}$$

式中，$P_2$ 为投资期末出售股票的预期价格，也就是第 2 年年末的预期价格；$\text{Div}_1$、$\text{Div}_2$ 分别为持有期内投资者预期获得的第 1 年和第 2 年股息，其他符号同上式。

按照同样的方式，估值公式可以推广到很多个投资年限。

**例 7-1** 投资者预期年末的股票价格为 18 元，每股股息为 0.5 元，按照风险评估，该股票的投资收益率应该为 12%，评估该股票目前价值。

应用前面的公式，可以估计股票价值为

$$P_0 = \frac{\text{Div}_1 + P_1}{1+r} = \frac{0.5 + 18}{1 + 12\%} = 16.52$$

### （二）红利折现模型的一般形式

假设公司永久经营。每一个投资者有一个投资期，投资者之间相互交易，满足各自投资期的要求，忽略交易成本。例如，第一个投资者持有 2 年，之后卖给第二个投资者；第二个投资者又持有 1 年，再卖给第三个投资者；以此类推，直至无穷期限。并假设投资者之间按照公平价值交易（个别情况下不按照公平价值交易的影响可以忽略）。第一个投资者卖给第二个投资者的价格为 $P_2$（第 2 年年末出售价格），第二个投资者卖给第三个投资者的价格为 $P_3$，等等。

将各个投资期定价式并列：

$$P_0 = \frac{\text{Div}_1}{1+r} + \frac{\text{Div}_2 + P_2}{(1+r)^2}$$

$$P_2 = \frac{\text{Div}_3 + P_3}{1+r}$$

$$\cdots$$

将后面公式的结果代入前一个公式，可以得出

$$P_0 = \frac{\text{Div}_1}{1+r} + \frac{\text{Div}_2}{(1+r)^2} + \cdots + \frac{\text{Div}_n + P_n}{(1+r)^n}$$

假设 $n$ 足够大，那么最后一项，即最后的股票价格，不论多高，实际上都不起作用。公式可以写为

$$P_0 = \frac{\text{Div}_1}{1+r} + \frac{\text{Div}_2}{(1+r)^2} + \cdots + \frac{\text{Div}_n}{(1+r)^n}$$

称为红利折现模型（dividend discount model，DDM）[1]。其缩写形式为

$$P_0 = \sum_{t=1}^{\infty} \frac{\text{Div}_t}{(1+r)^t}$$

模型中的每股股息为预期值，折现率就是投资者要求的收益率，或者机会成本，可以

---

[1]　WILLIAMS J.The theory of investment value[M].Cambridge：Harvard University Press，1938.

根据资本资产定价模型而确定。红利折现模型表明,股票的价值来自投资者能够获得的红利。如果公司不支付红利呢?不支付红利的公司是个吸金石,只吸不出。

## 二、红利折现模型的变化形式

因为每一个公司未来的红利是多少,尤其是若干年以后是多少很难预期,因此红利折现模型的一般形式使用起来有很大困难。为了便于使用,可以对一般形式进行调整。

### (一)零成长模型

针对红利折现模型,假设公司在未来任何一年,没有任何增长。成长指投资者获得现金流的增长,也就是每股红利的增长。同时,零成长指不仅没有正增长,也没有负增长。

本书中的成长仅指每股红利或者每股盈利(earnings per share,EPS)的成长,不指公司规模成长。如公司总资产、净利润总额、销售收入增加等,均不是本书中成长的含义。只有每股红利才代表投资者购买一只股票后获得的现金流,公司每股支付红利多少,在很大程度上取决于每股盈利的多少。可以设想,如果一个公司通过并购获得了资产规模的翻番,总收入、总利润也翻番了,而且股票数量也按照同样的比例增加,你认为股票价格也会因此而翻番吗?

在不考虑股东和经理之间代理问题的前提下,经理是股东财富的诚实管理者。公司的盈利尽管没有分配,也是股东的财产。这样,每股盈利的增长代表着股东财富的增长。定义公司成长率如下:

$$g = \frac{\Delta \text{EPS}}{\text{EPS}} \times 100\%$$

其中分子为 EPS 的变化。在计算成长率时,还要考虑股票分拆和送红股的稀释影响。例如,某公司做 1 拆 2 的股票分拆,分拆前每股盈利为 2 元,分拆后每股盈利变为 1 元,2 元降为 1 元并不表明公司负成长。在这种情况下,应该比较分拆后的两股与分拆前的单只股票的每股盈利。

再假设红利支付率(dividend ratio,DR)不变。红利支付率等于每股红利除以每股盈利。那么,每股红利没有成长就意味着每股盈利没有成长。每股红利和每股盈利之间的关系为

$$\text{Div} = \text{EPS} \times \text{DR}$$

也就是每股红利等于每股盈利乘以红利支付率。红利支付率是一个公司决策指标,是公司综合考虑历史支付率、未来投资机会、当前资本市场等各种情况,进行决策的结果。大多数投资者不是公司决策者,只能预测红利支付率。最简单的确定方法是使用公司历史平均值预测未来。

再做一个假设,公司净资产收益率(每股盈利除以每股净资产,ROE)保持不变,也就是未来和历史一样。

还有一个隐含的假设,公司为了保持永续经营,从长期来看,应该保持负债率基本不变。如果负债率不变,公司进行投资时,就不能完全依赖负债获得资本,而是资本来源必须有一部分来自权益资本。

利用前面三个基本假设,即红利零成长、红利支付率和净资产收益率不变,可以推测,当公司没有新增净资产时,净利润一定没有增长。或者换句话说,当净资产增长为零时,净利润增长也是零。保证每年净资产不变的条件是每年的净利润全部作为红利进行分配,否则剩余利润就会作为保留盈余进入权益账户,因此提高权益价值,这样净资产就不能保持零增长了。根据上面的推理,零成长公司的红利支付率 DR＝1。

重新写出红利折现模型,将每一期红利和盈利相等,即 Div＝EPS 的结果代入公式:

$$P_0 = \frac{\text{EPS}}{1+r} + \frac{\text{EPS}}{(1+r)^2} + \cdots + \frac{\text{EPS}}{(1+r)^n}$$

使用等比级数求和方法,得出

$$P_0 = \frac{\text{EPS}}{r}$$

即为零成长红利折现模型(zero growth model)。公式中的每股盈利没有脚标,原因是各期盈利相同。

### (二)匀速成长模型

除了改变零成长模型中的 DR＝1 的假设外,保留其他假设。如果 DR 不等于 1,会发生什么?

再次考虑净资产收益率不变的假设。定义净资产收益率和总资产收益率(ROA)分别为

$$\text{ROE}_1 = \frac{\text{NI}_1}{E_0}$$

$$\text{ROA}_1 = \frac{\text{NI}_1 + \text{Int}_1}{E_0 + D_0}$$

式中,ROE 和 ROA 分别为净资产收益率和总资产收益率;Int 为负债利息;$D$ 为负债额。注意总资产收益率的公式中,分母是全部投资者的投资,分子对应的是全部投资者的收益。脚标 0 和 1 分别表示年初和年末。两个收益率之间存在如下关系:

$$\text{ROE} = \text{ROA} + \frac{D}{E}(\text{ROA} - i)$$

式中,$i$ 为利息率,$i = \text{Int}/D$。

即使假设总资产收益率不变,还需要同时假设负债率保持不变,才能够实现净资产收益率不变。符合这样条件下的成长,称为可持续成长(sustainable growth)。也就是可持续成长指保持总资产收益率不变,公司资本结构(负债和权益之比,$D/E$)政策不变条件下的成长。

现在考虑这样一个问题,公司每年有多少钱可以作为固定资产投资使用?毫无疑问,折旧基金是用于固定资产投资的资金。如果公司仅仅使用折旧基金进行投资,只能每年补充已经消耗的固定资产,这种投资称为重置投资(replacement investment)。重置投资不增加公司的固定资产,不增加盈利能力,也就不能增加盈利,仅仅是维持公司规模。要实现盈利增长,必须有其他资金来源,也就是能够增加固定资产,提高盈利水平的投资,称为成长投资(growth investment)。考虑到资本结构不变,成长投资需要权益资本投入。

不考虑外部权益融资,权益资本投入来自每年的盈利,即没有分配的盈利$(1-DR)$EPS,$(1-DR)$称为再投资率(reinvestment ratio)。

如果上一年的每股盈利为$EPS_0$,那么本年增加的权益投资为$(1-DR) \times EPS_0$,增加的盈利为$(1-DR) \times EPS_0 \times ROE$。

今年和去年相比,每股盈利的成长率为

$$g = \frac{(1-DR) \times EPS_0 \times ROE}{EPS_0} = (1-DR) \times ROE$$

其中红利率和净资产收益率每年都一样,所以成长率每年都一样。这个成长率不仅是每股盈利成长率,也是每股红利成长率。对于这样的公司,红利折现模型可以写成

$$P_0 = \frac{Div_1}{1+r} + \frac{Div_1 \times (1+g)}{(1+r)^2} + \cdots + \frac{Div_1 \times (1+g)^{n-1}}{(1+r)^n}$$

应用等比级数求和公式,可以推出

$$P_0 = \frac{Div_1}{r-g}$$

即为匀速成长红利折现模型(constant growth model),也称为戈登模型(Gordon model)[1]。

注意,在这个模型中,$r$等于$g$和$r$小于$g$,公式没有意义。另外,当计算净资产收益率使用年末权益时,成长率的公式会发生变化。

如果

$$ROE_1 = \frac{NI_1}{E_1}$$

则

$$g = \frac{(1-DR) \times ROE}{1 - (1-DR) \times ROE}$$

**例 7-2**　某公司的净资产收益率为15%,红利支付率为40%,上个年度每股盈利为2元,折现率为13%,评估该公司股票价值。

这是一个使用匀速成长模型进行估值的例子。首先计算成长率。

$$g = (1-DR) \times ROE = (1-40\%) \times 15\% = 9\%$$

上个年度的每股盈利为2元,每股红利为$40\% \times 2 = 0.8$(元),今年的红利预期为$0.8 \times (1+9\%) = 0.87$(元)。代入匀速成长模型:

$$P_0 = \frac{Div_1}{r-g} = \frac{0.87}{13\% - 9\%} = 21.8 \text{(元)}$$

### (三) 分阶段成长模型

多数公司的成长轨迹表现出先高后低的形态,为了能够描述这种形态,可以按照成长率不同分为几个阶段进行折现,称为多阶段成长模型(multistage growth model)。

假设公司从现在开始到第$t$年的成长率为$g_1$,从第$t+1$年开始,成长率变为$g_2$,直

---

[1]　GORDON M.Dividends,earnings and stock prices[J].Review of economics and statistics,1959,41(2):99-105.

到永久。那么红利折现模型可以调整为

$$P_0 = \frac{Div_1}{1+r} + \frac{Div_1 \times (1+g_1)}{(1+r)^2} + \cdots + \frac{Div_1 \times (1+g_1)^{t-1}}{(1+r)^t} +$$

$$\frac{1}{(1+r)^t} \times \frac{Div_1 \times (1+g_1)^{t-1} \times (1+g_2)}{r-g_2}$$

**例 7-3**  某公司开发了一种新产品，由于新产品具有一定的市场稀缺性，会大幅度增加公司收益，预期从现在开始 3 年内成长率分别为 15%、30%、13%，之后按照 9% 速度匀速成长。已经公司上个年度每股红利为 1.5 元，折现率为 15%，估计公司股票价值。

第 1～3 年的每股红利分别为

$$Div_1 = 1.5 \times (1+15\%) = 1.73(元)$$
$$Div_2 = 1.73 \times (1+30\%) = 2.24(元)$$
$$Div_3 = 2.24 \times (1+13\%) = 2.53(元)$$

第 4 年的红利为

$$Div_4 = 2.53 \times (1+9\%) = 2.76(元)$$

因为第 4 年以后公司红利为匀速成长，代入匀速成长模型，第 4 年以后的现金流在第 4 年年初的价值（第 3 年年末）为

$$P_3 = \frac{Div_4}{r-g_4} = \frac{2.76}{15\% - 9\%} = 46.03(元)$$

将前 3 年的红利以及第 3 年年末的股票价值分别折现，得到公司股票目前的价值为

$$P_0 = \frac{Div_1}{1+r} + \frac{Div_2}{(1+r)^2} + \frac{Div_3}{(1+r)^3} + \frac{P_3}{(1+r)^3}$$
$$= \frac{1.73}{1+15\%} + \frac{2.24}{(1+15\%)^2} + \frac{2.53}{(1+15\%)^3} + \frac{46.03}{(1+15\%)^3}$$
$$= 35.13(元)$$

### （四）成长机会价值

公司成长会提高价值，由于成长所提高的价值称为成长机会价值（present value of growth opportunity，PVGO）。考虑一家公司本年度的每股收益为 $EPS_0 = 2$，如果匀速成长，则成长率为 8%，红利率为 40%，折现率为 12%。

如果公司零成长，则股票价值为

$$P_0 = \frac{EPS_0}{r} = \frac{2}{12\%} = 16.67(元)$$

在匀速成长条件下，第 1 年年末的每股红利为

$$2 \times (1+8\%) \times 40\% = 0.86$$

股票价值为

$$P_0 = \frac{Div_1}{r-g} = \frac{0.86}{12\% - 8\%} = 21.60(元)$$

在两种条件下所计算出的股票价值之差为 21.60 - 16.67 = 4.93（元），为成长机会价值。在计算成长机会价值时的一个关键变量是净资产收益率。在本例中，可以通过成长

性的计算公式计算出净资产收益率为 13.33%,高于投资者要求的收益率 12%。

令净资产收益率等于 12%,则公司成长率为 7.2%,有成长公司的股票价值为 17.87 元。加上年初分得的红利 0.8 元,投资者当前总价值 18.67 元。如果不投资,即公司零成长,股票价值 16.67 元。加上年初分得的红利 2 元,投资者当前总价值 18.67 元。两种情况对比,不论公司是否进行盈利再投资,对投资者来说无差别。无疑,当净资产收益率低于 12% 时,再投资会降低投资者价值。

所以,成长机会价值实际上指公司有好的投资项目,也就是投资收益率高的项目,并且使用盈利进行再投资,会提高股票价值,进而提高投资者的价值。反过来说,如果公司没有净资产收益率足够高的项目,即使进行再投资,对于提高投资者价值也没有意义。成长机会价值是否存在,不仅取决于是否进行再投资,还取决于净资产收益率的高低。

## 三、自由现金流模型

自由现金流(free cash flow,FCF)模型也属于折现模型,同样使用折现的方法评估价值。与红利折现模型不同,自由现金流模型从公司经营管理出发,能够更好地反映价值变化的根源。

### (一)自由现金流计算

自由现金流指公司的现金流中可以支付给投资者的部分。注意现金流不等于现金,不是指现金中可以支付给投资者的部分,现金流指流量,现金指存量。假设公司没有代理问题,管理层完全从股东利益出发经营管理公司,公司的现金流入如果不用于提高价值的投资,就一定用于分配。也就是公司不用于分配的现金流一定是公司需要的现金流。这样公司可以支付给投资者的部分就等于实际支付投资者的部分。另外,可以支付给投资者的部分是一个净值概念,等于作为股息、利息和到期本金支付给投资者的现金流,减去新筹集的权益和负债资本。

定义自由现金流计算如下:

$$\text{FCF} = \text{OCF} - \Delta \text{NWC} - \text{Capex}$$

式中,OCF 为经营现金流(operating cash flow);ΔNWC 为净运营资本增量(change in net working capital);Capex 为固定资产投资(capital expenditure)。各个构成现金流的计算方法如下:

$$\text{OCF} = \text{EBIT}(1 - t) + \text{Dep}$$

式中,EBIT 为公司息税前盈利(earnings before interest and taxes),也就是在损益表中支付利息和公司所得税之前的盈利;$t$ 为公司所得税税率,应该按照公司的实际边际税率计算;Dep 为折旧费用(depreciation),是损益表上的项目。要注意,计算经营现金流时假设公司是个全权益公司,也就是所使用的资本全部属于权益资本,或者说公司资本中没有负债(指有息负债)。之所以这样做,是考虑在折现时分子和分母口径应该一致。分子的现金流只反映公司的经营能力,分母反映资本管理能力。在没有全权益公司假设下,经营现金流等于净利润加折旧,加利息。

$$\Delta \text{NWC}_t = \text{NWC}_t - \text{NWC}_{t-1}$$

$$NWC_t = CA_t - CL_t$$

式中,脚标 $t$ 代表时间,与前面不作为脚标使用的含义不同;$CA_t$ 代表 $t$ 时期末 (第 $t$ 年年末)的流动资产;$CL_t$ 代表 $t$ 时期末(第 $t$ 年年末)的流动负债,两者都属于资产负债表项目。式中的 $t-1$ 表示 $t$ 时期初(第 $t$ 年年初),计算方法和第 $t$ 年年末相同。

$$Capex_t = FA_t - FA_{t-1} + Dep_t$$

式中,$FA_t$ 表示第 $t$ 年年末固定资产净值;$FA_{t-1}$ 表示第 $t$ 年年初固定资产净值;$Dep_t$ 表示第 $t$ 年的折旧费用。

**例 7-4**　忠诚公司 2018 年和 2019 年的资产负债表和 2019 年的损益表如表 7-1 和表 7-2 所示,计算该公司在 2019 年度的自由现金流。

表 7-1　忠诚公司 2018 年和 2019 年的资产负债表　　　　　　　　万元

| 资　产 | | | 负债和权益 | | |
|---|---|---|---|---|---|
| 项目 | 2018 年年末 | 2019 年年末 | 项目 | 2018 年年末 | 2019 年年末 |
| 现金 | 100 | 150 | 应付账款 | 230 | 268 |
| 应收账款 | 460 | 765 | 短期借款 | 200 | 260 |
| 存货 | 550 | 573 | 短期负债合计 | 430 | 528 |
| 流动资产合计 | 1 110 | 1 488 | 长期负债 | 400 | 460 |
| 固定资产净值 | 1 620 | 1 800 | 股东权益 | 1 900 | 2 300 |
| 资产总计 | 2 730 | 3 288 | 负债与权益合计 | 2 730 | 3 288 |

表 7-2　忠诚公司 2019 年的损益表　　　　　　　　万元

| 项　目 | 2019 年度 | 项　目 | 2019 年度 |
|---|---|---|---|
| 销售收入 | 1 600 | 利息费用 | 80 |
| 销售成本 | 800 | 税前利润 | 650 |
| 折旧费用 | 70 | 所得税(优惠税率 15%) | 97.5 |
| 息税前利润(EBIT) | 730 | 净利润 | 552.5 |

首先计算经营现金流 OCF。

$$OCF_{2019} = EBIT_{2019}(1-t) + Dep_{2019} = 730(1-15\%) + 70 = 690.5(万元)$$

其次计算运营资本增量现金流 $\Delta NWC$。

$$NWC_{2019} = CA_{2019} - CL_{2019} = 1\,488 - 528 = 960(万元)$$
$$NWC_{2018} = CA_{2018} - CL_{2018} = 1\,110 - 430 = 680(万元)$$
$$\Delta NWC_{2019} = NWC_{2019} - NWC_{2018} = 960 - 680 = 280(万元)$$

再次计算固定资产投资现金流 Capex。

$$Capex_{2019} = FA_{2019} - FA_{2018} + Dep_{2019} = 1\,800 - 1\,620 + 70 = 250(元)$$

最后计算自由现金流 FCF。

$$FCF_{2019} = OCF_{2019} - \Delta NWC_{2019} - Capex_{2019} = 690.5 - 280 - 250 = 160.5(元)$$

## (二)折现率

公司为投资者进行经营,为投资者盈利,公司自由现金流的折现率是公司投资者要求的收益率,是公司投资者的机会成本,也称为公司的资本成本。投资者既包括股东,也包括债权人,公司总资本成本应该等于权益资本成本和负债资本成本的加权平均值。

**1. 权益资本成本**

权益资本成本可以使用资本资产定价模型计算,也可以使用红利折现模型计算。在使用资本资产定价模型时,公司的数据仅包括 $\beta$ 值,其余输入变量分别为市场收益率和无风险收益率。

如果本公司 $\beta$ 未知,可以基于类似公司进行调整估计。作为公司股东,投资收益变化的根本原因是公司每股盈利的变化。利用倒推法,公司每股盈利取决于息税前利润,息税前利润取决于公司销售收入,销售收入取决于市场需求。将这三个因素使用适当的指标表示,可以推断,公司股票 $\beta$ 值的影响因素主要包括三个,即产品行业特性、经营杠杆和财务杠杆。$\beta$ 值与经营杠杆和财务杠杆同方向变化,即杠杆度越高,$\beta$ 值越高。估计公司 $\beta$ 值时,首先找到生产同类型产品的同行业公司的 $\beta$ 值,然后计算本公司与对比公司的经营杠杆和财务杠杆,根据杠杆度的比较,适当调整 $\beta$ 值即可。

比较产品行业特征,可以使用产品需求的收入弹性指标。产品需求的收入弹性,指收入每变化一个百分点,产品需求变化的百分点。产品需求的收入弹性指标的大小反映了产品的市场需求特征。显然,不论收入如何变化,必需品的需求变化都不会太大,因此收入弹性低,如食盐。而当收入发生变化时,奢侈品的需求会发生较大变化,因此收入弹性高。公司产品需求的收入弹性越高,$\beta$ 系数越大。

经营杠杆度指销售收入变化的百分比所引起息税前利润变化的百分比,计算公式如下:

$$DOL = \frac{\Delta\, EBIT/EBIT}{\Delta S/S}$$

式中,DOL(degree of operating leverage)为经营杠杆度(系数);EBIT 为息税前利润;S 为销售收入。公司经营杠杆系数的大小,取决于在总成本中固定成本所占比例的大小,固定成本所占比例越大,销售收入变化带来的息税前利润变化越大,经营杠杆越高。公司固定成本主要构成成分是固定资产折旧成本,所以公司在生产过程中,所使用固定资产多,会提高经营杠杆,由此提高 $\beta$ 系数。

财务杠杆指公司的负债比率,即总负债除以总资产。财务杠杆度的定义为息税前利润变化的百分比所引起的净利润变化的百分比。负债率越高,公司经营杠杆度越高,$\beta$ 系数越高。假设同行业公司的经营特征会趋向相同,那么只需要对财务杠杆进行调整即可。财务杠杆的调整可以使用哈马达公式(Hamada equation)[①]。

$$\beta_L = \beta_U \left(1 + (1-t) \times \frac{D}{E}\right)$$

式中,$\beta_L$ 为有负债公司的 $\beta$ 系数值;$\beta_U$ 为具有同样资产的无负债公司的 $\beta$ 系数值;$D$ 为公司的负债额;$E$ 为公司的权益额。

---

① HAMADA R.The effect of the firm's capital structure on the systematic risk of common stocks[J].Journal of finance,1972,27(2):435-452.

使用哈马达公式首先需要找到对比公司，计算出对比公司的无负债 $\beta$ 值，使用该 $\beta$ 值作为计算公司无负债状况下 $\beta$ 值的估计，并由此计算出有负债条件下的 $\beta$ 值，作为权益资本成本的计算依据。

**例 7-5**　为了评估忠诚公司的 $\beta$ 系数值，找到的对比公司 $\beta_L = 1.3$，负债权益比为 0.54，所得税税率为 25%。利用这些数据评估忠诚公司目前状态下的股票 $\beta$ 系数值。

将对比公司有关数据代入哈马达公式：

$$1.3 = \beta_U [1 + (1 - 0.25) \times 0.54]$$

解上述方程，可以计算出对比公司的无负债 $\beta$ 系数值为 0.93。将 0.93 作为忠诚公司没有负债条件下的 $\beta$ 系数估计值。

公司的资本结构指公司为了经营而筹集资本的构成及其比例关系，这些资本包括短期负债、长期负债和公司权益。根据表 7-1 中的数据，将短期负债和长期负债加在一起，除以权益，大约等于 32%。使用忠诚公司的负债率和所得税税率数据，再次使用哈马达公式，可以计算得出忠诚公司目前情况下的 $\beta$ 值为

$$\beta_L = 0.93 [1 + (1 - 0.15) \times 0.32] = 1.18$$

假设市场收益率为 15%，无风险收益率为 3%，则利用资本资产定价模型，忠诚公司权益资本成本为

$$r_e = 3\% + 1.18(15\% - 3\%) = 17.20\%$$

需要注意的一点是，估算 $\beta$ 值还需要考虑公司规模因素。一般情况下，公司规模大，$\beta$ 值较靠近 1；公司规模小，$\beta$ 值和市场 $\beta$（市场 $\beta$ 等于 1）之间的偏离度较大。

**2. 负债资本成本**

负债资本成本分为税前成本和税后成本。

负债税前资本成本使用债券的到期收益率，或者使用当前公司的负债利息率替代也可以。

$$负债税后资本成本 = 税前资本成本 \times (1 - t)$$

忠诚公司 2019 年的平均有息负债额为 660 万元，利息费用为 80 万元，平均利率为 $80/660 = 12.12\%$。税后资本成本为 10.30%。

**3. 加权平均资本成本**

进行自由现金流折现使用加权平均资本成本（weighted average cost of capital, WACC），其计算方法为

$$\text{WACC} = w_e \times r_e + w_d r_d (1 - t)$$

式中，$w_e$、$w_d$ 分别为权益资本和负债资本在总资本中所占比例；$r_e$ 为权益资本成本；$r_d$ 为税前负债资本成本。

忠诚公司在 2019 年的平均资本额为 2 760 万元（年初年末平均），其中权益为 2 100 万元，负债为 660 万元。权益资本所占比重为 0.76，负债资本所占比重为 0.24。所以忠诚公司的加权平均资本成本为

$$\text{WACC} = 0.76 \times 17.20\% + 0.24 \times 12.12\% \times (1 - 15\%) = 15.54\%$$

### （三）估值步骤

使用自由现金流模型进行估值，首先需要预测未来的资产负债表和损益表。根据产

品市场变化、公司成长的信息,确定一个成长性变化的临界时点 H(horizon)。在这个时点以前,由于进行了新的投资或者战略调整,公司处于一个高速不规律成长期。在 H 点之后,对未来的成长速度进行预测,或者零成长,或者匀速成长。这样,以 H 点为分界线,分为前后两个时期。

实际上,H 点仅仅是一个设想的点,没有哪个公司未来永远保持某种状态,只不过对于未来很难判断,只能对难以预期的未来进行某种符合现在逻辑的假设。一般来说,任何一个公司都有一个成长周期轨迹,或者称为生命周期轨迹。在生命周期轨迹的早期,公司处于高速成长期,之后进入成长后期,然后进入一个较长的成熟期。

划分时期后,对 H 点之后的现金流,使用零成长模型或者匀速成长模型估计在 H 点时刻的价值。然后,H 点的价值,连同 H 点以前的现金流逐年回归,累加得到公司价值。公司价值扣除负债价值,等于权益价值。权益价值除以股票数量,就是每股价值。

**例 7-6** 忠诚公司自由现金流估计值见表 7-3。在第 7 年之后,从 2027 年开始,公司自由现金流匀速成长,成长率为 5%。考虑第 7 年之前公司成长不稳定,风险较高,估计的折现率为 18%。第 7 年之后,公司进入稳定时期,估计折现率为 13%。估计公司权益价值。

表 7-3    忠诚公司自由现金流估计值                                                   万元

| 年度 | 2020 | 2021 | 2022 | 2023 | 2024 | 2025 | 2026 |
|------|------|------|------|------|------|------|------|
| 现金流 | 190 | 247 | 316 | 389 | 467 | 550 | 616 |

应用表 7-3 中的数据推测,2027 年的现金流为 $616 \times (1+5\%) = 646.8$(万元)。应用匀速成长估值模型:

$$P_{2026} = \frac{646.8}{13\% - 5\%} = 8\,085(万元)$$

将 2026 年年末公司估值以及之前的各年现金流折现:

$$P_{2019} = \frac{190}{1+18\%} + \frac{247}{(1+18\%)^2} + \frac{316}{(1+18\%)^3} + \frac{389}{(1+18\%)^4} + \frac{467}{(1+18\%)^5} +$$

$$\frac{550}{(1+18\%)^6} + \frac{616}{(1+18\%)^7} + \frac{8\,085}{(1+18\%)^7}$$

$$= 3\,870.71(万元)$$

公司在 2019 年年末归属债权人的价值为 988 万元,因此公司的权益价值为 $3\,870.71 - 988 = 2\,882.71$(万元)。

# 第三节    比率估值模型

比率估值法是使用各种主要基于财务指标计算的比率来估算股票价值的方法,其中市盈率(price earnings ratio,P/E)估值法是各种比率估值法中最常用的方法。

# 一、市盈率基本概念

## （一）市盈率

市盈率指股票的市场价格除以每股盈利的比率。如果当前股票价格为 18 元,公司每股盈利为 0.9 元,使用两者之比得出公司目前市盈率为 20。

当前市盈率的计算公式为

$$P/E_0 = \frac{P_0}{EPS_1}$$

上式称为市盈率的定义式,当前市盈率 $P/E_0$ 等于当前股票价格,除以从计算时刻开始的未来 1 年内每股盈利的预期,所以计算式中的价格脚标为 0,表示现在,而每股盈利的脚标为 1,表示从现在开始的未来 1 年。表明现在投资 $P_0$,是期望未来每年获得每股盈利,其中未来第 1 年的每股盈利为 $EPS_1$。因为使用未来每股盈利进行计算,也称为预期市盈率(forward P/E)。尽管当前股票价格已知,但由于每股盈利为预期值,所以市盈率是一个预测值。市盈率是一个时刻变量,因为股票价格每时每刻都可能发生变化,市盈率也随之发生变化。当计算市盈率不加脚标时,隐含指当前市盈率。

根据定义式,市盈率表现了股票的市场价值与公司盈利之间的关系,建立了连接价值与会计利润之间的桥梁,市盈率对公司的每股盈利进行了市场定价。定义式中的 3 个变量,知道了任何两个,都可以估计第三个变量的数值。当估计出公司市盈率的数值,并且对未来每股盈利进行预测后,就可以使用市盈率定义式对股票进行估值。例如,如果公司的市盈率为 20,如果预期明年每股盈利是 1.2 元,那么当前股票价值应该为 24 元。

不仅用于股票估值,市盈率还有两层其他经济含义:第一,对于一个零成长公司,市盈率表示股东投资的回收期。回顾前面讲过的每股盈利和每股红利之间的关系,对于零成长公司两者相等。如果预测一个公司下年度每股盈利为 2 元,公司零成长,所以每股红利也是 2 元,当前股票价格为 18 元,市盈率为 9,意味着投资者购买股票后,需要等 9 年才能收回初始的 18 元投资。当公司有成长时,市盈率高估了回收期,成长速度越高,高估得越多。第二,对于零成长公司,市盈率的倒数表示股东投资的收益率。市盈率的倒数就是未来 1 年每股盈利除以当前股票价格。一个零成长公司,当折现率不变时,任何时刻股票价值都不变,等于不变的每股收益除以不变的折现率。因此,股东投资的资本利得收益为零,只有红利收益,也就是股东投资的收益率等于每股盈利除以股票价格。当公司有成长时,股票价值会不断提高,因此投资可以获得资本利得。成长率越高,股票价值提高得越快,所获得的资本利得就越多。对于有成长公司,市盈率的倒数低估了投资收益率,成长速度越高,低估得越多。

## （二）静态市盈率

使用市盈率的定义式计算市盈率,因为需要预测未来 1 年的每股盈利,所以计算的数值不是一个客观值,每个计算者都可能得出不同的数值。为了能够准确计算出公司市盈率,需要获得准确的股票价格和每股盈利的数据,一种解决的方法是使用当前股票价格除以上年度每股盈利,即

$$P/E_0 = \frac{P_0}{EPS_0}$$

使用该公式计算市盈率,并不表明该数值也是市盈率,而仅仅是市盈率的一个估计形式。使用这个公式计算市盈率,需要假设公司未来1年与过去的1年不发生变化,未来1年的每股盈利就等于过去1年的每股盈利。公司不发生变化,就是公司处于静止状态,按照该公式计算出的市盈率称为静态市盈率(trailing P/E)。任何人计算,对于任何公司,静态市盈率的计算结果相同。实践中经常使用静态市盈率表示股价与每股盈利之间的关系状态。如果没有特指,通常使用静态市盈率表示市盈率。

在不同的时刻计算市盈率时,不仅要时时更新股价数据,也要时时更新每股盈利数据。一般投资者几乎不可能获得每时每刻的每股盈利数值,每天的每股盈利数值也很难得到,甚至每个月的数值都不太可能获得。一般来说,上市公司每个季度公布一次季度报表,从季报上可以获得各种财务数据。因此,每股盈利的数据通常每个季度更新一次。每次计算市盈率时,每股盈利的数值是从当前向以前回溯四个季度的每股盈利之和。

**例 7-7**  贵州茅台(600519)2018年至2019年季度每股盈利如表7-4所示。

**表 7-4  贵州茅台 2018 年至 2019 年季度每股盈利**

| 时间 | 2019 年 | | | | 2018 年 | | | |
|---|---|---|---|---|---|---|---|---|
| | 1 季度 | 2 季度 | 3 季度 | 4 季度 | 1 季度 | 2 季度 | 3 季度 | 4 季度 |
| 每股盈利 | 8.93 | 6.95 | 8.36 | 8.56 | 6.77 | 5.78 | 7.14 | 8.33 |

2019 年 5 月 24 日,股票收盘价为 846.94 元。从当天往回数四个季度,分别为 2019 年第一季度、2018 年的后三个季度,四个季度的每股盈利相加,即 8.93+8.33+7.14+5.78＝30.18(元)。当天收盘后的市盈率为 846.94÷30.18 ＝28.06。到了 5 月 31 日,收盘价变为 858.44 元,此时计算市盈率仍然使用 69.19 元作为每股盈利,因此市盈率为 858.44÷30.18 ＝ 28.44。时间到了 2019 年 9 月 18 日,当天股票收盘价为 1 131.88 元,此时计算市盈率的每股盈利就要发生变化了。从当天往回数四个季度,分别为 2019 年的第一、二季度,2018 年的第三、四季度,四个季度的每股盈利相加,即 6.95+8.93+8.33+7.14 ＝31.35(元)。当天收盘的市盈率为 1 131.88÷31.35 ＝ 36.10。

有些上市公司也提供月报,根据月报数据计算市盈率,就是从计算当时向回追溯 12 个月,计算每个月的每股盈利之和,市场上有时提供这样计算的市盈率,称为 TTM 市盈率(trailing twelve months P/E)。以过去的年报数据每股盈利为依据计算的市盈率,称为 LYR(last year ratio)市盈率。

### (三)动态市盈率

动态市盈率是一个相对静态市盈率的概念,指使用当前股票价格,除以未来每股盈利。如果使用当前股票价格除以下个年度的每股盈利,则称为动态1年的市盈率。此处动态1年的市盈率与前面的市盈率定义相同。如果使用当前股票价格除以未来第2年的每股盈利,称为动态两年的市盈率。如果使用当前股票价格除以未来第3年的每股盈利,称为动态3年的市盈率。例如,某公司当前股票价格为20元,预计未来3年内的每股盈利分别为 1.2 元、1.8 元、2.2 元,则动态 3 年的市盈率为 20/2.2＝9.09。所以,动态市盈率不是指某一个市盈率,而是指一系列的市盈率。

动态市盈率与静态市盈率之间的差距,取决于公司在计算期内的成长性。如果一个公司上年度每股盈利为 1.5 元,当前股价为 68 元,那么静态市盈率为 45.33。预期该公司未来 3 年内,每年会维持 20% 的成长速度,之后进入稳定期,也就是预期每股盈利基本上会在一段时间内保持不变。到了第 3 年年末,预计当年的每股收益为 $1.5 \times (1+20\%)^3 = 2.59$(元),使用当前价格除以预期 3 年后的盈利,市盈率为 68/2.59＝26.25。

根据生命周期理论,通常一个公司出现某种竞争优势后,会在短期内经历一个高速成长期,之后会进入一个相对稳定的阶段。在公司高速成长期内,不同时间长度的动态市盈率数值不同。当进入稳定期后,市盈率不再发生变化,或者变化较小。例如,如果假设稳定状态为零成长,稳定期之后的每股盈利不再发生变化,自然稳定期之后的动态市盈率就保持不变了。对于一个成长公司,在成长期内,动态市盈率会随着计算时间的延长而下降,直到公司进入稳定期。

一个公司究竟成长多长时间后进入稳定期,并不容易判断。一般来说,应结合市场竞争状态和技术优势来判断。根据本章前面的推理,公司之所以成长,是因为存在成长机会。只有当净资产收益率高于某一临界数值时,公司才会存在成长机会。出现成长机会后,公司为了创造价值,愿意追加投资。在完全竞争市场中,市场达到均衡状态,任何公司追加投资,都不能获得好处,也就是每一个公司都没有追加投资扩大规模的动机,这种状态相当于不存在成长机会,所以完全竞争市场对应的成长机会为 0。当由于某种原因,公司暂时出现一定的竞争优势,只要判断多长时间竞争优势消失,就可以判断公司多长时间以后进入稳定期。如果竞争优势由技术优势产生,技术优势越强,公司竞争优势存续的时间越长。

在实践中,很多公司的稳定期很难判断。不过市场分析师还是经常对公司的盈利状况作出预测,常见的预测年限为 3 年。为了动态市盈率的概念更明确,一般根据盈利预测的期限计算。如果市场上常见 3 年期盈利预测,那么就以 3 年为限,使用第 3 年的预期每股盈利计算动态市盈率。

假设未来股票价格不变,当前动态市盈率是对未来静态市盈率的预期。当前动态市盈率与当前静态市盈率之间的差值,可以看成未来静态市盈率与当前静态市盈率之间的差值,差值大小取决于计算期内公司的成长性。例如,如果假设未来 3 年内股票价格不变,在上述例子中 3 年的动态市盈率预测了 3 年以后的静态市盈率。即使未来的静态市盈率不高,或者处于一个较低水平,最近几年的高速成长,也可以导致当前出现高水平静态市盈率。在前述计算中,当前静态市盈率为 45.33,而动态市盈率仅仅为 26.25。3 年中每年 20% 的成长表示了较高的静态市盈率和较低的动态市盈率之间的关系。

考虑一种较为极端的情况,如果高科公司在 3 年内每年的成长率达到 100%,当前每股盈利为 0.2 元,股票价格为 20 元,当前静态市盈率为 100,是一个比较高的水平。3 年以后,高科公司的每股收益达到 $0.2 \times (1+100\%)^3 = 1.6$ 元,当前的动态市盈率仅仅为 20÷1.6＝12.5。如果投资者对于以后 3 年的高成长有信心,并且认定 3 年后的静态市盈率,也就是当前的动态市盈率处于12.5的水平不算高,那么当前100的静态市盈率就未必是过高估计了。

动态市盈率与静态市盈率之间的一般关系式为

$$静态市盈率 = 动态市盈率 \times \prod_{t=1}^{n}(1+g_t)$$

式中,$t$ 表示时间;$n$ 表示公司成长的年数,或者希望计算动态市盈率的年数;$g_t$ 为第 $t$ 年的成长率。如果 $n=3$,则公式可以改写为

$$静态市盈率 = 动态市盈率 \times (1+g_1)(1+g_2)(1+g_3)$$

**例 7-8** 预期某公司在未来 3 年内每年的成长率分别为 50%、40%、35%,之后进入稳定期,上年度的每股盈利为 1.1 元,当前股票价格为 20 元,计算静态市盈率和 3 年期动态市盈率。

静态市盈率等于当前价格除以上年度每股盈利,为 $20 \div 1.1 = 18.18$。

3 年期动态市盈率等于当前股票价格除以未来第 3 年的每股盈利。第 3 年的每股盈利预测如下:

$$EPS_3 = 1.1 \times 1.5 \times 1.4 \times 1.35 = 3.12$$

因此 3 年期动态市盈率等于 $20 \div 3.12 = 6.41$。使用公式直接计算:

$$3 年期动态市盈率 = 静态市盈率 / (1+g_1)(1+g_2)(1+g_3)$$
$$= 18.18/(1.5 \times 1.4 \times 1.35) = 6.41$$

## 二、市盈率估计

### （一）市盈率与折现模型的关系

折现模型反映了股票价值与每股红利之间的关系,也反映了股票价值与每股盈利之间的关系,市盈率也反映股票价值与每股盈利之间的关系,两者之间必然存在着联系。

**1. 零成长公司**

回顾零成长折现模型,并且稍做变形,可以得到如下公式:

$$\frac{P}{EPS} = \frac{1}{r}$$

零成长公司的股票估值与时间无关,所以公式中未加脚标。

从公式中可以看出,市盈率等于投资者要求收益率的倒数。究竟投资者要求的收益率是多少,可以通过历史数据进行判断。从 1926 年到 2014 年的 80 多年时间中,美国大公司股票平均收益为 12.1%[1]。按照大公司较低的成长率,以零成长公式计算,市盈率应该为 8.47。公司成长率低,一般风险也低,要求的收益也低。取一个近似值,如对于零成长公司,投资者要求的收益率为 10%,那么市盈率就是 10。现实中,美国股票市场近百年来的数据表明,标普 500 指数公司的平均市盈率在 10~20 之间[2]。根据市盈率与成长性

---

[1]　ROSS S,WESTERFIELD R,JAFFE J.Corporate finance[M].Irwin:McGraw-Hill,2017:321.因为美国资本市场历史较长,此处以美国数据为例。

[2]　http://en.wikipedia.org/wiki/Price%E2%80%93earnings_ratio.

之间的关系,高于零成长,公司的市盈率就会高于 10。

**2. 匀速成长公司**

根据匀速成长估值模型,稍加变化可以得到

$$P_0 = \frac{\text{EPS}_1 \times \text{DR}}{r - \text{ROE} \times (1 - \text{DR})}$$

因此,得出市盈率的公式:

$$\frac{P_0}{\text{EPS}_1} = \frac{\text{DR}}{r - \text{ROE} \times (1 - \text{DR})}$$

从这个公式可以看出,成长公司市盈率的影响因素有三个,分别为红利率、折现率和净资产收益率。如果认为根据公司政策,红利率不会轻易变化,而且折现率在很大程度上取决于市场因素,那么市盈率的主要影响因素是净资产收益率。市盈率与净资产收益率呈正向关系,净资产收益率越高,市盈率越高。

前面曾经根据分析推测,公司市盈率受成长性影响。实际上,公司成长性也受净资产收益率影响,净资产收益率是成长率的核心决定变量。不论是成长性还是市盈率,根本的决定因素都是净资产收益率。当然是未来的净资产收益率,不是过去的净资产收益率。如果简单使用历史净资产收益率进行计算,有可能会出现错误。

如果将股票价值改写成盈利折现与成长机会价值之和的形式,即

$$P_0 = \frac{\text{EPS}_1}{r} + \text{PVGO}_0$$

则可以推得成长公司市盈率的另一种表达式:

$$\frac{P_0}{\text{EPS}_1} = \frac{1}{r}\left(1 + \frac{\text{PVGO}_0}{\text{EPS}_1/r}\right) = \frac{1}{r}\left(1 + \frac{\text{PVGO}_0}{P_0^0}\right)$$

式中,$\text{PVGO}_0$ 表示在投资期初公司的成长机会价值;$P_0^0$ 表示每股盈利等于 $\text{EPS}_1$ 的零成长公司的当前股票价值。如果公式中的成长机会价值等于 0,上式就会退化为零成长公司市盈率与折现率之间的关系式。

公式中 $\dfrac{\text{PVGO}_0}{P_0^0}$ 表示当前成长机会价值占零成长公司股票价值的比例,这个比例越大,与零成长公司相比,有成长公司的市盈率越高。

**例 7-9** 考虑一家公司本年度的每股收益为 $\text{EPS}_0 = 2$ 元,如果匀速成长,则成长率为 8%,红利率为 40%,折现率为 12%。计算公司无成长和匀速成长状态下的市盈率。

当公司无成长时,当前股票价格 $P_0 = \dfrac{\text{EPS}_1}{r} = \dfrac{2}{12\%} = 16.67$ 元。如按照 8% 的速度匀速成长,股票价值为 21.6 元,两者之差为 4.93 元,为成长机会价值。

如果公司零成长,静态市盈率应该为 $16.67 \div 2 = 8.3$。

考虑成长性,公司静态市盈率应该在 8.3 的基础上,乘上一个系数 $\left(1 + \dfrac{\text{PVGO}_0}{P_0^0}\right) = (1 + 4.3/16.67) = 1.26$,等于 10.44。

**（二）经验估计**

使用市盈率方法进行股票估值,首先需要评估市盈率,得出公司评估的市盈率数值,

使用评估的市盈率乘以每股盈利,就是公司股票价值的评估值,其中评估市盈率是关键。在实践中评估市盈率主要有如下三种方法。

**1. 比较法**

比较法就是以类似公司的市盈率作为评估公司市盈率的估计值,并进行适当调整。类似公司主要指行业相同或者相近。属于同样的行业内的公司,具有类似对市场变化的反应、类似的成长空间、类似的生产方式等。调整的依据是匀速成长公司市盈率模型,即考虑红利率、折现率和净资产收益率的差别进行调整。其中,净资产收益率和红利率决定未来成长,可以通过历史数据进行评估。折现率主要体现风险,可以根据系统风险($\beta$系数)影响的三要素,即产品需求的收入弹性、经营杠杆、财务杠杆进行评估。

一般来说,对于首次公开发行的股票,使用比较法定价比较常见。例如,根据当前市场行情,行业的平均市盈率为26,那么当公司准备上市时,就可以按照行业平均市盈率26,经过适度调整,作为本公司市盈率的评估值。一般来说,同行业公司产品需求的收入弹性差别不大,生产方式差别也不大,就是经营杠杆差别也不大。负债率可能会有所区别。如果公司负债率稍高于行业平均,意味着公司$\beta$系数要稍高一些,市盈率就需要做一些下调。

**2. PEG 方法**

PEG 是一个评估市盈率的指标,等于市盈率除以成长率,计算公式为

$$\text{PEG} = \frac{P/E}{g \times 100}$$

该指标由 Farina 于 1969 年创建[1],一般认为 PEG 的合理取值水平应在 1～2。那么市盈率就应该等于成长率乘以 PEG。例如,一个成长率为 15% 的公司,PEG 选为 1.5,市盈率应该等于 22.5。根据成长公司市盈率的计算公式,市盈率不仅取决于成长性,还取决于折现率。当使用 PEG 法估计出一个市盈率的区间后,可以使用折现率的高低对于区间值进行调整。当无风险收益率提高、市场风险溢价较高(市场风险规避程度较高)时,折现率提高,市盈率的取值区域会偏低,也就是向估计区间的下边缘靠近。

**3. 动态估计法**

动态估计法利用当前静态市盈率、当前动态市盈率和未来静态市盈率的关系预测当前静态市盈率。当未来某个时间公司进入稳定期后,稳定期时点的静态市盈率可以应用零成长假设或者匀速成长假设进行估算。假设动态市盈率计算期内股票价格不变,则未来稳定时点的静态市盈率就是当前的稳定动态市盈率。将当前稳定动态市盈率代入公式,结合成长性即可计算当前静态市盈率。

如果认为处于稳定成熟期公司的市盈率合理水平为10,并且假设公司首先需要经过3年30%的成长,再有两年15%的速度成长,之后进入稳定成熟期。那么该公司当前静态市盈率评估如下:

$$静态市盈率 = (1 + 30\%)^3 \times (1 + 15\%)^2 \times 10 = 29.06$$

**例 7-10** 考虑一家公司本年度的每股收益为 2 元,预期未来 3 年内的每股收益分别

---

[1] http://en.wikipedia.org/wiki/PEG_ratio.

按照 150%、100% 和 80% 的速度成长。评估如下两种不同状态下公司的市盈率：①3 年后公司零成长；②3 年后公司按照 8% 的速度匀速成长。

如果 3 年后公司零成长,根据历史经验,确定当前的 3 年期动态市盈率等于 10,则当前静态市盈率的评估值为

$$静态市盈率 = 10 \times (1 + 150\%) \times (1 + 100\%) \times (1 + 80\%) = 90$$

如果 3 年后公司按照 8% 的速度匀速成长,按照经验,选 PEG 为 1.5,则当前的 3 年期动态市盈率等于 $1.5 \times 8 = 12$,当前静态市盈率的评估值为

$$静态市盈率 = 12 \times (1 + 150\%) \times (1 + 100\%) \times (1 + 80\%) = 108$$

利用静态市盈率的评估值,乘以当前年度的每股盈利,就是现在股票价值的评估值。本例中,如果 3 年后未来零成长,当前股票价值的评估值为 $90 \times 2 = 180$ 元。如果 3 年后未来按照 8% 匀速成长,则当前股票价值评估值为 $108 \times 2 = 216$ 元。

使用动态市盈率进行估值,需要对未来的成长性作出预测,在预测中容易出现的一个误区是直接使用历史推测未来。历史不一定说明未来。在进行预测时,应结合第八章中的公司竞争力分析,成长性是竞争力的反映和结果。对于一个没有行政壁垒和自然壁垒(如地理位置)的公司,几乎不可能存在持续高成长的动力。公司的任何技术和专利都存在着过时的风险,依赖于技术和专利所实现的竞争力,存在着一定的周期性。

## 三、其他比率模型

市盈率的计算基础是公司有盈利,现实中有些公司盈利水平不稳定,甚至没有盈利,使用市盈率估值就会出现困难。因此有时也使用不涉及公司盈利的其他比率指标评估股票价值。

### (一) 市净率

市净率(price to book Ratio,P/B; market value to book value ratio,M/B),指当前每股价格与每股账面净资产之间的比率。该比率的分子、分母都是时点指标,所以指标计算时只要分子、分母时点对应即可。

一般认为,市净率的合理数值应该为 1,也就是股票的市场总价值至少应该能够购买公司当前的净资产。如果市净率低于 1,意味着通过购买股票从而实现购买公司净资产,比在实物资本品市场直接购买净资产要便宜,就会出现市场套利。在有效市场中,任何套利机会都会被投资行为消除,因此市净率不会小于 1。至于市净率是否大于 1,要看资产的盈利能力。

使用市净率进行估值的基础来自托宾 Q。托宾 Q 于 1969 年由经济学家托宾(Tobin)提出[①],其计算方法为公司权益市场价值除以重置价值(replacement value)。重置价值指重新在实物资本品市场上购买同样的净资产需要的投资。托宾 Q 等于 1 意味着在资本市场上购买权益,与建设一家同样的公司投入相同。托宾 Q 小于 1,在资本市场上购买显得合适。因为重置价值需要评估,在实践中经常使用账面价值替代。账面价值

---

① TOBIN J.A general equilibrium approach to monetary Theory[J].Journal of money,credit,and banking,1969,1: 15-29.

与重置价值有时会相差很大,因此市净率等于 1 仅仅是一个参考数据。

### (二)市销率

实践中使用的另外一个指标是市销率(price to sales ratio,P/S),等于公司权益市场价值除以销售收入。市场价值是当前数值,销售收入应该为未来 1 年的预测值。这种方法更适合于对没有盈利的公司进行估值,如新创公司。

使用市销率进行公司权益估值,可以使用同行业类比公司的平均市销率作为本公司的评估值,使用本公司下一年的预测销售收入乘以评估市销率。

# 习 题

1. 站在投资者角度,股票与债券相比,有哪些主要区别?

2. 投资者持有股票,为什么也可以说投资者拥有了剩余收益索取权?

3. 在什么情况下,投资者购买股票难以实现同股同权?非同股同权的股票,在市场价值上会有什么表现?

4. 为什么有些公司在选举董事会成员时,采用累积投票制度?

5. 在什么情况下,累积投票制度的作用会降低?

6. 如果公司的股票分为 A 级和 B 级两类,两类股票只有投票权存在区别,收益权没有区别,股票价格会有不同表现吗?为什么?

7. 股票价值评估为什么使用红利折现模型,而不是使用每股盈利进行折现计算?

8. 如何理解股票定价红利折现模型中的折现率?折现率的取值等于当前市场贷款利率吗?

9. 通过红利折现模型估算股票价值,与应用公司整体估值模型估算股票价值,两者存在什么联系和区别?

10. 如何判断公司整体估值模型中的稳定期临界点?

11. 静态市盈率反映股票历史价格与盈利之比,还是未来股票价格与未来盈利之比?计算静态市盈率有什么用途?

12. 如何评估一只股票的静态市盈率,主要影响因素是什么?

13. 已知某公司当前年度每股盈利等于 1.2 元,假设公司在未来能够维持当前的净资产收益率水平,ROE＝18％,如果取折现率等于 15％,估算如下两种情况下的股票价值。

(1)公司每股盈利等于红利;(2)公司红利率为 40％。

14. 根据第 13 题数据,当公司保持匀速增长时,估算未来的成长机会价值。

15. 根据第 13 题数据,如果在公司每股盈利等于红利情况下,市场的静态市盈率等于 10,在公司保持匀速增长情况下市盈率等于多少?

16. 根据第 13 题数据,当公司保持匀速增长时,如果当前投资于该股票,计算投资收益率,并进行收益率的分解,也就是分别计算出资本利得收益率和红利收益率。

17. 某公司在当前年度每股盈利等于 1.2 元,预计未来 3 个年度的每股盈利分别为 2.2 元、3.1 元和 4.5 元,之后按照 8％的速度匀速增长。取折现率等于 15％,估算公司股票价值。

18. 根据第 13 题数据，根据经验，取 PEG＝2，估算该股票当前的静态市盈率。如果公司当前股票价格为 45 元，如何针对该股票作出投资决策？

19. 某公司当前每股盈利等于 3 元，预期未来没有成长，并且根据历史数据，该类股票的平均年收益率为 11%，评估股票当前的静态市盈率。该股票的动态市盈率与静态市盈率存在什么关系？

20. 基于第 19 题的数据，另外一家公司的当前每股盈利也是 3 元，当时预计未来连续 3 年会出现 5% 作用的负增长，评估该股票当前的静态市盈率。

## 即 测 即 练

# 第八章

# 股票投资分析

　　股票投资分析内容丰富，方法种类多样。本章只是对其做了轮廓性的概述，并对其中两种常用的方法进行了解释。在实践中，每一种方法都可以扩充为深入的研究。

## 第一节　股票投资分析概述

### 一、股票投资分析目标

#### （一）分析股票收益特征

　　不同投资者有不同的收益要求。例如，作为市场上重要投资者的共同基金，在发行时需要标明投资偏好，以便其他投资者进行基金投资决策选择。所谓投资偏好，表现为选择具有什么特征的股票。在后续的股票投资中，基金需要满足所声明的投资特点，如小盘股基金、大盘股基金、成长型基金等。机构投资者很多都有某些方面的特殊要求，如养老金进行股票投资，通常会要求收益稳定，风险低。即使个人投资者，也会根据自身的收入情况、未来支出情况等，确定自身的投资要求。

　　不同股票具有不同特征，满足不同投资要求。股票发行公司千差万别，导致股票投资收益各不相同。例如，不同行业股票，发行公司生产的产品存在差异，生产方式存在差异，甚至每个经营管理者的经营管理风格也存在差异，导致公司收益特征不同，股票投资者的收益特征不同。再如，有些公司处于高速成长期，具有很高的价值成长潜力，同时具有高风险，而另一些公司处于相对成熟期，现金流很充裕。根据对公司的分析来分析股票投资特性，投资者可以根据自身要求，进行适当的投资选择。

　　股票收益特征有很多划分方法，比较典型的是成长型股票（growth stock）和收益型股票（income stock）的不同投资收益。所谓成长型股票，投资者进行这类股票投资以获得资本利得收益为主，通过公司盈利的成长引起公司价值成长获利。成长型公司通常表现出每年盈利、资产高速成长，在市场上表现出高市盈率和市净率；在行业特征上表现为新兴产业、国家重点发展或者扶持的产业；在个体特征上可能表现为行业龙头，具有较强的市场竞争力和盈利性。

　　收益型股票，投资者进行这类股票投资以获得定期现金流收益为主，通过公司每年较高的分红获利。从绝对收入水平来说，股息收益率（每股股息/每股价格）至少不应低于银行定期存款利率。股票表现出收益型特征的发行公司，通常为进入成熟期的大公司，现金流入大于现金流出，也就是存在净现金流余量。这类公司在资本市场上表现出低市盈率，在行业特征上表现为成熟产业，而且在国民经济发展中具有稳定的发展前景，具有稳定的产品需求。

经济状况不断发生变化，行业特征发生变化，股票发行公司的状况也会不断变化，导致每一只股票的投资收益特征也非一成不变。成长型公司会变为成熟型公司，成熟型公司经过再创新和再改造，又可能出现新的一轮成长。对股票投资收益特征的分析是一个持续不断的工作。

### （二）分析股票投资收益的规律

股票投资收益总是表现出一定的规律性。

首先是风险和收益之间的关系。根据资本资产定价模型，股票投资收益取决于风险。不仅如此，股票投资收益还取决于无风险收益的变化和风险溢价的变化。风险溢价是系统风险大小和市场风险溢价的乘积。市场风险溢价有两个重要影响因素，分别为市场风险大小和市场投资者风险偏好程度。因此，即使从模型出发，也会发现 $\beta$ 系数的大小和变化、市场利率的变化、投资者风险偏好的变化等，都影响投资收益，寻找这些因素变化的原因和规律，有利于实现更加科学的投资决策。

其次，股息和股票价格也会表现出一定的规律性。公司股票价值是红利累积折现的结果。红利的来源是每股盈利，但红利决策不仅需要考虑每股盈利，也需要考虑未来投资机会。对每股盈利和未来投资机会的预期，按照股票定价模型，在很大程度上决定了股息和股票价格。当然，发行公司为了维护良好的公司形象，很少会降低红利率或者红利水平，表现出一定程度的红利刚性。综合考虑这些因素，股票定价还是有据可依的。

最后，股票价格的变化会表现出周期性以及联动性。所谓周期性，指股票价格有高有低，而且不论价格高低，都会有一段时间的延续性和联动性。股票价格变化既有公司盈利和红利的影响，也存在市场自身运动规律的影响。股票价格上升和下降的趋势可能会存在自强化的作用，也就是股票价格提高进一步带动价格提高。当市场认为存在某种有利信息，股票价格会提高。股票价格提高，会被市场认为仍然存在更有利的信息，会进一步提高股票价格。达到某一个触发点，股票价格会反转。所谓联动性，指各只股票价格之间存在着某种一致性的变化特征，股票价格经常会表现出同升同降的现象。

### （三）分析错误定价

分析错误定价，是寻找错误定价的股票，以及发现错误定价的程度。所谓错误定价，指股票市场价格偏离内在价值。按照市场定价规律，每只股票都存在其固有的内在价值，即按照红利折现模型评估的价值。由于各种原因，股票市场价格偏离内在价值，当促成错误定价的因素消失后，股票市场价格自然会回归内在价值。

分析错误定价的一项关键性工作是股票价值评估。股票价值评估要有一个逻辑、一个模型和一个过程。一个逻辑指估值逻辑，要揭示股票为什么会值钱，什么样的股票会值钱，公司需要具有什么样的产品、经营管理等措施能够支撑股票价值。一个模型指在逻辑指导下，建立影响因素和股票价值之间的数量关系。投资学不仅需要知道为什么，更重要的是知道是多少，才能具有可操作性。一个过程指如何寻找影响因素的基础数据，使得数据更可靠，信息量更大。

错误定价的修复是利用错误定价实现收益率的必要途径。对于股票错误定价进行分析，不仅要分析是否存在错误定价和错误定价的数值，还要分析错误定价的诱因。诱因消失,也就是错误定价修复的时候。例如,在民营企业领导人换代的时间窗内,投资者会担心战略和管理持续性问题,因此价格可能会下降。一旦这样的问题被证实不存在,股票价格就会恢复到原有水平。只有发现诱因,并且发现诱因的变化状态,才能够更好地利用错误定价获得收益。

利用错误定价,是进行股票投资获取超常收益的根本途径。如果没有错误定价,那么每一个投资者只能获得无风险收益和风险溢价。投资者之间的投资收益率仅仅来自承担风险的不同。扣除风险因素,每个投资者都只能获得相同收益。如果某些投资者利用了错误定价,那么这些投资者除了获得无风险收益、风险溢价之外,还会获得一些额外的收益。在假设市场整体定价合理的前提下,利用个股的错误定价,投资者就能获得超过市场的收益。

## 二、股票投资分析方法

在实践中,从不同的角度认识股票价格决定和变化规律,会形成不同的分析方法。常见的分析方法有基本面分析(fundamental analysis)和技术分析(technical analysis)。

### (一) 基本面分析

#### 1. 基本面分析基本原理

基本面分析指对股票价值进行评估的分析。根据股票价值评估的基本原理,寻找各种影响因素,如宏观经济因素、政策因素、产品市场因素、公司经营管理因素等,对于各种因素的现状和未来趋势作出判断,从而对于股票价值作出判断,推测合理的股票价位,为投资决策提供建议。

基本面分析基于两方面的理论基础:第一,股票存在内在价值,可以使用适当的方法进行评估。第二,股票市场价格围绕内在价值上下波动,当市场价格偏离内在价值时,一定会回归内在价值,而且与内在价值偏离越大,回归的可能性和幅度越大。进行股票投资,要判断市场价格对内在价值的偏离状态,而且要分析回归内在价值的触发因素。

#### 2. 基本面分析内容

根据前面的股票定价原理,公司盈利以及盈利的成长是股票价值的基础。因此,基本面分析从公司盈利出发,对影响公司盈利水平和波动的各种因素进行分析。盈利水平体现股票估值公式分子的高低,盈利波动性反映股票投资风险,体现估值公式分母的高低。一般来说,可以将各种分析因素归结为三个方面,即宏观经济分析、行业分析和公司分析。

(1) 宏观经济分析。进行宏观经济分析的基本逻辑,是任何公司的盈利状况或多或少受到宏观经济因素影响。例如,当宏观经济形势好时,人们对于收入前景乐观,支出增加,导致各种消费增长,因此会带动很多公司盈利水平提高。

宏观经济分析主要探讨各经济指标和经济政策对股票价格的影响。宏观经济指标通常分为三类:先行性指标、同步性指标和滞后性指标。先行性指标可以对未来的经济状况提供预示性的信息,如利率水平、货币供给、消费者预期、主要生产资料价格、企业投资规模等。同步性指标的变化基本上与总体经济活动的转变同步,如个人收入、企业工资支出、GDP、社会商品销售额等。滞后性指标的变化一般滞后于国民经济的变化,如失业率、库存量、银行未收回贷款规模等。

经济政策主要包括货币政策、财政政策、信贷政策、税收政策、利率与汇率政策、产业政策、收入分配政策等。宏观经济政策具有调节经济发展的目标和功能,政策因素与宏观经济因素通常相伴随。当经济状况出现波动时,市场可能对于某种刺激性或者抑制性政策出现预期,可能对于股票价值起到反向作用。例如,2008年金融危机使得股票价格出现了断崖式下跌,紧接着大规模经济刺激政策出台,使得股票价格出现了V字形的反转。

(2) 行业分析。行业状况给行业内的公司提供一个平均生存基础。例如,当一个行业处于成长期时,行业内任何一个公司都有广阔的产品市场,能够获得丰厚的外延成长盈利;当一个行业处于成熟期时,行业内的每一个公司都会面临市场空间的天花板,盈利成长会受到限制。

首先,分析行业产品的生命周期状态。处于产品生命周期不同阶段,如发展期、成熟期和衰退期①,行业的成长空间和潜力会大不相同,公司的生存环境会大不相同。发展期的行业新产品开发速度快,市场反应好,产品销售供不应求。当行业产品出现强有力的替代品时,行业生命周期状态将会面临重大转机。投资于产品生命周期不同阶段的公司,获得的收益类型不同。

其次,分析行业产品的收入弹性特征。所谓收入弹性特征,指当宏观经济形势发生变化,消费者收入发生变化或者预期发生变化时,消费者对待产品消费的态度和消费水平发生变化。不同的产品需求弹性不同,弹性低意味着行业产品需求的周期性变化不大。弹性高意味着产品需求的周期性变化大。产品的收入弹性变化会给投资风险带来很大变化。

最后,分析行业生产特征。生产特征主要指投资要素配比特征,由此可以划分出劳动密集、资本密集和技术密集等类型的行业。其一,不同生产特征的行业,受到要素市场价格结构性变化的影响不同,如当劳动力价格持续上升时,劳动密集型行业的盈利受到威胁。其二,不同生产特征的行业,当经济形势发生变化时,由于成本结构不同,盈利波动性不同,因此投资风险不同。

(3) 公司分析。公司分析主要是针对公司目前盈利状态、波动特性和未来盈利趋势的分析。股票价格的支撑基础归根到底是公司盈利水平、成长以及稳定性。公司分析就是使用公司数据资料,根据针对盈利的上述三方面特点的分析,得出判断结果,提供投资建议的过程。

公司分析内容主要包括三个方面,即公司竞争力分析、公司财务指标分析和公司治理分析。对于公司竞争力的分析,主要关注公司在行业中的地位、公司的员工状况、公司文化、公司研发能力等内容。公司财务指标分析指应用各种财务指标,判断公司的未来盈利状况。公司治理分析,指分析公司治理结构和治理机制的合理性和规范性,良好的公司治理结构能够为公司持续扩展奠定稳健的基础。

## (二) 技术分析

### 1. 技术分析的基本原理

技术分析的逻辑基于三个基本假设,即市场当前和历史交易行为反映股票价格信息、股票价格存在趋势性变化、历史会重复。

---

① 产品完整生命周期还包括开发期、引入期,但上市公司一般不涉及这两个时期。

首先,市场当前和历史交易行为反映未来股票价格信息,而当前和历史交易行为通过股票市场价格与交易量得到体现。只要分析当前和历史股票价格与交易量,尤其是利用当前和历史股票价格,就能够推测投资者交易行为,从而推测各种股票价格影响因素的变化情况以及对未来股票价格的影响,股票价格变化是各种影响因素变化的综合反映。这样,投资者可以通过对股票价格历史的分析,推测股票价格未来的变化。

其次,股票价格存在趋势性变化。技术分析认为,股票价格的变化方向是供求关系决定的,在一段时间内市场对一只股票的需求多,价格自然会上升,当然出售多于需求,价格会下降。供求关系反映了投资者对于各种股价影响因素的认识,一旦认识形成,会持续一段时间,只要供求关系不发生反转性变化,股价趋势就不会出现反转。认识股票价格变化的周期性规律,就能够利用趋势获得收益。

最后,历史会重复。历史重复指股票价格变化的形态,在未来会发生类似于历史的变化。股票价格由投资者交易行为决定,而交易行为受心理因素影响。人们心理变化存在一定情景,当再次出现同一情景时,以前的心理状态就会重现。当股票价格变化出现了历史的某种典型形态时,未来的变化形态也可以通过历史推测。

**2. 技术分析内容**

技术分析的主要内容就是分析股票交易价格和交易量的历史记录,试图从中找出规律性,并由此推测未来的股票价格变化。技术分析更强调对股票价格的分析,认为股票价格反映的信息量更大。不同的分析者关注不同的侧面,分析股票价格变化的不同内容,从而形成了各种技术分析的流派。例如,K线分析将一个时间段的股票价格变化集中反映到一条K线上从而进行分析,切线分析和形态分析更强调股票价格的连续性和变化的趋势性,波浪分析强调价格变化的周期性。

根据分析内容和方法,技术分析可以划分成众多类型。各种方法分析的逻辑存在不一致性,对于未来的判断也不完全一致。对于技术方法的学习,不是完整性问题,而是信念性问题。哪一种分析方法,股票价格历史的哪个方面,具有对未来价格更好的预测性,不同的投资者会有不同的认识,也不断经历交易的检验,在成功交易后得以强化。

# 第二节　公司盈利分析

## 一、盈利来源

### （一）盈利公式

按照利润的创造过程,公司的盈利水平可以表示如下:

$$净利润＝销售收入－销售成本－费用(含管理、销售、财务等)\pm$$
$$投资收益\pm公允价值变动＋营业外净收入－所得税费用$$

一般情况下,影响一个公司净利润的主要成分包括销售收入、销售成本、各种费用。销售收入是净利润的加项,其他大部分为减项。销售收入等于销售价格乘以销售数量,提高销售收入需要提高产品销售价格和数量两个构成部分。

根据经济学原理,产品的销售数量与价格两者相互影响,当提高价格时销售数量会下降,反之会上升。影响其中关系的主要是产品的需求价格弹性。所谓产品需求价格弹性,指价格每变化一个百分比,需求量变化的百分比。对于高弹性产品来说,提高产品价格,会较大幅度降低销售数量,导致总销售收入提高不多,甚至会下降。而对于低弹性产品,提高价格,销售数量变化小,会使销售收入上升。当然,产品需求价格弹性在不同价格水平上还会发生变化。变化的原因来自两个方面:第一,出于计算公式本身原因导致产品需求弹性随着产品的价格变化而变化。第二,产品价格变化会导致人们对产品需求的性质发生变化,因此导致需求弹性变化。

公司产品需求弹性既受到产品本身特性影响,也受到公司竞争环境影响。例如,根据人们生活需要,产品可以分为必需品和奢侈品,必需品的需求弹性低,而奢侈品的需求弹性高。公司的竞争环境包括行业内的竞争状态、替代品情况等。一个公司的竞争力归根到底会从产品销售的状态中得以表现。在同样的竞争环境中,公司的竞争力处于不同状态,竞争力强的公司,表现出产品价格弹性低;相反,竞争力弱的公司,会表现出产品价格弹性高。

在成本和费用中,有三个重要的组成部分,即原材料成本、人工成本和折旧费用。其一,原材料成本、人工成本与原材料价格和劳动力价格直接相关,对于原材料和劳动力的议价能力会决定成本的高低。其二,公司管理效率会在一定程度上改变原材料库存、原材料和人工的消耗数量,改变设备的利用效率,因此会影响公司成本费用。

公司的财务费用,一般来说主要是负债的利息费用。利息费用对净利润是个减项,从直观上看,利息费用高,会降低净利润水平。但实际上,从投资效率角度讲,负债是杠杆,利用合理,会提高股东的投资收益率。使用相对收益指标,能够更清楚理解负债和利息的作用。

综上所述,公司盈利水平主要取决于竞争力、生产效率和财产杠杆等几个因素。

### （二）竞争力

波特五力模型(Porter's five forces model)是分析行业基本竞争态势的工具,也可以借助用于对公司竞争力的分析。根据五力模型,可以从行业内部竞争状况、替代品、潜在进入者、对供应商的议价能力、对客户的议价能力五个方面分析公司的竞争力[①]。五力模型为公司竞争力分析提供了一个基本框架。五力分析模型如图 8-1 所示。

图 8-1　五力分析模型

行业竞争状况,在很大程度上决定公司的盈利边际。根据经济学原理,在竞争市场上,每一个公司只能获得正常利润,不能获得超额利润。在竞争行业中,每一个公司的净资产收益率很难超过行业平均值。当然,现实中处于完全竞争状态不常见。在不完全竞争环境中,哪个公司能够表现出与行业平均的差异化,在行业中具有优势地位,或者在某

①　PORTER M.The five competitive forces that shape strategy[J].Harvard business review,2008,86(1):78-93,137.PORTER M.Competitive strategy[M].New York:Free Press,1980.

一个子领域内具有优势地位,提供低弹性的产品和服务,就能够获得高于行业平均的净资产收益率。

替代品指来自其他行业的产品,在功能上对于本行业产品具有替代性。例如,高铁在1 000千米左右范围内可以成为航空的替代品,在很大程度上会加剧航空业在短途运输上的竞争压力。潜在进入者指未来是否会有新的公司进入行业,以及新公司进入行业是否容易,从行业壁垒的角度分析行业的竞争性。一般来说,行业壁垒通常表现在三个方面,包括行政壁垒、资金壁垒和技术壁垒。行政壁垒指由于国家政策规定,使得进入某些行业有限制。资金壁垒指由于行业生产经营特点,对于进入的资金量要求较大,小资金难以进入。技术壁垒指行业存在学习曲线,新进入者在很长时间内处于技术的劣势地位。替代品和新进入者的威胁越大,公司的利润水平越不容易提高。

对供应商和客户的议价能力直接关系到单位产品的利润边际。议价能力主要取决于交易商品的稀缺性和不可替代性。如果一个供应商对公司的供应品具有稀缺性和不可替代性,公司很难对供应商形成高的议价能力,公司对于原材料的价格控制能力弱。如果公司产品在市场上具有稀缺性和不可替代性,那么对于客户就会形成较强的议价能力。两种议价能力越强的公司,单位产品的利润边际就越高,提升盈利的空间就越大。

## （三）生产效率

生产效率会表现在很多方面,如公司能够使用更少的人力、物力生产产品。生产效率高,会降低公司成本,从而提高盈利水平。反映公司生产效率的指标也有很多,较容易获得的是财务指标,常用的财务指标主要是各类资产周转指标。

资产周转指标反映公司为了创造一定的销售收入所需要投资的资产数额。如果每单位销售收入创造的利润水平一定,那么需要的资产数额越少,公司的成本就越低。需要的固定资产少,平均每单位销售收入的折旧费就会下降。需要的流动资产少,公司运营资本投入就少,节约资本成本。一辆出租车如果每天固定成本200元,每天运营里程越多,单位收入折合的固定成本就越少。

常用的资产周转指标包括总资产周转率、固定资产周转率、流动资产周转率。总资产周转率等于销售收入除以年内的总资产平均值,从总体上反映资产使用效率。固定资产周转率等于销售收入除以年内固定资产平均值,反映固定资产使用效率。流动资产周转率等于销售收入除以年内流动资产平均值,反映流动资产使用效率。几个周转率指标的计算公式如下:

$$总资产周转率 = \frac{销售收入}{(年初总资产 + 年末总资产)/2}$$

$$固定资产周转率 = \frac{销售收入}{(年初固定资产 + 年末固定资产)/2}$$

$$流动资产周转率 = \frac{销售收入}{(年初流动资产 + 年末流动资产)/2}$$

对周转率指标的判断与对竞争力指标的判断不同,尽管周转率提高能够降低公司成本,但是周转率并不是越高越好。当周转率达到一定水平后,进一步提高周转率,对于提高利润的作用有限。较高的周转率需要较高的管理水平,提高管理成本,同时也会给公司带来较高的经营管理风险。例如，公司的存货量低，会降低流动资产数量，降低总资产数量，在销售收入一定的情况下，会提高周转率。但是，较低的存货量可能导致产品市场缺货，也可能导致公司内部生产的各个环节之间缺货，影响公司正常经营。

存货周转率是生产管理效率的重要指标。原材料从进入企业开始，到出售为止，以存货形式停留在公司。存货周转率的高低表明存货在公司停留的时间长短，停留时间越长，周转率越低，反之亦然。对于制造业公司来说，保有一定的存货属于正常情况，但是当存货发生意外增加，存货周转率下降，应考虑公司是否在生产环节出了问题，或者产品销售是否发生了下降，产品发生了积压。如果属于有保质期要求的产品，或者样式、技术容易过期的产品，积压会提高未来降价销售的风险，影响盈利能力。另外，由于生产量增加而导致存货大量增加，也会虚增利润。

判断存货周转率的高低，通常有两种方法，分别是与行业平均值比较，或者与公司历史比较。如果存货周转率与行业平均或者历史平均相比发生较大的差异，需要认真分析差异的原因。

### （四）财务杠杆

财务杠杆指公司的负债率，根据公式：

$$\text{ROE} = \text{ROA} + \frac{D}{E}(\text{ROA} - i)$$

其中

$$\text{ROA} = \frac{\text{NI} + I}{D + E}$$

式中，ROE 为净资产收益率；ROA 为总资产收益率；$D$ 为负债额；$E$ 为权益额；$i$ 为利息率；$I$ 为利息额；NI 为净利润。只要总资产收益率高于利息率，提高负债水平就能够提高净资产收益率。一个正常经营的公司，都应该具有高于利息率的总资产收益率，否则从经济角度来说公司就没有必要存在了。

**例 8-1**　某公司的总资产额为 800 万元，公司获得的息税前利润为 200 万元，所得税税率为 25%。现在考虑两种情况：①公司无负债；②负债 400 万元，利率 10%。分别计算净资产收益率。

第一种情况，公司无负债：

$$\text{净利润} = \text{EBIT} \times (1 - t) = 200 \times (1 - 25\%) = 150(\text{万元})$$
$$\text{净资产收益率} = 150/800 = 18.75\%$$

第二种情况，公司有负债，负债率等于 50%：

$$\text{净利润} = (\text{EBIT} - \text{Int}) \times (1 - t) = (200 - 40) \times (1 - 25\%) = 120(\text{万元})$$
$$\text{净资产收益率} = 120/400 = 30\%$$

和公司资产周转率类似，公司资产负债率也不是越高越好。因为公司收入总是存在着不确定性，如果需要偿还的利息和本金过高，在收入波动条件下，现金流低于需要偿还负债本息和的可能性加大，容易给公司带来财务困境，甚至破产。究竟公司资产负债率多高合适，一般根据行业平均和公司历史平均值判断。

## 二、盈利质量

### （一）盈利构成与一致性

根据盈利公式，公司的净利润可能来自正常的生产经营，也可能来自投资收益、营业外净收入或者公允价值调整等。如果说投资收益还有可能是公司的正常收益，而营业外净收入或者公允价值调整则不应该成为公司正常收益的来源。只有通过正常经营获得的收入才具有可持续性，而其他收入不具有可持续性。

在进行公司盈利分析时，要关注盈利构成以及一致性。所谓盈利构成，指公司盈利中各部分来源的比例，如营业利润占多少，营业外净收入占多少等。所谓一致性，指盈利构成具有时间上的前后一致性，如今年与前几年一致。营业利润也可以按照来源比例进行结构分析。公司盈利结构中营业利润占比较大，各年度结构具有较高的一致性，说明如公司主业突出，且着力发展主业，则公司盈利质量较高，可预测性较好。

### （二）应收账款与盈利

公司获得销售收入后，可以表现为现金增加，也可以表现为应收账款增加。经过一段时间以后，公司收回应收账款，获得现金。应收账款是现代企业经营的一种正常现象，是公司产品促销的一种手段。一般来说，伴随着公司规模扩大，公司应收账款余额（资产负债表上的应收账款额）就会增加。

在公司的高速成长期，为了促进销售，会扩大信用销售，因此增加应收账款余额。当然，也有可能公司会出现产品滞销的情况，采用信用销售扩大销售额，同样会导致应收账款增加。由此会导致在公司净资产收益率提高的同时，应收账款周转率下降；也有可能净资产收益率下降，但是应收账款周转率下降得更快。对于一个相对成熟的公司，如果连续出现这种现象，则盈利质量值得怀疑。

表 8-1 为长城动漫公司（股票代码 000835）在 2013 年至 2016 年几项指标情况。表中第 1 列为年度，第 2 列为净资产收益率，第 3 列为销售净利率（净利润除以销售收入），第 4 列为总资产周转率，第 5 列为应收账款周转率。从 2013 年到 2015 年，公司的净资产收益率逐年提高，公司销售净利率也在逐年提高。单纯考察这两项指标，公司处于一个良好的上升势态。同时对比应收账款周转率发现，该比率逐年下降，从 2013 年的 7.74 次降低到 2015 年的 1.68 次。净资产收益率与应收账款周转率出现了典型的一升一降的现象，出现了本书中所讲的盈利质量预警指标。2016 年，公司因为对应收账款做坏账处理，发生了亏损，盈利质量预警变成了盈利水平下降的事实。

表 8-1　长城动漫公司指标对比

| 年度 | ROE/% | (NI/S)/% | (S/TA)/次 | (S/AR)/次 |
|------|-------|----------|-----------|-----------|
| 2013 | 1.38 | 0.61 | 1.64 | 7.74 |
| 2014 | 1.40 | 1.33 | 0.90 | 2.81 |
| 2015 | 2.78 | 5.06 | 0.37 | 1.68 |
| 2016 | −20.69 | −24.89 | 0.23 | 2.10 |

注：表中数据根据 CSMAR 数据库整理。

### （三）经营活动现金流与盈利

经营活动现金流[①]指公司进行产品生产、商品销售或提供劳务活动的过程中所产生的净现金流量，即现金流入与现金流出之差。例如，销售产品、回收应收账款等获得的现金流入，购买原材料、支付工人工资等产生的现金流出。基本计算公式为

经营活动现金流 = 税后净利润 + 折旧 + 无形资产摊销 − 净运营资本增量

考虑公司规模变化对经营活动现金流的绝对值有影响，经常使用每元销售收入经营活动现金流进行评价。每元销售收入经营活动现金流等于经营活动现金流除以当期的销售收入。当应收账款持续增加时，会导致现金流入减少，降低经营活动现金流，应收账款周转率表现出与每元销售收入经营活动现金流指标同向变化。

每元销售收入经营活动现金流指标能规避应收账款周转率的一些缺陷。首先，应收账款周转率是时期数与时点数之比，对于时点的选择会影响计算结果。当公司销售收入增长时，使用销售收入除以年初、年末平均应收账款就会高估周转率[②]。而每元销售收入经营活动现金流指标是两个时期数相比，规避了时点选择问题。其次，应收账款受会计记账的影响，例如，将应收账款转变科目，其他应收款增加，而应收账款可以减少，因此会改变应收账款周转率。经营活动现金流的大小与会计记账方法无关，是现实现金流入流出差值的反映。

以阳普医疗(3000030)2012 年至 2015 年数据为例，如表 8-2 所示。与表 8-1 相同，表中第 1 列为年度，第 2 列为净资产收益率，第 3 列为销售净利率，第 4 列为总资产周转率，第 5 列为应收账款周转率，所增加的第 6 列为每元销售收入经营活动现金流(经营活动现金流/销售收入)。从 2012 年到 2014 年，公司的净资产收益率逐年提高，但公司销售净利率在逐年下降。单纯考察这两项指标，发现公司盈利质量可能存在问题。考察应收账款周转率，几年间波动不大，无法得出准确判断。进一步考察现金流，发现从 2012 年至 2014 年，公司经营活动现金流持续大幅度下降。

表 8-2　阳普医疗公司指标对比

| 年度 | ROE/% | (NI/S)/% | (S/TA)/次% | (S/AR)/次 | (OCF/S)/% |
| --- | --- | --- | --- | --- | --- |
| 2012 | 5.94 | 14.06 | 0.41 | 3.66 | 11.86 |
| 2013 | 6.95 | 12.99 | 0.48 | 3.54 | 11.19 |
| 2014 | 7.52 | 12.29 | 0.49 | 3.25 | −23.43 |
| 2015 | 5.09 | 7.57 | 0.44 | 3.19 | −1.47 |

注：表中数据根据 CSMAR 数据库整理。

---

[①] 此处经营活动现金流与第七章中的经营现金流概念不同，两者之差是净运营资本增量。使用经营活动现金流主要是为了与现金流报表相接近，可以直接利用现金流报表中的经营活动现金流进行计算。第七章经营现金流是计算自由现金流时所使用的概念。

[②] 近期应收账款数额对于未来更有说服力，但平均值对于近期和远期数额进行了平摊，相当于降低了近期的影响程度。

### 三、盈利波动

盈利波动性反映股票投资风险。在盈利水平一定的前提下,风险越高,根据资本资产定价模型,股票估值折现模型中的折现率越高,股票价格越低。折现率的高低是系统风险的反映,本部分内容实际上是分析股票系统风险的影响因素。使用 $\beta$ 系数同样可以考察公司收益的波动性,但这种方法是利用历史机械地估计未来。本部分是从根源上分析影响 $\beta$ 以及盈利波动的因素。

#### (一)需求弹性与盈利波动

公司盈利波动的根源在于经济环境变化导致对于产品和服务的需求变化,导致销售收入变化,在单位成本不发生相应变化的情况下,导致公司利润发生波动。

公司销售收入对于经济环境的反应,可以使用产品需求的收入弹性表示。需求的收入弹性,表示在一定时期内,假设消费者偏好、该种商品本身价格与相关商品价格不变的前提下,消费者对某种商品需求量的变动对于消费者收入量变动的反应程度。在经济扩张期,人们的收入增加,引起大部分产品与服务的需求增加。相反,在经济萧条期,人们收入减少,引起大部分产品与服务的需求减少。

需求收入弹性大小,取决于产品性质。一般来说,像食物或普通服装这类必需品属于缺乏弹性产品;而像旅游,尤其是海外旅游,这类奢侈品属于富有弹性产品。当然,究竟什么是必需品,什么是奢侈品,也取决于居民收入水平。对于低收入人群来说,即使食物和普通服装都可能成为奢侈品。例如,在非洲和亚洲某些贫穷国家,某些食物也可能表现出高收入弹性。而在欧美地区,食物的收入弹性普遍较低。大部分产品的收入弹性为正,也有小部分产品收入弹性为负,这类产品称为低档品,随着收入的提高而减少。

公司所提供的产品和服务的收入弹性,影响公司收入的波动性,并因此影响利润波动。弹性越大,公司收入的波动可能性越大;弹性越小,公司收入波动的可能性越小。判断公司产品和服务收入弹性大小,可以预期未来波动的可能和大小。

#### (二)经营杠杆与盈利波动

公司收入的波动需要通过内部传导,才能反映到公司盈利的波动。在公司收入波动到公司盈利波动的传导过程中,经营杠杆和财务杠杆起着重要的影响作用。

经营杠杆指公司收入变化百分比引起的息税前盈利变化的百分比,使用经营杠杆系数(degree of operating leverage,DOL)表示。经营杠杆系数的计算公式为

$$\mathrm{DOL} = \frac{\Delta\,\mathrm{EBIT}/\mathrm{EBIT}}{\Delta S/S}$$

经过推导可以写成

$$\mathrm{DOL} = \frac{\mathrm{EBIT} + \mathrm{FC}}{\mathrm{EBIT}}$$

式中,EBIT 为息税前盈利;$\Delta$EBIT 为息税前盈利的变化;$S$ 为销售收入;$\Delta S$ 为销售收入的变化;FC 为固定成本。

经营杠杆系数是一个边际值,指在目前水平上再增加销售收入,盈利按照什么水平增加。经营杠杆的大小受公司固定成本比例的影响,固定成本比例越高的公司,经营杠杆系

168

数越高。固定资产折旧费用是最典型的固定成本,公司固定资产比例越大,固定成本比例越高,经营杠杆就会越大。公司由于收入波动而引起的息税前盈利波动就会越大。

### （三）财务杠杆与盈利波动

与股票价格直接相关的是每股收益,财务杠杆描述了从息税前盈利变化到每股收益变化的传导程度。财务杠杆指息税前盈利变化的百分比引起的每股收益变化百分比,使用财务杠杆系数(degree of financial leverage,DFL)表示,计算公式为

$$DFL = \frac{\Delta\,EPS/EPS}{\Delta\,EBIT/EBIT}$$

经过推导可以写成

$$DFL = \frac{EBIT}{EBIT - Int}$$

式中,EPS 为每股盈利;Int 为负债利息。

财务杠杆系数也是一个边际值,指在目前水平上再增加息税前盈利,每股收益按照什么水平增加。财务杠杆的大小受公司利息的影响,也就是受公司负债比例的影响。一般来说,负债比例越高的公司,财务杠杆系数越高,公司由于息税前盈利波动而引起的每股盈利波动就会越大。

## 第三节　技术分析方法

技术分析更多地体现了实践性。在股票投资实践中,投资者开发了各种技术分析方法。各种各样的技术分析方法基本关注两个方面,即投资者买卖力量对比和对趋势的偏离程度。股票技术分析方法极其丰富,本部分仅介绍几种便于学习并且常用的简单分析方法。

### 一、K 线分析

#### （一）K 线分析概述

K 线分析是将股票在一定时间段内的价格变动情况用图形表示,依据形状判断价格未来走势。表示一天之内的价格变化情况就是日 K 线,表示一周之内的价格变化情况就是周 K 线,等等。K 线分析可以单独分析一条 K 线,也可以多条 K 线结合分析,也就是 K 线组合分析。

基本的 K 线图如图 8-2 所示。

图 8-2　基本的 K 线图

图 8-2 中的实线表示 K 线形状,是一个柱形图,柱的宽度没有意义,在柱的高度上有几个不同的点,分别代表不同价格,如图中对应虚线的文字所示。以日 K 线为例,整个 K 线的最高点为当天的最高价,整个 K 线的最低点为当天最低价。柱体上下缘的含义分不同情况,左侧图的收盘价高于开盘价,开盘价在下,收盘价在上,图中颜色为空心,在我国大陆使用红色表示,称为阳线。右侧图的收盘价低于开盘价,开盘价在上,收盘价在下,图中颜色为实心,在我国大陆通常使用绿色表示[①],称为阴线。柱体颜色仅与当天开盘和收盘价格有关,与前一天价格无关。

其他长度时间段的 K 线结构与日 K 线完全相同,如周 K 线、月 K 线。

### (二)主要 K 线含义

K 线分析使用线体形状表示市场中买卖双方力量对比情况,从而反映股票价格变动。有几种典型特殊 K 线形状,对于股票价格变化有特殊含义,如表 8-3 所示。

**表 8-3　K 线形状图**

| 线体形状 | | | | | |
|---|---|---|---|---|---|
| 名称 | 大阳线 | 大阴线 | 上影线 | 下影线 | 十字线 |

大阳线特征是开盘价就是最低价,收盘价就是最高价,而且柱体相对平时的股票升幅来说较长。大阴线特征是开盘价就是最高价,收盘价就是最低价,柱体也较长。不论是大阳线还是大阴线,均表示买方(多方)或者卖方(空方)的单方力量占据优势。大阳线表示多方力量占优,预示股票价格涨的可能性大。大阴线表示空方力量占优,预示股票价格跌的可能性大。

上影线的特征是柱体较短,位于 K 线的下方,K 线的上方为一根长线,称为影线。根据当天收盘价和开盘价对比,上影线可以是阳线,也可以是阴线。上影线表示股票价格试图上涨,但是遇到较大阻力后下降。在股票价格上涨期间的上影线预示着股票价格上涨乏力,很可能会发生反转,而且柱体越短,影线越长,这种可能性越大。

下影线的特征是柱体较短,位于 K 线的上方,K 线的下方为一根长线,称为影线。根据当天收盘价和开盘价对比,下影线可以是阳线,也可以是阴线。下影线表示股票价格试图下跌,但是遇到较大阻力后上涨。在股票价格下跌期间的下影线预示着股票价格下跌力量已经不足,很可能会发生反转,而且柱体越短,影线越长,这种可能性越大。

十字线的特征是开盘价等于收盘价,柱体表现为一根横线,当天的最高价以及最低价均与开、收盘价不同。十字线预示着多空双方力量暂时平衡,市场方向不明确,但很可能预示着方向的变化。十字线上下长度越长,表示多空双方争夺越激烈。

### (三)K 线的组合分析

K 线组合分析是使用多条 K 线结合在一起进行分析,以期对未来股票价格做出判断。K 线组合形态比单根 K 线形态还要丰富,分析的内容也异常丰富。为简化起见,仅

---

① 海外一般与我国内地使用颜色相反,绿色表示上涨,红色表示下跌,表示提醒关注的意思。

以表 8-3 中几种 K 线为基础进行简单组合分析。

图 8-3 中为大阴线和大阳线加影线组合。在图 8-3（a）中，大阳线后接一个下影线，而且下影线上缘高过大阳线，表示确认大阳线所表示的上涨。在图 8-3（b）中，大阴线后接一个上影线，而且上影线下缘低过大阴线，表示确认大阴线所表示的下跌。

图 8-4 中为多条影线的组合。在图 8-4（a）中，连续三条上影线排列，并且 K 线柱体变短，影线变长，表明股票将要反转，后面的上影线是对前面上影线下跌信号的确认。在图 8-4（b）中，连续三条下影线排列，并且 K 线柱体变短，影线变长，表明股票将要反转，后面的下影线是对前面下影线上涨信号的确认。

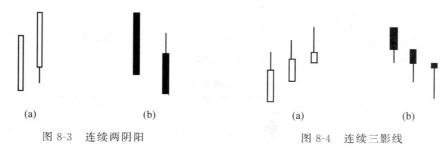

（a）　　　　　　（b）　　　　　　　　　　（a）　　　　　　（b）

　　图 8-3　连续两阴阳　　　　　　　　　图 8-4　连续三影线

## 二、切线分析

### （一）切线分析概述

切线是根据一个时期内的股票价格波动情况所画出的边缘直线，如图 8-5 所示。边缘线分为上边缘线和下边缘线，图 8-5 中的上下波动的曲线为股票价格变动线，点画线就是一个下边缘线。

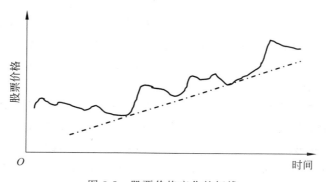

图 8-5　股票价格变化的切线

使用切线分析的基本原理，是通过股票价格的历史变化，寻找到股票价格变化的趋势，股票价格在未来会顺势而为，依照趋势的规律变化。

使用切线分析时需要注意，制作切线需要连接多个点形成一条直线，在现实中多个点经常不会严格地在一条直线上，切线实际上是个近似线。

### （二）支撑线和压力线

当股价下跌到某个价位附近时，可能会出现买方增加、卖方减少的情况，从而使股价停止下跌，甚至有可能回升。按照这个价位，在股票价格波动线上画出一条水平线，称为支撑线。支撑线起阻止股价继续下跌的作用。这个起着阻止股价继续下跌的价格就是支撑线所在的位置。当股价上涨到某价位附近时，会出现卖方增加、买方减少的情况，股价就会停止上涨，甚至回落。按照这个价位画一条水平线，就是阻力线或者压力线，压力线起阻止股价继续上升的作用。

支撑线和压力线的作用是阻止或暂时阻止股价朝一个方向继续运动。股价的变动有趋势，要维持这种趋势，保持原来的变动方向，就必须冲破阻止其继续向前的障碍。比如，要维持下跌行情，就必须突破支撑线的阻力和干扰，创造出新的低点；要维持上升行情，就必须突破上升压力线的阻力和干扰，创造出新的高点。

支撑线和阻力线会相互转化。一条支撑线如果被跌破，很可能会成为压力线。一条压力线被突破，很可能会成为支撑线。支撑线和压力线的地位不是一成不变的，是可以改变的，如图 8-6 所示。不论支撑线还是压力线，都是近似线，当小幅度突破时，不能判断原有趋势的变化。

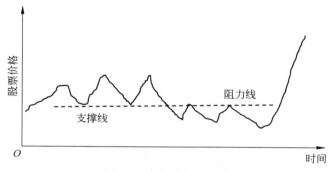

图 8-6　支撑线与阻力线

### （三）趋势线

将股票价格历史的变化趋势，使用直线的形式连接，称为趋势线。反映价格向上波动发展的趋势线称为上升趋势线；反映价格向下波动发展的趋势线则称为下降趋势线。反映长期趋势、中期趋势及短期趋势的趋势线分别称为长期趋势线、中期趋势线和短期趋势线。

上升趋势线画在股票价格波动的下缘，也起到支撑线的作用。下降趋势线画在股票价格波动的上缘，也起到阻力线的作用，如图 8-7 所示。当一个趋势被突破后，就要寻找新的趋势。

### （四）移动平均线

选择一个平均期，如 30 天，将该时期内的股票收盘价（含当日）简单平均，作为当天的移动平均值。向后移动一天，又形成一个新的平均期，再次做简单平均。以此类推，可以计算出多个移动平均股票价格，将这些平均价格连接起来，形成的曲线称为移动平均线（moving average，MA）。移动平均线与趋势线具有类似的作用。当股票价格超过移动平均线时，股票价格波动以移动平均线为支撑；当股票价格低于移动平均线时，股票价格以移动平均线为阻力。

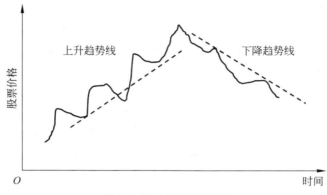

图 8-7　股票价格趋势线

图 8-8 为东方财富股价移动平均线，分别为 5 日平均、10 日平均、20 日平均和 30 日平均。在图形的左半部分股票价格基本在移动平均线下方，在右半部分基本在移动平均线上方。在上涨初期，短期移动平均线会向上穿过长期移动平均线；相反，在下跌初期，短期移动平均线会向下穿过长期移动平均线。

图 8-8　东方财富股价移动平均线
资料来源：新浪网，http://www.sina.com/。

根据历史经验，股票价格存在一个长期趋势，短期内的股票价格围绕长期趋势上下波动。短期内的股票价格偏离趋势幅度越大，回归趋势的力量越大。进行移动平均线分析，还可以考察股票价格对于移动平均线的偏离程度。股票对于移动平均线的偏离程度称为乖离率（BIAS），计算公式为

$$\text{BIAS}_t = \frac{P_t - \text{MA}_t}{\text{MA}_t}$$

式中,$P_t$ 为当天的股票收盘价;$\text{MA}_t$ 为当天的股票移动平均价。例如,使用 30 天均线,则 $\text{MA}_t$ 为当天计算的 30 天平均价格,也就是从计算当天算起(含当天),向过去数 30 个交易日,计算平均价格。乖离率的绝对值越大,股票价格回归均值的可能性越大。尤其是乖离率绝对值出现连续趋势性增加的时候,市场会逐渐积累价格反转的力量。

类似于每天股票价格与均线之间关系的分析,还可以进行短期移动平均线与长期移动平均线之间的差值分析。两者的差值称为 MACD(moving average convergence and divergence),这个指标反映股票价格从短期趋势回归长期趋势的力量。使用短期均线减去长期均线,如果两者之差为正,数值越高,表明股票价格上涨越快,下调的可能性就越大。

## 三、指标分析

### (一)平衡交易量指标

平衡交易量(on balance volume,OBV),指买卖交易量抵消后的累计值,平衡交易量指标使用交易量的变化推测股票价格的变化。平衡交易量有时也称为能量潮。

OBV 的计算公式为

$$\text{OBV}_t = \text{OBV}_{t-1} \pm \text{Vol}_t$$

式中,$\text{OBV}_t$ 为当期(可以是一天)的平衡交易量;$\text{OBV}_{t-1}$ 为上一期的平衡交易量;$\text{Vol}_t$ 为当期的交易量。当期交易量前的符号根据当期收盘价和上期收盘价比较而确定。以日收盘价为例,如果当天收盘价高于前一个交易日收盘价,则当期交易量前为加号;如果当日收盘价低于前一个交易日收盘价,则当期交易量前为减号。

平衡交易量一般结合股票价格进行分析。如果平衡交易量缓慢上升,同时股票价格也同步上涨,则表示行情稳定。但如果平衡交易量急速上升,同时股票价格上涨,表示愿意买股票的投资者基本已经完成交易,买方能力不会继续维持,很有可能出现下跌。如果平衡交易量持续累积,但价格上升不大,则表现为上升阻力区,要么突破上涨,要么反转下跌。

如果平衡交易量缓慢下降,股价也同步下降,表示股票价格将继续下跌。但如果平衡交易量急速下跌,表示市场上具有出售股票意愿的投资者较多,股票价格将会继续下跌。但如果平衡交易量在逐渐下跌的过程中,下跌速度逐渐下降,甚至出现了上升,则表明投资者购买意愿加强,股票价格可能转降为升。

仍然以东方财富公司为例,图 8-9 的上方为股票价格 K 线图,下方波动的曲线为平衡交易量,下方较为平滑的曲线为平均平衡交易量。在图 8-9 的左半部分,平衡交易量数值逐渐下降,低于均值后,达到某一个低点。平衡交易量从低点开始上升时,也正是股票价格开始上升的节点。之后,平衡交易量缓慢上升,股票价格也同步上涨。当平衡交易量连续增长,累积过高的时候,股票价格会出现反转。

### (二)相对强弱指标

相对强弱指标(relative strength index,RSI),是使用股票价格计算出的买卖双方力

图 8-9　东方财富平衡交易量

资料来源：新浪网，http://www.sina.com/。

量对比的指标。使用相对强弱指标的基本原理是，股票价格由买卖双方的力量对比而决定。买卖双方力量对比差距较小时，股票价格变化较小。不论哪一方力量过大，都会发生力量过大一方成为强弩之末，力竭而衰。买方力量过大，称为超买，股票价格会转而下降。卖方力量过大，称为超卖，股票价格会转而上升。

相对强弱指标的计算公式为

$$\text{RSI}_T = \frac{\sum T \text{ 日内收盘价较前日提高值}}{\sum T \text{ 日内每日收盘价变化绝对值}} \times 100\%$$

式中，$T$ 为时期内的天数。

利用股票价格上升和下降平均值，还可以计算出相对强弱值（relative strength，RS）：

$$\text{RS}_T = \frac{\sum T \text{ 日内收盘价较前日提高值} / T}{\sum T \text{ 日内收盘价较前日下降绝对值} / T}$$

$$\text{RSI}_T = \frac{\text{RS}_T}{1 + \text{RS}_T} \times 100\%$$

假如 7 天之内的股票收盘价分别为：11.5 元，12 元，12.1 元，13.5 元，12.3 元，14 元，12 元。那么在 7 天之内，下一个交易日减去前一个交易日收盘价分别为：0.5 元，0.1 元，1.4 元，−1.2 元，1.7 元，−2 元。6 个差值绝对值之和为 7 元。在 6 天之内收盘价较前日提高值之和为 3.8 元。因此

$$\text{RSI}_6 = \frac{3.8}{7} \times 100\% = 54.29\%$$

$$\text{RS}_6 = \frac{3.8}{3.2} = 1.19$$

如果购买的力量大,则 RSI 上升;反之下降。RSI 高,表明市场较强;RSI 低,表明市场较弱。在实践中通常会使用两个临界值,给 RSI 划定三个区域。上临界值大致为 $70\%\sim80\%$,下临界值大致为 $20\%\sim30\%$。在上临界值之上为超买区,在下临界值之下为超卖区。在超买区尽量避免购买股票,在超卖区则可能出现较好的买入时机。

使用不同时间段的股票价格,可以计算出不同时间段的相对强弱指标,分别称为短期 RSI、中期 RSI 和长期 RSI。不同时间段的相对强弱指标还可以配合使用。一般而言,如果短期 RSI>长期 RSI,属于多头市场;反之,则属于空头市场。

图 8-10 为东方财富相对强弱指标,图中的 5 个数值代表 5 个时间段的数值,分别为短、中、长期 RSI。图中的 RSI 最低值接近 13,进入强超卖区,在此之后几天股票价格开始上涨。

图 8-10　东方财富相对强弱指标

资料来源:新浪网,http://www.sina.com/。

### (三)KDJ 指标

KDJ 是 3 个指标的综合分析,分别为 $K$、$D$、$J$ 指标。计算 3 个指标时,需要首先计算股票的原始随机值(raw stochastic value,RSV)。RSV 的计算公式为

$$\mathrm{RSV} = \frac{P_C - P_L}{P_H - P_L} \times 100\%$$

式中,$P_C$ 为计算日的收盘价;$P_H$ 为计算日的最高价;$P_L$ 为计算日的最低价。

$K$、$D$、$J$ 3 个指标的计算公式分别为

$$K_t = \frac{2}{3} \times K_{t-1} + \frac{1}{3} \times \mathrm{RSV}_t$$

$$D_t = \frac{2}{3} \times D_{t-1} + \frac{1}{3} \times K_t$$

$$J_t = 3 \times D_t - 2 \times K_t$$

计算公式中的 1/3 和 2/3 为经验值。如果没有前一日的 $K$ 值和 $D$ 值，可以使用 50 替代。

使用 KDJ 指标分析，首先也是使用临界值划定区域。$K$ 指标和 $D$ 指标的临界值大约为 80 和 20，在 80 之上称为超买区，在 20 之下称为超卖区。$J$ 的临界值大约为 100 和 10，100 以上为超买区，10 以下为超卖区。

当进入超卖区以后，$K$ 向上突破 $D$，为买进信号；当进入超买区以后，$K$ 向下跌破 $D$，为卖出信号。当 $J$ 值连续下行至 0 以下数值时，而且低于 $J$ 值的 5 日平均线 10%，为买入信号。相反，当 $J$ 值连续上升至 100 以上，并且 $J$ 值超过 5 日平均线 10% 以上时，为卖出信号。

图 8-11 为东方财富 KDJ 曲线。在股票价格大幅度上升前，在超卖区 $K$ 线向上穿过了 $D$ 线，并且最低的 $J$ 值小于 0。

图 8-11　东方财富 KDJ 曲线

资料来源：新浪网，http://www.sina.com/。

# 习　　题

1. 对于未来成长性的预期会体现在股票价格中，为什么购买成长型股票容易获得资本利得收益？

2. 进行股票投资分析，对于进行股票投资决策有什么帮助？

3. 股票价格一般表现出周期性，你认为周期性变化的原因是什么，是公司盈利周期性导致的结果吗？

4. 股票投资基本面分析的关键内容是什么？

5. 股票投资基本面分析和技术面分析的区别是什么？

6. 在股票投资分析中,基本面分析和技术面分析是否具有互补性,为什么？

7. 在股票投资中,为什么要进行公司盈利分析,公司盈利分析应主要包括哪些内容？

8. 公司盈利波动性与股票价格之间有什么关系？

9. 公司盈利性水平与盈利波动性是否存在关系？什么关系？

10. 简述影响公司股票系统风险的三要素。公司负债多少影响股票系统风险吗？如何理解？

11. 在股票技术分析中,制作股票价格的趋势线、支撑线和阻力线的基本原理是什么？

12. 在股票技术分析中,为什么经常使用 $K$ 线组合形状判断未来趋势？

13. 在股票技术分析中,为什么要将股票价格与股票交易量结合进行分析？

14. 通过股票技术分析,如何发现股价重大反转信号？

15. 试查找某上市公司相关财务数据,对公司未来盈利水平和波动性进行分析。

16. 试应用某股票价格和交易量数据,制作各种技术分析图形,分析其意义。

17. 某公司部分财务数据如下:

货币资金　　　　　150 000 元

固定资产　　　　　425 250 元

长期负债　　　　　200 000 元

销售收入　　　　 1 500 000 元

流动比率为　　　　3

速动比率为　　　　2

应收账款周转期为 40 天

要求:计算以下指标(计算结果取整数)

(1)应收账款平均余额;(2)流动负债;(3)流动资产;(4)总资产;(5)资产负债率。

18. 某公司资料如表 8-4 所示:

表 8-4　习题 18 表
　　　　　　　　　　　　　　　　　　　　　　　　　　　　　　　　　　元

| 项目 | 2015 年 | 2016 年 | 2017 年 | 2018 年 |
|------|---------|---------|---------|---------|
| 存货 | 700 558.99 | 601 289.83 | 476 675.78 | 530 154.35 |
| 营业成本 | 1 208 264.31 | 988 661.98 | 1 261 906.36 | 1 584 654.66 |

计算 A 公司存货周转率和存货周转天数。

19. 某公司的总资产额为 3 000 万元,公司获得的息税前利润为 900 万元,所得税税率为 25%。现在考虑两种情况:(1)公司无负债;(2)负债 800 万元,利率 10%。分别计算净资产收益率。

20. 某企业 2016 年为 180 万元,息税前盈利为 35 万元;2017 年销售收入为 200 万元,息税前盈利为 40 万元。计算该企业 2017 年的经营杠杆系数。

21. 某企业 2016 年息税前盈利为 45 万元,每股收益为 2 元;2017 年息税前盈利为 60 万元,每股收益为 3 元。计算该企业 2017 年的财务杠杆系数。

22. 某企业 2018 年息税前盈利为 180 万元,固定成本为 120 万元,负债利息为 40 万元。计算该企业经营杠杆系数和财务杠杆系数。

## 即 测 即 练

# 第九章

# 有效市场与行为金融学

有效市场是资本市场的一个重要假设，是资本市场理论的一个重要组成部分，对理解金融市场，进行投资决策有重要影响。实践中的资本市场未必有效，行为金融学补充了对某些市场异常现象的理论解释。

## 第一节　股票价格波动

股票是最重要的金融资产之一，股票的流动性好、波动性大，本章以股票为例说明资产价格的波动。

### 一、股票价格波动现象

#### （一）随机波动

股票价格如何波动，牵动着每一位投资者的心。数百年来，无数投资者，无数分析师和专家在试图寻找股票价格变化的规律。无论是谁，找到了股票价格变化的规律，就找到了财富之门。无数次试验之后，股票价格规律没有找到，却发现了股票价格的随机变化。

关于股票价格随机变化的发现，较早的学术性研究可以追溯到 Kendall[①]。经过一番研究，Kendall 发现股票价格服从一个随机游走（random walk）的规律，也就是未来的股票价格是一个随机变量，没有办法预测未来股价是多少。Kendall 用一个抛硬币的试验说明股票价格变化的随机性。

设想投资者做一个抛硬币游戏，游戏开始押 100 元钱，相当于投资 100 元。游戏可以分几个阶段进行（每个阶段相当于一个股票投资期，如 1 周），每个阶段开始抛一次硬币，如果结果为正面，财富增长 3%，如果结果为反面，财富降低 2.5%。在每个阶段结束后，可以选择继续试验或者离开。以两阶段试验为例，试验的可能结果如图 9-1 所示。经过两个阶段试验后，股票价格可以按照四个路径中的任何一个演变。例如，开始为 100 元，第一个阶段末为 103 元，第二个阶段末为 106.9 元。再如，开始为 100 元，第一个阶段末为 103 元，第二个阶段末为 104.3 元。究竟按照哪个路径演变，完全取决于试验的结果，而不能事前判断。按照上述方法，当试验次数变大

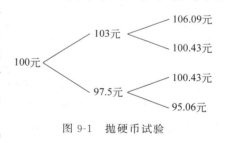

图 9-1　抛硬币试验

---

①　KENDALL M G.The analysis of economic time series：Part Ⅰ.Prices［J］.Journal of the Royal Statistical Society，1953，96：11-25.

时,完全可以以假乱真地模仿任何一只股票价格或者股票价格指数的变化。

将每一次试验看成一个投资期,股票价格变化随机,不可预测,对应于在每一个投资期之前,无法对下一个投资期的投资收益作出准确判断。随机意味着无法根据历史信息,决定变量未来的变化。更狭隘一些,将上一期股票投资收益率作为历史,那么未来一期的投资收益率与上一期投资收益率没有规律性的联系。将 $t-1$ 期投资收益率与 $t$ 期收益率分别作为横坐标和纵坐标取值,利用股票投资收益率作散点图,如图 9-2 所示。观察图中结果,很难发现未来收益率与上一期收益率之间的任何规律性变化。

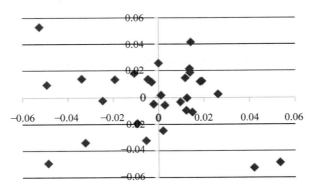

图 9-2　指数收益率相关性

资料来源：RESSET 数据库截至 2020 年 6 月 1 日 30 周上证指数收益率。

## （二）随机波动原因

根据公司股票定价原理,股票价值是股东所获得未来股息和资本利得现金流的折现。按照公司整体估值法,公司权益价值等于公司自由现金流的折现。不论应用哪一个估值公式,都可以得出同样的结论,股票价值存在分子和分母两类影响因素。分子因素为公司盈利性,分母因素为投资者期望的收益率。无论哪一种因素,都不是现在,而是根据现有信息对未来的预期。

首先,关于公司营利性。股票估值假设公司永续经营,因此不仅未来最近一期盈利对股票价值形成影响,直到看不见的未来时期的盈利也对其形成影响。影响程度的大小按照从近到远排列,近期盈利影响大,远期盈利影响小,但无论哪一个时期的盈利都会形成影响。如果说近期公司盈利还可能进行一定的预测,远期盈利几乎不可预测。尽管远期盈利会对股票价格形成影响,但影响的程度和方向如何判断呢？即使近期盈利可预测,预测的准确性也令人质疑。公司盈利的影响因素很多,如宏观经济形势、宏观经济政策、公司自身的经营与决策、竞争对手的经营与决策。

其次,关于折现率。折现率是投资者要求的收益率,投资者对于收益率的要求,根据资产定价理论,取决于市场无风险收益率和风险溢价。无风险收益率受到市场状况和政府政策的影响,未来会发生波动。风险溢价受评估的市场风险溢价和风险大小影响,风险溢价的这两个构成部分在准确预测上都存在较大难度。按照定价模型,市场收益率应该包括所有投资品的收益率,但实际上所有投资品的收益率很难获得。定价模型认为,只有系统风险与收益相关,如果投资者不能做到投资组合充分分散,特殊风险很难说不相关。

而相关的特殊风险是多少,需要根据具体情况而具体评估,影响因素更复杂。

再次,股票市场价格不仅取决于某一个投资者自身的预期,也取决于其他投资者的预期,取决于投资者对于其他投资者预期的预期。股票市场上投资者之间的关系是博弈关系,博弈的结果取决于每一个人对公司状况和市场状况的估计和对其他投资者估计的判断。每一个投资者自身对于相关信息未必评估得准确,更不用说判断其他人的预期。每一个投资者为了获得更大效用,总会在可能的条件下设法获取更多信息,对所获得的信息做出反应。而每一个人的反应都可能引起其他人的反应。

最后,投资者的逐利性会消除可能出现的规律。如果投资者发现每年12月的股价都会下降,转年1月的股价会上升。那么可以设想,该投资者可以在每年12月买入股票,转年1月卖出。这种明显的赚钱机会可能在市场上长久存在吗?资本市场的一个基本规律是市场自身总会设法消除各种套利机会,如套利定价理论(APT)就是利用了无套利条件。投资者的行为创造了规律,投资者的行为又会消除自身创造的规律。

## 二、股票价格随机游走模型

### (一)零漂移随机游走模型

金融学家使用随机游走模型描述股票价格的随机游走现象。最早将统计学引入金融学的研究可以追溯到 Louis Bachelier。Bachelier 是法国的数学家。1900 年,Bachelier 在博士论文中,使用布朗运动描述股票价格,从而评估期权价值。

如果股票价格随机游走,也就是利用上期信息无法预测本期股票价格,那么本期股票价格可以表示为上期价格,加上一个随机变量,如下式所示:

$$P_t = P_{t-1} + \varepsilon_t$$

式中,$P_t$ 为本期股票价格(或者股票价格的自然对数);$P_{t-1}$ 为上期股票价格(或者股票价格的自然对数);$\varepsilon_t$ 为本期的随机变量。不同时期的随机变量 $\varepsilon_t$ 之间相互独立,均值为 0。这个模型称为零漂移的随机游走模型,表示当期的股票价格是在上期价格的基础上随机变动。股票价格差全部包含在随机项中,本期股票价格的期望值就是上一期的股票价格。

上述公式也可以改写成收益率的形式,即

$$r_t = r_{t-1} + \varepsilon_t$$

式中,$r_t$ 为本期股票投资收益率;$r_{t-1}$ 为上期股票投资收益率;$\varepsilon_t$ 为本期的随机变量。利用期望值形式,可以表示为

$$E(r_t) = r_{t-1}$$
$$r_t = E(r_t) + \varepsilon_t$$

公式表明,本期股票投资的收益率由两项构成,分别为本期期望收益率和随机变动。公式中使用了上期收益率作为本期收益率的预期。如果考虑将本期期望收益率表示为本期随市场变化的结果,即为市场模型:

$$r_t = \alpha + \beta r_m + \varepsilon_t$$

式中,$r_m$ 为市场收益率。

### (二)有漂移随机游走模型

从短期来看,股票价格表现出毫无规律的变化。但从长期来看,公司所创造每股盈利

的增长，自然会导致股票价格的不断提高。为了描述股票价格的长期变动趋势，可以应用如下的有漂移随机游走模型：

$$P_t = a + P_{t-1} + \varepsilon_t$$

式中，$a$ 为常数，表示每一期的漂移系数。本章中所使用的抛硬币试验，得出的股票价格变化就是一个有漂移随机游走的结果。有漂移随机游走模型更适合描述多期股票价格变化的结果。

Black 和 Scholes[①] 在进行期权定价时，将股票价格描述为如下的随机过程：

$$\frac{\mathrm{d}P}{P} = \mu \mathrm{d}t + \sigma \mathrm{d}z$$

式中，$\mathrm{d}P$ 为任何一个时间段股票价格的变化；$\mu$ 为瞬时期望收益率（也就是股票价格的漂移），也可以理解为单位时间内的漂移；$\sigma$ 为瞬时股票收益率的标准差，即单位时间内的标准差；$\mathrm{d}t$ 为一个小的投资期；$\mathrm{d}z$ 表示一个维纳过程（wiener process），即布朗运动过程，简称为布朗运动。单位时间内的漂移，乘以时间长度，$\mu \mathrm{d}t$ 表示在所指投资期内的漂移幅度。$\sigma \mathrm{d}z$ 表示在投资期内由于随机因素而引起的股价突变。

简单来说，维纳过程具有如下特点：①维纳过程是一个马尔科夫过程，该过程未来的变化不依赖于现在的演变；②维纳过程具有独立增量，在任一时期内变化的概率分布独立于其在任何其他时期内变化的概率分布；③在任何有限时期的变化服从正态分布，方差随时间区间的长度呈线性增加。

将具有维纳过程的随机游走模型做变换，得到

$$P_t = \mu P_{t-1} \mathrm{d}t + P_{t-1} + \sigma P_{t-1} \mathrm{d}z$$

对比有漂移随机游走模型，$a$ 等价于上述模型的 $\mu P_{t-1} \mathrm{d}t$，即漂移量。$\varepsilon_t$ 等价于上述模型的 $\sigma P_{t-1} \mathrm{d}z$，即随机游走量。按照使用维纳过程转换的随机游走模型，未来的股票价格取决于现在已知的信息，即 $\mu P_{t-1} \mathrm{d}t + P_{t-1}$ 和未来随机变化量 $\sigma P_{t-1} \mathrm{d}z$。因为含有已知信息部分，未来股价的期望值可以预测，但是由于含有随机变量，未来股价的实现值无论如何无法根据现有信息进行预测。

# 第二节　有 效 市 场

## 一、有效市场的概念

### （一）有效市场的定义

如果股票市场按照上一节所述的随机游走模型那样变化，目前所拥有的信息都已经反映到股价中了，即 $\mu P_{t-1} \mathrm{d}t + P_{t-1}$。投资者对于随机游走部分不可预测，意味着没有能力，也没有动机预测，任何投资者都不可改变未来的股票价格，也不能通过预测未来股票价格获得任何收益。如果没有有关 $\mathrm{d}z$ 的新信息，股价会处于一个临时的均衡态，此时的股价就是一个均衡价格，也就是当时的股票价值。

---

① BLACK F, SCHOLES M. The pricing of options and corporate liabilities[J]. Journal of political economy, 1973, 81(3)：637-654.

股票价格反映了股票价值是实现资本市场功能的前提,在这样的市场条件下,资产定价才有效率,资本的配置才有效率,这样的市场称为有效市场。为了更准确地描述资本市场,以便于更好地描述有效市场的特征,经济学家们对有效市场的概念进行了更为准确的界定。Fama[1] 将有效市场(efficient capital market)定义为已有信息已经全部反映在资产价格中,未知信息对于价格的影响是未来的事情,目前无法预测,任何人对于目前已有信息进行分析,不能改变资产价格,也不能获得关于未来资产价格的有用知识。这种说法等价于未来股票价格符合随机游走模型。

Rubinstein[2] 进一步拓展了 Fama 关于有效市场的定义,认为只有投资组合达到稳定状态,市场才达到有效。现有的信息不会改变已有的投资组合,未来的信息对投资组合的改变不可预知。Fama 的定义着眼于信息对于价格的作用,Rubinstein 的定义从引起价格变化的行为出发,后者更为严格。可以设想,可能存在至少一种情况,当不同的投资者投资组合发生对冲式的变化时,股票价格可以不发生变化。例如,两个投资者分别按照同样的价格买卖。

有时市场存在一些流动性交易(出于流动性需求而引发的交易),按照 Rubinstein 的定义,发生这样的行为,市场不能界定为有效,如果不能判断流动性需求有多大,就难以判断市场有效性状态。当然,严格来说,Rubinstein 有效状态也并非完全不可测,如使用价格结合市场交易量的方法进行测量。Fama 的定义并不区分是流动性交易,还是信息交易(信息驱动交易),更符合资本市场实现功能的目标。一般来说,无论是在学术界还是在实践中,大多数关于有效市场的认识,沿用了 Fama 定义,本书使用了 Fama 关于有效市场的定义。

### (二)有效市场的假设条件

完美市场(perfect capital market)与有效市场是一对易混的概念。符合下述条件的市场,被界定为完美市场。

(1)市场无摩擦,也就是没有交易成本和税收,如股票交易佣金、印花税等。

(2)市场无交易限制,包括资产可以充分细分并且可交易,不存在限制交易的各种规定。

(3)市场完全竞争,每一个市场参与者都是价格的接受者。

(4)市场信息传递有效,即信息可以同时、无成本地传递给任何一个参与者。

(5)投资者理性,最大化个人的效用。

根据有效市场定义,完美市场必然是有效市场。在完美市场上,当前股票价格反映了当前能够获得的所有信息,投资者对于当前任何信息的分析,无法改变市场价格,也不能预期未来价格。然而,有效市场的假设要比完美市场宽松。在上述五条假设中,只要保证第三条和第五条假设,就可以存在有效市场。也就是另外三条假设不是有效市场的必要

---

① FAMA E F.Efficient capital markets: a review of theory and empirical work[J].Journal of finance,1970,25(2):383-417.

② RUBINSTEIN M.Securities market efficiency in an arrow-debreu economy[J].American economic review,1975,65(5):812-824.

条件。在各种条件中，市场竞争是有效市场最重要的假设。信息成本的高低，可以改变市场竞争的程度。

关于投资者理性是否是有效市场的必要条件，是一个值得进一步深入研究的问题。毫无疑问，如果投资者完全理性，对资产价值的评估建立在内在价值的基础上，运用现金流折现模型对资产进行定价，一旦获得关于现金流或者折现率的有关信息，投资者立即做出反应，调高或降低资产的价格，此时资产的价格反映了所有当前信息。即使投资者非理性，如果市场上的非理性投资者足够多，交易策略互不相关，基于不同评价标准做出的交易决策就可能相互抵消，从而使资产价格仍接近反映全部信息的内在价值。

### （三）市场竞争与有效市场

如果接受有效市场假设，市场价格反映了当前所有信息，任何收集并加工信息的行为，都不能从中获得好处。因此，没有人会收集并加工信息。如果放弃完美市场的第四条假设，信息不会自动传递，只有去主动收集，才会获得信息，价格就很难反映所有信息。这样，不论谁优先收集了信息，都可能获得更好的投资业绩。而不收集信息的投资者不仅仅收益低，甚至可能会亏损。是否存在收集信息的行为，决定了信息传递。

在金融市场中，信息对于价值的影响，是个相对概念。如果每个投资者都不具有优势信息，也就是不比别人知道得多，就不能确信是否会获得更好的投资业绩。如果任何一个投资者获得了优势信息，就可以比其他投资者更早一步作出关于未来价格的判断，从而作出相应的投资决策，获得超过平均水平的收益。如果每一个投资者都希望获得超过平均水平的收益，必然会通过收集信息行为，希望获得相对优势信息。这样，投资者之间为了获得超过平均水平收益的竞争，会导致收集信息行为之间的竞争，并使信息表现在资产价格变化上，从而促进了资产价格对于信息的反映。

## 二、有效市场分类

### （一）对于有效市场的进一步理解

影响资产价格的信息有很多，由于信息的产生方式和类型不同，传递的速度和广度都会有所不同。资产价格反映全部信息，是个极其强的假设，在现实世界很难实现。首先，很多信息不会自动传递。例如，关于公司盈利的信息，需要公司主动公布财务报表。即使如此，不同的人对于报表理解深度不同，所获得的信息量也不同。其次，收集并加工信息存在成本，虽然收集信息可能获得收益，但当收集信息的边际预期收益等于边际成本时，即使存在竞争，投资人也会失去进一步收集信息的动机。

资产价格反映信息，归根到底是个程度问题。按照收集、加工的难度，信息可以分为不同类型。例如，关于股票价格和交易量的信息，最容易获得，也不存在虚假信息问题，每个投资者所获得的此类信息都是公平的。而且，关于股票价格和交易量信息加工方法，相对容易掌握，如观察 K 线图和交易量，不需要任何会计专业知识，不需要关于资产定价的金融知识，不需要判断宏观经济走势的经济学知识等，就可以进行学习。越是容易收集和加工的信息，越容易反映到价格中。

所谓有效市场，指资产价格反映市场信息。所反映的信息不同，有效市场所具有的含义不同。为了更符合现实中不同信息所具有的不同特性,Fama 按照信息收集和加工的难易程度,将有效市场分为三个层次,称为有效市场的三种形式。

### (二)三种形式的有效市场

**1. 弱式有效市场**

在弱式(weak form)有效资本市场中,资产价格反映市场信息中的信息集,指历史资产价格和交易量信息。也就是当前资产价格反映了此前所有股票价格和交易量的信息。掌握了历史资产价格和交易量信息,并不能预测未来资产的价格变动。

**2. 半强式有效市场**

在半强式(semi strong form)有效市场中,资产价格反映市场信息中的信息集,指历史全部公开信息。也就是当前资产价格反映了此前全部公开信息。掌握了全部公开信息,并不能预测未来资产的价格变动。所谓公开信息,主要指历史资产价格、交易量,公司公布的财务报表,以及通过公开途径所公布的各种其他信息,如 CEO 变更、公司签订大订单等。

**3. 强式有效市场**

在强式(strong form)有效市场中,资产价格反映市场信息中的信息集,指全部信息。也就是当前资产价格反映了此前全部信息。掌握了全部历史信息,并不能预测未来资产的价格变动。所谓全部历史信息,既包括全部公开信息,也包括未公开的历史信息,如公司未公布的技术机密、开拓市场的规划等。未公开的历史信息,包括的范围非常广泛,不仅包括有关公司的信息,也可以包括有关投资人的信息,包括市场上所有影响资产价格的信息。

**4. 三种有效市场的关系**

根据三种有效市场的定义,三种有效市场表现出如图 9-3 所示的包括关系,即强式有效市场包括半强式有效市场,半强式有效市场包括弱式有效市场。只要市场强有效,必定半强有效。只要市场半强有效,必定弱有效。三种市场表现了分高低层次的等级关系。

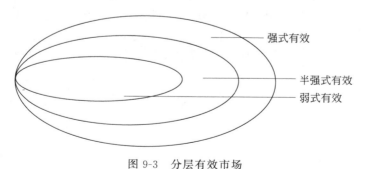

图 9-3　分层有效市场

## 三、有效市场检验

### （一）基础模型

有效市场意味着进行股票投资不能获得超常收益。超常收益是个相对概念，指相对某个基准。在第四章中，曾经定义超常收益是超过无风险收益和风险溢价之外的收益。要计算超常收益，首先需要计算无风险收益和风险溢价之和，也就是正常收益。计算正常收益常用的方法有市场模型、资本资产定价模型和三因子模型等[①]。

以市场模型为例，说明超常收益的计算。根据市场模型，证券 $i$ 的收益率为

$$r_{it} = a_i + b_i r_{mt} + \varepsilon_{it}$$

式中各种符号含义同第四章。在正常情况下，证券的期望收益为

$$E(r_{it}) = a_i + b_i E(r_{mt})$$

超常收益为

$$\varepsilon_{it} = r_{it} - E(r_{it})$$

### （二）事件超常收益

通常，做市场弱式有效性检验，主要检验证券收益之间的相关性。做半强式有效性检验，则需要对公告效果进行检验。检验公告效果，需要分别计算平均超常收益（average abnormal return，AAR）和累计平均超常收益（cumulative average abnormal return，CAAR）。

平均超常收益率的计算公式为

$$AAR_t = \frac{1}{N} \sum_{i=1}^{N} \varepsilon_{it}$$

式中，$t$ 代表时期，如计算日平均超常收益率，$t$ 代表第 $t$ 天；$N$ 代表发生相同事件的公司数。

累计平均超常收益率为

$$CAAR_T = \sum_{t=1}^{T} AAR_t$$

在计算平均超常收益率和累计平均超常收益率时，需要确定计算时间段，称为事件窗（event window）。事件窗的长短是一个权衡问题。事件窗过长，会引入很多事件以外的干扰因素。事件窗过短，事件前后的变化情况反映不充分。在过去关于市场有效性检验中，事件窗一般取为事件前后的 10 天左右[②]。

定义事件日的 $t$ 值为 0，事件前的 $t$ 值为负，事件后的 $t$ 值为正。有效市场的表现应该为

$$CAAR_{-T} = \sum_{t=-T}^{-1} AAR_t = 0$$

$$CAAR_{+T} = \sum_{t=1}^{T} AAR_t = 0$$

也就是，扣除事件日之外，事件窗内的累计平均超常收益率应该等于 0，表明在事件

---

① 由于定价模型的假设与有效市场的假设有重合，使用资本资产定价模型，有循环验证的嫌疑。

② 不同的研究可能有不同的要求，事件窗取多长时间，需要根据具体情况而定，没有统一标准。

公告时,市场瞬时发生反应,反应完全,投资者不能利用该事件公告获利。如图9-4所示,如果市场有效,在公司发布公告后,股票价格会立即完全地做出反应,因此股票价格如实线形状。如果股票价格在公告后,不论出现虚线形状,还是出现点画线形状,都是无效性的表现,表明市场价格对信息反应不足或者过度。反应不足或者过度,在一定时间内计算的CAAR就不等于0。

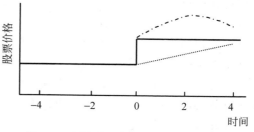

图9-4　市场对于信息反应的不同形式

如果以 $T=2$ 为窗口期计算,无论按照虚线还是按照点画线的形状变化,结果基本上都是CARR大于0,即

$$\text{CAAR}_{+2} = \sum_{t=1}^{2} \text{AAR}_t > 0$$

## 四、市场有效性的作用

### (一)有效市场的经济意义

在市场有效状态下,市场时时刻刻处于均衡状态,市场的价格是均衡价格。在这种状态下,市场价格反映了价值。这样,资本市场达到了发现价值和配置资源的功能。相反,如果市场非有效,则市场既不能发现价值也不能赖以配置资源,市场经济中看不见的手(invisible hands)不能有效地发挥作用。所以,有效市场是市场配置资源的基础。

金融市场的根本目的是实现交易,促进社会分工,从而提升社会福利水平。在有效市场中,由于价格反映价值,参与交易的各方均不能通过交易本身获利,这样就实现了公平交易,从而能够促进交易的达成。如果金融市场非有效,交易者仅仅从金融交易本身就能获利,那么担心亏损的一方交易的积极性会下降,会阻碍交易的顺利进行。同时,金融交易本身不创造价值,如果发生交易获利,那么实际上就发生了财富转移,容易产生社会不公平。

### (二)有效市场与投资决策

对市场有效性进行分析应是进行投资决策的基础。进行投资,每一个投资者都期望获得超过平均水平的收益,也就是获得超常收益。要获得超常收益,就需要市场可预测性、市场波动性、市场过度反应与反应不足等市场现象,而这些现象的出现与市场有效性密切相关。例如,有效市场理论认为,市场具有不可预测性,也不存在反应过度和反应不足,这样就消除了通过此类机会获取收益的可能性。

针对这一目标,市场上出现了很多分析方法,如技术面分析和基本面分析,出现了很多投资策略,如积极投资策略和消极投资策略。深刻理解市场有效性,对于这些方法和策略的选择,具有重要影响。

在弱式有效市场条件下,当前资产价格已经反映了全部历史价格和交易量信息,依据这些信息不能预测资产价格的未来变化。按照这样的逻辑,以历史走势为依据的技术面分析都是无效的,进行技术面分析并不能给投资者带来超常收益。在半强式有效市场中,当前资产价格已经反映了全部公开信息，依据这些信息不能预测资产价格的未来变化。按照这样的逻辑，以公开信息为依据的基本面分析也是无效的，进行基本面分析并不能给投资者带来超常收益。在强式有效市场中，当前资产价格已经反映了一切信息，依据这些信息不能预测资产价格的未来变化。按照这样的逻辑，任何分析都是无效的，进行任何分析都不能给投资者带来超常收益。

投资者根据对市场有效性的判断，可以选择积极投资战略或消极投资战略。如果市场非有效，或者有效性程度低，在市场上容易挖掘被错误定价的资产，通过积极地进行投资品种和投资时机的选择与调整，可以期望获得超常收益。如果市场有效性程度高，应用积极型投资策略，在成本和收益配比上不合适，消极投资策略更合适。比较典型的消极投资策略是模仿指数策略，投资决策过程简单，成本低，能够较为准确地判断期望投资收益率和风险。

有可能出现一个错觉，认为如果市场有效，机构投资者存在的必要性降低，如投资基金没有存在的必要性了。市场无效不是组合投资存在的唯一理由。即使市场有效，仍然存在应用组合原理降低特殊风险的必要性。由于规模效应，投资基金相对个人投资者更容易进行投资的多样化。另外，投资机构还可以在分散特殊风险的前提下，通过收益和风险的匹配，实现特殊目的的投资，如成长型投资、收益型投资等。

# 第三节　行为金融学

## 一、行为金融学的产生

### （一）市场异常现象

各国学者对市场有效性进行了大量的检验，发现各国市场大致在弱式有效和半强式有效之间。即使如此，市场上仍存在一些使用有效市场理论难以解释的现象。

#### 1. 1 月效应

小公司效应指投资于小公司股票相对于大公司股票收益更高。这一效应的研究始于Banz。Banz 将市场上的股票，按照公司规模（权益总市值）划分为 10 个投资组合，发现规模最小的投资组合相对于规模最大的投资组合，收益率高出 8.59%。[①] 当然，可以认为小公司股票收益率高，是因为小公司风险高，高收益是高风险的补偿。但后续研究表明，小公司效应主要发生在 1 月[②]。在每年 1 月，小公司股票价格会出现较大幅度上涨。实际上，大部分股票价格都有一定程度上涨，只是小公司股票上涨更多。所以，这种效应也称为 1 月效应。

按照有效市场理论，1 月效应很难解释。一种解释是税收原因。有些亏损的投资者为了能够降低当年税负，会将浮亏变为实亏，通过亏损额抵税，从而降低总纳税额。确实，

---

[①]　BANZ R. The relationship between return and market value of common stocks[J]. Journal of financial economics, 1981, 9(1): 3-18.

[②]　KEIM D B. Size related anomalies and stock return seasonality: further empirical evidence[J]. Journal of financial economics, 1983, 12(1): 13-32.

一些研究发现了 12 月股票价格通常下降。按照有效市场理论,如果投资者发现这样的现象,会通过套利行为,消除这种效应。我国内地市场也经常存在年初效应,每年的 12 月股票价格通常较低,到了转年 1 月,开始逐渐上涨。

### 2. 账市比效应

账市比,指公司权益的账面价值除以市场价值。Fama 和 French 发现[①],高账市比股票比低账市比股票收益率高。这一现象独立于系统风险 $\beta$ 而存在。Fama 和 French 将这一现象称为账市比效应。账市比和 $\beta$ 同时放在检验模型中,会发现账市比的解释力更强,$\beta$ 甚至会失去解释力。结果违背了资本资产定价模型原理,违背了投资者理性原则,形成了对有效市场理论的挑战。

与账市比相仿的现象,是市盈率现象。Basu 的研究表明[②],低市盈率的公司相对于高市盈率的公司,股票投资收益率更高。一般来说,市盈率低,账市比会比较高。Basu 将这一现象称为市盈率效应。

### 3. 公告的持续效应

在有效市场上,当公司公布有关公告时,股票价格应该发生瞬时反应,而在公告前后股票价格的变化应该与公告无关。Foster 等人研究了公司盈余公告的市场反应,以公告日前后各 50 天作为窗口期,发现在整个窗口期内,基本上每天都存在超常收益。在事件日之后的窗口期,股票价格反应延续事件日之前的反应,也就是股票价格存在着持续性的反应。根据这样的规律,投资者总是能够等到盈余公告日,获得确定性信息之后,作出股票投资决策,从而能够获得超常收益,显然与有效市场理论相悖。

动量效应(momentum effect)与持续效应类似。Jegadeesh 和 Titman[③] 的研究表明,股票投资的收益率有延续以前运动方向的趋势,即过去一段时间收益率较高的股票在未来仍很可能获得较高的收益率,也就是股票价格存在惯性。动量效应与反转效应(reversal effect)相伴随,有动量,必然有反转。当股票价格提高到一定程度时,会出现反转。反转后,可能形成新的向下趋势。基于股票动量效应和反转效应,投资者可以通过买入过去收益率高的股票、卖出过去收益率低的股票获利。

## (二)对有效市场假设的修正

基于有效市场理论,很难对金融市场中的各种异常现象做出一致性的解释。越来越多的经济学家认为,有效市场理论忽略了人们在复杂决策中非理性的事实。有效市场理论在如下三个方面存在和现实市场的差异,导致对某些问题缺乏解释力。

### 1. 投资者信息加工能力

理性投资者假设认为,每一个投资者都具备完美的信息加工能力。投资者每天面临着各种关于资产价格的信息,包括宏观经济形势信息、公司经营信息、股票价格和交易量

---

① FAMA E F,FRENCH K R.The cross section of expected stock return[J].Journal of finance,1992,47:427-465.

② BASU S.The investment performance of common stocks in relation to their price-earnings ratios:a test of the efficient market hypothesis[J].Journal of finance,1977,32:663-682.

③ JEGADEESH N,TITMAN S.Returns to buying winners and selling losers:implication for stock market efficiency[J].Journal of finance,1993,48:65-91.

信息等,获得信息后,推测关于各种资产未来收益率的联合概率分布,并据此作出投资决策。事实上,成本效益原则可能导致对信息加工的深度不够。对信息加工程度越深,需要投入成本越高,很有可能由信息加工带来的收益不能弥补成本损失。即使愿意加工,面对海量的信息,哪些信息相关,哪些不相关,每一条信息对于投资的真实影响是什么,也未必很清楚。更有甚者,当市场上大部分投资者使用了相同的分析方法,得出了错误的结论时,很容易使股票价格系统性偏离内在价值。

**2. 投资者决策能力**

投资行为基于所掌握的信息,以及判断信息对效用带来的影响。即使投资者对于信息具有完美的加工能力,如果对于效用函数判断不准确,也会带来行为的偏差。投资结果给投资者带来的影响表现为多维性,既有经济收益,也有各种风险,投资者效用函数表现为不同投资者对于收益和风险的不同权衡。很难想象投资者使用简单的单位风险收益,来评价投资效用。即使可以,使用什么样的风险测度也不易确定。既有可能投资者对自身的效用函数模糊,决策具有随意性。同时,也有可能效用函数受到某些因素影响发生了变化,导致投资者前后决策标准不一致,也很有可能由于投资者相互影响,使得决策标准发生系统性偏差,市场价格偏离内在价值。

**3. 套利限制**

无套利条件在金融学中的地位非常重要。例如,套利定价理论基于无套利条件,有效市场假说也基于无套利条件。如果市场上出现了投资者信息加工和决策能力不完美,只要不是市场上的系统性偏差,那么都能通过无套利条件得以矫正,也就是单纯依赖上述两条假设,并不能得出市场无效的结论。在一个无套利市场,不会存在任何套利机会。但是,如果对套利行为进行约束,即使存在套利机会,也未必能够通过套利行为而消除,因此会出现市场对资产系统性的定价偏差。套利限制可能来自制度规定,也可能来自非制度规定。例如,当投资者缺乏必要的投资资本时,即使发现套利机会,也不能充分利用套利机会获利。

## 二、行为金融学的主要观点

对市场假设的三个方面修正,产生了行为金融学的主要观点。

### （一）信息收集与加工

**1. 预测错误**

预测错误(forecasting errors),指使用不正确预测方法而导致对未来预测出现系统性偏差。人们容易偏向于短期记忆,忽略久远经验的影响,即存在记忆偏差(memory bias)。当面临不确定环境时,投资者对近期的经验给予过多权重,导致预测结果容易出现极端[1]。例如,一个公司近期盈利有较大提高,投资者容易按照近期盈利走势做趋势外推,导致对未来的盈利做出过于乐观的估计,对公司股票购买的动力加大,提高股票价格。当股价提高到一定程度后,投资者可能忽然发现,盈利远没有预测的那么高,股票价格提高的速度大幅度超过了盈利增长的速度,股价会下降或者提高的速度减慢。由此,可以解释为什么高市盈率的股票投资收益率低。

---

① KAHNEMAN D,TVERSKY A.On the psychology of prediction[J].Psychology review,1973,80:237-251.

### 2. 过度自信

过度自信(overconfidence),指投资者容易高估个人能力,过度评估所作出的预测。例如,当人们自认为对成功完成某项任务有90%的把握时,很可能成功的概率只有70%,甚至更低。在金融交易中,这种心理特征表现得尤为突出,投资者在投资之前总会认为自己对于股价趋势判断准确,预期能够获得较高收益,结果很可能发生亏损。投资者的交易过度频繁,换手率高,很可能就是过度自信的一种表现。赌徒经常在一次赌输之后,认为运气没有那么差,再赌一次结果很有可能逆转,结果越陷越深。

### 3. 保守主义

保守主义(conservatism),指投资者对于市场变化的反应过于迟钝,总是使用过去的经验对将要发生的事情进行判断。尤其是当投资者发生较大亏损之后,往往出于对投资失败的担心,产生对未来判断的失误。例如,当股市大幅度下跌后,投资者经常产生对于继续下跌的担忧。当市场刚刚出现反转时,往往仍然被投资者误认为是下跌中的短暂反弹。当市场上升到较大幅度后,才逐渐相信市场可能出现了反转。在这个过程中,市场就会出现一个逐步上升的动量。

### 4. 代表性偏差

代表性偏差(representativeness bias),指投资者经常使用小样本结论推测一般规律,并按照这样的规律进行投资,当发现错误时,又会迅速进行纠正。代表性偏差导致投资者对客观规律研究得不透彻,过分相信简单分析得出的结论。市场中很容易出现好消息公告时股价迅速上涨,不久后,发现开始得出的结论过于草率,结果市场又开始反转。市场中经常出现的短期趋势,很可能存在代表性偏差影响的结果。

## (二) 投资决策

### 1. 心理账户

心理账户(mental account),指投资者在心理上同时形成多个账户,每个账户使用不同的决策标准,分别计算。例如人们经常将通过不同途径所赚的钱分开,对于耗费大所赚的钱更珍惜,对于很容易赚的钱则更不在意。在股票投资盈利后,使用盈利的钱投资会更激进。在投资中,投资者也经常将股票实现的盈利(实盈)和账面的盈利(浮盈)区别开,将实现的亏损(实亏)和账面的亏损(浮亏)区别开。实现的盈利或者亏损感受更强烈,而账面的盈利和亏损感受不够强烈。因此,更容易卖出盈利股票,保留亏损股票,使得在心理账户中感受的效用更高。当投资几只股票时,有的股票盈利,有的股票亏损,尽管总体上账户金额波动不大,投资者仍然会对损失的股票耿耿于怀。

### 2. 后悔规避

后悔规避(regret avoidance),指投资者经常以后悔值最小为标准进行决策。而后悔值的高低,取决于比较结果。当投资者进行了一项决策,此项决策与众不同,决策的结果较差,投资者的后悔值会相对高。如果投资者进行了一项决策,此项决策与周围多数人的决策相同,即使出现了较差的结果,但是与周围人相比,并没有表现更差,投资者的后悔值就会相对较低。例如,投资者购买了蓝筹股,之所以称为蓝筹,是因为市场普遍认为该股票稳健,相对于购买了市场冷门的小公司股票,两者均发生同等亏损时,蓝筹股的后悔值低,冷门小公司股票的后悔值高。后悔规避能够较好地解释小公司和账市比现象。大多数小公司股票对于市场来说比较陌生,低账市比的公司也不是市场热捧的对象,如果购买了这样的股票，一旦发生亏损，后悔值较高，因此投资者会规避这些近期亏损的股票。正因如此，可能造成市场过度低估，反而带来了投资机会。

### 3. 前景理论

前景理论（prospect theory），指人们根据心理的参照点判断前景的优劣。行为结果相对于参照点进行比较，会出现盈利和亏损。例如，以投资本金为参照点，股价上涨为盈利，下降为亏损。当然，参照点也可以确定为期望价格。参照点不确定，投资者对效用的评估也会表现出不确定性。在评估出得失后，人们对于得失的心理感受不对称。在收益区域表现出风险规避，在损失区域内表现出风险追求（即效用函数在收益区域为凹，在损失区域为凸）。当所投资的股票上涨后，投资者会认为股价容易高估，产生较高风险。为规避风险，容易卖出盈利股票。当股票价格下降，投资者会认为存在上涨机会。由于风险追求，即使上涨概率较小，持有下降后的股票效用也比较高，因此容易持有下降后的股票。一旦在长期亏损后转为盈利，投资者很容易在刚刚转为盈利时卖出股票。

### 4. 框架效应

框架效应（framing effect），指人们对客观上相同的现象的不同描述，产生不同反应，因此导致不同的决策判断。对现象的表述可以强调有益，也可以强调有害。尽管有益和有害是同一现象的不同侧面，但强调的方面不同，由于框架效应，也会导致对现象的不同判断结果。例如，对于同样的生意，如果表述为"有笔生意盈利的概率是 80%"，相对于"有笔生意亏损的概率是 20%"，前者会更容易被接受。前者表述容易产生盈利的"框架效应"，后者表述容易产生亏损的"框架效应"。在投资中，投资者对于资产判断的方式不同，会产生不同的"框架效应"。如果使用日收益率判断一只股票收益情况，可能得出波动率较大的结论。但使用周收益率或者月收益率，结论可能是处于稳定上涨趋势中。使用两个不同计算周期，产生了两个不同的"框架效应"，会导致投资者做出不同决策。

## （三）套利限制

### 1. 模型风险

模型风险，指在评估资产价值时，可能在模型应用中出现错误，导致评估错误。如果对资产价值评估错误，即使市场是正确的，投资者也会被错误的模型诱导，认为市场上出现了错误定价。在这种情况下，表面上被认为的错误定价，未必是真实的错误定价。如果投资者对于评估模型没有确切把握，即使认为存在套利机会，也由于认为套利机会不稳健，而放弃套利。

### 2. 基本面风险

基本面风险，指投资者在购买被评估错误定价的资产后，投资业绩在一段时期内表现差，由此可能阻碍对于套利机会的利用。很多机构投资者，需要定期接受业绩考核，考核的结果影响投资经理的个人收入甚至工作岗位。例如，每年末大多数机构投资者都需要公布业绩，如果在年末前出现错误定价机会，但是市场很难在公布业绩之前消除错误定价，那么这样的套利机会对于投资经理来说未必是好事。市场上经常出现的"1 月效应"，大概和这种套利风险也有关系。

### 3. 执行成本

任何套利都存在执行成本。不论市场价格低估还是高估，如果利用套利机会，均需要对冲交易。例如，当认识到市场被高估时，可以利用卖空进行套利，当市场价格恢复正常时平掉空仓。卖空行为可能导致市场价格下降,平掉空仓需要购回卖空的资产,很可能引起资产价格上涨。这样一降一涨会大幅度降低套利空间。如果套利空间本来就小,就没有必要利用了。所以,当市场存在小量级的趋势规律时,可能并不能通过套利而消除。

## 三、行为金融学与投资决策

### (一)行为金融学对投资的指导意义

行为金融学也受到了批判。大量的行为金融学文献强调对市场现象的解释,而对如何利用行为金融理论指导实践则存在不足。虽然可以解释某些市场异常现象,但是如果结论具有不一致性,对于投资实践缺乏指导意义。行为金融学甚至对同类现象使用不同的解释①。例如,有些学者认为,长期趋势是过度反应造成的,有些学者认为是反应不足造成的。而且,基于行为金融学对投资机会的发现和利用,并不比基于标准金融学(standard finance)进行错误定价分析容易,甚至更难。甚至由于市场的博弈性,基于行为金融学的投资策略具有不可重复性和不可复制性。不可重复指未来不能重复应用,不可复制指不能被其他投资者复制。所以,基于行为金融学的投资决策,很可能具有很强的艺术性。

不论如何,行为金融学对于指导实践仍然存在重要的意义。在实践中,无论机构投资者还是个体投资者,都存在认知和心理偏差。心理学研究证实,人类的心理决策程序是在漫长的人类演化过程中逐渐形成的,不会轻易产生明显改变,具有较大程度的顽固性。当某种决策习惯在市场上形成较高一致性时,容易产生基于行为金融学的投资机会。行为金融投资策略,就是利用投资者在实际投资时,源于心理决策过程中所犯的系统性认知和心理偏差所造成的股票市场中风险和收益的错配,而制定的投资策略。

### (二)投资策略

基于行为金融学的投资策略,实际上就是发现市场套利空间,利用大多数人的投资心理,做出相应的投资决策。基于行为金融学制定投资策略,需要注意两方面问题。

首先,任何成功的投资,都需要结合标准金融学和行为金融学基础。投资者行为偏离依据标准金融学的判断,不可能长期而且持续。任何资产价格在长期都会表现为向内在价值靠近,市场总是从不均衡向均衡发展,完全脱离内在价值的投资,会导致投资风险偏高。

其次,基于行为金融学的投资策略,是利用大多数投资者的心理和决策习惯,与基于标准金融学的原理不一致的行为准则。依据标准金融学有效市场理论,市场出现套利机会很快会被消除。而行为金融学认为,如果市场出现低估,很可能会继续低估,到达一定程度才会反转。依据行为金融学进行投资,需要把握市场火候,充分利用市场的起起伏伏。例如,当市场出现上涨趋势时,可能追涨,当市场出现下跌时可能杀跌,而不是买低卖高。

# 习　　题

1. 因为长期内,大多数股票价格会逐渐提高。随机游走是否仅指日价格随机游走,而长期内不会出现随机游走?

---

①　FAMA E F.Market efficiency,lont-term returns,and behavioral finance[J].Journal of financial economics,1998,49:283-306.

2. 当市场有效时,股票价格是否一定会出现随机游走?

3. 如果股票价格符合零漂移随机游走模型,股票投资可以赚钱吗? 试比较期望收益和实现收益可能产生的差别。

4. 股票价格出现随机游走的原因是什么?

5. 根据有漂移随机游走模型,是否可以判断出在一定时期内的投资收益率数值?

6. 市场有效的根本原因是什么? 为什么?

7. 如果股票价格出现剧烈波动,是否可以证明市场无效?

8. 如果市场有效,说明通过任何金融分析,都不能获得超常收益,随意投资也不会出现错误,因此可以判断金融分析对于投资没有什么作用。你是否认同这个观点,原因是什么?

9. 对于那些希望在投资收益上战胜市场的投资者,有效市场意味着什么?

10. 如果经常有些投资者获得了超常收益,并且他们的故事经常出现在财经报刊上,是否说明市场无效?

11. 你如何理解有效市场分层?

12. 不同的有效市场层次,对于投资决策意味着什么?

13. 比较有效市场和完美市场的假设条件。

14. 如何应用行为金融学解释如下市场现象:

(1) 1月效应;(2) 账市比效应;(3) 公告反应持续效应。

15. 应用行为金融学解释某些市场现象,是否存在不一致现象,如果有,你认为原因可能是什么?

16. 基于行为金融学的投资策略和基于标准金融学的投资策略有什么相同和不同?

17. 给定如下资料:$\mu=5\%$,$\sigma=10\%$。其中瞬时收益率和标准差均以年为单位。试利用有漂移随机游走模型,模拟在一定时期内的股票价格。

18. 根据下列数据计算该股票的$CAAR_{+2}$、$CAAR_{+4}$。表 9-1 中,$r$ 为某股票投资的日收益率,$r_m$ 为市场组合在对应日期的日收益率。股票的 $\beta$ 系数为 1.1,无风险收益率为 $5\%$(以年为单位)。如果在第 0 个交易日为某事件发生日,该股票反应符合有效市场假说吗?

表 9-1　习题 18 表

| 交易日 | -1 | 0 | 1 | 2 | 3 | 4 |
|---|---|---|---|---|---|---|
| 股票收益率 $r$ | 0.003 | 0.015 | 0.002 | 0.002 | 0.002 | 0.002 |
| 市场收益率 $r_m$ | 0.002 | 0.001 | -0.005 | 0.001 5 | 0.001 | 0.003 |

# 即 测 即 练

# 第十章

# 期货投资分析

期货是一种广泛交易的衍生金融工具。期货基于基础金融工具而构成,同时又具有不同于基础金融工具的特点。不仅期货投资本身能够获利,而且期货还可以作为风险管理的一种工具。

## 第一节　期货概述

### 一、期货合约

#### （一）期货的概念

期货,是一个买卖合约,准确应称为期货合约。期,指所约定的未来某个时日,或者某一段时间。顾名思义,期货合约是一个未来(远期)的货物交换合约。本章中的货物指金融品,如债券和股票。以债券期货为例,未来要交易的货物为某债券。在这样的合约中,参与交易的双方事前约定形成交易的所有要素,包括日期、价格和数量。例如,现在是年初,双方可以约定于本年 11 月 19 日,由甲方卖给乙方价值 100 万元的国债,交易价格为面值。

现在约定未来进行交易,在金融市场中常见的一种金融产品为远期。远期指买卖双方所达成的,按照现在约定的价格,在未来某一天进行约定数量标的资产(underlying assets)交割的合约。在上一段的未来债券交易合约中,11 月 19 日为约定交易日期,债券为约定标的资产,等于面值的价格为约定的价格,100 万元为约定的交易总额。买卖双方不论哪一方,如果不按照约定进行交割,即为违约。

远期合约是买卖双方根据需求定制的合约。定制合约有优点也有缺点。优点是能够满足参与交易双方的特殊要求,缺点是流动性差。签订合约后,一旦需求发生变化,远期合约很难处理。另外,远期合约的执行依赖于交易双方的信用,有时缺乏必要的保障。随着市场对于未来交易需求的增加,交易所对远期合约进行标准化,形成了期货合约。期货合约就是标准化的远期合约。

期货合约的标准化主要表现在两个方面:首先,期货是在有组织的交易所内进行的交易,交易双方应满足交易所规定的各种交易要求,包括交易资格的要求和交易程序的要求,如参与双方需要向交易所缴纳保证金。其次,期货合约的交割日和交割数量均由交易所规定,交易双方只能接受交易所标准化的合约。参与交易的双方在达成期货合约时,仅需对于期货价格做出决策。所谓期货价格,就是达成合约时,对于所交易标的物愿意接受的未来交割价格。标准化节约了交易成本,大大提高了期货的流动性。

#### （二）金融期货的种类

金融期货指以金融资产为标的物的期货合约,常见的金融期货包括指数期货、外汇期货和利率期货。

指数期货以某种指数为标的物,通常为股票价格指数。以股票价格指数为标的物的期货,简称为股指期货。美国堪萨斯交易所(KCTB)于 1982 年 2 月 24 日,率先开展了价值线股指期货合约交易。把指数作为标的物,需要对指数进行资产化,通常是确定每点指数折合多少钱。中国金融期货交易所于 2010 年 4 月 16 日开始股指期货交易。如沪深 300 股指期货合约,规定合约标的为沪深 300 指数,每点折合 300 元人民币。可交易合约包括当月、下月和随后两个季月,合约最后交易日为到期月份的第三个周五(放假顺延)。季月分别为 3 月、6 月、9 月、12 月。如果现在是 2020 年 11 月 17 日,可交易期货包括当月期货、12 月份期货、3 月份期货和 6 月份期货。

外汇期货合约以外汇为标的物,如使用人民币买卖美元、英镑等。外汇期货交易始于 1972 年 5 月 16 日,在美国芝加哥商品交易所(Chicago Mercantile Exchange,CME)国际货币市场率先开办,至今为止该市场仍然是世界上最大的外汇期货交易所。芝加哥商品交易所交易的外汇期货合约到期月分别为 3 月、6 月、9 月、12 月,交割日为到期月份的第三个星期三,最后交易日为交割日前的第二个交易日。

利率期货合约以利率作为标的物。利率期货中的利率是一个代名词,实际标的物是实现利率的载体,主要指国债。因为国债价格的变化与利率变化具有一一对应关系,所以按照不同的价格交易国债,就等同于按照不同的利率进行交易。1976 年 1 月 6 日,芝加哥商品交易所国际货币市场创办了 90 天国库券(treasury bill)的期货交易。利率期货交易随后在世界范围内陆续展开。2013 年 9 月 6 日,国债期货在中国金融期货交易所开始上市交易,主要品种包括 2 年期、5 年期、10 年期最近 3 个季末月合约,最后交易日为到期月份的第二个星期五。

### （三）金融期货的功能

金融期货的功能主要表现为风险管理和价格发现,当然与任何金融工具相同,期货同样可以作为投资获利的工具。

#### 1. 风险管理

金融期货产生于 20 世纪 70 年代和 80 年代,处于金融市场动荡加剧的时期。金融期货创立的一个重要原因是风险管理。所谓风险管理,指利用期货市场,可以将未来的价格和成本在签约时固定下来,使未来价格变动结果中性化,以达到保值的目的。例如,一个中国企业 3 个月后需要 100 万美元外汇,由于未来外汇市场走势不确定,如果美元未来发生大幅度升值,会导致企业换汇负担加重。该企业可以现在购买一笔价值 100 万美元的外汇期货,如果购买时确定的价格为 6.5 元人民币,则不论未来现汇市场的价格如何变化,企业均可以按照 6.5 元的价格换取美元。

使用期货进行风险管理,是利用期货进行套期保值(hedge)。所谓套期保值,指合理构造投资组合,消除一段时间内投资组合资产价值的不确定性。在上述例子中,投资组合可以看成由一项 100 万美元的空头(指到期需要偿还)和一项期货多头构成。两项头寸的价值随着汇率的变化发生相反的变化。当美元价格提高时,空头美元发生亏损,期货多头发生盈利。当美元价格下降时,空头美元发生盈利,期货多头发生亏损。不论发生哪种情况,盈利和亏损相抵。所以,这种方法也称为对冲。

**2. 价格发现**

期货市场对于价格的发现主要源于三个方面。

第一,期货市场是在交易所发生的集中性交易,缩小了现货市场可能产生的分割,使不同的、多样的市场联为一体,促进了竞争,加大了交易量,提高了流动性,使得交易者之间信息流动快,更容易实现信息的汇集。

第二,期货市场的参与者大多为专业投资者,相对于中小个体投资者,具有更广泛的信息渠道、更强的分析能力。专业投资者是市场的常客,经常性的交易,为投资者提供了丰富的经验。专业投资者利用信息、知识和经验等优势,对未来价格变化趋势具有更强的判断能力。

第三,期货可以很容易地实现买卖双向交易获利。有些现货市场只存在单向获利可能性,只有当资产价格提高时,投资者才能获利。期货市场与此不同,投资者既可以开多仓,也可以开空仓。所谓开多仓,指买入期货,当标的物价格上涨时,期货获利。所谓开空仓,指卖出期货,当标的物下降时,期货获利。双向获利,吸引了双向交易。当投资者认为标的物价格偏高时,空仓力量加大。当投资者认为标的物价格偏低时,多仓力量加大。投资者追求经济利益的动机和行为,有利于发现真实价格。

**3. 投资获利**

期货作为一种金融产品,也可以用来进行投资获利。

第一,通过对于期货基本面、价格和交易量等信息的分析,发现期货未来的变化规律,由此可以利用期货投资,获取投资收益。例如,当发现股票价格指数过高时,就可以利用股指期货空仓,获取股指下降时带来的收益。

第二,利用期货合约获取现货价格预测,从而在现货市场上获利。期货价格与现货价格经常出现差异,现货价格减去期货价格,称为基差(basis 或者 spread)[①]。期货由于是未来交易,正常情况下期货价格高于现货价格,也就是正常情况下基差为负。集中交易形成的期货价格对现货市场交易具有强烈的导向作用,国际市场也常常以此作为现货定价基础。当基差出现非正常数值时,预示着未来的现货价格很可能会发生变化。

# 二、期货市场

期货市场指由相关制度、机构和市场参与者构成的体系。主要的机构为期货交易所,较为特殊的交易制度为期货保证金制度和盯市(mark to market)制度。

## (一)期货交易所

期货交易所,指为交易双方提供标准化期货合约买卖的场所,是期货市场运行的载体。期货交易所的义务是为期货合约的正常交易提供良好的环境,披露交易信息,维持期货交易所的公开、公平竞争,提供交易担保和履约保证。期货交易所的权利是收取会员费、交易手续费、信息服务费等作为收入。全球范围内主要的金融期货交易所,包括美国芝加哥商品交易所、欧洲期货交易所、纽约泛欧交易所、东京证券交易所等,我国内地的金融期货交易所是中国金融期货交易所(简称为中金所)。

---

① 基差的概念详见本章第二节。

期货交易所可以使用会员制或公司制组织形式。如果使用公司制形式，与一般的公司组织结构基本相同。如果使用会员制，则交易所最高权力机构为会员大会，会员大会下设各种分委会，分别管理不同事务，如会员资格委员会、仲裁委员会、交易行为委员会、交易规则委员会、业务委员会、新品种委员会、合约规范委员会、期货经纪人资格委员会和交易控制委员会等。期货交易所的会员有两种基本类型：普通会员（一般会员）和全权会员。普通会员只能在期货交易所内从事与自身生产经营业务有关的买卖活动，不能接受任何非期货交易所会员委托，不能代理非期货交易所会员在期货交易所内进行交易。全权会员既能在期货交易所内为自己从事期货交易，也能接受非会员单位委托。

大部分期货交易通过期货经纪公司进行。期货经纪公司指代理客户进行期货交易的机构，是独立的法人实体，多数为期货交易所会员。期货经纪公司的种类较多，主要包括专业期货经纪公司，也有证券经纪公司兼营期货经纪业务。

### （二）期货保证金与盯市

#### 1. 期货保证金

期货保证金（margin），指期货结算会员按照结算规则存入指定账户的一定数量的资金或缴存符合标准的一定数量的有价证券，以作为期货交易的结算和履约的保证。普通投资者在期货经纪公司缴纳保证金，期货经纪公司按照规定转存至交易所，并且可能留有一定比例，用于控制客户交易风险。保证金除以期货标的物总价值，称为保证金率。

例 10-1　如果沪深 300 指数期货的交易保证金率为 10%，交易日的指数期货结算价为 1 600 点，每点代表 300 元。那么投资者需要向期货经纪公司缴纳的保证金数额为

$$1\,600 \times 300 \times 10\% = 48\,000（元）$$

即投资者需要缴纳 4.8 万元期货交易保证金。

保证金通常分为初始保证金（initial margin）和维持保证金（maintenance margin）。初始保证金是交易所规定期货开仓时收取的最低资金，而维持保证金则是在初始保证金上打一定的折扣，低于初始保证金。在期货交易达成后，由于期货价格变化，投资者的损益汇总至保证金账户，保证金账户的资金会随着损益而发生变化。如果发生亏损，则保证金账户金额会下降。交易所为了规避客户违约风险，会要求保证金账户始终保持一定的金额，因此当保证金账户金额下降后，会要求客户追加保证金。但为了避免过度频繁提出要求，只有当保证金账户金额低到某一个水平时，才发出补交保证金通知，这个触发补交保证金通知的保证金水平，称为维持保证金。如果投资者接到通知后的下个交易日开盘前不补交，交易所有强行平仓的权利。所谓平仓，指买入已经卖出的合约，或者卖出已经买进的合约。

#### 2. 盯市

盯市，又称逐日盯市，指期货交易所对期货交易者的损益每天结算，并汇总至保证金

账户,并对保证金账户进行监控,如果发现保证金账户低于要求的最低保证金,会发出补交保证金通知。在盯市制度下,投资者与交易对手达成期货合约后,交易对手发生了变化,变成了交易所。也就是以后的损益都是与交易所进行结算。

以外汇期货为例,说明盯市的过程。例如,美国交易者在星期二早晨签订了一份星期四下午到期的购买瑞士法郎的期货合约,合约的购买价格为每瑞士法郎等于 0.75 美元,每份合约规模为 125 000 瑞士法郎,交易所规定瑞士法郎的初始保证金为 2 565 美元。如果该期货当日结算价格为 0.755 美元,那么:①交易者保证金账户中增加的$(0.755 - 0.75) \times 125\ 000 = 625$ 美元,加上初始保证金共有 3 190 美元;②约定价格为 0.75 美元的期货合约被取消;③交易者与交易所清算行之间自动建立一个新的合约,即交易者以 0.755 美元的价格购买瑞士法郎的期货合约。

到了星期三,如果星期四到期的瑞士法郎期货的结算价格跌到 0.743 美元,交易者损失$(0.755 - 0.743) \times 125\ 000 = 1\ 500$ 美元,保证金账户余额为 1 690 美元。如果交易所规定瑞士法郎期货合约的维持保证金水平为 1 900 美元,那么,目前交易者保证金账户中资金数额低于维持保证金水平,因此应补交保证金,补交数额为 875 美元,使保证金账户中资金水平达到初始保证金水平。并且,价格为 0.755 美元的期货合约将被价格为 0.743 美元的期货合约所取代。在收到追加保证金通知后,如果交易者不按要求追加保证金,其期货将会被强制平仓,即该交易者的期货合约被取消,结清交易者的损益。

到了星期四,期货到期。首先,交易者应该计算期货合约损益。如果当日瑞士法郎即期价格为 0.73 美元,交易者损失$(0.743 - 0.73) \times 125\ 000 = 1\ 625$ 美元,保证金账户中资金水平降为 940 美元,低于维持保证金水平。但因为期货已经到期,因此不需要继续追加保证金。其次,交易者按照 0.73 美元的价格买入 125 000 瑞士法郎,支付$125\ 000 \times 0.73 = 91\ 250$ 美元。

由于建立了该期货合约,交易者共损失:

初始保证金+补交保证金-最后提取保证金$= 2\ 565 + 875 - 940 = 2\ 500$(美元)

### (三)期货价格表

表 10-1 列示了中国金融期货交易所(China Financial Futures Exchange)期货报价(2020 年 7 月 20 日)。表中第 1 列为期货的合约代码,其中的 IF 代表以沪深 300 指数为合约标的物的期货,IH 和 IC 的标的物分别为上证 50 和中证 500 指数。两个字母后面的数字代表交割月份,如 IF2008 中的 20 代表 2020 年中的后两位,08 代表 2020 年 8 月。交割日通常为交割月的第三个星期五(遇节假日顺延)。第 2 列为开盘价(open),第 3 列和第 4 列分别为当前的最高价(high)和最低价(low),第 5 列为结算价格(settlement)。第 6 列为当日与前一日相比结算价之差(chang,CHG),第 7 列为收盘价(closing price)。收盘价与结算价可能不同。第 8 列为成交量(volume),单边计算,单位为手(每手为一份合约)。注意,有些交易所提供的数据中包括期货合约设立以来的最高价(lifetime high)和最低价(lifetime low)。结算价格是盯市所使用的结算价格。对于收盘价和结算价如何确定,每个交易所都有具体的规定。有些交易所规定结算价为交易当日所有交易价格,使用交易数量进行加权平均。最后 1 列为目前仍未对冲的期货合约数量(open interest)。

表 10-1　中国金融期货交易所期货报价（2020 年 7 月 20 日）

| 合约代码 | 开盘价/点 | 日最高价/点 | 日最低价/点 | 结算价/点 | 结算价变化/点 | 收盘价/点 | 成交量/手 | 未对冲合约/手 |
|---|---|---|---|---|---|---|---|---|
| IF2008 | 4 576.8 | 4 661.0 | 4 522.0 | 4 634.8 | ＋106.4 | 4 644.8 | 126 817 | 97 892 |
| IF2009 | 4 551.8 | 4 633.2 | 4 500.0 | 4 609.2 | ＋103.2 | 4 617.6 | 29 256 | 55 752 |
| IF2012 | 4 520.0 | 4 600.0 | 4 465.0 | 4 578.0 | ＋102.2 | 4 587.0 | 10 581 | 27 838 |
| IF2103 | 4 512.8 | 4 578.2 | 4 440.8 | 4 553.8 | ＋78.0 | 4 567.8 | 685 | 641 |
| 交易合约数/手（估计）：167 339，未对冲合约：182 123。 | | | | | | | | |
| IC2008 | 6 383.2 | 6 459.8 | 6 292.0 | 6 420.6 | ＋106.0 | 6 446.0 | 111 419 | 85 897 |
| IC2009 | 6 309.0 | 6 396.0 | 6 233.0 | 6 359.4 | ＋94.6 | 6 386.6 | 34 891 | 63 739 |
| IC2012 | 6 150.0 | 6 237.8 | 6 077.0 | 6 198.6 | ＋90.6 | 6 222.2 | 16 236 | 47 041 |
| IC2103 | 6 100.0 | 6 117.2 | 5 966.0 | 6 076.8 | －.31.2 | 6 105.0 | 2 540 | 2 407 |
| 交易合约数/手（估计）：165 086，未对冲合约：199 084。 | | | | | | | | |
| IH2008 | 3 218.0 | 3 294.0 | 3 185.6 | 3 275.4 | ＋93.8 | 3 277.4 | 54 361 | 39 406 |
| IH2009 | 3 215.4 | 3 286.2 | 3 176.2 | 3 268.2 | ＋95.2 | 3 270.2 | 16 596 | 26 420 |
| IH2012 | 3 200.2 | 3 277.8 | 3 165.8 | 3 260.6 | ＋92.8 | 3 267.0 | 6 682 | 14 973 |
| IH2103 | 3 188.2 | 3 271.4 | 3 158.0 | 3 252.4 | ＋84.6 | 3 255.8 | 437 | 407 |
| 交易合约数/手（估计）：78 076，未对冲合约：81 206。 | | | | | | | | |

资料来源：2020 年 7 月 20 日中国金融期货交易所（China Financial Futures Exchange），网址 http://www.cffex.com.cn/jycs/。

以 2020 年 7 月 20 日的 IF2008 期货合约报价为例。从表 10-1 可知，2020 年 7 月 20 日，星期一，合约以 4 576.8 点的价格开盘进行交易。当日的交易价格变动在 4 522.0 点（日最低价）与 4 661.0 点（日最高价）之间。当日的结算价格为 4 634.8 点，与前一个交易日（2020 年 7 月 17 日，星期五）比较，结算价格上升了 106.4 点。沪深 300 指数期货的乘数为 300 元（不同指数期货的乘数可能不同），结算价上升 106.4 点，代表每手合约盈利 106.4×300 ＝ 31 920（元）。至当日交易结束时，2020 年 7 月 20 日期货合约的未对冲合约数为 97 892 手，也就是说至当日交易结束时，2020 年 7 月 23 日期货合约的多头数合计是 97 892 手，同样空头数的合计也是 97 892 手。从成交量和未对冲合约数量看，近期合约的活跃程度高于远期合约。

# 第二节　期货定价

## 一、期货定价基础知识

### （一）期货的投资收益与风险

由于期货投资不用支付等于标的物价格的资金，而是仅仅支付保证金，因此期货的投资额为保证金，投资收益等于投资期内的期货价格变化。在不考虑交易费用的情况下，投资收益率为

$$r = \frac{F_1 - F_0}{F_0 \times M}$$

式中，$F_1$ 为投资期末期货价格；$F_0$ 为投资期初期货价格；$M$ 为保证金率。

**例 10-2** 美国交易者在星期二早晨签订了一份星期四下午到期的购买瑞士法郎的期货合约，合约的购买价格为每瑞士法郎等于 0.75 美元，每份合约规模为 125 000 瑞士法郎，交易所规定瑞士法郎的初始保证金为 2 565 美元。如果该期货当日结算价格为 0.755 美元，那么投资者的投资收益率为

$$r = \frac{F_1 - F_0}{F_0 \times M} = \frac{125\,000 \times (0.755 - 0.75)}{2\,565} = 24.37\%$$

与全额投资相比，期货投资相当于增加了杠杆，杠杆度等于保证金率的倒数。上述计算的收益率可以分解为

$$r = \frac{F_1 - F_0}{F_0 \times M} = \frac{F_1 - F_0}{F_0} \times \frac{1}{M}$$

$$= \frac{0.755 - 0.75}{0.75} \times \frac{125\,000 \times 0.75}{2\,565}$$

$$= 0.67\% \times 36.55 = 24.49\%$$

结果稍有差别为计算误差所致。公式中的 36.55 即为期货投资杠杆度。杠杆度表示利用期货，与直接投资标的物相比，收益率放大的程度。如果收益率为正，自然杠杆度越高越好。但如果收益率为负，则高杠杆反而成为负担。收益率放大明显加大了期货投资的风险，杠杆度越大，期货投资风险越大。

如果投资期中有多个交易日，因为期货每日盯市制度，导致收益率计算与股票投资不同。在期货投资收益率计算中，准确的结果应该考虑每日复利的效果。

关于期货投资风险，除了与非衍生金融资产一样的收益率波动风险之外，还包括爆仓风险。所谓爆仓，指当期货行情发生突然性的大幅度变化，投资者发生亏损，保证金账户余额下降，并且投资者来不及追加保证金，导致被交易所强行平仓。平仓后投资者账户余额等于 0，或者反而还欠交易所一笔钱。

### （二）连续复利

一般情况下利率的报价以年为单位，如利率为 4% 的 3 个月期限理财产品，表示该理财产品的年利率为 4%，在 3 个月的投资期内，投资者能够获得的收益率为 1%。如果投资者 1 年之内进行了该类产品的循环性投资，也就是 1 年内共做了 4 次同样的投资，则投资者实际上每年投资的收益率应该按照如下公式计算：

$$r = (1 + 1\%)^4 - 1 = 4.06\%$$

结果比 4% 的报价利率高出了 0.06%。资产年末价值为

$$A_1 = A_0 \times \left(1 + \frac{4\%}{4}\right)^4 = A_0 \times (1 + 4.06\%)$$

式中，$A_1$ 为资产在年末的价值；$A_0$ 为在年初的价值。

按照上述方法，如果年报价利率为 $r$，一年之内做 $n$ 次循环性投资，则年末资产价值可以表示为

$$A_1 = A_0 \times \left(1 + \frac{r}{n}\right)^n$$

当 $n$ 取足够大的数值时,上式取极限为

$$A_1 = A_0 \times \lim_{n \to \infty} \left(1 + \frac{r}{n}\right)^n = A_0 \times e^r$$

式中,$e^r$ 为指数函数;$e$ 为自然对数的底数。此式为按照连续复利方式计算的资产价值。当资产价值按照连续复利方式增长时,即使用连续复利公式计算期末资产价值。所谓连续复利,意味着资产在每一个时刻的增长,都以上一个时刻为基础,而不是以整个投资初为基础。自然界中很多植物的生长,很像复利增长模式。植物每个时刻的细胞分裂,都以上个时刻的细胞数为基础。下个时刻的细胞分裂,又以现在时刻细胞数为基础。

转换成按照连续复利方式计算现值:

$$A_0 = A_1 \times e^{-r}$$

**例 10-3**　某资产价值按照连续复利方式增长,年初价值为 10 元,报价年利率为 5%,计算资产的期末价值。

将数据代入公式,得到

$$A_1 = A_0 \times e^r = 10 \times e^{5\%} = 10.51(元)$$

同样按照复利方式增长,在半年内资产的价值将变为

$$A_1 = A_0 \times e^{0.5 \times r} = 10 \times e^{0.5 \times 5\%} = 10.25(元)$$

一般地,如果年报价利率为 $r$,在 $t$ 时期内,$t$ 以年为单位,期末资产价值为

$$A_t = A_0 \times e^{t \times r}$$

对应地,已知期末价值,期初价值为

$$A_0 = A_t \times e^{-t \times r}$$

**例 10-4**　某资产价值按照连续复利方式增长,年末价值为 11 元,报价年利率为 5%,计算如获得年末资产价值,期初投资额应为多少。

$$A_0 = A_1 \times e^{-r} = 11 \times e^{-5\%} = 10.46(元)$$

如果按照每天复利,则结果为

$$A_0 = A_1 \times \left(1 + \frac{r}{n}\right)^{-n} = 11 \times \left(1 + \frac{5\%}{365}\right)^{-365} = 10.46(元)$$

从计算结果可以看出,使用每天复利与连续复利结果已经很接近了。

期货按天盯市,按天计算损益,标的资产的价值按照天数计复利,资产的成长过程类似于连续复利过程。在期货价值计算中,通常使用连续复利。

### （三）期货无套利定价

考虑按照两个方案进行投资:方案 1 是按照无风险收益率借一笔钱,使用该笔钱购买股票。方案 2 是按照现在的期货价格买空期货。假设股票价格为 $S$,期货价格为 $F$,期货期限为 $T$,无风险收益率为 $r_f$。两个方案现在价值、期末价值,以及投资损益如表 10-2 所示。

表 10-2　期货套利收益

| 方案 | 现在组合 | 到期组合 | 投资收益 |
| :---: | :---: | :---: | :---: |
| 方案 1 | $S - C$ | $S_T - Se^{r_f T}$ | $S_T - Se^{r_f T}$ |
| 方案 2 | $F$ | $F_T$ | $F_T - F$ |

表中方案 1 的现在组合是借入现金 $C$,购买股票 $S$,不考虑交易费用,$C=S$,所以投资等于 0。方案 1 的到期组合为所购买的股票在到期日的价值 $S_T$,减去借入现金应该归还的钱。用 $S$ 替换 $C$,并考虑使用连续复利计算利息,应该归还的钱为 $Se^{r_f T}$。方案 2 的到期组合即为到期的期货 $F_T$。如果不考虑期货保证金,则两个方案目前投资额都是 0,在无套利条件下,两个方案的投资损益应该相等。

另外,按照期货合约要求,期货到期时,所交割的就是按照市场定价的标的物,期货和现货在到期日的价值应该相等,即 $F_T=S_T$。因此,在已知现货价格的条件下,期货价格为

$$F=S\times e^{r_f\times T}$$

在公式表示的现货和期货关系下,市场无套利。该条件也称为现货期货平价(spot-futures parity)公式。

**例 10-5** 某种金融期货的当前现货价格为 15 元,无风险收益率为 6%,期货的期限为 3 个月,计算期货价格。

代入公式得到

$$F=S\times e^{r_f\times T}=15\times e^{6\%\times 0.25}=15.23(元)$$

期货价格比现货价格高出 0.23 元,也就是期货价格高于标的物现货价格。注意,这个公式忽略了各种交易成本,也忽略了期货保证金投资收益与无风险资产投资收益的差。

前文已经提到期货的基差。期货的基差等于现货价格减去期货价格,上例中期货基差等于 $-0.23$ 元。期货价格高出现货价格,称为期货升水(premium)。当基差为正时,期货价格低于现货价格,称为期货贴水(discount)[①]。距离期货到期日越近,期货升水幅度越小。如果升水加大,预示着现货价格有上升趋势。期货贴水预示着现货价格有下降趋势。

如果期货价格不等于 15.23 元,就会出现套利。假设目前期货价格等于 15.5 元,在到期日现货和期货的价格均为 16 元。投资者可以建立方案 1 多头,方案 2 空头。在到期日,方案 1 收益为

$$S_T-Se^{r_f T}=16-15e^{6\%\times 0.25}=0.77$$

方案 2 的收益为

$$-(F_T-F)=-(16-15.5)=-0.5$$

因为方案 2 为空头,所以收益需要加上负号。

两个方案构成的组合的投资收益为 0.25,而投资额为 0,存在无风险套利机会。

本章所提期货定价,不是指期货合约的价值,而是指根据期货合约,未来进行现货交割时的现货价格。在均衡市场中,签约时刻,期货合约本身并没有价值。而且由于期货实施每日盯市制度,期货合约在每天重新签订,因此每天倾向于将期货合约本身的价值调整为 0。从这个角度看,期货不属于金融资产范畴。第一,期货合约自身没有价值。第二,期货合约可能给持有者带来正的现金流,也可能带来负的现金流。

---

[①] 商品期货的升水英文也可以表示为 contango,贴水可以表示为 backwardation。

## 二、不同期货定价

### （一）股指期货定价

与上一部分中无套利定价方法相比，股指期货有可能存在成份股支付股利问题。定义股利收益率为

$$q = \frac{\text{Div}}{S}$$

式中，Div 为在期货持有期间，成份股的股利总和；S 为指数金额。在计算股利综合的过程中，忽略了不同成份股支付股利的时间差。为保证与无风险收益率的计算单位相同，股利收益率为年收益率。在估计股利收益率时，仅计算在期货存续期内支付的股利。

仍然建立如表 10-2 的无套利组合，只是在期货存续期间，股票支付红利，投资组合的损益如表 10-3 所示。

表 10-3　有红利股指期货套利收益表

| 方案 | 现在组合 | 到期组合 | 投资收益 |
|---|---|---|---|
| 方案 1 | $S - C$ | $S_T - Se^{(r_f - q)T}$ | $S_T - Se^{(r_f - q)T}$ |
| 方案 2 | $F$ | $F_T$ | $F_T - F$ |

与表 10-2 有所不同，方案 1 的到期组合和投资收益发生了变化，分别为 $S_T - Se^{(r_f - q)T}$ 和 $S_T - Se^{(r_f - q)T}$，也就是到期需要归还的钱不再是 $Se^{r_f T}$，而是需要考虑红利带来的收益抵消归还数额。因为红利收益率为 $q$，红利在期货到期日的价值记为 $Se^{qT}$，需要归还的钱变为 $Se^{(r_f - q)T}$。因此，在已知现货价格的条件下，期货价格为

$$F = S \times e^{(r_f - q)T}$$

**例 10-6** 已知股票价格指数目前为 1 000 点，并且无风险收益率为 6%，股利收益率为 2%，期货期限为 3 个月，则无套利条件下期货价格为

$$F = S \times e^{(r_f - q)T} = 1\,000 \times e^{(0.06 - 0.02) \times 0.25} = 1\,010.05\,(\text{点})$$

如果期货每点代表 300 元，期货价格对应的资金额为 303 015.05（元）。

如果期货价格不等于 1 010.05 点，就会出现套利。假设目前期货价格等于 1 200 点，在到期日现货和期货的价格均为 1 100 点。投资者依然买入方案 1 资产，卖出方案 2 资产。如果期货每点代表 300 元，目前买入方案 1 资产，需要按照无风险收益率借入 30 万元（1 000×300＝300 000），购买等值股票指数组合。

在到期日，方案 1 收益为

$$S_T - Se^{(r_f - q)T} = 33 - 30e^{4\% \times 0.25} = 2.70\,(\text{万元})$$

其中 33 万元为期货到期日，现货指数 1 100 点对应的资金数额。$30e^{6\% \times 0.25}$ 为借入的 30 万元，到了期末应该归还的数额。$30e^{2\% \times 0.25}$ 为股利带来的期末资金数额。

方案 2 的收益为

$$-(F_T - F) = -(1\,100 - 1\,200) = 100\,(\text{点})$$

100 点的股指期货收益，相当于 3 万元。两个方案构成的组合的投资收益为 5.7 万元，而投资额为 0，存在无风险套利机会。

## （二）外汇期货定价

假设某种外汇的无风险收益率为 $f$，其他符号同前面一致。仍然沿用表 10-2 的无套利方式进行定价，结果如表 10-4 所示。

**表 10-4　外汇期货套利收益表**

| 方案 | 现在组合 | 到期组合 | 投资收益 |
|------|---------|---------|---------|
| 方案 1 | $S-C$ | $S_T-Se^{(r_f-f)T}$ | $S_T-Se^{(r_f-f)T}$ |
| 方案 2 | $F$ | $F_T$ | $F_T-F$ |

表 10-4 中方案 1 的现在组合是借入现金 $C$，购买外汇 $S$，不考虑交易费用，$C=S$，所以投资等于 0。方案 1 的到期组合为所购买的外汇在到期日的价值 $S_T$，减去借入本币现金应该归还的钱 $Se^{r_f T}$。加上使用购入外汇进行无风险投资所赚取的利息后，实际上相当于只需要准备 $Se^{(r_f-f)T}$ 用于还债即可。因此，在已知现货价格的条件下，期货价格为

$$F=S\times e^{(r_f-f)T}$$

显然，外汇期货价格受到本币和外币[1]无风险收益率之差的影响。当本币无风险收益率大于外币无风险收益率时，期货价格会表现出高于现货价格。而当本币无风险收益率小于外币无风险收益率时，期货价格会表现出低于现货价格。这种现象与前面讲的股指期货不同。

**例 10-7**　在美国市场，如果欧元的即期价格为 0.6 美元，期货期限为 6 个月，美元无风险收益率为 3.5%，欧元的收益率为 3.2%。则无套利条件下期货价格为

$$F=S\times e^{(r_f-f)T}=0.6\times e^{(0.035-0.032)\times 0.5}=0.60（美元）$$

即期货价格与现货价格相比，扣除计算误差，基本没有变化。

## （三）利率期货定价

### 1. 即期利率与远期利率的关系

利率期货与股指期货以及外汇期货不同，利率期货涉及两个期限：第一个期限为从签订期货合约开始到期货合约到期日，第二个期限为从签订期货合约开始到债券到期日。从现在（签订期货合约日）开始计算，假设第一个期限长度为 $T$，第二个期限长度为 $T^*$。两个时期分别为从时刻 0 至时刻 $T$，从时刻 0 至时刻 $T^*$，如图 10-1 所示。

| 时刻0， | 时刻$T$，期货到 | 时刻$T^*$， |
| 期货签约 | 期，标的债券购入 | 标的债券到期 |

图 10-1　不同时期关系示意图

现在进行投资，$T$ 期投资的利率为 $r$，$T^*$ 期投资的利率为 $r^*$，$(T^*-T)$ 期内投资收益率为 $\hat{r}$。假设所有的投资均没有期间现金流，则三个收益率之间的关系可以使用无套

---

① 外汇和外币的概念不同，外汇通常指各种外币标值的票据，外币指现钞。外汇价格与外币价格通常不同。因对于理解期货概念没有影响，所以此处未做区分。

利条件：

$$e^{r^* T^*} = e^{rT} e^{\hat{r}(T^* - T)}$$

即为

$$\hat{r} = \frac{r^* T^* - rT}{T^* - T}$$

$$\hat{r} = r^* + (r^* - r)\frac{T}{T^* - T}$$

如果对于该公式取极限，可得

$$\mathrm{d}\hat{r} = r + T\frac{\partial r}{\partial T}$$

从公式中可以看出，如果 $r^* > r$，也就是收益率曲线上扬，则有 $\hat{r} > r^* > r$，即远期利率高于对应的两个即期利率。如果 $r^* < r$，则有 $\hat{r} < r^* < r$，即远期利率低于两个对应的即期利率。

**2. 短期国债期货**

如果短期国债到期期限为 $T^*$，利率为 $r^*$，债券面值为 $B$，则当前国债价值为

$$V^* = B e^{-r^* T^*}$$

应用现货期货平价公式，该债券的期货价格应该为[①]

$$F = B e^{-r^* T^*} e^{rT} = B e^{rT - r^* T^*}$$

利用即期利率与远期利率之间的关系，得到

$$F = B e^{-\hat{r}(T^* - T)}$$

**例 10-8**　已知国债面值为 10 000 美元，6 个月到期的短期国债利率为 3.5%，3 个月到期的短期国债利率为 3.2%，则无套利条件下，3 个月以短期国债为标的物的利率期货价格为

$$F = B e^{rT - r^* T^*} = 10\,000 \times e^{0.032 \times 0.25 - 0.035 \times 0.5} = 9\,905.45（美元）$$

如果使用利率的形式表示期货价格，则

$$\hat{r} = \frac{r^* T^* - rT}{T^* - T} = \frac{0.035 \times 0.5 - 0.032 \times 0.25}{0.5 - 0.25} = 3.8\%$$

从计算结果可以看出，3 个月期货的利率为 3.8%，大于 3 个月和 6 个月的即期利率。

**3. 长期国债利率期货**

由于长期国债支付票息，计算期货价格需要考虑票息的影响。假设期货期限为 $T$，对 $T$ 期内的票息进行折现，累积折现值记为 $C_u$。在期货期限内的所有票息，实际上不参加期货到期后的交割，也就是期货的持有人并不能获得这部分现金流。相当于参与交易的标的资产是国债当前价格，扣除期货期限内所有票息现金流的价值，即 $S - C_u$。应用现货期货平价公式，长期国债利率期货价格应为

$$F = (S - C_u)e^{rT}$$

关于长期国债利率期货，由于交易所对于期货执行时交割的债券有规定，国债现货的

---

① 国债利率接近于无风险收益率。

价值需要根据规定而确定[①]。对于长期国债利率期货,现货价格与期货价格之间的关系,类似于短期国债。如果收益率曲线上扬,期货价格高于现货价格。如果收益率曲线下行,则期货价格低于现货价格。

# 第三节 期货投资应用

## 一、股指期货套期保值

### (一)股指期货与指数组合的价格变化

构造股票价格指数组合,过了时间 $t$,如果投资组合获得收益,收益率为 $r=r_f+\text{RP}$,其中 RP 为风险溢价。收益率为资本利得收益和股息收益之和,资本利得收益率仅为 $r_f+\text{RP}-q$,也就是所构造投资组合的价格变化率为 $r_f+\text{RP}-q$。一般情况下,股票指数组合可以用来替代市场组合,上述 RP 也可以表示市场风险溢价。过了时间 $t$ 后,投资组合价格将变为

$$S_t=Se^{(r_f+\text{RP}-q)t}$$

根据现货期货平价公式,在签订股指期货合约时,股指期货与现货之间存在如下关系:

$$F=Se^{(r_f-q)T}$$

到了时间 $t$,按照平价公式:

$$F_t=S_te^{(r_f-q)(T-t)}$$

到了时间 $t$,期货价格变为

$$F_t=Fe^{(\text{RP})t}$$

该式表明,在时间 $t$ 内,股指期货价格增长率等于指数组合风险溢价。

上述所涉及的两个时间段如图 10-2 所示。

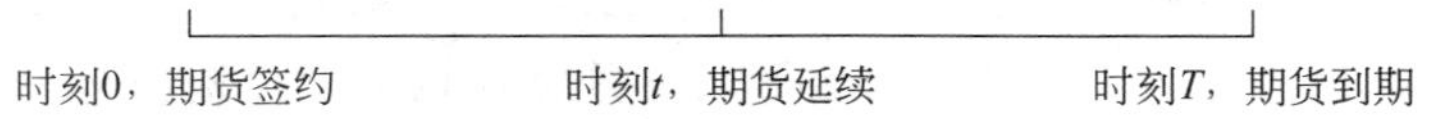

| 时刻0,期货签约 | 时刻t,期货延续 | 时刻T,期货到期 |

图 10-2　期货合约时刻示意图

如果市场风险溢价为 8%,初始期货价格为 1 500 点,购买期货 3 个月后,按照平价公式,期货价格将变为 $1\,500\times e^{0.08\times0.25}=1\,530.30$ 点。按照每点 300 元计算,期货合约损益为 $(1\,530.30-1\,500)\times300=9\,090$(元)。

### (二)期货与现货 $\beta$ 套期

期货与现货 $\beta$ 套期,指利用期货与现货收益之间的关系,规避现货 $\beta$ 风险,也就是系统风险的方法,使得投资组合的收益率免受市场风险影响。

任意构造一个投资组合(非指数组合),该投资组合的系统风险可以使用 $\beta$ 表示。根

---

① HULL J C. Options, futures, and other derivative securities[M]. Global Edition. Upper Saddle River, New Jersey: Prentice Hall, 2012: 135.

据资本资产定价模型，如果市场组合的风险溢价为 RP，则该组合的风险溢价为 RP×β。投资组合的收益率为无风险收益和风险溢价之和。如果 β 等于 1，投资组合的收益完全复制市场组合；如果 β 大于 1，则当市场组合的收益发生变化时，投资组合的收益变化会按照 β 值的大小得以放大；如果 β 小于 1，则当市场组合的收益发生变化时，投资组合的收益变化会按照 β 值的大小得以缩小。

根据上一部分推导，指数期货[①]的价格变化根据市场风险溢价而定，即 $F_t = F e^{(RP)t}$。如果使期货价格乘以 β 以后，与现货价值等值，并且使期货与现货头寸相反，就可以规避市场变化给投资组合价值变化带来的影响。如果投资者持有投资组合，则需要卖空相应的期货。对冲风险所需要的期货合约数可以按照下式计算：

$$n = \beta \times \frac{A}{mF}$$

式中，n 为需要签订的期货合约数；β 为投资组合的系统风险；A 为投资组合的总价值；m 为每点指数代表的价值；F 为股指期货点数。

**例 10-9** 某投资者准备使用沪深 300 股指期货对投资组合进行系统风险套期。目前投资组合的市场价值为 450 万元，β 系数为 1.2，沪深 300 期货指数每点代表 300 元，当前期货价格为 1 500 点。

则对冲风险所需要的期货合约数为

$$n = \beta \times \frac{A}{mF} = 1.2 \times \frac{4\,500\,000}{300 \times 1\,500} = 12$$

当市场出现大幅度下降时，投资组合价值随之下降，出现亏损。当进行风险对冲后，投资组合所出现的亏损被期货空头所抵消。当然，当市场出现大幅度上涨时，投资组合会盈利，但是期货空头会亏损，盈利与亏损相抵。风险对冲后，投资者利用对冲后的组合，可以大约获得无风险收益率[②]。

毫无疑问，投资者进行风险对冲，绝不会希望找到一个获得无风险收益率的资产。投资这样的资产不用如此费力，只需购买短期国债即可。如果投资者判断短期内可能存在较大的市场风险，但投资者不希望改变为了长期规划而构造的投资组合，就可以在投资者判断的市场风险窗口期内，使用期限等于窗口期的期货合约进行风险对冲。期货合约到期，投资者预测的风险窗口期已过，期货到期，投资者手中剩余的是以前构造的投资组合。在这个窗口期内，投资者仅仅获得无风险收益率，但也规避了可能发生的较大市场风险。如果预期的市场风险没有出现，投资者需要承担降低收益而带来的机会损失。也就是，与不做风险对冲相比，投资者能够获得的收益可能下降了。

上述套期方法的一个重要应用是获取 α 收益。所谓 α 收益，指超过无风险收益和风险溢价的收益，即超常收益。超常收益来自错误定价。当投资者发现了被市场低估的投资组合，同时又不希望承担市场变化而带来的风险时，就可以使用期货对冲方法。期货对冲，仅仅可以抵消等于市场风险溢价带来的损益，由于投资组合错误定价而带来的收益不

---

① 此处将指数作为市场的替代。

② 考虑对冲误差，例如期货合约数量的计算误差，以及时间变化后导致对冲合约数发生变化，实现的收益率与无风险收益率可能有偏差。

能被抵消掉。使用期货对冲后，可以获得由于市场纠正错误定价而带来的收益。

## 二、利率期货套期保值

### （一）久期套期保值

久期套期保值，就是利用期货标的资产的久期与套保资产的久期相匹配，从而达到规避资产价值随着利率变化而发生变化的目的。

根据第六章的知识，假设需要套保的资产为 $A$，久期为 $D_A$，收益率为 $y$，收益率的变化为 $\Delta y$，并且收益率的变化完全由收益率曲线平移导致，资产价值年复利一次，则资产价值的变化可以表示为

$$\Delta A = -\frac{A D_A \Delta y}{1+y}$$

考虑近似转换成连续复利，如果每年复利 $m$ 次，则公式变为

$$\Delta A = -\frac{A D_A \Delta y}{1+y/m}$$

假设利率期货标的资产的久期为 $D_F$，在年复利一次的情况下，期货合约的损益可以近似表示为

$$\Delta F = -\frac{A D_F \Delta y}{1+y}$$

如果进行保值，只需要将套保资产价值的变化 $\Delta A$，与反方向头寸的期货损益 $\Delta F$ 相等即可。如果套保资产为多头，如持有某债券组合，则需要开期货空仓，期货合约数可以计算如下：

$$n = \frac{A D_A}{F D_F}$$

该比率称为基于久期的套保率（duration-based hedge ratio），也称为价格敏感性套保率（price sensitivity hedge ratio）。

注意，由于存在基差原因，使用期货套期保值并不完全。一般情况下，在期货的整个存续期内，基差从小到大变化，最后基差为 0，期货到期时期货与现货等价。

**例 10-10** 某投资者在 3 个月后有一笔现金收入，共 50 万元，准备 9 个月以后支付购房首付款。投资者计划在收到现金后，进行 6 个月的短期国债投资。根据投资者判断，目前短期国债的收益率较高，几个月以后央行有可能实施宽松货币政策，降低基准利率，因此压低短期国债收益率。为了避免机会损失，投资者可以现在购买 3 个月到期的短期国债期货，短期国债期货的标的物是 6 个月到期的国债。投资者操作示意图如图 10-3 所示。

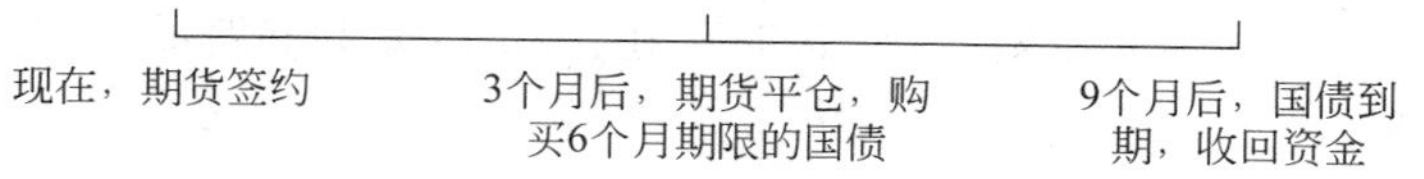

现在，期货签约　　　3个月后，期货平仓，购　　　9个月后，国债到
　　　　　　　　　买6个月期限的国债　　　期，收回资金

图 10-3　投资者操作示意图

已知短期国债都是纯折扣债券，也就是债券存续期内不支付票息。不巧，现在市场上

没有3个月到期，以6个月短期国债为标的物的国债期货。只有3个月到期，以3个月短期国债为标的物的国债期货，报价90.22%。如果是期货多头，3个月后期货到期时，可以交割获得3个月到期的短期国债。在债券面值为100元的情况下，债券可以按照90.22元的价格购买。

因为期货报价为90.22%，对于折扣债券来说，意味着1年的利息为 $100-90.22=9.78$（元）。因为债券期限为3个月，仅能获得3个月的利息，即 $9.78\times0.25=2.44$（元）。按照100元的面值，每张3个月到期的债券，按照报价所计算的价格为 $100-2.44=97.56$（元）。也就是每张期货标的债券的价格为97.56元。3个月后购买资产的久期为6个月，期货标的资产的久期为3个月[①]。假设一份期货合约只含有一张债券的标的物，则对于50万元的现金，套保所需要的短期国债合约数等于

$$n = \frac{AD_A}{FD_F} = \frac{500\,000\times0.5}{97.56\times0.25} = 10\,250.10$$

舍去小数，共需要10 250张债券期货合约。为了进行风险对冲，需要卖空期货合约。一旦未来利率下降，空头债券期货合约获得收益，而到时购买债券，因为价格提高而变得不合适，承担机会损失。收益与损失相抵，可以规避利率变化带来的风险。

### （二）久期套期保值的限制

正像前文所述，由于存在现货与期货价格之间的基差，以及基差的变化规律，使用期货对于现货进行套期保值存在着一定的误差。除此之外，债券的凸度和收益率曲线的非平行移动，都会导致套保出现误差。

在计算套保合约时，隐含着久期不随利率变化而变化的假设。在一定利率水平下计算出久期，并由此计算出套保合约数，当利率发生变化时，由于久期的变化，使得现货和对冲的期货损益不相等，不能做到完全抵消。另外，如果收益率曲线发生非平行的移动，不同期限的利率产品的利率变化不一样，期货和现货的 $\Delta y$ 不同，对于套保合约数的计算就不一样了。究竟 $\Delta y$ 相差多少，需要估计。

## 三、期货套利

### （一）期货直接套利

期货直接套利指投资者利用所掌握的市场信息，对市场价格进行预测和判断，在未来市场行情看涨时买入合约，或在市场价格较高时卖出合约。进而，观察价格走势，待价位有利时对冲现有合约。与套期保值不同，期货直接投资者不是为了避免风险，而是为了在市场价格波动中谋利。由于期货投资的高杠杆性，尽管可能的收益很高，但风险也很大，如果发生爆仓，则本金都无法收回，期货投资带有很大的冒险性，所以期货投资经常被称为投机，单纯的期货交易者称为投机者或者投资商。

比较常用的套利技术主要有三种，跨期套利、跨市场套利和跨品种套利。

#### 1. 跨期套利

跨期套利，指在买进某一交割月份某种金融品期货合约的同时，卖出另一交割月份的

---

① 纯折扣债券久期等于到期期限。

同一种金融品期货合约,利用同一金融品在不同交割月份合约之间价差的异常变化进行对冲来获利。跨期套利属于套利交易中最常用的一种,实际操作中又根据交易者在市场中所建交易头寸类型的不同分为牛市套利、熊市套利和蝶式套利。

牛市套利,又称买空套利或多头套利,指交易者买入近期期货合约,同时卖出远期期货合约,希望在看涨的市场中,近期合约的价格上涨幅度会大于远期合约的价格上涨幅度;相反,若市场看跌,则希望近期合约的价格下跌幅度会小于远期合约的价格下跌幅度。套利者认为市场价格出现上涨趋势,但同时价格不能直线上涨,会出现反复,或者猛烈上涨后会出现滞涨。

熊市套利,又称为卖空套利或者空头套利,指交易者卖出近期期货合约,同时买入远期期货合约,希望在看跌的市场中,近期合约的价格下跌幅度会大于远期合约的价格下跌幅度;相反,若市场看涨,则希望近期合约的价格上涨幅度会小于远期合约的价格上涨幅度。套利者认为市场价格出现下降趋势,但同时价格不能直线下降,会出现反复,或者猛烈下降后会出现整理趋势。

蝶式套利,是指利用若干个不同交割月份合约的价差变动来获利的交易方式。碟式套利一般由两个方向相反、共享居中交割月份的跨期套利交易组成。例如,市场有 3 月、6月、9 月到期的三种合约,可以买入 3 月合约和 9 月合约,而卖空 6 月合约。

**2. 跨市场套利**

跨市场套利,指在某个期货交易所买入或卖出某一交割月份的某种金融品期货合约的同时,在另一个交易所卖出或买入同一交割月份的同种金融品期货合约,待时机出现有利变化时,分别在两个交易所对冲现有合约。同一金融品期货合约可能同时在两个或更多的交易所进行交易,但由于地理区位的差异、交易者差异、制度差异等,各交易所中该合约间可能会出现一定的价差关系。当这些价差关系受某些短期因素影响而发生变化时,就为期货投机者提供了跨市场套利的机会,套利者进行交易后,希望短期影响因素会很快消失,价格关系回复正常。

投机者不仅可以在一国内不同期货交易所之间进行套利交易,还可以在不同国家的期货交易所之间进行套利交易。当然在不同国家的期货交易所之间进行套利交易比较复杂,投机商将面临很多问题,如同种期货合约规定的标的金融品数量不同、以不同的货币支付费用等。更重要的是,投机者需要区分期货价格差的变化是如何引起的,在多长时间内能够恢复正常,这样的问题在进行跨境交易时,尤其困难。

在现货市场和期货市场之间也可进行特殊的套利交易。通常情况下,期货合约到期时其价格应与现货价格趋于一致,在到期日期货价格与现货价格的正常差价是交易费用。但是,现货市场与期货市场毕竟有各自不同的运行制度和参与者,由于某些因素的影响,可能会使现货与期货的正常价差出现异常,期货过度升水或者过度贴水,投机者就可以从这种价差变动中获利。

**3. 跨品种套利**

跨品种套利,指投机者利用两种不同的但相互关联的金融品之间的期货合约价格差异进行套利交易,即买入某一交割月份某种金融品的期货合约,同时卖出另一相同交割月份、相互关联的金融品期货合约,然后等待时机有利时进行对冲,以获取利润。具有相互替代性的金融品价格本质上存在一定的正常关系,但是由于某些因素的影响,价格关系可能出现异常。在这种情况下,就可以利用跨品种期货合约交易获利。

短期债券和长期债券价格之间存在一定的关系,两者都受到无风险收益率高低的影响,并且影响方向相同。同时,短期债券和长期债券的价格又有无风险收益率之外的因素影响,例如未来通货膨胀的预期,因此价格的相互关系可能会出现多种变化。股票价格与债券价格之间也存在联系,一般情况下,两者存在着同升同降的关系,但由于各自不同因素的影响,实际价格变动也很复杂。期货投机者就是利用这些金融品之间的价格联系和差别进行投机获利。

### （二）基于现货组合的套利

基于现货组合的套利,指在现货组合的基础上,通过改变现货组合的风险特性,改变收益特性,达到获利的目的。对于股票投资组合和债券投资组合,比较常见的改变风险特征的方法是改变组合的 $\beta$ 和组合的久期。改变组合的 $\beta$ 和改变久期的方法类似。下面以改变组合的 $\beta$ 为例,说明应用期货进行套利的过程。

假设 $\beta^1$ 为目标 $\beta$,$\beta^0$ 为初始 $\beta$。如果 $\beta^1 > \beta^0$,那么需要开期货多头仓,开仓数为

$$n = (\beta^1 - \beta^0) \times \frac{A}{mF}$$

当然,如果 $\beta^1 < \beta^0$,使用上述公式计算出来的开仓数为负值,表示开期货空仓。

**例 10-11** 在例 10-9 中,投资者进行期货对冲的目的是将 $\beta$ 降低为 0,计算需要的合约数为 12。如果投资者仅仅希望将 $\beta$ 系数从 1.2 降低为 1.0,使用沪深 300 股指期货改变投资组合的系统风险,需要的合约数计算如下:

$$n = (\beta^1 - \beta^0) \times \frac{A}{mF} = (1.0 - 1.2) \times \frac{4\,500\,000}{300 \times 1\,500} = -2$$

需要开 2 个股指期货空仓,才能将投资组合的 $\beta$ 系数从 1.2 降低为 1.0。这样,不论使用什么样的现货资产,都可以模拟市场收益。

相反,如果认识到未来市场整体走势好,投资者也可以提高 $\beta$。如希望将 $\beta$ 值从 1.2 提高到 1.6,需要的合约数计算如下:

$$n = (\beta^1 - \beta^0) \times \frac{A}{mF} = (1.6 - 1.2) \times \frac{4\,500\,000}{300 \times 1\,500} = 4$$

即需要开 4 个股指期货多仓。

改变组合 $\beta$ 的基本原理是,当预期市场上涨时,高 $\beta$ 组合能够获得更高的收益。当预期市场下降时,低 $\beta$ 组合的损失更低。改变组合 $\beta$ 的基础性工作时预测未来市场走势。与期货直接套利一样,一旦对市场的预期失误,套利操作会带来很大损失。

# 习　　题

1. 期货与远期的区别与联系分别是什么?

2. 你认为企业债券可以作为金融期货的标的物吗? 说明理由。

3. 期货市场与现货市场相比,为什么具有更强的发现价格功能?

4. 应用期货进行风险管理的原理是什么？风险管理是将风险从市场上消除了吗？

5. 期货交易所使用什么措施保证期货交易者违约概率下降？

6. 为什么说期货交易具有杠杆交易性质,杠杆指什么,决定杠杆大小的因素是什么？

7. 期货盯市的结算价格与期货收盘价之间是否相同？

8. 期货与标的资产之间的现货价格存在什么样的关系？如果存在价格差,变化趋势是什么？

9. 应用期货,可以改变股票或者债券投资组合的收益风险特性吗？如何改变？

10. 使用期货组合进行套利,当组合中期货价格出现相同方向的变化时,如何操作才能获利？

11. 举例说明使用短期国债期货和长期国债期货进行套利的原理。

12. 什么是现货期货平价,在平价关系式中的利率为什么使用无风险收益率？

13. 请在期货交易所网站收集期货报价信息,并解读信息的含义。

14. 某资产价值按照连续复利方式发生变化,如果年收益率为12％,年初资产价值为100万元,计算：(1)半年后资产的价值；(2)9个月后资产的价值。

15. 同样为第14题中的资产,年收益率为12％,如果希望期末资产价值达到110万元,计算需要期初投入多少资本：(1)投资期为3个月；(2)投资期为11个月。

16. 如果当前沪深300股票价格指数为1 800点,3个月股指期货价格为1 879点,3个月期投资的无风险年收益率为6％,市场是否存在套利机会,如何进行套利,套利收益是多少？

17. 如果当前股票价格指数为1 820点,无风险收益率为5.5％,期货还有55天到期,按照平价公式计算出的当前期货价格应该是多少(每年按照365天计算)？ 如果指数成份股票组合的风险溢价收益率为8％,市场不存在套利机会,进行期货投资,10天后的损益是多少？

18. 按照第17题数据,如果指数成份股票的股息收益率为2％,当前的期货价格应该是多少？ 进行期货投资,10天后的损益是多少？

19. 在美国市场,如果欧元的即期价格为0.61美元,期货期限为3个月,美元无风险收益率为3.5％,欧元的收益率为3.2％。 如果当前期货价格为0.63美元,是否存在套利机会？

20. 进一步思考,请查找利率平价的含义,在第19题中,市场套利机会存在的前提是什么？ 什么情况下,套利机会不确定？

21. 已知市场上国债利率期限结构(零票息)如表10-5所示,应用平价公式计算：(1)以3个月短期国债为标的物的2个月期货合约的价格；(2)以6个月短期国债为标的物的3个月期货合约的价格。

表10-5 习题21表

| 期限 | 1个月 | 2个月 | 3个月 | 4个月 | 5个月 | 6个月 | 7个月 | 8个月 | 9个月 |
|---|---|---|---|---|---|---|---|---|---|
| 利率 | 3.60％ | 3.60％ | 3.61％ | 3.62％ | 3.62％ | 3.64％ | 3.66％ | 3.69％ | 3.70％ |

22. 投资者目前拥有一个股票投资组合,组合的 $\beta$ 系数为0.8,市场价值为300万元,

当前沪深300指数为1 350点,无风险收益率为3%。投资者预计未来3个月,股票市场出现大幅度上涨。在不改变基础投资组合的基础上,请为投资者提供尽可能利用市场上涨提高收益的投资建议。

23. 投资者准备投资某债券,债券期限为5年,面值100元,票息率6%,每年支付一次,半年后投资者准备出售债券。投资者目前担心未来利率上涨带来出售价格下降,是否有措施可以消除投资者的担心?已知投资者总投资额为200万元,市场上有6个月到期的短期国债期货,标的物为6个月期限国债。短期国债折扣发行,无票息,面值为100元。目前该期货市场报价为90.12%。

# 即 测 即 练

# 第十一章

# 期权投资分析

期权在金融市场中具有独特的地位,其本身是一种衍生金融工具,与其他金融品融合,又可以构造出各种各样的混合金融工具,在现代金融中应用得十分广泛。关于期权的知识,已经成为金融理论和实务工作的必要知识。

## 第一节 期 权 概 述

### 一、期权合约

#### (一)期权的概念

期权,顾名思义,指所拥有的未来做某种事情的权利。例如,我现在交给裁缝一笔定金,裁缝承诺1个月后帮我做好一件西服套装,同时约定如不合意我可以不要,但不退定金。按照这样的含义,期权在现实生活中应用非常广泛,很多事前达成的正式的和非正式的承诺,都可以看成是期权。

期权实际上是一个合约,合约签订的双方分别为合约的权利人和义务人。合约规定在将来一定时期内或将来某个特定的日期,权利人对特定标的物所拥有的处置选择权,义务人则需要满足权利人对于标的物处置的要求。具体来说,这里的处置选择权就是对特定标的物购买或出售的权利。

期权合约有如下四个构成要件:第一,期权标的物,即期权合约在未来执行权利和义务的对象,如上述裁缝例子中,裁缝答应为我做好西服,西服就是标的物。第二,权利类型,也就是权利人所拥有的权利,是购买还是出售。第一要件和第二要件合起来,规定了权利人未来可以做什么。第三,行权价格(strike price,或者 exercise price),即期权规定的权利人在购买或者出售标的物时,按照什么价格实施。第四,行权期限或行权日(expiration date),即期权的权益什么时候实施。第三要件和第四要件规定了如何实施。上述四个要件构成期权合约,也就是期权合约需要对四个方面进行约定。

下面以股票为标的物,举例说明期权及其相关的概念。例如,某公司股票目前的价格为每股95元。在市场中,股票价格不断波动。由于每个人掌握的信息不同,对股票价格的未来走势可能会形成不同的看法。甲可能会认为股票价格会上升,并且在一个月后会超过100元,乙可能会认为股票价格会下跌,或即使上升,最多也不会超过100元。根据甲和乙对市场的不同看法,双方可以签订一个合约,从现在开始的第30天,不论市场价格如何变化,甲可以按每股100元的价格从乙处购买一股股票,也可以不买;到期后,如果甲选择购买,则乙必须按事先约定的价格出售给甲一股股票。

上述甲、乙之间所签订的合约就是一个期权合约。在这个合约中,甲是权利人,为合约的购买人(持有多头),拥有合约规定的权利,可以选择是否购买约定股票,这一权利就是期权。甲所拥有的权利是乙所提供的，乙是期权合约的义务人，为期权出具者（writer）（持有空头）。期权合约中事先约定好的日期，即第 30 天，为期权的执行日或到期日。事先约定的价格，即行权价格为 100 元。

在上述合约到期时，如果股票市场价格低于行权价格 100 元，甲不会执行该合约，即不购买股票，宣布合约作废，乙是义务人，没有选择权。如果股票市场价格高于行权价格100 元，如 105 元，甲执行合约，以 100 元的价格购买一股股票，比按市场价格购买节约 5元，即获利 5 元。因为乙要按比市场低 5 元的价格出售股票，因此损失 5 元。甲的收益就是乙的损失。在上述合约中，乙只有损失的可能性，没有盈利的可能性，显然这样的合约不是公平交易，在没有干涉的市场中不能成立，乙必须获得某种补偿。补偿的形式通常是甲为获得期权合约中的权利而支付给乙的权利金（option premium），或称为期权费、期权价格[①]（期权价值）。

### （二）期权的类型

期权合约要件规定不同，期权就不同，所以期权可以按照要件进行分类。例如，按期权持有者所拥有的权利类型，期权可划分为认购期权（call）和认沽期权（put）两种基本形式。按对期权持有者执行期权的日期限制，期权可划分为欧式期权（European options）和美式期权（American options）。按期权的标的物不同，期权可划分为股票期权（stock options）、指数期权（index options）、外汇期权（foreign exchange options）、利率期权（interest rate options）和期货期权（futures options）等。

#### 1. 认购期权和认沽期权

认购期权，又称为买权、买入期权、看涨期权、择购期权，指期权持有者拥有按事先约定的价格在将来某天或某天以前购买标的物的权利。仍以股票期权为例，如行权价格为95 元，当股票市场价格超过 95 元或更高时，期权持有者会执行该期权，并因此获利。显然，当市场价格低于 95 元时，期权持有者不会执行该期权，期权自行过期作废。因此，买权在标的物市场价格看涨的情况下执行的可能性增大。

认沽期权，又称为卖权、卖出期权、看跌期权、择售期权，指期权持有者拥有按事先约定的价格在将来某一天或某一天之前出售标的物的权利。如果股票卖权的行权价格为95 元，当股票市场价格低于 95 元时，期权持有者会执行该期权，按高于当时市场价格的行权价格卖出股票，从中获利。例如，当市场价格为 85 元时，期权持有者从市场上按 85元买入一股股票，再执行期权，按 95 元的价格卖出该股票，不考虑其他费用，期权持有者获利 10 元。而当股票价格上升或较高时，如超过 95 元，则持有者不会执行该期权，该期权自行过期作废。因此，卖权在标的物市场价格看跌的情况下执行的可能性增大。

#### 2. 欧式期权和美式期权

欧式期权指购买或出售标的物的权利只能在执行日当天行使，而不能在执行日之外的任何时间行使。美式期权指购买或出售标的物的权利能够在执行日以及执行日以前的

---

[①] 期权价格与期货价格不同，期权价格指合约本身的价格，期货价格指未来交割标的物的价格。期权价格与标的物行权价格是不同的两个概念。期权权利金与期权价值不是一回事，权利金指市场交易价格，价值指应该值多少钱，在均衡市场条件下，权利金等于价值。

任何一天行使。显然,美式期权的执行要比欧式期权灵活得多。如果其他条件均相同,美式期权的价值不应小于欧式期权的价值。

欧式期权、美式期权与认购期权、认沽期权相结合,形成如下四种不同的期权:欧式认购期权、欧式认沽期权、美式认购期权、美式认沽期权。

按照行权日期和行权条件,还有一些其他类型期权。例如,百慕大期权(Bermudan option)指可以在到期日前指定的某些日期内行权的期权;亚式期权(Asian option)指标的物价格按照指定时期内的平均价格计算的期权。

### 3. 指数期权

指数期权主要指以股票价格指数为标的物的期权,有些指数期权以债券价格指数为标的物。这种期权纯粹是对价差的交易,而没有标的物的实际交割。主要的股票指数期权交易品种包括 S&P100 指数期权、S&P500 指数期权等数十种。在指数期权中规定指数的每点代表若干钱数,以便于期权在执行时的损益计算。例如,一份于 8 月到期的 S&P100 认购指数期权,其行权价格为 460 点,期权价格为 45.5 点。以每点代表 100 美元计算,那么该期权价值为 4 550 美元。如在执行该期权时 S&P100 指数为 500 点,那么执行期权的收益为$(500-460)\times100=4\ 000$美元。

### 4. 外汇期权

外汇期权是以外汇为标的物的期权。这类期权在执行时可以交割外汇,也可以仅仅交割价差。各个期权交易所均规定所能交易的外汇品种,以及一份期权所代表的外币数额。例如,美国费城期权交易所规定可以进行英镑期权交易,每份期权代表的英镑数额为 31 250 英镑。如果交易所对执行价格为 162.5 美分的认购期权报价为 1.86 美分,则意味着期权持有者有权在执行日或执行日之前用 50 781.25 美元购买 31 250 英镑。该期权的价格为 31 250×1.86(美分)或 581.25 美元。

### 5. 利率期权

利率期权是以债券、债券指数和债券期货为标的物期权的总称。债券期权的标的物通常为长期国债,但这一市场交易规模较小。以债券指数为标的物的期权又称为利率指数期权(interest rate index options),也称为收益率期权(yield options)。利率指数通常是指 2 年期、5 年期和 10 年期等中期国债利率、长期国债利率、每日联邦基金利率(Daily Federal Fund rate)、3 个月期的 LIBOR 利率等。

在交易所内交易的利率期权中,最为流行的是以利率期货为标的物的期权,称为利率期货期权。这类期权标的物的品种通常包括长期国债期货、中期国债期货和欧洲美元(Eurodollar)期货。以美国长期国债期货期权为例,如 12 月交割的期货合约价格为 96.281 5 美元,投资者预计到 12 月市场收益率会下降,因此国债期货价格将会上升,投资者可以购买一份 12 月到期、执行价格为 98 元的认购期货期权合约。

### 6. 期货期权

期货期权是以期货合约为标的物的期权。期货合约包括商品期货,也包括金融期货。期货本身就属于衍生工具,因此期货期权是衍生的衍生。除标的物与其他类型的期权不同外,期货期权的基本原理与其他期权完全相同。例如,国债期货期权就属于期货期权中的一种。

## 二、期权交易

### （一）期权市场

期权的交易可以分为场内市场和场外市场。所谓场内市场,指在交易所内进行期权交易,场外市场指在交易所外进行期权交易。

由于期权应用的广泛性,期权的场外交易由来已久。据称最早有记载的期权交易是由希腊古代著名的数学家和哲学家泰勒斯(Thales)所购买的橄榄期权合约[①]。场外期权交易很常见,如公司授予高管的股票期权,又如银行授予客户的信用额度(line of credit)。

在期权的交易历史上,1973 年是划时代的一年。当年 4 月 26 日,美国的芝加哥期权交易所(CBOE)成立,实现了期权的交易所交易。在交易所交易期权,期权合约和交易程序都需要标准化,以利于交易的管理,提高流动性。之后,很多国家都在股票交易所和期货交易所开展了期权交易。期权交易的品种也由最初的股票期权逐渐扩展至多种期权,交易量迅速上升。

场内交易使得期权交易规范化,执行更有保障,因此为大众所接受。尽管有期权交易所的存在,仍然有大量的期权在场外交易。场外交易与交易所交易相比,在某些方面仍具有一定的优势。

(1) 场外市场交易品种及其交易条款灵活,不需要符合标准合约的限制,能适应投资者的各种特殊需要。

(2) 场外市场属于不公开市场,无须向公众和其他投资者公布交易信息,具有保密性。

(3) 场外市场的交易是自我约束性的,受有关机构的监管少,因此交易限制少。

### （二）交易所市场

与期货交易和股票交易类似,场内期权交易的参与者基本包括期权交易者、经纪人和做市商。期权交易者或者称为投资者,为了通过期权交易获利或者规避风险,首先向经纪商发出交易指令,之后经纪商将指令发给其在场内的经纪人。交易所的会员可以申请作为场内经纪人,也可以申请作为做市商。场内经纪人接受交易者的指令,完成交易。经纪人可以与其他经纪人交易,也可以与做市商交易。做市商有促成交易的重要职责。做市商对期权进行报价,并有义务按照所报价格买入和卖出期权。

交易所除了促成交易,也完成交易后的结算。有时结算由专门的清算行(option clearing corporation)完成。清算行要求经纪商按照规定支付期权费和保证金。继而,经纪商要求期权买方在交易之后要及时支付全部期权费,并将这笔款项存入清算行的账户中。期权出具方要根据要求在经纪商处开立保证金账户,支付保证金。同时,经纪商在清算行开设保证金账户。保证金的具体要求因交易的不同而不同。当交易者按照清算所要求支付期权费、存入保证金之后,交易者与原交易对方的合约解除,而清算行成为交易对方。如果期权买方准备执行期权,清算行会随机寻找一个期权出具方来执行。

---

[①] 参见 http://encyclopedia.thefreedictionary.com/thales。

期权在到期日之前可以通过买卖同样的期权来冲销（offsetting）其头寸。期权买方可以卖出同样的期权，而期权的出具方可以买入同样的期权。这样，期权的交易双方无须在到期日执行期权。如果不冲销，投资者在到期日可选择执行期权。执行时或者交割标的物，支付货款，或者以现金交割。而指数期权则使用现金交割。在期权交易市场中，大部分期权并不交割实物，而是进行现金交割。

### （三）合约调整

合约调整，指当标的物价格发生除权除息时，期权的行权价格和合约数也做相应的调整。期权合约的调整，主要发生在股票期权。标的股票价格发生除权除息指权益分配、公积金转增股本、配股、股份合并、拆分等情况，此时期权合约的相应条款需要做相应调整，以维持期权合约买卖双方的权益不变。

标的股票进行除权、除息、配股时，上海证券交易所对期权的行权价格、合约单位做相应调整的计算公式如下[①]：

新合约单位＝［原合约单位×（1＋流通股份变动比例）×

除权（息）前一日标的证券收盘价］/［（前一日标的收盘价格－

现金红利）＋配（新）股价格×流通股份变动比例］

新行权价格＝原行权价格×原合约单位/新合约单位

除权除息日调整后的合约前结算价＝原合约前结算价（或结算参考价）×

原合约单位/新合约单位

配股流通股份变动比例按配股后实际流通股份变动比例计算。

除权除息日，以调整后的合约前结算价作为涨跌幅限制与保证金收取的计算依据。

简单来说，如果除权除息前的行权价格为 90 元，当股票发生 1 股拆 2 股后，行权价格也需要相应地调整为 45 元，合约数相比除权除息前翻番。

## 三、期权投资的收益与风险

### （一）期权投资的收益

作为期权持有人，签订期权合约时，需要支付权利金，记为 $P$，认购期权记为 $P_c$，认沽期权记为 $P_p$。考虑欧式期权，如果投资者不能执行合约，则期权合约过期作废，投资收益率为

$$r = \frac{0 - P}{P} = -100\%$$

如果执行合约，合约所获利润为 $\pi$。如果为认购期权，$\pi = S - X$，其中 $S$ 为标的股票市场价格，$X$ 为行权价格。如果为认沽期权，则 $\pi = X - S$。投资收益率为

$$r = \frac{\pi - P}{P}$$

具体收益多高，需视投资利润多少而定。

---

① 参见上海证券交易所股票期权试点交易规则［EB/OL］.（2015-01-09），http://www.sse.com.cn/aboutus/hotandd/ssenews/c/c_20150109_3871937.shtml。

**例 11-1** Intel 公司股票 7 月欧式认购期权的执行价格为 70 美元,权利金为 3.5 美元,当前股票价格为 71.125 美元。如果在到期日股票价格提高到 75 美元,即股票价格高于执行价格,不考虑交易费用,投资者能够获利 5 美元(75−70),投资收益率为

$$r = \frac{\pi - P}{P} = \frac{5 - 3.5}{3.5} = 42.86\%$$

如果直接投资于股票,当股票价格发生上述变化时,投资收益率仅为

$$r = \frac{75 - 71.125}{71.125} = 5.45\%$$

期权投资收益率与股票投资收益率相比,出现了大幅度提高。当然,当股票价格下降时,投资收益率也会发生大幅度下降。例如,只要股票价格下降到 70 元,期权投资的利润就为 0,投资收益率为 −100%,而股票投资收益率仅为 −1.58%。购买期权相当于对于股票的杠杆投资。

认购期权投资利润可以表示为

$$\pi = \max(S_T - X, 0)$$

式中,$T$ 为期权期限。因此,认购期权的投资收益率可以表示为

$$r = \frac{\max(S_T - X, 0) - P}{P}$$

相应地,认沽期权的投资收益率为

$$r = \frac{\max(X - S_T, 0) - P}{P}$$

从公式中可以看出,期权的投资收益率带有跳跃性。以认购期权为例,股票价格一旦小于执行价格,期权投资收益率就永远等于 −100%,而不存在 0 和 −100% 之间的任何收益。

如果投资者所持有的是美式期权,投资收益率不容易计算,因为投资收益率与行权价格相关,行权价格与行权时间相关,而行权时间是决策变量,根据投资者的行权决策而定。只要标的物市场价格与行权价格相比,使得行权合适,投资者时时刻刻都有行权的可能性。如果不考虑期间行权可能性,美式期权收益率的计算与欧式期权收益率的计算一样。

另外,期权投资的交易双方所进行的是一个零和博弈,期权持有者和期权出具者的损益之和等于 0。期权出具者的投资收益可以参照计算,因为存在保证金不断变化的问题,期权出具者的资产变化像期货一样,类似于以连续复利形式变化。

### (二)期权投资的风险

按照投资组合分析原理,投资风险定义为收益率的标准差。按照同样的思路,可以尝试寻找期权投资的收益率标准差。

将例 11-1 中的股票投资收益率按照正态分布进行模拟,股票投资收益率的平均值定为 5%,标准差定为 20%,当前股票价格为 71.125 元,可以得到一系列的期末股票价格,并进而利用例 11-1 的方法计算期权投资收益率,画出直方图,如图 11-1 所示。

图 11-1 为一次模拟的结果。图中横坐标代表 11 个收益率区间,由小至大,纵坐标代

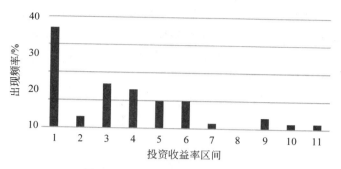

图 11-1　期权投资收益率直方图

表各个收益率在模拟中出现的频率。其中区间 1 代表收益率等于 $-100\%$，此时不行权，投资者损失全部权利金；区间 2 代表收益率大于 $-100\%$，小于等于 $0\%$；以此类推。最后一列代表收益率大于 $900\%$。多次模拟表明，期权投资收益率并不符合典型的正态分布假设。进一步利用期权投资收益率的计算公式，计算收益率的标准差。以欧式认购期权为例，结果为

$$\text{var}(r) = \frac{\sum (r_i - E(r_i))^2}{n-1}$$

$$= \frac{\sum \left[ \left( \frac{\max(S_T - X, 0)}{P} - 1 \right)_i - E\left( \left( \frac{\max(S_T - X, 0)}{P} - 1 \right)_i \right) \right]^2}{n-1}$$

公式表明，期权投资收益率的方差与标的股票价格 $S_T$ 的大小相关，也就是随着 $S_T$ 的变化，期权投资风险会发生变化。期权投资收益率随着标的股票价格的变化而变化，该资产是一个变风险的资产。因为假设股票投资收益率的期望值固定不变，期权投资风险与到期股票价格 $S_T$ 相关，和当前股票价格也相关。

利用上述模拟数据，计算期权投资收益率的标准差，为 $273.36\%$。当标的股票价格为 50 美元时，利用同样的方法，其中一次模拟计算出的标准差为 $28.33\%$。当标的股票价格提高到 100 美元时，一次模拟计算出的标准差为 $591.63\%$。模拟结果表明，期权标准差随着股票价格发生明显变化。

因为期权投资风险随着标的股票价格变化而变化，很难像股票估值一样，对于期权的现金流 $\pi = \max(S_T - X, 0)$ 进行折现，估计期权的价值。

# 第二节　期权定价

## 一、期权定价基础

### （一）到期日期权价值

以期权购买者为例，期权在到期日的价值，等于到期日期权为投资者带来的现金流。如果为欧式认购期权，则到期现金流为 $\pi = \max(S_T - X, 0)$。如果为欧式认沽期权，则到

期现金流为 $\pi = \max(X - S_T, 0)$。标的股票的价格与期权价值之间的关系如图 11-2 所示,图中的横轴表示股票价格,纵轴表示在到期日的期权价值。价值直线与横轴相交之处为行权价格。期权出具者的价值与期权购买者的价值之和等于 0,期权出具者的价值是图 11-2 图形绕横轴旋转 180 度。

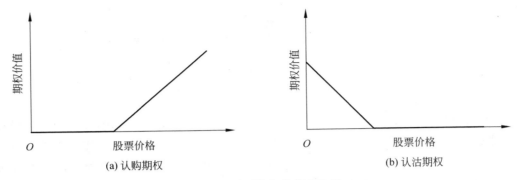

图 11-2　购买期权的期末价值

在到期日,当标的股票价格小于等于行权价格时,认购期权的价值等于 0。当标的股票价格大于行权价格时,认购期权的价值等于行权价格减去标的股票价格。当标的股票价格大于等于行权价格时,认沽期权的价值等于 0。当标的股票价格小于行权价格时,认沽期权的价值等于标的股票价格减去行权价格。持有认购期权的价值下限为 0,无理论上限;出具认购期权的最大价值为 0,无理论下限。持有认沽期权的理论价值最大值等于行权价格（股票价格等于 0 时）,最小值为 0;出具认沽期权的最小价值为负的行权价格,最大价值为 0。

期权与期货不同,期权符合金融资产的定义。期权在到期日的价值称为内在价值（intrinsic value）。期权内在价值是决定期权当前价值的重要因素。根据标的物市场价格与行权价格之间的关系,可以把期权分为三种类型,即有利价期权（in-the-money option）、平价期权（at-the-money option）和无利价期权（out-of-the-money option）。所谓有利价期权,指期权持有者在执行期权时能够获利的期权,对于认购期权指标的物市场价格高于行权价格的期权。平价期权,指期权持有者在执行期权时既不能获利,也不会亏损的期权,对于认购期权指标的物市场价格等于执行价格的期权。无利价期权,指期权持有者如果执行期权则发生损失的期权,对于认购期权指标的物市场价格低于行权价格的期权。

### （二）期权平价

所谓期权平价（option parity）,指各种特征均相同的认购期权和认沽期权,在无套利条件下,相互之间的价值关系。考虑两种投资方案,方案 1 是一张无风险债券加一股股票的认购期权;方案 2 是一股股票和一股股票的认沽期权。方案 1 中的无风险债券在到期日的价值恒定,等于其面值（假设无票息）,再加上认购期权在到期日的内在价值,等于方案 1 的价值,如图 11-3(a)所示。类似地,方案 2 的价值如图 11-3(b)所示。图中两条曲线的形状完全一致,只要无风险债券的面值等于期权的行权价格,所代表的价值也完全一致。

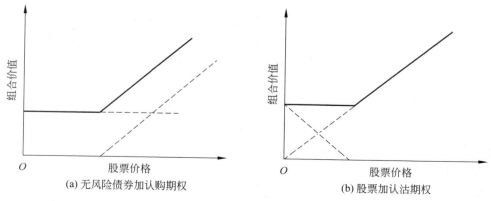

(a) 无风险债券加认购期权        (b) 股票加认沽期权

图 11-3    期权平价示意图

以 $S_T$ 和 $S$ 代表到期日和现在的标的股票价值,$V_{cT}$ 和 $V_c$ 分别代表在到期日和现在认购期权的价值,$V_{pT}$ 和 $V_p$ 分别代表在到期日和现在认沽期权的价值,$X$ 和 $PV(X)$ 分别代表无风险债券的面值和现值(债券无票息),无论认购期权还是认沽期权行权价格都是 $X$。在到期日,两种组合的价值相等,即

$$V_{cT} + X = V_{pT} + S_T$$

在一个无套利的市场中,在到期日价值相等的投资组合,在到期日前的任何一个时刻的价值均相等。因此

$$V_c + PV(X) = V_p + S$$

即为期权平价公式。式中 $PV(X)$ 为无风险债券面值 $X$ 的折现值。因为期权的价值变化符合连续复利成长,因此按照连续复利折现。

**例 11-2**    已知某股票的 3 个月期的认购期权的价值为 3.71 元,行权价格为 50 元,股票价格为 52 元,无风险利率为 10%。计算该股票 3 个月期认沽期权的价值。

首先,计算行权价格的现值:

$$PV(X) = 50 \times e^{-10\% \times 0.25} = 48.77(\text{元})$$

其次,利用期权平价公式计算认沽期权价值:

$$V_p = V_c + PV(X) - S = 3.71 + 48.77 - 52 = 0.48(\text{元})$$

## 二、B-S 定价模型

### (一)基础模型

B-S 定价模型由 Black 和 Scholes 于 1973 年提出[①],用于计算欧式认购期权的价值。模型的假设条件包括:①在期权到期日之前股票不发放股息;②无交易费用、无税,交易

---

①   BLACK F,SCHOLES M. The pricing of options and corporate liabilities[J]. Journal of political economy,1973,81(3):637-654.

可充分拆细；③无风险利率是常数；④允许股票卖空；⑤市场连续,股票价格连续变化；⑥不存在无风险套利机会；⑦股票价格变化率($P_1/P_2$)服从对数正态分布[①]。

认购期权的价值为

$$V_c = N(d_1) \times S - N(d_2) \times PV(X)$$

式中,$N(d)$为标准正态分布的函数值,即 $N(d) = \text{prob}\{\varepsilon \leq d\}$。$d$ 的取值如下：

$$d_1 = \frac{\ln[S/PV(X)]}{\sigma\sqrt{T}} + \frac{\sigma\sqrt{T}}{2} = \frac{\ln(S/X) + (r_f + \sigma^2/2)T}{\sigma\sqrt{T}}$$

$$d_2 = d_1 - \sigma\sqrt{T} = \frac{\ln(S/X) + (r_f - \sigma^2/2)T}{\sigma\sqrt{T}}$$

式中符号同本章前面符号。$\sigma$ 为股票年收益率的均方差,由于不发放股息,该均方差等于股票价格变化率的均方差。

**例 11-3** 某公司股票当前价格为 50 元,该只股票认购期权的行权价格为每股 50 元,6 个月后到期,股票年价格变化率的标准差为 43%,无风险年利率为 8%。则该股票认购期权可以使用 Excel 模型计算[②]：

$$V_c = 6.85(\text{元})$$

应用期权平价公式,可以计算出到期日及行权价格均相同的认沽期权价值为

$$V_p = V_c + PV(X) - S = 6.85 + 50e^{-0.08 \times 0.5} - 50 = 4.89(\text{元})$$

### （二）有红利的 B-S 模型

对于在期权到期日之前有红利支付的标的股票,可以看成是由两项资产组成的投资组合,一项是仅在期限内产生的红利资产,一项是不支付红利的股票。这样,只要将红利资产从投资组合中扣除掉,剩下的就是无红利的股票资产,可使用 B-S 模型。

**例 11-4** 数据同例 11-3,如果标的股票在期权到期前一个月支付 0.7 元的红利,计算认购期权价值。

首先计算红利折现值为

$$0.7 \times e^{-0.06 \times \frac{5}{12}} = 0.68(\text{元})$$

将股票价格减去红利折现值,即 $50 - 0.68 = 49.32$ 作为 $S$ 数值代入 B-S 期权模型,即可得到认购期权价值为 5.94 元。

### （三）期权价值变化

根据期权定价模型,可以看出期权价值有五个影响因素。因为股票价格与行权价格共同发挥作用,也可以把两者差值看成是一个影响因素。

#### 1. 股票价格

期权 $\Delta_c$ 是衡量期权价值变化对标的股票价格变化敏感性的指标。根据期权定价模

---

[①] 根据对数分布的性质,如果 $r \sim N(\mu, \sigma^2)$,$\frac{P_1}{P_0} = e^r$,$e^r$ 服从均值为 $\mu$,方差为 $\sigma^2$ 的对数正态分布。所以,假设 $\frac{P_1}{P_0}$ 服从对数正态分布,等于假设 $r$ 服从正态分布。

[②] HOLDEN C W.Excel modeling and estimation in investments[M].3rd ed.Upper Saddle River,New Jersey：Prentice Hall,2008.

型,认购期权的 $\Delta_c$ 为

$$\Delta_c = \frac{\partial V_c}{\partial S} = N(d_1)$$

根据期权平价公式,可以计算出认沽期权的 $\Delta$ 为 $N(d_1)-1$。图 11-4 所示为认购期权对于标的股票价格的敏感性。期权 $\Delta_c$ 大于 0,表明股票价格越高,期权价值越高。期权 $\Delta_c$ 曲线是一条 S 形曲线。期权 $\Delta_c$ 对于股票价格的导数,称为期权 $\gamma$。

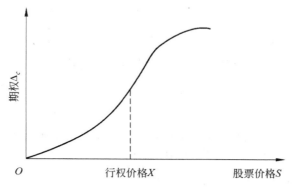

图 11-4　认购期权对于标的股票价格的敏感性

标的股票价格对于期权价值的影响应该是一个相对值,指对于行权价格的相对值。行权价格高低对期权价值的影响,与股票价格的影响方向相反。

**2. 股票价格的波动性**

股票价格的波动性使用股票收益率的标准差表示。期权价值对于股票收益率标准差的敏感性称为期权 $\nu$(Vega),计算公式为

$$\nu = \frac{\partial V_c}{\partial \sigma} = S\sqrt{T}N'(d_1)$$

期权 $\nu$ 大于 0,表明股票收益率波动性越大,期权价值越高。

**3. 无风险收益率**

期权价值对于无风险收益率的敏感性称为期权 $\rho$(Rho)。$\rho$ 是期权价值对于无风险收益率的一阶导数。认购期权的 $\rho$ 值为非负,而认沽期权的 $\rho$ 值为非正。

**4. 期限**

期权价值对于期限的敏感性称为期权 $\theta$(Theta)。$\theta$ 是期权价值对于期限 $T$ 的一阶导数,不论是认购还是认沽期权,该导数值均为正,期权价值随着期限的延长而提高。

期权期限对于期权价值有影响。由于期限产生的期权价值称为期权的时间价值。期权的价值等于时间价值和内在价值之和。当内在价值为负时,期权价值仍然有可能大于 0[1]。只有在期权到期日之前才有时间价值,到期日的时间价值为 0。距离到期日时间越长,时间价值越大。在到期日前的期权价值如图 11-5 所示,图中的虚线为期权价值。以认购期权为例,当股票价格低于行权价格时,期权价值仍然大于 0。

---

[1]　期权价值不能小于 0,小于 0 就没有人购买了。

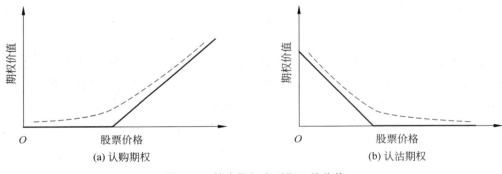

图 11-5　持有期权在到期日前价值

## 三、二叉树模型

B-S 模型仅适用于仅在到期日行权的期权。美式期权在任何时间都存在行权的可能性，不适合使用 B-S 模型。二叉树定价模型（binomial tree pricing model）于 1979 年由 Cox[①] 等人创立，被更广泛地应用。

### （一）单阶段模型

二叉树模型将期权期限划分成若干个短区间，在每个短区间内股票价格仅有两种变化，或者上涨，或者下降，也就是股票价格表现出二叉树形式的变化。假设在整个期权期限内，股票价格仅发生一次变化。

**例 11-5**　如果当前股票价格为 20 元，认购期权行权价格为 20 元，期末股票价格按照同样的绝对收益率上涨或者下降。例如收益率为 10%，若期末上涨，则上涨 10%，为 22 元。若下降，则下降 10%，为 18 元。变化后的股票价格以及期权内在价值如图 11-6 所示，图中括号内的数字为期权在到期日的内在价值。当股票价格为 22 元时，内在价值等于 22－20＝2（元）。当股票价格为 18 元时，期权不行权，价值为 0。

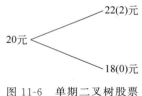

图 11-6　单期二叉树股票
价格及期权价值

利用无套利条件构造投资组合。使用标的股票和认购期权可以组合成无风险资产，该组合由 1 份期权空头和 $\Delta$ 份股票多头构成（反过来也可用）。期初组合的价值为

$$20\Delta - V_c$$

期末组合的价值有两种可能的变化。但因为资产无风险，所以组合在期末只能有一个价值，即

$$22\Delta - 2 = 18\Delta$$

解得 $\Delta=0.5$。因为组合是无风险资产，使用无风险利率折现。如果无风险年利率为 10%，则组合期末价值的折现值为

① COX J, STEPHEN S, RUBINSTEIN M. Options pricing：a simplified approach［J］. Journal of financial economics，1979，7：229-263.

$$18\Delta e^{-r_f} = 18 \times 0.5 \times e^{-0.1} = 8.14(\text{元})$$

该折现值应等于组合年初的价值,即

$$20\Delta - V_c = 8.14(\text{元})$$

$$V_c = 1.86(\text{元})$$

假设股价在期末上升和下降的乘数分别为 $u$ 和 $d(u>1,d<1)$,也就是股票的期末价格为 $S_u$ 或者 $S_d$。相应股票价格上涨后和下降后期权期末价值分别为 $V_u$ 和 $V_d$。期权的价值为

$$V = e^{-r_f T}[pV_u + (1-p)V_d]$$

式中,

$$p = \frac{e^{r_f fT} - d}{u - d}$$

在例 11-5 中,$u = 1.1$,$d = 0.9$,$r_f = 10\%$,$V_u = 2$,$V_d = 0$,$T = 1$,则

$$p = \frac{e^{0.1} - 0.9}{1.1 - 0.9} = 1.03$$

$$V = e^{-0.1}[1.03 \times 2 + (1 - 1.03) \times 0] = 1.86(\text{元})$$

根据上述计算过程,期权现在价值可以使用将来期望值折现的方式来获得。在计算期望值时以 $p$ 和 $(1-p)$ 作为权重,然后用连续无风险年利率折现。在这种方法中,权重 $p$ 和 $(1-p)$ 仿造了一个无风险情景,称为风险中性方法,权重 $p$ 称为风险中性条件下股票价格上涨的概率。

### (二) 多阶段模型

将期权期限内股票价格看成只有两种可能的变化过于简单了,与实际相距甚远。将期权期限划分为多个阶段,仍然可以沿用单阶段计算方法。在多阶段模型中,为了减少节点数,令 $d = 1/u$。假设股票价格以无风险收益率和标准差 $\sigma$ 为参数做几何布朗运动,可得

$$e^{r_f \Delta T} = pu + (1-p)d \quad (\text{均值条件})$$

$$\sigma^2 \Delta T = pu^2 + (1-p)d^2 - [pu + (1-p)d]^2 \quad (\text{方差条件})$$

通过求解方程组,得到

$$u = e^{\sigma \sqrt{\Delta T}}, \quad d = \frac{1}{u}, \quad p = \frac{e^{r_f \times \Delta T} - d}{u - d}$$

式中,$\Delta T = T/n$,$n$ 为阶段数量。当 $n$ 很大时,上述二项分布的标准差等于 $\sigma$。

如果划分成两个阶段,以认购期权为例,结果如图 11-7 所示。第一阶段结束,股票价格出现两种结果,分别为 $S_u$ 和 $S_d$,认购期权价值分别为 $\max[(S_u - X), 0]$ 和 $\max[(S_d - X), 0]$。第二阶段结束后,股票价格和期权价值出现三种结果(结果略)。

**例 11-6** 某公司股票当前市场价格为 110 元,期权行权价格为 100 元,无风险年利率为 5%,距到期日的时间为 1 年,公司股票价格年变化率的标准差为 28%。计算股票美式认购的价值。按照两阶段模型:

$$u = e^{\sigma \sqrt{\Delta T}} = e^{0.28 \times \sqrt{0.5}} = 1.22$$

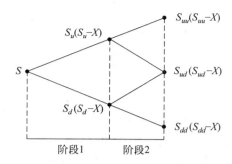

图 11-7　两阶段二叉树股票价格变化及期权价值

$$d = \frac{1}{u} = 0.82$$

$$p = \frac{e^{r_f \times \Delta T} - d}{u - d} = \frac{e^{0.05 \times 0.5} - 0.82}{1.22 - 0.82} = 0.52$$

各个股票价格分别为：$S_u = 134.2$（元），$S_d = 90.2$（元），$S_{uu} = 163.46$（元），$S_{ud} = 109.95$（元），$S_{dd} = 73.96$（元）。根据股票价格，按照 $V = \max[(S_T - X), 0]$，分别计算期权价值，$V_u = 34.2$ 元，$V_d = 0$ 元，$V_{uu} = 63.46$ 元，$V_{ud} = 9.95$ 元，$V_{dd} = 0$ 元。

因为期权随时可能行权，对于期权价值的计算使用倒推法。首先，通过 $V_{uu}$ 和 $V_{ud}$ 计算一个 $V_u$，结果为 $V_u = e^{-r_f \Delta T}[pV_{uu} + (1-p)V_{ud}] = e^{-0.05 \times 0.5}[0.51 \times 63.46 + (1 - 0.51) \times 9.95] = 36.32$ 元。将本段计算的 36.32 元和上一段中计算的 $V_u = 34.2$ 元，两个数值取大，作为 $V_u$ 的最终取值，即 36.32 元。使用同样的方法计算得到最终的 $V_d$ 为 5 元。从计算过程来看，不论股票价格在第一阶段末提高还是下降，都不执行期权，此时执行期权得到的价值低，分别得到 34.2 元和 0 元。只有当第二阶段末时，才执行期权。将第二阶段末期权价值求均值后折现，得到两个期权价值，36.32 元和 5 元，再将这两个价值求均值并折现，得到

$$
\begin{aligned}
V &= e^{-r_f \Delta T}[pV_u + (1-p)V_d] \\
&= e^{-0.05 \times 0.5}[0.51 \times 36.32 + (1 - 0.51) \times 5] \\
&= 20.46（元）
\end{aligned}
$$

即该美式认购期权的价值为 20.46 元。

使用二项式定价方法，阶段划分得越多越细，计算结果越准确。一般将一年划分成 20～30 个阶段，计算结果已经具有较高的精度，与使用 B-S 模型计算结果基本一致。

# 第三节　期 权 应 用

## 一、期权组合

期权可以单独进行投资，但通过组合，可以获得更加多样化特征的收益，实现不同的目的，如进行套期保值等。期权组合的方式非常多，本书仅利用其中几例，说明组合的原

理。只要熟悉期权的基本特征,投资者可以构成各种各样的投资组合,甚至可以根据自己的特殊要求构建特定的投资组合。

## （一）期权与标的物的组合

期权与标的物的组合有四种基本形式,即股票多头(long position)加认购期权空头(short position)、股票空头加认购期权多头、股票多头加认沽期权多头和股票空头加认沽期权空头。在这四种投资组合中,股票头寸(position)和期权头寸的收益在一定程度上可相互抵消,达到套期保值的作用,因此这类组合也称为套期保值头寸(hedge positions),或者抵补头寸(covered position)。四种组合在期权到期日的损益情况如图 11-8 所示。

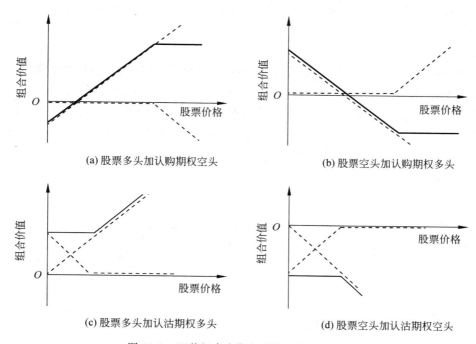

图 11-8　四种组合在期权到期日的损益情况

图 11-8 中的横轴均表示股票价格,纵轴均表示组合在期权到期日的价值。在图 11-8(a)中,通过购买股票和出具期权构成组合,总投资额等于股票的价格减去权利金。投资组合的价值是持有股票的价值,减去期权的价值。股票价值和期权价值均使用虚线,两者相加的结果使用实线,即为组合投资价值。其他组合的表示方法相同。在图 11-8(a)中,当股票价格超过行权价格以后,组合的价值是个恒定值。

## （二）同类双期权组合

所谓同类,指形成组合的期权要么全部为认购期权,要么全部为认沽期权,而不是认购和认沽的组合。

**1. 行权价格不同的期权组合**

行权价格不同但同为认购期权或者认沽期权的组合价值如图11-9所示，图中实线代表组合的价值，虚线代表构成期权的价值。以图11-9(a)的组合为例。组合由行权价格低的认购期权多头和行权价格高的认购期权空头构成。由于认购期权的行权价格越低，期权的内在价值越高，因此权利金也越高。而行权价格较高的认购期权，其权利金则较低。组合的初始投资额等于两个权利金之差。当股票价格低于较低行权价格时，组合的价值等于0。股票价格提高，期权组合价值随之提高。当股票价格达到较高行权价格时，期权组合价值达到最高值，之后组合价值不再变化。假设两个期权的行权价格分别为 $X_1$ 和 $X_2$，$X_1 < X_2$，该期权组合的投资额为 $V_{10} - V_{20}$。其中 $V$ 表示权利金，因为 $V_{10} > V_{20}$，投资额为一个净支出现金流。在到期日，组合的价值等于 $V_{1T} - V_{2T}$，该组合的净收益为组合价值减去投资额，即 $(V_{1T} - V_{2T}) - (V_{10} - V_{20})$。净收益除以投资额 $V_{10} - V_{20}$ 的绝对值，就是投资收益率。

一般情况下，利用图11-9(a)中的组合，当股票价格提高时能够获利，因此称为认购期权牛市套利组合(bull spreads)。利用图11-9(b)中组合，初始会获得现金流入，当股票价格提高时却遭受损失，但损失较低，称为认购期权熊市套利组合(bear spreads)。应用类似方法，可以分析图11-9(c)、图11-9(d)组合的初始现金流和期末价值。

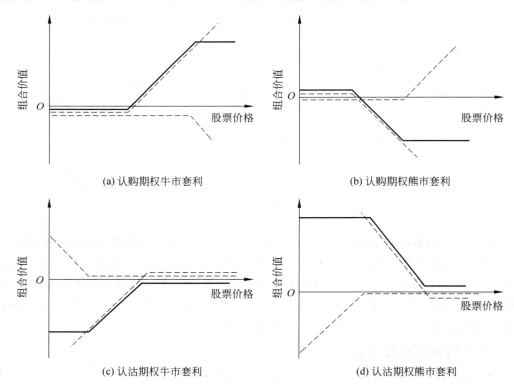

(a) 认购期权牛市套利　　　　　　　　(b) 认购期权熊市套利

(c) 认沽期权牛市套利　　　　　　　　(d) 认沽期权熊市套利

图 11-9　不同行权价格的同类期权组合

注：图中相近的直线应该重合，分开画是为了看清构成成分。

**2. 到期日不同的同类期权组合**

使用两个其他特征均相同,而只有到期日不同的同类期权,所形成的期权套利组合如图 11-10 所示,图中实线为期限较短期权到期日时组合的价值,虚线为两个构成期权此时的价值。图 11-10(a)、(b)中的组合,均使用买长卖短方法操作,即使用期限较长期权多头,期权较短期权空头。这种组合也称为期限套利(horizontal spreads),或者时间套利(time spreads),或者日历套利(calendar spreads)。

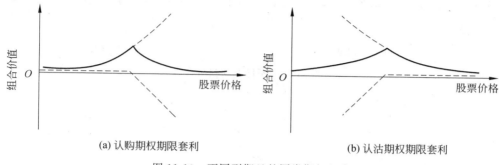

(a) 认购期权期限套利　　　　　　　　(b) 认沽期权期限套利

图 11-10　不同到期日的同类期权组合

以图 11-10(a)中的组合为例。多头期权期限较长,具有时间价值成分,权利金 $V_l$ 较高。空头期权期限较短,权利金 $V_s$ 较低。期权组合的初始现金流为 $V_s - V_l$,为负值。在期限较短期权到期日,组合的价值为一个倒 V 形,最高点为股票价格等于行权价格的时候,此时组合的价值等于期限较长期权的价值。

期限套利不仅可以通过买长卖短的方式来实现,也可以通过买短卖长的方式来实现,甚至期权所处的有利价还是无利价的状态也可以不一样。但不论采用哪种方式,基本原理都一样。

### (三) 不同类期权组合

不同类期权组合指认购期权和认沽期权构成的组合,这种组合称为对敲。使用行权价格相同的两个期权构成的组合,称为同价对敲(straddle),不同行权价格的期权组合称为异价对敲(strangle)。同价对敲和异价对敲组合在到期日的价值如图 11-11 所示。不论是同价对敲还是异价对敲,都是由期权多头构成,因此需要初始投资。期末,股票价格不论上升还是下降,组合的价值都比较高,只有当股票价格等于或者在两个行权价格之间时,组合的价值为 0。

图 11-11 中的对敲,使用了同样份数的认购期权和认沽期权。如果认购期权和认沽期权份数不一样,图形的形状基本相同,只是 V 形线两侧直线的斜率不同。如果右侧线较陡,称为看涨对敲(strap),如果左侧线较陡,称为看跌对敲(strip)。

### (四) 多个期权组合

多个期权组合的基本类型之一是蝶式套利(butterfly spreads)。以蝶式价差套利(butterfly strike-price spreads)为例,说明组合构成和组合价值。为构造蝶式价差套利,投资者买入两个行权价格不同的认购期权,卖出两个行权价格相同的认购期权。卖出的期权行权价格介于买入期权的两个行权价格之间。投资者也可以使用认沽期权构造蝶式价差套利组合。认购期权蝶式价差套利组合如图 11-12 所示。图中相近的直线为重合线。

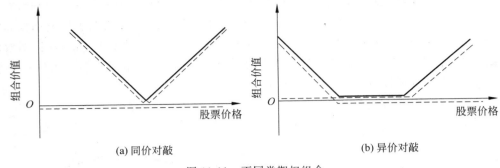

(a) 同价对敲　　　　　　　　　　　　　(b) 异价对敲

图 11-11　不同类期权组合

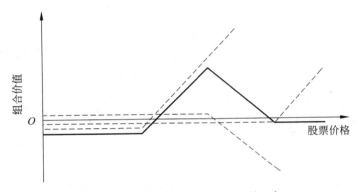

图 11-12　认购期权蝶式价差套利组合

## 二、认股权证

### （一）认股权证的概念

认股权证（warrant），是一种权利凭证，赋予持有者在一定时期内，按照事先约定的价格购买标的股票的权利。市场上大部分认股权证的标的物是发行公司的普通股票，有时也可以是其他有关公司的普通股票。

认股权证与股票认购期权类似，都是赋予持有者按照约定价格，在约定时间购买标的股票的权利。两者之间存在如下三方面的区别：①认股权证的出具者通常为发行标的股票的公司，而市场交易期权的出具者是市场上的其他投资者；②执行认股权所购入的股票为公司新发行股票，执行后增加公司发行在外的股票数量，而市场交易期权如果执行，其标的物则是市场上流通的股票，执行后不改变公司发行在外的股票数量；③认股权证通常与债券及其优先股票同时发行，每张债券或者优先股票配一份或者多份认股权证，形成混合金融工具，市场交易期权则是独立发行、独立交易。

投资者购买认股权证后，如果股票价格大幅度上升，那么执行认股权证可获利。而发行公司由于必须按照低于市场价格的价格发行股票，因此受到损失。为了降低公司损失的幅度，在认股权证条款中有时包括可回购条款。例如，美国 Genesco 公司发行的认股权证到期日为 1993 年 2 月 15 日,行权价格为 8 美元,一份认股权证可以购买一股股票。同时,在认购权证条款中规定,如果该公司的股票价格在连续 30 个营业日内有 20 个营业日不低于 20 美元,公司有权按照每份 2 美元的价格将认股权证赎回。通常此时执行认股权证比出售更合适,回购必然导致持有者执行认股权证,所以可回购条款也称为强制转换条款。

与股票期权一样,当发生股票除权除息时,行权价格要随之调整。不仅如此,认股权证的行权价格还会主动调整。例如,1968 年 Loew's 兼并了 Lorillard。对于 Lorillard 的原普通股,Loew's 给每股股票配以面值为 62 美元的次级信用债券,再加上一份新公司认股权证。该认股权证允许持有者在 1969 年至 1980 年期间按照阶梯式行权价格购买股票,前 4 年的行权价格为 35 美元,再 4 年为 37.5 美元,最后 4 年为 40 美元。

### (二)认股权证的价值

通常,认股权证就是一种特殊的美式股票认购期权。因此,认股权证的价值估计类似于美式期权的价值估计。

不论使用哪种方法估计期权价值,都要以股票价格的波动性为前提。股票价格的波动性以历史数据估算。但是,当公司发行认股权证后,资本结构会发生变化,股票的波动性会随之发生变化。因此,在估计认股权证价值时,要对股票历史波动性进行调整。资本结构发生变化后的股票价格波动性,可以参照第七章的哈马达公式计算。

执行认股权证会对公司权益产生稀释作用,因此降低股票价格,如果执行前股票价格为 $S_T$,则执行后的股票价格 $S'_T$ 将变为

$$S'_T = \frac{A + Xnq}{n + nq} = \frac{S_T + Xq}{1 + q}$$

式中,$A$ 为执行前权益总市值;$X$ 为认股权证行权价格;$n$ 为公司执行认股权证前的总股数;$q$ 为发行的认股权证占公司原有总股数的比例。

类似于认购期权,在执行日认股权证的价值为

$$V_{cT} = \max(S'_T - X, 0) = \max\left(\frac{S_T + Xq}{1 + q} - X, 0\right) = \frac{1}{1 + q}\max(S_T - X, 0)$$

认股权证的价值等于认购期权价值的 $(1/1+q)$。

## 三、可转换债券

### (一)可转换债券的概念

可转换债券(convertible bond)指在普通债券的基础上内嵌一份或几份认股权证,使得持有者可以在一定时期内,按照事先约定的价格,以债券作为"货币",换取一定数量的普通股票。投资者购买了债券,在债券到期日前,可以等候发行公司偿还本息,也可以放弃行权后的本息,进而将债券换成股票。

可转换债券的一种变化形式是可分离可转债。可分离可转债将可转债的内嵌认股权证分离出来,使之成为独立的金融工具。在发行可转换债券时,发行公司将普通债券与认股权证捆绑发行,如一张普通债券捆绑 5 份认股权证。一旦发行上市,普通债券和认股权证可以独立交易,互不相关。认股权证的执行,完全独立于债券。

可转换债券是普通债券和内嵌期权合二为一的金融工具,既具有债券的特性,又具有权益的特性。其中的内嵌期权就是认股权证。内嵌期权为投资者提供了灵活性,吸引了具有某些特殊要求的投资者。自从 19 世纪末纽约铁道公司发行第一例可转换债券以来,经过 100 多年的发展,其已经是世界各国市场中重要的金融工具。我国内地的公司从 20 世纪 90 年代开始发行可转换债券。1992 年 10 月,宝安公司向社会发布公告,发行可转换公司债券,1993 年 2 月 10 日在深圳证券交易所挂牌交易。宝安可转换债券成为我国资本市场中的第一例 A 股上市公司可转换债券。

### （二）可转换债券契约

可转换债券也是一种债券,除了增加认股权证之外,也具有普通债券的特点,如票息、到期期限、面值、可回购条款、可清偿条款等。因为认股权证具有价值,所以可转换债券的价值等于普通债券价值加上认股权证价值。由于存在转股问题,需要加入相关的条款。

**1. 转换期限**

转换期限是将可转换债券转换成股票由始到终的时间段。只有在转换期限内,可转换债券才能转换成股票,也就是才可以行权。转换期限可能覆盖整个债券期限,如从发行日至到期日,即在整个债券的到期期限之内都可以转换;也可以是发行之后的某个日期至到期日前的某个日期;或者发行后的某个日期至到期日。转换期限越长,债券的内嵌期权价值越大。

**2. 转换率**

每张债券可以转换成普通股票的数量称为转换率(conversion ratio)。转换率在债券发行时就已经确定,如转换率为 25：1,表明如果投资者决定实施转换,则一张债券可以转换成 25 股普通股票。当然,发生股票除权除息时转换率要做相应调整。

**3. 转换价格**

可转换债券的内嵌期权行权价格称为可转换债券的转换价格(conversion price)。转换率与转换价格之积等于债券面值,因此约定了转换率,实际上等于确定了转换价格。转换的意思是使用债券转换,而不是使用现金购买。

一般来说,公司会以发行可转换债券前一段时期内股票价格的简单算术平均数为基础,上浮一定比例作为转换价格。通常上浮的比例为 $10\% \sim 30\%$。例如,发行可转换债券时公司股票价格为 30 元,则转换价格可以确定为 $33 \sim 39$ 元之间。

### （三）转换价值

可转换债券的转换率与当前股票价格之积称为"转换价值"(conversion value)。如果转换价值大于可转换债券中的普通债券价值(straight value),简称为普通价值,实施转换对投资者有利,转换后投资者拥有的价值为转换价值。当转换价值小于普通债券价值时,持有债券而不转换更为有利。因此,转换价值及其普通债券价值中的较高者形成了可转换债券价值的下限。转换价值与普通债券价值之差,称为换债价值溢价。

**例 11-7** 公司的可转换债券的面值为 100 元,票息每年支付一次,票息率为 $5\%$,债券期限 5 年,转换率为 10。目前距离到期日还有 3 年,市场上风险相同的同类普通债券到期收益率为 8%,公司股票价格为 12 元,计算公司可转换债券价值的下限。

可转换债券的转换价值＝股票价格×转换率＝12×10＝120(元)

普通债券价值为

$$V = \frac{5}{1+8\%} + \frac{5}{(1+8\%)^2} + \frac{105}{(1+8\%)^3} = 92.27(元)$$

转换价值和普通债券价值较高者,为可转换债券的价值下限,即 120 元。

由于持有可转换债券比单纯持有股票具有价值下限优势,因此在很多情况下可转换债券的交易价格要高于转换价值,高出部分与转换价值之比称为转换价值溢价。发行时可转换债券通常存在较大的转换价值溢价。

转换价值溢价率＝[(债券交易价格／转换价值)－1]×100%

图 11-13 描绘了可转换债券价值下限与价值的变化规律。图 11-13 中的横轴表示股票价格,纵轴表示价值。在图 11-13(a)中,实线表示可转换债券的普通价值。普通债券价值与股票价格相关,股票价格大幅度下降,表明公司经营不善,破产风险加大,债券价值下降。当股票价格上升到一定幅度时,债券价值快速上升,很快到达某一个恒定值,也就是债券价值到达某个数值以后,与股票价格不再相关。图 11-13(b)中的 45 度斜线为可转换债券的转换价值线,与股票价格正相关。图 11-13(a)中的普通价值线与图 11-13(b)中的转换价值线的较高部分,共同构成了可转换债券的价值下限。图 11-13(c)中的虚线表示可转换债券的价值,在价值下限之上。

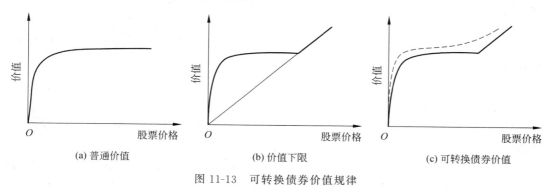

(a) 普通价值　　　　　(b) 价值下限　　　　　(c) 可转换债券价值

图 11-13　可转换债券价值规律

类似于转换价值溢价,可转换债券交易价格高出普通债券价值部分,称为普通价值溢价。

普通价值溢价率＝[(债券交易价格／普通债券价值)－1]×100%

从债券发行时的普通价值溢价大小,可以判断可转换债券的股性和债性。所谓股性,指可转换债券价值变化类似于股票价值变化的特性。债性,指可转换债券价值变化类似于债券价值变化的特性。普通债券的普通价值溢价率越靠近 0,可转换债券债性越强,股性越弱。反之,债性越弱,股性越强。

# 习　　题

1. 比较期货与期权的异同。

2. 期权价格与期货价格是否相同，各代表什么意思？

3. 试列举身边具有期权性质的约定。

4. 期权的行权价格确定后，未来是否可能会调整，什么情况下会调整？ 如果某公司准备每 10 股发 1 股红股，对于行权价格有什么样的影响？

5. 如何理解期权投资收益的杠杆特性？

6. 期权投资风险具有什么特点？

7. 期权价值的影响因素有哪些，如何影响？

8. 公司的经营状况、盈利多少，是否会影响公司股票期权的价值？

9. 期权定价的二叉树模型与 B-S 模型相比，有什么优缺点？

10. 认股权证与股票认购期权有什么异同？

11. 可转换债券是否比股票更有投资价值？ 为什么？

12. 可转换债券投资收益率与什么因素相关？

13. 投资者购买欧式认沽期权，行权价格为 20 元，购买期权的权利金等于 3 元，在如下三种情况下，计算投资者投资期权的收益率：（1）期权到期日股票价格等于 22 元；（2）到期日股票价格等于 18 元；（3）到期日股票价格等于 15 元。

14. 利用第 13 题中数据，将期权改为认购期权，投资收益率分别为多少？

15. 股票目前价格为 40 元，该股票的一个欧式认购期权的行权价格为 40 元，期权到期日股票价格变为 45 元，在到期日该期权合约的损益是多少？

16. 股票认购期权到期日为一年，当前股票价格为 50 元，已知 $u=1.2, d=0.8$，无风险收益率为 10%，行权价格为 50 元，计算该认购期权的价值。

17. 已知某股票的 6 个月期的认沽期权的价值为 3.82 元，行权价格为 52 元，股票价格为 50 元，无风险利率为 8%。计算该股票 6 个月期认购期权的价值。

18. 已知某公司股票价格等于 15 元，股票收益率标准差为 22%，无风险收益率为 5%，3 个月期限的欧式认购期权行权价格为 16 元，分别使用 B-S 模型和二叉树模型计算期权的价值。

19. 将第 16 题中的认购期权改为认股权证，如果行权，对于公司股票的稀释率为 10%，计算该认股权证的价值。

20. 如果公司发行可分离可转换债券，5 年期，每年支付一次票息，每张普通债附加 5 份认股权证，可转换债券按照面值 100 元发行，认股权证的行权价格为 25 元，行权期为整个债券期限内。公司股票价格等于 15 元，股票收益率标准差为 22%，无风险收益率为 5%。可转换债券没有附加任何其他条款。是否可以计算出可转换债券的票息率？

21. 某欧式认购期权的 $\Delta$ 为 0.6，如何构造一个投资组合，组合的价值基本不受股票价格的影响？

22. 某公司年初股票价格为 100 元，发行在外的股数为 100 万股，公司负债 4 000 万元,总资产为 1.4 亿元。公司为了上马一个新项目,对外发行了一笔信用债券,面值 100 元,共发行 10 万张,每张债券上附有 5 份认股权证,每份认股权证可以按照 105 元的价格购买一股股票,期限为 3 年。并且已知公司在今后 3 年内不发放股息。可转换债券对应的普通债券价值为 90 元,公司所得税税率为 30%。另外,经过测算,公司在目前资本结构下的股票收益率的标准差为 20%,股票的 $\beta$ 值为 1.1,市场收益率的标准差为 15%,无风险年利率为 5%。那么,投资者购买附有认股权证的债券是否合适?

## 即 测 即 练

# 第十二章

# 互换投资分析

同期货、期权一样,互换也是一种衍生金融工具,在金融投资中也占有重要地位。在实践应用中,互换可以用来进行风险管理,也可以用来直接投资谋利。所不同的是,互换市场是主要由机构参与的市场,合约形式多样,本章仅介绍互换的基本原理。

## 第一节　互换概述

### 一、互换合约

#### (一)互换的概念

互换(swap),顾名思义,就是交换。本质上,在经济生活中的各种交易都是交换,如使用现金换取物品。在互换中交换的对象,称为互换标的物。本书中仅涉及金融互换,标的物为金融工具。而且,金融互换所交换的不是金融工具本身,而是金融工具所产生的系列现金流。例如,参与互换的甲方拥有甲债权资产,乙方拥有乙债权资产,互换后各自的债权资产所有权不变,而是交换双方持有资产产生的现金流,甲拥有乙资产产生的现金流,乙拥有甲资产所产生的现金流。

**例 12-1**　甲、乙两个人各拥有一类债券,两类债券的未来票息和本金现金流如表 12-1 所示。

**表 12-1　甲、乙债券现金流分布**

| 时间 | 第 1 年末票息 | 第 2 年末票息 | 第 3 年末票息 | 第 4 年末票息 | 第 5 年末本息 |
|---|---|---|---|---|---|
| 甲债券 | 5 | 5 | 5 | 5 | 105 |
| 乙债券 | (LIBOR+2%)×100 | (LIBOR+2%)×100 | (LIBOR+2%)×100 | (LIBOR+2%)×100 | (LIBOR+2%)×100+100 |

在表 12-1 中,甲债券具有固定票息,每年支付,票息率为 5%。乙债券具有浮动票息,每年支付,票息率为(LIBOR+2%)[①]。甲、乙双方签订契约,互换所拥有债券的全部现金流。当甲、乙双方收到来自各自债务人的票息和本金现金流后,再支付给对方。例如,在第一年末,当甲收到所持有债券的 5 元票息后,支付给乙。乙收到所持有债券的(LIBOR+2%)×100 元票息后,支付给甲。这个过程直到债券到期。实际上,在本例中,最后一年的本金是否交换没有意义。完全可以改成只交换票息。

---

[①]　在固定利率和浮动利率的互换中,浮动利率经常使用 LIBOR 作为参照利率(reference rate)。

### （二）互换的特点

互换本质上是一个跨期金融合约。参与交换的双方(或者多方)当事人,签订交换现金流系列的合约,合约涉及交换现金流的计算,交换频次,交换的开始日期和截止日期等。任何一方不按照合约规定支付现金流,即构成违约。合约中交换的现金流系列也称为互换腿(legs of swap),一个系列现金流称为一个互换腿。

互换的对象通常为现金流,而不是产生现金流的资产。因此,只要规定了未来交换现金流的计算方法,即使参与方未必拥有真实产生现金流的资产,仍然可以形成互换合约。例如,在例 12-1 中,只要双方规定好按照 100 元本金,交换以此为基础计算的利息现金流即可。因为交换不以任何资产为基础,这里的 100 元本金,实际上是个名义数,称为互换合约中的名义本金(notional principal)。互换合约通常是交换基于名义本金计算的现金流,而不交换名义本金。

互换合约交换的现金流通常至少有一部分现金流具有不确定性,或者现金流的价值具有明显不确定性。在例 12-1 中,甲债券产生确定性票息[①],乙债券产生浮动票息,在这个互换中,有一方现金流存在不确定性。互换的这种特点,符合大部分金融工具的特点,金融工具交易就是对于不确定性的交易。只有当交换的现金流存在不确定性时,互换才会更有价值。当然,由于存在未来现金流的不确定性,参与互换的双方也会承担一定的风险。

在均衡市场上,互换合约自身没有价值,也就是对于互换双方来说,参与互换合约的净现值等于 0。参与互换的双方也不必支付任何初始投资。从这个意义上说,互换合约对于参与双方既不是资产,也不是负债,而是一个混合体。从这个角度看,互换合约与远期和期货合约相像。参与互换合约的双方,由于未来的不确定性,合约可能发生不利于己方的变化,双方均存在违约的可能性。

互换的现金流通常是系列现金流,而不是单一现金流。例如,在例 12-1 中 5 年票息的互换。互换合约在签订时,是等价交换。等价指全部交换现金流等价,不指单一现金流等价。所以,在互换合约中交换的双方现金流,可以在支付时点上不一致,也可以在个别现金流的价值上不对等。例如,一个半年支付票息的现金流系列,可以与年支付票息的现金流系列进行交换。

根据国际清算银行(Bank for International Settlements,BIS)的定义,互换合约是指交易双方约定在未来的一个或多个日期交换一系列现金流的合约[②]。在本质上看,互换合约是一系列远期合约的加总。也就是每一次现金流交换,都构成一个远期合约。所以,互换可以使用远期或者期货合约近似地替代。从这个意义上来说,互换合约并不是一种新型金融合约。

## 二、互换类型

按照产生现金流的标的资产类型,金融互换可以划分为利率互换(interest rate

---

[①] 此处确定性是个相对概念,指相对于约定票息,也就是债务人不违约的情况。

[②] 参见国际清算银行网页,http://www.bis.org/publ/econ35.htm。

swaps)、货币互换(currency swaps)和权益互换(equity swaps)等。

## （一）利率互换

利率互换，指交易双方约定在未来的一定期限内，根据同种货币、同样的名义本金，以不同利率计算的利息现金流交换的合约。较为常见的利率互换为固定利率对浮动利率的互换，较常用的浮动参照利率是 LIBOR，如例 12-1 所示。也有浮动利率对浮动利率的互换，所交换的浮动利率的参照利率可以不同，如一种浮动利率以 LIBOR 为参照，另一种浮动利率以短期国债利率为参照。利用例 12-1 中的数据，利率互换的现金流流向如图 12-1 所示。

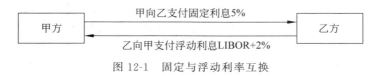

图 12-1　固定与浮动利率互换

## （二）货币互换

货币互换，指交易双方约定在未来的一定期限内，相互交换不同种类货币的本金及利息的合约。在互换合约签订时，需要按照即期汇率(spot exchange rate)计算互换本金。在后续的现金流交换中，不再涉及汇率问题。

**例 12-2**　某公司 1 年后有一笔 1 000 万元人民币的收入，但现在需要一笔美元。公司可以直接贷美元，到期还美元，也可以现在贷人民币，然后做一个互换交易。假设 1 年期人民币利率为 8%（半年支付利息），美元 1 年期利率为 8.2%（半年支付利息），美元即期汇率为 6.4 元[①]。

公司可以现在贷入人民币 1 000/(1+8%)=925.93（万元）。公司与银行做互换交易，现在按照即期汇率换入美元，得到 925.93/6.4=144.68（万美元）。互换交易的现金流如图 12-2 所示。

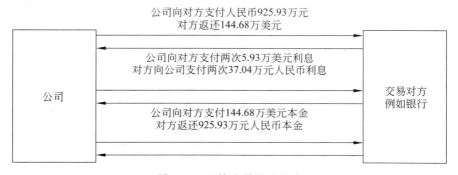

图 12-2　互换交易的现金流

公司使用了人民币贷款，通过互换，获得了美元现金流，可以用于美元的业务或者投

---

①　本例中完全忽略存贷款和买卖外汇的价差问题。

资。公司使用互换获得的人民币现金流入,支付后续人民币贷款的利息和本金。

### (三)权益互换

权益互换,指交易双方约定在未来的一定期限内,相互交换基于不同参照系列现金流的合约。之所以称为权益互换,指交换的现金流中,至少有一个系列的现金流以某只股票的表现如股票价格,或者股票价格指数为参照计算。比较典型的权益互换,指所交换的现金流系列中,一个系列现金流基于某种市场利率,例如固定利率或者浮动利率,另外一个系列现金流基于某种权益业绩。

权益互换与利率互换和货币互换相比,都是未来现金流系列的交换,仅仅是计算交换现金流的参照不同。

## 三、互换市场

### (一)互换市场的发展

同其他金融工具一样,互换也是规避金融风险和政府管制的产物。在 20 世纪 70 年代末,国际金融市场上汇率和利率发生了剧烈波动,为了规避由此所造成的外汇和利率风险,某些大型跨国公司开始了跨越国境的平行贷款。例如,1981 年由所罗门兄弟公司安排,IBM 与世界银行之间签署了一份货币互换协议。较早的利率互换发生在 1982 年 8月,德意志银行发行了 3 亿美元的 7 年期固定利率欧洲债券,并安排与三家银行进行互换,换成了以 LIBOR 为参照的浮动利率。

受到避险需求和投资需求增加的刺激,互换市场得到了快速发展。至今,金融互换市场已经成为国际金融衍生品市场的重要组成部分。而且,互换的标的物越来越丰富,从传统证券向衍生品发展。传统互换市场的主要标的物为债券和外汇,而随着金融创新的不断深入,不断出现新型互换产品,例如互换期权(swaptions)、远期互换(forward swaps)、可延展互换(extendible swaps)、可停止互换(puttable swaps)、多边互换(multi-legged swaps)等。金融创新已经将外汇市场、证券市场、短期货币市场和长期资本市场等融入了互换市场,成为一个综合性市场。

### (二)互换交易

同任何其他金融工具市场一样,互换市场也存在着促成交易的经纪人和互换交易商。普通的互换交易者可以通过互换经纪人与交易商进行交易,也可以与交易商直接进行交易。互换交易商的地位与股票市场中做市商的地位相似。由于互换市场的定制化程度高,很多交易者为特殊要求而交易互换,互换市场是一个典型的场外市场。

互换交易商主要由大型跨国商业银行承担。在互换市场中,银行特别是大型商业银行掌握大量的金融信息,对客户的信用状况和资金需求有较为详细的了解,银行可以凭此优势充当互换经纪人或互换交易商。当然,商业银行自身也可以作为互换交易的直接参与者,作为互换交易的一个交易方,有助于根据市场条件的变化及时调整其资产负债结构,降低资金运营中可能出现的各种风险,提高资金的安全性和营利性。

前文如图 12-1 所示的互换交易,在有中介的情况下,互换交易如图 12-3 所示。交易商在其中既发挥了中介的作用,又作为甲、乙双方的交易对手,承担金融风险。同时交易商通过买卖价差,在交易中获得利润。买卖价差的高低,既与金融市场状况相关,也取决于甲、乙双方的信用风险。如图 12-3 中,交易商在双向现金流中,共收取了交易额的 0.5% 作为买卖价差。如果互换仅仅通过经纪人而不是交易商达成交易,经纪人收取佣金,但不承担任何互换交易的风险,那么相应的风险就完全由交易双方承担。

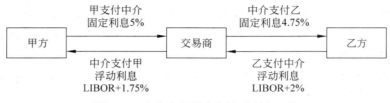

图 12-3　有中介的固定与浮动利率互换

### （三）互换市场的特点

**1. 场外交易**

互换市场是一个典型的场外交易市场。在有交易商的市场,互换价格由交易商报价。例如,中国工商银行开展了人民币利率互换业务,将浮动利率产品交换成固定利率产品,可以交换的包括贷款基础利率（LPR）、人民银行定期存贷款利率（1 年期）、Shibor 利率（隔夜、3 个月品种）、银行间 7 天回购定盘利率（FR007）四大类浮动利率产品[①]。场外交易上市容易满足互换各方的需求,具有较大的灵活性,但交易价格需要谈判,而且流动性较差。

**2. 政府监管少**

正因为互换市场属于场外交易市场,不存在类似于期货、期权等场内交易的专门规定,对参与人、交易程序等方面没有特殊规定。银行进行场外交易的互换交易,与一般的贷款业务有很大的相似性。实际上,互换交易完全可以使用若干个其他业务合约来实现。

**3. 期限较长**

相对于期货、期权等衍生工具合约,互换合约的期限安排通常较长,如可以长达 2～20 年。较为长期的合约,更有利于交易者将互换用于长期资产负债管理中,规避较长时间内的金融风险。

### （四）互换交易的风险

**1. 信用风险**

信用风险指互换对方当事人在互换过程中不能履行其义务而违约的风险。对于担任互换交易商的互换银行来说,信用风险是最重要的风险。作为匹配互换的中间媒介,互换银行独立地对两个交易对手负有义务,且不能以其中一方的违约,而对另一交易对手停止履行义务。

由于信用风险是非系统性风险,首先,互换银行可以通过资产的分散化来降低信用风险。其次,互换交易双方也可以在互换合约中明晰违约条款,如规定抵押、保证金等条件。

---

① 参见中国工商银行网站,http://www.icbc.com.cn/icbc/default.htm。

最后,客观地选择信誉高的交易对方是规避信用风险较为直接的方法。

如果交易商发生了信用危机,对于作为交易商交易对方的普通交易者也构成信用风险。交易商的信用风险的影响面广,具有一定的系统性。这样看来,参加互换交易的普通交易者的信用风险与交易商的信用风险相互关联。

**2. 市场风险**

市场风险指由互换合约有效期内市场利率、汇率变动,而引起互换的不同现金流系列产生价差,因此而引起的风险。一般的互换合约有两个现金流系列,针对每一个现金流系列都可以计算出价值。在市场均衡条件下,在互换合约签订时,两个现金流系列的价值相等。当市场环境发生变化时,不同种类或者不同市场上的金融工具的价值发生非对称性变化,就会导致两个现金流系列的价值不相等,也就是参与双方发生了不对等交易,其中一方会发生亏损。

# 第二节　互　换　定　价

尽管互换划分成很多类型,但不同类型互换定价机制基本相同,本节仅就较为常见的利率互换和货币互换定价进行分析。

## 一、互换定价原理

### (一)互换中的比较优势

很多互换产生的驱动因素是比较优势,参加交易的双方都充分利用自身的比较优势,通过交易,实现优势共享,从而达到提升各自价值的目的。

**例 12-3** 甲、乙两家公司在资本市场进行融资,两个资本市场分别为固定利率市场和浮动利率市场。其中两个公司的信用级别分别为 AAA 级和 A 级,在固定利率市场上的利差为 1.5%,在浮动利率市场的利差为 0.5%。两个公司相关数据如表 12-2 所示。

**表 12-2　甲、乙公司的资本成本比较**

| 现金流特征 | 甲公司 | 乙公司 | 利差 |
|---|---|---|---|
| 信用等级 | AAA | A | |
| 固定利率 | 5% | 6.5% | 1.5% |
| 浮动利率 | LIBOR+0.2% | LIBOR+0.7% | 0.5% |
| 利差之差 | | | 1% |

两个公司的固定利率利差减去浮动利率利差为正的 1.0%,即 100 基点(base points,bps)[①]。相对来说,甲公司在固定利率市场具有更强的比较优势。即使甲公司不需要固定利率贷款,而是需要浮动利率贷款,也可以使用甲、乙两家公司之间的互换,充分利用自身的比较优势,降低资本成本。互换原理如图 12-4 所示。

在图 12-4 中,参与互换交易的甲、乙两家公司,分别在各自具有比较优势的市场进行

---

① 当利率数值较小时,市场上习惯使用基点表示,每个基点等于 0.01%。

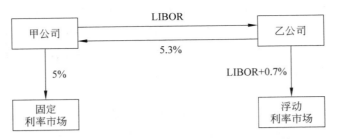

图 12-4　甲、乙公司利用互换实现比较优势价值

贷款,甲在固定利率市场贷款,需要支付固定利率 5%,乙在浮动利率市场贷款,需要支付浮动利率 LIBOR＋0.7%。之后双方交换现金流,甲公司每期支付给乙公司浮动利率 LIBOR,乙公司每期支付给甲公司固定利率 5.3%。互换后,甲公司相当于获得了利率为 LIBOR－0.3% 的浮动利率贷款,较直接从浮动利率市场贷款节约了 0.5% 的利差。乙公司相当于获得了利率为 6% 的固定利率贷款,较直接从固定利率市场贷款节约了 0.5% 的利差。

通过互换交易,甲、乙两家公司通过双方在不同市场的比较优势,达到了降低资本成本的目的。通过互换所节约的成本合计 100 基点,称为互换收益。本例中所节约的资本成本双方平均分享,各获得 50 基点。在现实交易中,互换收益未必平均分派,而是按照双方谈判地位而决定。

### （二）互换合约签订时的定价

与期货合约类似,互换不是一类资产,不存在价值,所以互换定价不是确定互换自身价值,而是指互换时按照什么样的价格交换现金流。在利率互换中,所谓价格,指利率。在货币互换中,价格指汇率。例如,在例 12-3 中,甲公司获得的互换价格,是支付 LIBOR,获得 5.3% 的固定利息。

在有两家公司参与的互换交易中,互换定价实际上等价于互换双方分配互换收益。互换收益分配的结果,决定了互换定价的结果。如果甲公司谈判地位强,能够获得互换收益的 90%,即 90 基点,那么互换定价可以变化为:甲公司支付 LIBOR,获得 5.7% 的固定利息。谈判地位强弱是个相对结果,金融市场竞争性越强,任何一个参与者具有优势谈判地位的可能性越弱。如果双方所处的市场都是竞争市场,那么双方都不具有优势谈判地位,互换收益必然平均分配,否则就会出现套利机会。

在现实互换市场中,普通互换交易者通常以商业银行承担的交易商作为交易对方,交易商在市场上报价,交易者如接受报价,则可以达成互换合约交易。由于存在交易商之间的竞争,以及不同市场之间的竞争,交易商在确保获得必要利润的同时,总是希望报出合理的互换价格。所谓合理的互换价格,指交易者不存在套利机会。在无套利机会条件下,所交换的系列现金流价值相等,互换合约本身的价值为 0。

利用图 12-4 中的互换交易说明套利的过程。如果图中的乙方为交易商,并且所处的市场是一个竞争市场。乙可以报出如下价格:LIBOR 浮动利息交换 5.5% 的固定利息。而同时另一个交易商报出的价格为:LIBOR 浮动利息交换 5.3% 的固定利息。甲公司就可以与乙达成一个互换合约:支付 LIBOR 浮动利息,获得 5.5% 的固定利息。同时与第二个交易商达成如下互换合约:支付 5.3% 的固定利息,获得 LIBOR 浮动利息。甲公司通过同时参与两个互换交易,实现 20 基点的净收益。当然,现实中由于存在交易成本,会削减套利的净收益。套利的压力,会使得各个交易商报价趋向相同。

甲公司不仅可以利用另外的互换合约进行套利,还可以利用其他金融工具进行套利,如利用系列远期合约与互换进行套利。当处于无套利机会时,市场处于均衡状态,互换处于使得合约自身价值等于 0 的状态,就是互换的市场均衡报价状态。

尽管在均衡市场中,互换合约自身价值为 0,也不说明互换参与者不能通过互换获得收益或者发生损失。互换合约签订后,随着市场波动,所交换的现金流系列的价格可能会发生不对称变化。

**例 12-4** 以图 12-4 中的互换为例,签订合约时的互换价格为 LIBOR 交换固定利率 5.3%。也就是甲公司通过互换,相当于实现了利率为 LIBOR−0.3% 的浮动利率贷款。如果 1 个月之后,市场发生了如表 12-3 所示的变化。

表 12-3　互换后资本市场价格情况

| 现金流特征 | 甲公司 | 乙公司 | 利差 |
|---|---|---|---|
| 信用等级 | AAA | A | |
| 固定利率 | 4.8% | 6.3% | 1.5% |
| 浮动利率 | LIBOR−0.5% | LIBOR+0.7% | 1.2% |
| 利差之差 | | | 0.3% |

发生变化后,互换的收益由 100 基点变为 30 基点。根据互换合约,30 基点的收益全部被乙方获得。甲方相当于发生了 50−30＝20(基点)的损失。

### (三)互换定价的影响因素

#### 1. 远期价格

互换价格通过市场无套利条件获得,进行套利的重要工具是远期市场。因此,影响互换价格的最主要因素是与互换有关的远期价格,比如远期利率、远期汇率等。将互换合约分解成一系列远期的组合,互换定价中的远期价格因素反映了市场对未来利率的预期。此处所说的远期,指一系列远期。对于利率而言,相当于利率期限结构影响互换价格。

#### 2. 信用风险

与任何其他金融工具一样,在互换合约中,交易双方的信用风险会改变互换定价。由于交易对方的信用风险而带来的有利于交易方的价格变化,称为交易方获得的风险溢价。信用等级较差的一方需要面临较为不利的互换价格,以作为付给对方承担风险的补偿。信用风险的大小不仅与交易者的财务状况相关,还与进行互换交易的目的相关,究竟出于避险还是投机目的进行互换,会不同程度影响信用风险的大小。

#### 3. 市场分割

互换可以分解为一系列远期合约的组合,按照时期长短,不同时点现金流的交易,相当于在不同市场进行金融交易。例如,较近期的现金流交换,可以看成是短期市场交易,较远期的现金流交换,可以看成是长期市场交易。当金融市场一体化程度较高时,长短期市场间主要的区别在于流动性和期限风险不同，长期市场由于流动性和期限风险高而出现风险溢价。当不同期限市场间分割程度较高时，不同市场的交易价格间的联动性变得不明显，依照不同远期而计算的互换价格随之发生变化。

## 二、利率互换定价

### （一）利率互换期初定价

利率互换期初定价，指在利率互换合约签订时，互换价格的确定。在利率互换中，较为常见的是票息互换，如前文提到的浮动票息与固定票息的互换。在互换市场中，普通交易者，简称为交易者的对方通常是交易商。交易商提出报价，交易者观察到报价后作出决策。当期货合约本身的价值等于 0 时，市场达到均衡。

以图 12-4 中的互换为例，假设甲公司为交易者，乙公司为交易商。在确定了名义本金后，交易者使用浮动票息换取固定票息。在整个互换期限内，双方只交换票息，而不交换名义本金。实际上，不论是否交换本金，均不影响分析的结果。这样，对于甲公司来说，票息互换合约可以分解成一个固定利率债券的多头和一个浮动利率债券的空头，也就是甲公司收取固定票息，支付浮动票息。而对于交易商来说，头寸性质正好相反，为固定利率债券空头和浮动利率债券多头。相对于交易商，互换合约的价值等于两类头寸价值之差，即

$$V_s = B_{fl} - B_{fix}$$

式中，$V_s$ 为互换合约的价值；$B_{fl}$ 为互换合约分解出的浮动利率债券的价值；$B_{fix}$ 为互换合约分解出的固定利率债券的价值。

按照债券价值的计算公式，按照连续复利计算[①]，固定利率债券的价值为

$$B_{fix} = \sum_{i=1}^{n} L \times k \times e^{-r_i t_i} + L \times e^{-r_n t_n}$$

式中，$L$ 为互换中的名义本金；$k$ 为互换合约中每个付息期[②]甲公司收取的固定利率；$t_i$ 为合约签订时距第 $i$ 次现金流交换的时间（$1 \leqslant i \leqslant n$）。在互换市场，通常假设互换现金流的风险，等于银行间拆借市场风险，因此使用 LIBOR 折现。$r_i$ 即为到期日为 $t_i$ 的 LIBOR 零息票利率。$n$ 为互换合约中，交换现金流的次数。

浮动利率债券在每一个付息期重新设定票息率，重新设定值等于新付息期起始日的参照利率加减一个固定值，如果以 LIBOR 为基准，则在 LIBOR 的水平上加减某个固定值。在互换合约中，分解出的浮动利率债券的票息率等于参照利率，在例 12-3 中即为 LIBOR。因为互换现金流的折现率也是 LIBOR，这样浮动利率债券的折现率永远等于票息率，债券净价永远等于面值。相当于在每个票息支付后的一瞬间，也就是下一个计息日开始的一瞬间，浮动利率债券的价值等于互换中的名义本金。

如果交易商的头寸性质为固定利率债券多头和浮动利率债券空头，对于交易商，互换合约的价值为

---

① 衍生工具定价通常使用连续复利折现，参见第十章和第十一章相关内容。

② 注意，这里的每个付息期未必等于 1 年，也就是 $k$ 的报价长度单位不一定等于 1 年。

$$V_s = B_{fix} - B_{fl}$$

不论交易商头寸方向如何,令 $V_s = 0$,均可以得到如下结果:

$$B_{fix} = B_{fl}$$

即

$$B_{fix} = \sum_{i=1}^{n} Lk\,\mathrm{e}^{-r_i t_i} + L\mathrm{e}^{-r_n t_n} = L$$

$$k = \frac{1 - \mathrm{e}^{-r_n t_n}}{\sum_{i=1}^{n} \mathrm{e}^{-r_i t_i}}$$

利用此式即可计算出互换合约在签约时的价格。

**例 12-5**　考虑一家作为互换交易商的金融机构,准备对一个互换合约报价。合约内容为交易商支付 LIBOR,收取固定利息,合约期限为 1 年,每季度交换一次票息。已知 3 个月至 1 年期的 LIBOR 报价分别为 5%、5.1%、5.5%、5.8%,计算交易商的互换报价。

将题中给定数据代入公式,得

$$k = \frac{1 - \mathrm{e}^{-r_n t_n}}{\sum_{i=1}^{n} \mathrm{e}^{-r_i t_i}} = \frac{1 - \mathrm{e}^{-5.8\% \times 1}}{\mathrm{e}^{-5\% \times 0.25} + \mathrm{e}^{-5.1\% \times 0.5} + \mathrm{e}^{-5.5\% \times 0.75} + \mathrm{e}^{-5.8\% \times 1}} = 1.46\%$$

转换成年利率,定价利率应该等于 $1.46\% \times 4 = 5.84\%$,也就是交易商的互换报价应该等于 5.84%。

### (二)远期利率协议与互换定价

毕竟 LIBOR 为短期利率报价,适用于短期互换合约定价。对于较长期的互换合约,可以使用远期利率协议(forward rate agreement,FRA)。

远期利率协议,是交易双方签订的一种远期贷款合约,即约定在未来的某一日,参与交易的一方,向另一方支付约定的利息。利息的数额以名义本金计算。到了到期日,不需要交割本金,只需要交割利息差即可。实际上,远期利率协议也是一份互换,但仅仅交换一对现金流,就是未来的利息现金流。其中一方的现金流按照事前约定计算,另一方现金流按照当时市场利率计算。

**例 12-6**　甲方与乙方签订了一份远期利率协议,协议规定,基于名义本金 100 万元,甲方向乙方支付 3 个月的固定利息,利率为 8%,同时甲方获得按照当时市场利率计算的 3 个月利息。远期利率协议的期限为 6 个月。过了 6 个月,到了远期利率协议的交割日,当时的 3 个月市场利率为 7.8%。按照协议,甲需要支付给乙 8% 的利息,乙需要支付给甲 7.8% 的利息。双方支付额相抵后,利差为 0.2%,所以协议的交割只需要甲支付给乙按照 0.2% 息差计算的现金流即可。即甲支付给乙的现金流为

$$100 \times \frac{1}{4} \times (8\% - 7.8\%) = 0.05(万元)$$

该现金流在 9 个月后产生,如果现在 9 个月期限的市场利率为 8.2%,则该笔现金流现在的价值为

$$0.05 \times \mathrm{e}^{-0.75 \times 8.2\%} = 0.047(万元)$$

记约定的名义本金为 $L$，$(T^*-T)$ 期限的固定利率为 $k$，$T$ 时 $(T^*-T)$ 期限的市场利率为 $k^*$，远期到期日距现在的时间为 $T$，远期协议约定的利息计算期限距现在的时间为 $T^*$，从协议签订日到协议计息日这一段时间的市场利率为 $r$，三个日期的时间关系如图 12-5 所示。

图 12-5　远期利率协议的关键时间点

图中的 0 时刻为签约时刻，$T$ 时刻为合约执行时刻，也就是交换现金流的时刻。现金流计算的期限为从 $T$ 时刻到 $T^*$ 时刻，即计算 $(T^*-T)$ 时间段内的利息。

在远期协议签订日，对于固定利率多头一方，远期的价值为

$$V = L(k - k^*)e^{-rT^*}$$

互换是多个远期的组合，如果互换中的远期数量为 $n$，则在签约日，互换的价值就是每一个远期在签约日价值之和，令 $V_S$ 代表互换价值，$V_i$ 代表第 $i$ 个远期的价值，则互换价值为

$$V_S = \sum_{i=1}^{n} V_i$$

在无套利条件下，签约时的互换合约价值等于 0，由此只要知道了远期利率，就可以计算出互换中固定利率的数值，也就是互换定价。公式中的远期利率可以通过利率期限结构计算得出。另外，互换是一系列远期，互换价值等于 0，未必等价于每一个远期价值等于 0。

**例 12-7**　根据市场的利率期限结构曲线，2 年内以每半年为间隔的市场利率如表 12-4 所示。交易商准备对一个互换协议做出报价，互换协议规定以 6 个月为计息期，两年内以市场参照利率[①]交换固定利率，合计共有 4 次利息交换。

表 12-4　互换期限内的利率表

| 期限 | 6 个月 | 1 年 | 1 年 6 个月 | 2 年 |
|---|---|---|---|---|
| 利率 | 3.6% | 3.8% | 4.2% | 5.1% |

为了计算互换的利息现金流，还需要计算每个付息期的市场利率。协议中共有 4 个付息期，第一个付息期的利率为 3.6%。第 2 个付息期从第 6 个月开始，年末结束，根据期限结构曲线计算的远期利率为

$$k_2^* = \frac{3.8\% \times 1 - 3.6\% \times 0.5}{1 - 0.5} = 4\%$$

类似，第 3 个付息期和第 4 个付息期的远期利率分别为

$$k_3^* = \frac{4.2\% \times 1.5 - 3.8\% \times 1}{1.5 - 1} = 5\%$$

---

① 此处未确定基准利率是什么，假设基准利率就是期限结构曲线所隐含的利率。

$$k_4^* = \frac{5.1\% \times 2 - 4.2\% \times 1.5}{2 - 1.5} = 7.8\%$$

如果交易商为固定利率多头,则互换相对于交易商的价值为

$$V_S = L \times 0.5 \times [(k - 3.6\%) \times e^{-3.6\% \times 0.5} + (k - 4\%) \times e^{-3.8\% \times 1} +$$
$$(k - 5\%) \times e^{-4.2\% \times 1.5} + (k - 7.8\%) \times e^{-5.1\% \times 2}]$$

令 $V_S = 0$,即可计算出固定利率的报价,为 4.96%。按照这样的报价利率,第一次远期合约的价值为

$$V_1 = L \times 0.5 \times (k - 3.6\%) \times e^{-3.6\% \times 0.5} = L \times 0.5 \times 0.013\ 3$$

以后几次的远期合约价值分别为

$$V_2 = L \times 0.5 \times (k - 4\%) \times e^{-3.8\% \times 1} = L \times 0.5 \times 0.009\ 2$$
$$V_3 = L \times 0.5 \times (k - 5\%) \times e^{-4.2\% \times 1.5} = -L \times 0.5 \times 0.000\ 4$$
$$V_4 = L \times 0.5 \times (k - 7.8\%) \times e^{-5.1\% \times 2} = -L \times 0.5 \times 0.022\ 0$$

前两个远期价值为正,后两个远期价值为负。

### (三)互换协议签订后的价值

假设投资者仅仅持有浮动利率债券 1 期的时间,第 1 期末出售债券。在 0 时刻,债券价值等于净值,即面值。在两次票息支付的期间,浮动利率债券的价值不等于面值,而是未来第一次票息和到时的债券净值(面值)折现。令 $t$ 为 0 和 1 中间的某个时刻。各个时刻及其对应的价值,如图 12-6 所示。

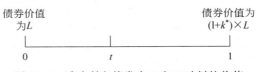

图 12-6　浮动利息债券在 0 和 1 时刻的价值

图中的 $k^*$ 为浮动利率债券在 0 至 1 期间产生的利息水平。令 $t_1$ 为时刻 $t$ 至时刻 1 的时间长度,那么在 $t$ 时刻浮动利率债券的价值为

$$B_{fl} = (1 + k^*)L e^{-r_1 t_1}$$

固定利率债券的价值为

$$B_{fix} = (B_{fix1} + Lk) e^{-r_1 t_1}$$

式中,$B_{fix1}$ 为在 1 时刻固定利率债券的价值,在互换到期日固定利率债券的价值等于面值,即名义本金 $L$。

如果交易商为固定利率多头,相对于交易商,互换的价值为

$$V_S = B_{fix} - B_{fl} = \sum_{i=1}^{n} Lk e^{-r_i t_i} + L e^{-r_n t_n} - L(1 + k^*) e^{-r_1 t_1}$$

**例 12-8**　假设在一笔互换合约中,每 6 个月交换一次票息,交易商为固定利率多头,每 6 个月支付 LIBOR,同时收取 8% 的半年期固定利息,名义本金为 100 万元。互换合约在 3 个月前签订,还有 1.25 年的期限。3 个月、9 个月和 15 个月的 LIBOR(连续复利率)分别为 10%、10.5% 和 11%。在签订互换合约时的 6 个月 LIBOR 为 10.2%。该互换合约对于金融机构的价值为

$$V_s = \sum_{i=1}^{n} Lk\mathrm{e}^{-r_i t_i} + L\mathrm{e}^{-r_n t_n} - L(1+k^*)\mathrm{e}^{-r_1 t_1}$$

$$= 100 \times 8\% \times 0.5 \times (\mathrm{e}^{-10\% \times 0.25} + \mathrm{e}^{-10.5\% \times 0.75} + \mathrm{e}^{-11\% \times 1.25}) + 100 \times \mathrm{e}^{-11\% \times 1.25} -$$

$$100 \times (1 + 10.2\% \times 0.5) \times \mathrm{e}^{-10\% \times 0.25}$$

$$= -4.27(万元)$$

解得的结果为负值,也就是交易商由于签订了该互换合约,损失 4.27 万元。相反,如果交易商为浮动利率多头,固定利率空头,则该互换对于交易商的价值为 4.27 万元。

## 三、货币互换定价

### (一) 货币互换签约时的定价

互换合约为系列现金流交换,货币互换也可以看成是不同货币固定收益证券现金流的交换。因此,货币互换的定价与利率互换定价相似,只是增加了即期汇率和远期汇率(forward exchange rate)问题。

将货币互换分解成若干个远期组合。例如,在图 12-2 的互换中,未来共发生了两次货币交换。第一次为公司支付 5.93 万美元,获得 37.04 万元人民币。第二次为公司支付 150.61 万美元(本息和),获得 962.97 万元人民币(本息和)。在此例中,公司持有人民币现金流多头,交易商持有人民币空头。对于交易商来说:

第一次现金流交换的价值为

$$(5.93 \times F_1 - 37.04) \times \mathrm{e}^{-r_1 t_1}$$

式中,$F_1$ 为目前外汇市场上决定的第一次现金流交换时的美元价格(远期汇率);$t_1$ 为第一次现金流交换距现在的时间;$r_1$ 为从现在开始进行 $t_1$ 期投资的市场利率。

相应地,第二次现金流交换时的价值为

$$(150.61 \times F_2 - 962.97) \times \mathrm{e}^{-r_2 t_2}$$

两个价值相加,构成互换的价值。

货币互换定价,可以考虑单边利率固定,确定另一边的利率。假设美元利率固定,那么相对于交易商,互换的价值可以表示为

$$V_s = (5.93 \times F_1 - 925.93 \times k) \times \mathrm{e}^{-r_1 t_1} + [150.61 \times F_2 - 925.93 \times (1+k)] \times \mathrm{e}^{-r_2 t_2}$$

其中 $k$ 为每个计息期内的利率(同前面一样,不以年为单位计)。一般地,该公式可以表示为

$$V_s = \left(\frac{L}{F_0} \times k^* F_1 - Lk\right) \times \mathrm{e}^{-r_1 t_1} + \left(\frac{L}{F_0} \times (1+k^*) \times F_2 - L \times (1+k)\right) \times \mathrm{e}^{-r_2 t_2}$$

式中,$k^*$ 为所交换货币在计息期内的利率(不以年为单位计);$L$ 为本币本金额;$F_0$ 为即期汇率。

与利率互换相同,在无套利市场中,合约签订时的货币互换价值等于 0。因此,如果已知相对于交易商的 6 个月和 1 年期的市场利率分别为 8% 和 8.1%,同期的远期汇率分别为 6.41 元和 6.45 元(美元价格),那么可以计算出在无套利条件下,互换的人民币利率报价。

$$(5.93 \times 6.41 - 925.93 \times k) \times \mathrm{e}^{-8\% \times 0.5} + [150.61 \times 6.45 - 925.93 \times$$

$$(1+k)] \times e^{-8.1\%} = 0$$

解方程式可得 $k = 4.5\%$。这个计算结果是半年利率,年利率为 $9\%$。

从例中可以看出,计算货币互换定价,应该具有利率期限结构以及远期汇率的信息。

与利率互换类似,虽然互换价值等于 0,并不等于每一次现金流交换的价值也等于 0。在本例中,第一次现金流交换的价值为负 3.51 万元,交易商发生损失。但第二次现金流交换的价值数值相等,符号相反,正好与第一次现金流交换的价值相抵。

### (二)货币互换签约后的价值

货币互换签约时,对于双方的价值应该等于 0(不考虑交易成本)。在签约后,随着时间的变化,金融市场可能发生各种变化,导致对于签约双方的价值不等于 0。对于签约后价值的计算,仍然可以使用上述价值计算公式。只是应注意,折现的期限发生了变化,远期汇率可能发生变化,折现率可能发生变化。

除此之外,还可以将互换分解成两个债券进行价值计算。在图 12-2 所示的货币互换中,对于交易商,相当于持有一张美元债券多头,同时持有一张人民币债券空头。互换相对于交易商的价值可以表示为

$$V_S = F_0 B_F - B_D$$

式中,$B_F$ 为外币标值的债券价值;$B_D$ 为本币标值的债券价值。

**例 12-9** 在美国市场,A 公司与某银行签订一份 3 年期的货币互换合约。A 公司每年向银行支付固定利率为 $5\%$ 的人民币利息,银行则每年向 A 公司支付固定利率为 $8\%$ 的美元利息。名义本金为 1 000 万美元和对等价值的 6 400 万元人民币。期初 A 公司向银行支付 1 000 万美元本金,同时从银行获取 6 400 万元人民币,期末再反方向交换。已知当前即期汇率为 1 美元等于 6.3 元。另外,假设美元和人民币市场的利率期限结构水平,连续复利分别为 $9\%$ 和 $4\%$。计算相对于银行来说,互换的价值。

$$V_S = F_0 B_F - B_D$$

$$F_0 B_F = \frac{1}{6.3} \times (320 \times e^{-4\% \times 1} + 320 \times e^{-4\% \times 2} + 6\,720 \times e^{-4\% \times 3})$$

$$= 1\,041.74$$

$$B_D = 80 \times e^{-9\% \times 1} + 80 \times e^{-9\% \times 2} + 1\,080 \times e^{-9\% \times 3} = 964.40$$

$$V_S = 1\,041.74 - 964.40 = 77.34(万美元)$$

也就是目前的互换合约可以为银行带来 77.34 万美元的价值。

# 第三节　互换投资应用

利率互换是应用最广泛的互换合约,本节以利率互换为例,说明在债券投资中的应用原理。

## 一、互换套利

### (一)互换套利的原理

互换套利与期货和期权一样,都是利用市场的不完美性进行套利。有所不同,互换套

利利用两个市场间偏离套利。例如,在例 12-2 中,公司签订互换合约后,形成美元空头。如果公司发现在未来 1 年内能够在美元市场获得更大的收益,例如,每年的收益率达到12%,那么公司使用美元在半年内可以获得 8.68 万美元的收益。公司的这笔投资收益,扣除支付给交易商的利息,还剩余 2.75 万美元。公司在一年的互换中,共获得投资价值为[1]

$$2.75 \times e^{-8\% \times 0.5} + 2.75 \times e^{-8\%} = 5.18(万美元)$$

在这个互换中,投资者利用了未来美元市场收益高于人民币市场收益的偏差,实现了投资收益。

在互换市场中,买进互换,通常指作为固定利率的支付方,也就是手中原来持有固定利率债券,通过互换,将固定利率的收益改变为浮动利率的收益。所以,互换多头通常指通过互换合约支付固定利率,获得浮动利率。签订互换合约后,如果市场利率提高,固定利率债券价格下降,投资者可以通过互换多头获利。所以,持有互换多头,在看空债券市场(short market)的情况下,预期可以获利。

以参照利率为 Repo[2] 为例。你对于未来 3 个月内的 Repo 估计在 2.7%～3.0%之间,通过查阅资料,以及进行较为深入的分析,你确信判断正确的概率高。如果当前 Repo超过了 3.2%,就可以进行互换交易,卖出互换,也就是持有互换空头。根据你的估计,当前市场高估了 Pepo,未来市场利率会下降。根据互换的特点,当市场利率下降时,互换空头获利。

### (二) 互换组合

通常,互换套利组合有两种形式：互换和证券的组合,互换和互换的组合。

#### 1. 互换和证券的组合

以固定利率交换浮动利率为例。互换和证券的组合通常指构造一个投资组合,包括互换头寸和固定利率债券或者浮动利率债券头寸。在债券市场上,不同债券的违约风险、期限、流动性、税收特点、赎回条款、偿债基金等因素,都有可能导致债券之间的利差发生短暂的异常变化。利率互换能够帮助投资者在不改变原有债券组合的基础上,获得所观察到的利差套利空间。

例如,投资者发现 AAA 级和 AA 级债券的利差,从历史平均值的 50 基点扩展到了75 基点。投资者相信这一较高的利差只是一个暂时反常的现象,就可以在持有 AA 级债券多头的同时,加上 AAA 级债券互换的多头。级差(不同信用级别之间利差)的变化,并不意味着某种债券的利息率必然发生变化,而仅仅是相对值的变化。级差从 75 基点下降,意味着或者 AA 级债券利率下降,或者 AAA 级债券利率上升。当 AA 级债券利率下降时,投资者可以从债券多头获利。当 AAA 级债券利率上升时,投资者可以从互换多头中获利。

**例 12-10**　投资者经过市场分析,发现当前 AAA 级和 AA 级债券的利差被高估了。当前 3 年期 AAA 级债券的市场利率为 4.6%,AA 级 3 年期债券的市场利率为 5.5%。两

---

① 计算中所使用的折现率为人民币市场收益率。
② Repo 是回购利率(repurchase)的简称,与 LIBOR 类似,Repo 是另外一种短期市场参照利率。

种债券都是每年支付一次票息。假设利率期限结构水平。未来市场在一年内可能通过三种方式缩小级差：①AA 级债券利率下降到 5.3％，AAA 级债券利率上升到 4.8％；②AA 级债券利率下降到 5.0％，AAA 级债券利率下降到 4.5％；③AA 级债券利率上升到 5.8％，AAA 级债券利率上升到 5.3％。

不论哪一种情况出现，利差都从 90 基点降低到了 50 基点。互换以 AAA 级债券的利率作为折现率，如果投资者持有 AA 级债券多头和 AAA 级债券互换多头，投资期为 1 年，当前 AA 级债券和 AAA 级债券的市场价格等于面值。以 100 万元投资为例，三种情况下，投资者的损益计算如下。

在第一种情况下，AA 级债券损益为

$$V_D = \frac{5.5}{1+5.3\%} + \frac{105.5}{(1+5.3\%)^2} - 100 = 0.37(万元)$$

根据本章第二节中的公式，AAA 级债券互换名义本金为 100 万元，互换多头损益为

$$V_S = 100 \times [(4.8\% - 4.6\%) \times e^{-4.8\%} + (4.8\% - 4.6\%) \times e^{-4.8\% \times 2}]$$
$$= 0.37(万元)$$

组合总的损益为 $0.37 + 0.37 = 0.74(万元)$。

在第二种情况下，AA 级债券损益为

$$V_D = \frac{5.5}{1+5.0\%} + \frac{105.5}{(1+5.0\%)^2} - 100 = 0.93(万元)$$

互换多头损益为

$$V_S = 100 \times [(4.5\% - 4.6\%) \times e^{-4.5\%} + (4.5\% - 4.6\%) \times e^{-4.5\% \times 2}]$$
$$= -0.19(万元)$$

组合总的损益为 $0.93 - 0.19 = 0.74(万元)$。

在第三种情况下，AA 级债券损益为

$$V_D = \frac{5.5}{1+5.8\%} + \frac{105.5}{(1+5.8\%)^2} - 100 = -0.55(万元)$$

互换多头损益为

$$V_S = 100 \times [(5.3\% - 4.6\%) \times e^{-5.3\%} + (5.3\% - 4.6\%) \times e^{-5.3\% \times 2}]$$
$$= 1.29(万元)$$

组合总的损益为 $-0.55 + 1.29 = 0.74(万元)$。

利用例 12-10 中的债券互换的组合，投资者在不增加投资额的情况下，锁定了级差变化的收益。而使用单一证券，或者单独使用互换都不能达到这样的目的。

例 12-10 中的互换组合，也可以用于不同市场间、同级别债券的套利。不仅利用信用级别可以套利，利用债券其他条款，如期限、流动性、税收特点、赎回条款、偿债基金等，均可以进行类似的套利。

**2. 互换和互换的组合**

互换和互换的组合，根据互换期限和互换参照利率，可以划分为多种类型。按照互换期限，可以构造成不同期限互换的组合。按照互换参照利率，可以构造成不同参照利率互换的组合。使用不同参照利率的互换，作用和使用证券与互换组合的结果类似。当使用

不同期限互换进行组合时,可以利用对于收益率曲线的预期进行套利。

如果预期未来与现在相比,利率期限结构曲线会变陡,但利率上升和下降不确定。在这种情况下,就可以利用两个相反头寸互换对冲利率水平变化风险,同时获得利率曲线曲率变化的收益。预测利率曲线变陡,可以卖出短期利率互换,买入长期利率互换。随着利率的水平变化,在一定程度上,导致两个互换所产生的损益相抵。当曲线陡度提高后,长期互换多头获利,短期互换空头可能会发生一定的损失,但由于期限差,短期互换空头损失要比多头获利绝对值小。如果预期利率曲线在未来会变平,则操作方向正好相反。当然,这样的操作,取决于对于未来预期的准确性,如果预期不准确,预测的收益就不会实现,甚至发生亏损。

如果预测未来利率曲线不是单纯性变陡,或者变平,而是发生扭曲。扭曲变化,相对于不同情况,会有不同操作。如果收益率曲线为凹曲线,如图 12-7 所示,扭曲变化可以加大曲度,或者减小曲度。同样,如果收益率曲线为凸曲线,曲度也可以发生类似的变化。不论哪种情况,互换组合都是做蝶式套利组合。与期权蝶式组合类似,互换蝶式套利组合由三个或者四个期限不同的互换合约构成。

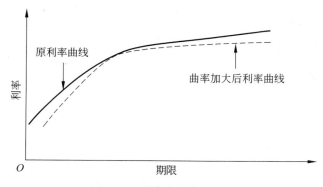

图 12-7　利率曲线曲度变化

图 12-7 所示的变化,由两种变化构成:其一,短期曲线和中期曲线变陡;其二,中期曲线和长期曲线变平。为了利用这样的曲度变化,可以构造两对互换组合。第一对组合为短期互换空头,中期互换多头。第二对组合为中期互换多头,长期互换空头。如果曲度发生预想的变化,两对互换组合都能够获利。即使任何其中之一发生了预想的变化,只要另外一对不发生相反变化,互换组合仍然能够获利。只要曲度发生类似的变化,不论变化后的中期利率水平高于还是低于原来的中期利率水平,互换组合都能够获利。

## 二、风险管理

与其他衍生工具类似,互换也具有风险管理的功能。

### (一)现金流匹配

有时投资组合的现金流入和现金流出类型不同,会给投资组合带来风险。例如,投资组合的现金流入为固定型,而现金流出为利率敏感型,当利率发生变化时,现金流之间就会出现差值。为了规避这种情况的出现,可以使用互换合约改变现金流类型的匹配性。

**例 12-11** 某公司每年产生 5% 的现金流入,但是每年的现金流出(如人员工资、房屋租金)为利率敏感型,与利率变化方向相同。当利率提高时,公司容易发生损失。为了规避由于利率上升带来的可能损失,公司可以签订一个互换合约。

互换合约的方向应该为固定利率流出,浮动利率流入,也就是互换多头。公司与交易商签订互换多头合约,公司现金流情况如图 12-8 所示。这样,当公司资产产生现金流后,通过互换,支付给交易商。交易商支付给公司浮动利息,公司用以支付现金流出项目。在现实条件下,考虑交易费用,公司的风险管理行为会产生一定的费用。如公司向交易商支付的固定利率为 5.2%,资产产生的固定利率为 5%,其中存在一个负利差,为风险管理的代价。

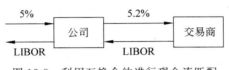

图 12-8　利用互换合约进行现金流匹配

应用同样的原理,公司也可以利用互换,进行不同货币之间的现金流匹配。

### (二)债券组合久期管理

第十章中讨论过使用期货进行债券组合久期管理,利用互换也能够达到同样的目的。一个债券组合在构造时,根据投资者对于承担风险的要求,会确定一个适当的久期。久期提高,债券的价格风险会提高。随着市场多方面因素的变化,债券组合的久期可以发生变化,原来确定的风险水平就会发生变化。为了规避可能发生的更大风险,投资者可以利用互换久期管理。

例如,当市场利率水平降低,也就是市场利率相对于票息率降低时,原有债券组合的久期会加大。为了保持原有的久期,就需要对冲久期的变化。利率的变化对于浮动利率债券的久期基本没有影响,如果浮动利率债券每年支付利息,则在上一个利息支付日后,债券的久期等于 1,半年后债券的久期等于 0.5。固定利率债券的久期与利率发生反向变化,利率降低,固定利率债券的久期加大。互换组合的久期变化主要取决于其中固定利率的久期。如果通过互换使原组合的固定收益变成浮动收益,组合久期就会更接近浮动利率债券久期。总之,利用互换改变债券组合的现金流特征,就能改变组合久期。

# 习　　题

1. 如何理解互换与远期之间的关系?
2. 在互换合约签订时,对于任何一方,如何计算互换的价值?
3. 互换合约对于签订合约的任何一方,是否可以认为是一项资产?
4. 相对于任何一方参与者,互换合约发生损益的原理是什么?

5. 如何理解使用互换合约进行投资组合的风险管理？

6. 如果一家银行发现其资产和负债不相匹配，存款中短期较多，贷款中长期较多。银行存在什么样的风险，可否利用互换进行风险管理？

7. 进行投资组合管理时，互换与期货相比，具有什么优劣势？

8. 互换定价指确定什么，互换定价的原理是什么？

9. 使用互换进行套利，与使用期货进行套利有什么异同？

10. 如何使用互换与互换的组合进行套利？

11. 公司 A、B 在各自 5 年期信贷市场中，相关的利率水平如表 12-5 所示（每年支付一次利息）：

表 12-5　习题 11 表

| 公司 | 固定利率（%） | 浮动利率 |
| --- | --- | --- |
| 公司 A | 12.0 | LIBOR+0.1% |
| 公司 B | 13.4 | LIBOR+0.6% |

在市场完全竞争的条件下：（1）设计一个公司 A、B 直接互换的合约；（2）设计一个有中介的互换合约，假设中介利润为 0.1%。

12. 利用第 11 题中数据，合约签订 1 年以后，LIBOR 由 1 年前的 12%，降低为 11%，计算 A、B 公司的互换损益。

13. 公司 A、B 在各自市场上的信贷利率如表 12-6 所示（每年支付利息）。公司 A 希望以固定利率借款美元，公司 B 希望以固定利率借款日元。在当前汇率水平上，两家公司需求的资金大致相同。

表 12-6　习题 13 表　　　　　　　　　　　　　　　　单位：%

| 公司 | 日元利率 | 美元利率 |
| --- | --- | --- |
| 公司 A | 5.0 | 9.6 |
| 公司 B | 6.5 | 10.0 |

设计一个有中介的互换交易，使得中介机构的盈利为 50 基点，并且 A、B 两家公司不承担外汇风险。

14. 利用第 13 题的数据，如果中介机构的无风险收益率为 7%，利率曲线是水平的，当前美元价格为 120 日元，并且未来 3 年内美元的远期价格为 118 日元、115 日元、110 日元。试站在交易商角度，对公司 A 互换进行定价。

15. 固定利率与浮动利率互换名义本金为 100 万元，互换还剩 10 个月到期。互换合约规定每半年交换一次票息，2 个月前的 LIBOR 报价为 12%，当前的 LIBOR 报价为 9.6%，并且利率曲线水平。求互换多头的当前价值。

16. 互换合约规定以固定利率交换浮动利率，每年交换四次票息，名义本金 100 万元。固定利率报价为 10%，浮动参照利率为 LIBOR。距互换到期日还有 14 个月。1 个月前的 3 个月期限的 LIBOR 为 11.8%，当前 LIBOR 为 12%，并且利率曲线水平。计算互换交易的价值。

17. 某投资者持有一种期限为 30 年的国债 A,票息率为 7％,年付息一次,到期收益率为 7％。而市场上存在国债 B,其到期收益率为 7.1％,而其他方面如期限、票息率等与国债 A 完全相同。投资者预期债券定价的偏差是暂时的,国债 B 的到期收益率最终将会从 7.1％降到 7％的水平。如何使用互换进行套利?

# 即 测 即 练

# 投 资 基 金

　　投资基金(investment fund)是一种重要的投资工具,是使用各种基本金融工具进行组合的结果。投资基金的出现为投资者提供了很大便利,利用投资组合原理,改变了个别金融资产收益和风险之间的匹配关系。

## 第一节　投资基金概述

### 一、投资基金的概念

#### (一) 投资基金的募集

　　投资基金是一种组合投资金融产品。通过投资基金形式,不同的投资者将资金汇集到一起,按照事前约定风格和形式,集中投资,分配投资收益。

　　投资基金一般由发起人设立,向投资者募集发行基金单位(unit),一个基金单位是一份基金①,基金的投资者是基金所有者。与一般的股份公司类似,基金的所有权和经营权分离,基金的日常经营由基金公司中的基金经理负责,重大事项由基金投资人大会决定。

　　投资基金的所有者,也就是基金投资人,获得基金投资的净收益。所谓净收益,指基金投资收益扣除基金费用的剩余部分。基金费用指在基金管理过程中发生的费用,主要包括基金管理费、基金托管费、信息披露费等,这些费用由基金资产承担。我国基金的管理费年率大约为基金资产净值的 1.25%～1.5%。基金托管费年率为基金资产净值的0.25%。

#### (二) 基金参与人

　　投资基金有三个主要参与人,如图 13-1 所示。

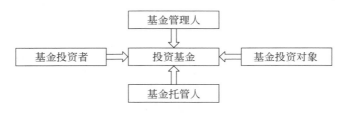

图 13-1　投资基金的构成

**1. 基金管理人**

基金管理人是投资基金的管理者,主要负责基金的筹集、投资和清算等事务。基金管

---

　　①　就像公司发行股票一样,基金发行基金单位,一份基金类似于公司中的一股股票。

理人一般以公司的形式存在,也就是基金管理人等同于基金管理公司。也有的基金管理人以合伙制企业的形式存在。基金管理人作为发起人申请设立投资基金,准备各种法律文件,出售基金单位。投资基金成立后,根据委托合同,基金管理人负责投资基金的日常管理,进行投资决策,在投资基金终止时负责基金的清算。

基金管理人负责基金管理,收取基金管理费作为报酬。管理费率高低由基金投资者和基金管理人之间的委托协议确定,既受市场状况影响,又受管理资产类型影响。如果基金管理人竞争激烈,则管理费率可能会低一些。如果管理的资产风险较高,管理费率也会高一些,例如货币基金的管理费率最低,债券基金的费率其次,股票基金的管理费率会高一些。

基金管理公司招聘基金经理,基金经理团队负责选股、择时,定期对投资组合进行调整。尽管投资基金一般有投资风格限制,但还是拥有较大的投资决策权,不断面临着重要的决策问题。基金经理团队在投资决策中起关键性作用,团队能力强弱决定基金的投资业绩。能够招聘到优秀的基金经理,是提高基金业绩的重要保障。为了激励基金管理人,有时委托协议也规定向管理人支付基金业绩报酬,例如按照一定的比例获得投资收益分成。

公开募集的投资基金有公共产品性质,投资者众多,每一个投资者没有动机,而且多数没有能力对管理人和基金的投资决策进行监管。为了降低道德风险,各国均对公开募集基金的管理人有严格规定。例如,根据《中华人民共和国证券投资基金法》(2015 年修正),注册基金管理公司,需要有公司章程,实缴注册资本不低于 1 亿元人民币;主要股东应当具有经营金融业务或者管理金融机构的良好业绩、良好的财务状况和社会信誉,资产规模达到国务院规定的标准,最近三年没有违法记录;取得基金从业资格的人员达到法定人数;董事、监事、高级管理人员具备相应的任职条件;有符合要求的营业场所和相关设施;有完善的内部管理制度等。

**2. 基金托管人**

基金托管人也叫作基金保管人,是负责在投资基金中进行资产保管、信息披露和交易监督等职责的相关方。一般情况下,基金资产,例如投资者投入的资金,基金投资后的股票、债券等金融资产,必须由独立于基金管理人的基金托管人进行保管。基金设立后,由基金管理人与基金托管人就基金资产托管签订委托协议,明确委托人和托管人的责任和权利、义务关系。基金托管人一般由商业银行或信托投资公司担任。

基金托管人对于基金安全负有责任,收取托管费作为报酬。设立基金托管人,相当于增加了一个监督者。基金托管人的职责一般为:安全保管基金资产,为基金开设专门资金账户,保存基金托管业务活动的记录、账册、报表和其他相关资料,根据基金管理人的投资指令,及时办理清算、交割事宜,对基金财务会计报告、中期和年度基金报告出具意见,复核、审查基金管理人计算的基金资产净值和基金份额申购、赎回价格,还可以按照规定召集基金份额持有人大会等。

**3. 基金投资者**

基金投资者就是基金的购买者,指根据基金合同和招募说明书的约定持有基金的自然人和法人。投资者支付现金,获得基金份额,并因此获得分享基金收益、依法申购或者赎回基金份额、参与基金份额持有人大会事项的表决、查阅相关基金信息资料等权利。

基金投资者的权利可以分为四类，即分享基金投资收益权、参与分配清算资产权、依法转让和申请赎回权、要求召开以及参加基金持有人大会权利。在基金正常经营期间，每一个基金投资者均有权按照基金契约规定获得基金的投资收益。当基金到期清算时，基金投资者按照持有的份额比例，分配清算资产。当投资者因各种原因，不希望继续持有基金份额时，上市的基金可以在市场上自由转让，或者申请赎回。

基金持有人大会类似于公司的股东大会。基金持有人大会由全体基金份额持有人参加，设立由基金持有人代表组成的日常机构，负责召集持有人大会。基金持有人大会及其日常机构不能直接参与或者干涉基金的投资管理活动，但负责审查基金管理人、基金托管人、基金服务机构的行为，决定更换基金管理人、基金托管人，调整基金管理人、基金托管人的报酬标准，决定基金扩募、提前终止或者延长基金合同期限等。

### （三）投资基金的特点

#### 1. 多样化投资

投资基金的重要特点之一是多样化投资，即将资产分散到不同资产上。根据投资组合理论，通过充分多样化投资，可以消除特殊风险，降低总风险，提高单位风险收益。同时，还可以更准确地分析投资收益风险特性，进行科学的资产配置。个人投资者可能由于资金有限，不能做到较好地分散化投资。一般投资者即使有足够的资金进行分散化投资，也没有精力进行管理。投资基金集合了普通投资者的资金，形成了较大资金规模，通过专人管理，能够更好地实现多样化投资，从而能够更好地实现投资目的。

#### 2. 专业化投资

基金募集成功后，交由基金管理人负责日常投资管理。首先，基金有关法规规定基金管理人必须具备必要的金融知识，具有管理人资格；其次，在投资实践中，基金管理人一般积累了丰富的投资经验，熟悉市场特性；再次，基金管理人专门从事投资，有时间和能力挖掘资产信息，更好地进行价值评估；最后，由于基金对于单一股票投资金额大，有利于更好地发挥股东的积极作用，加强公司治理，保护投资者利益。

#### 3. 易于选择

一般来说，投资基金的招募说明书中均明确标明基金投资风格，如基金将主要投资于哪种类型证券，风险等级是多高。基金的投资风格一旦确定，尤其是在募集说明书中标明的风格，不能随意更改。当然，相对应的收益，对于单只股票投资，也大致比较容易预测。另外，在每一个风格类型中，投资基金的业绩如何，由专业机构进行评价，并将评价结果公开。投资者可以通过各种渠道获得基金评级的资料，例如，国际上著名的晨星评级机构对于基金的评级[①]。这些资料均可以帮助投资者进行投资选择。

## 二、投资基金的类型

按照不同的分类方法，基金可以划分成许多不同类型。

---

① http://cn.morningstar.com/main/default.aspx.

## （一）按照基金组织形式划分

按照基金组织形式，投资基金可以划分为契约型基金和公司型基金。

契约型基金又叫作单位信托基金（unit trust fund），我国大陆市场上公开募集基金较多为契约型。契约型基金的关键之处在于利用契约将几方参与人联结在一起，包括投资人和管理人等。在设立过程中，首先成立基金管理公司，作为基金管理人进行基金募集。募集成功后，基金投资者通过契约形式委托基金管理公司负责基金管理。其次，设立基金托管人，作为基金资产和运营的监管者。基金投资者通过契约形式委托托管人提供基金托管服务。基金三方参与人之间的权益和义务完全用契约形式规定下来。作为基金管理人的基金管理公司具有法人地位，但契约型基金本身不具备法人地位。

公司型基金实际上就是一个股份有限公司，公司通过发行股票筹集权益资金。当投资者购买了公司的股票后，就成为公司的投资者，即股东，享有股东所应具有的权利，即享有对于公司资产和收益的剩余索取权，以及股东投票权。作为基金的公司，与一般股份公司不同之处在于主营业务的差别，公司型基金以金融资产投资为主营业务，获得收益。公司型基金具备独立法人地位，拥有公司章程，股东通过董事会参与公司经营，公司是独立纳税主体，所获收益要缴纳公司所得税。专门进行金融资产投资的投资公司，与公司型基金有很大相似之处。

两类基金对比，契约型基金管理所受法律法规的约束更多一些，公司型基金管理灵活性更大一些。契约型基金主要依赖契约管理，公司型基金基于公司章程和治理结构进行管理。

## （二）按照募集方式划分

按照募集方式，投资基金可以划分为私募基金（privately offered fund）和公募基金（publicly offered fund）。

私募基金指基金通过非公开方式募集资金。所谓非公开方式，主要表现为：第一，募集对象是少数特定投资者，包括机构和个人，并且设定自然投资人的最高人数限制①；第二，募集方式为非公开方式，不能进行公开宣传，不能在公开场合进行募集；第三，对于信息披露没有强制性要求，对于投资对象没有特殊限制，对于管理人收益形式也没有限制，相关规定完全根据投资人与管理人之间的合约而确定。根据这些特点，私募基金很像美国市场的对冲基金（hedge fund）。

公募基金指通过公开方式募集资金。所谓公开方式，是与非公开方式相对的一种方式，主要表现为：第一，募集对象是社会公众，是非特定投资者，没有对投资者身份的特殊限制，没有人数限制；第二，募集方式为公开方式，需要公开募集说明书，在公开场合发售；第三，基金需要对投资目标、投资组合等信息，按照有关规定进行公开披露；第四，基金的投资品种、投资比例等不仅受契约限制，也受政府有关规定限制；第五，基金管理人的报酬主要是基金管理费。

在美国市场，对冲基金多数为私募发行，投资对象可以是股票、债券，甚至是很多金融

---

① 目前我国内地规定自然人上限为 50 人，投资大于 300 万元的机构投资者不受限制。

衍生品。基金管理人所获收益一般是两部分收益的组合，包括基金管理费和业绩提成。基金管理费一般为 1.5%～2%，业绩提成一般为净投资收益的 20%。业绩提成通常附有条件，如当基金管理人为投资者带来的投资收益达到 8% 以上时，才能够进行业绩提成。

相对来说，由于私募基金相对于公开募集基金限制少，投资管理更灵活，投资业绩会有不同表现。私募基金投资收益率的方差通常大于公开募集基金，投资业绩表现出更大的波动性。

### （三）按照运行方式划分

按照运行方式，投资基金可以划分为封闭式基金（close-end fund）和开放式基金（open-end fund）。

封闭式基金指基金的发起人在设立基金时，限定基金单位的发行总额，募集资金达到发行总额，基金即宣告成立，并进行封闭，在一定时期内不再接受新的投资。当然，如果在规定期限内，不能募集成功，则需要归还已经募集的资金，基金不能设立[①]。基金单位的流动类似于股票流通，需要在证券交易所上市。在基金募集期过后，不论投资者买还是卖，都需要在二级市场进行交易。没有上市，不存在二级市场的封闭式基金，在存续期内会基本上失去流动性。与每一份基金持有金融资产对应的资产市场价值称为基金净值。由于二级市场买卖在投资者之间进行，交易价格未必等同于基金净值，多数封闭式基金都存在着相对于净值的折价，有的封闭式基金折价甚至高达 20%～30%[②]。封闭式基金到期，按照基金净值进行清算，将剩余资产按照投资比例分配给基金持有人。

开放式基金指基金的发起人在设立基金时，不限定基金单位的发行总额，只要募集资金达到准予注册的最低金额，人数达到法定人数要求，基金即宣告成立。基金设立后，仍然可以接受新的投资，基金持有人也可以要求基金管理人赎回基金。在基金存续期间进行投资和赎回，以交易时的基金净值为标准，投资时要按照基金净值支付资金，赎回时按照基金净值获得资金。投资和赎回还需要缴纳手续费，有的基金只在申购时缴纳手续费，有的基金只在赎回时缴纳手续费，有的基金需要缴纳双向手续费。开放式投资基金如果上市，投资者还可以通过二级市场进行交易，称为上市开放式基金（listed open-ended fund，LOF）。

开放式基金的流动性相比于封闭式基金要好得多。当然，获得流动性的好处，很可能会承担相应的成本。由于开放式基金管理人需要随时应对投资者的赎回，因此对于基金投资对象也需要保持必要的流动性。与此不同，封闭式基金管理人在基金的整个存续期内，不存在赎回的压力，对于基金的投资对象流动性要求也低。根据金融市场规律，基于流动性风险溢价原理，流动性低的金融资产的投资收益率要高一些。

### （四）按照投资对象划分

基金的投资对象，就是基金所持有的资产。投资基金所持有的资产类型很多，包括各

---

① 2012 年 12 月 28 日，《中华人民共和国证券投资基金法》规定，封闭式投资基金募集资金需要超过预定总额的 80%，基金持有人应该超过 200 人，才能够设立基金。

② 封闭式基金在二级市场进行交易，价格应该受供需关系影响，但是一般情况下只有折价，不存在溢价，对于折价也存在各种解释，学术界将这种现象称为封闭式基金折价之谜。

类金融资产，甚至实物金融资产，例如黄金。按照所持有资产的类型，可以将基金划分成很多类型，如货币市场基金、债券基金和股票基金等。有些基金也会混合投资多类金融资产，例如混合型基金既投资于股票，也投资于债券。按照投资对象划分的不同基金之间的区别，主要体现为投资对象特点的区别。

货币市场基金以货币市场工具为投资对象，通常投资于银行短期存款、大额可转让存单、短期政府债、商业票据等。货币基金具有投资成本低、流动性强、风险小等特点。

债券基金以投资各类债券为主，通过对债券进行组合投资，寻求较为稳定的收益。由于债券收益稳定，风险也较小，因而债券基金的风险性较低，适于稳健型投资者。

而股票基金则以投资股票为主，是基金中的一个主要品种。股票基金根据基金投资风格要求，将资金分散于股票组合。股票基金波动较大、风险较高，但是较货币基金和债券基金的收益要高。

基金的基金（fund of fund，FOF），也称为母基金，指投资的资产为其他基金，而不直接投资于股票、债券等金融资产。基金的基金，能够最大限度地分散非市场风险，提高收益风险配比（单位风险收益）。尤其是对于没有经验的投资者，以及没有精力进行分析挑选基金的投资者，能够大大节约选择成本。

### （五）按照投资风格划分

投资风格指基金的风险偏好和管理方式。相对来说，股票投资基金的风格变化大，按照投资风格分类，主要指对股票型基金分类，大致可以划分为成长型基金、收益型基金和平衡型基金，以及积极型和消极型基金。各种基金之间区别，主要体现在投资对象和管理行为特点上。

成长型基金指投资对象主要为处于成长阶段的公司股票，通过股票增值，也就是通过资本利得获得投资收益。成长型基金投资对象公司一般来自新兴行业，具有新的技术或者新产品，或者有新的商业模式，因此具有较大的升值空间。这些公司一般具有较高的市盈率和市净率。由于未来发展具有较大的不确定性，所以对于这类公司的投资需要承担较大的风险，也就是该类基金偏向于承担高风险获得高收益。

收益型基金指投资对象主要为处于成熟期的公司股票，通过股票适度增值和分红获得收益。收益型基金投资对象公司一般来自传统行业，发展速度较慢，但公司盈利通常较为稳定，由于所在行业相对成熟，投资机会较少，现金流较为充裕，有较为丰厚的现金分红。这类公司一般具有较低的市盈率和市净率。由于成熟行业发展较为确定，对这类公司进行投资承担的风险较低，也就是基金偏向于承担低风险获得较为稳定的收益。

平衡型基金的投资对象既包括成长型公司股票，也包括成熟型公司股票。当然，根据两类股票的搭配比例，又可以划分出很多子类型。平衡型基金，兼顾了成长型基金和收益型基金的特点，收益和风险较为适中。

积极型基金指基金管理人试图通过积极的选股策略，找到价值被低估的股票和良好的市场投资时机，通过基金择股和择时，从而使基金获得超过市场平均值的收益。积极型基金要求管理人具有优秀的价值评估能力，能够洞察市场机会。

消极型基金根据某种标杆构造投资组合。经常使用的标杆为市场指数，根据市场指数构造基金投资组合，使得基金获得和市场同步的收益。当然，当指数构成发生变化时，投资组合也需要进行调整。典型的消极型基金只需要跟踪市场即可,不需要通过择股和择时获得超额收益。

## 三、投资基金交易

### （一）购买基金准备

投资者购买基金,首先要明确自己的投资目标和风险承受能力,例如将来有明确的开支计划,就需要降低风险。如果没有明确的支出计划,可以适当调高风险承担等级,从而追求更高的投资收益。根据承担风险能力和投资目标,确定要投资的基金类型,如股票型、债券型还是货币型基金等。如果投资于股票基金,还要选择基金投资风格。在均衡市场上,不存在只获得高收益而不需承担风险的投资机会,选择基金类型需要权衡收益和风险。

在基金类型选定后,选择基金。通过查阅代销基金网站,或者其他途径,了解各只基金情况,包括基金经理的历史业绩,在业内的连续排名,基金管理公司情况,基金管理公司所有基金的业绩情况,基金的风险统计指标,如标准差、贝塔系数、夏普指数等。投资者依据历史数据,对基金进行选择。但是,有研究表明,共同基金业绩不能持续性地超过市场[1]。对此问题,研究结果有冲突,Wermers 认为投资者选择基金的行为自身创造了基金业绩的持续性[2]。

### （二）基金上市交易

基金的上市交易类似于股票,投资者可以先在沪深交易所开立股票账户,之后就可以参与交易了。在交易所中,基金实时交易,交易价格由买卖双方竞价,卖者出价与买者出价相同就会成交。场内购买基金最少买 1 手(即 100 份),基金交易佣金较低,无印花税,实施 T＋1 交易制度,也就是当天买入,第二天才能卖出。基金的交易在投资者之间进行,与基金规模无关。基金在交易所交易所产生的费用,由交易所有关制度决定。

### （三）开放式基金申购与赎回

开放式基金交易的一种重要形式是申购与赎回。申购与赎回在投资者与基金之间进行,由基金公司代理执行,相关费用根据契约决定。开放式基金的申赎渠道很多,如基金公司、银行、第三方基金代销公司等。根据申赎基金的时点不同,其分为基金认购和申购。开放式基金在募集期间、基金成立之前,购买基金份额,称为认购。在基金设立后购买基金,称为申购。

买卖基金除了缴纳基金份额资金外,还要缴纳一定的手续费,一般认购率约为1.2%,申购率约为 1.5%,赎回率约为 0.5%。一般投资年限越长,费率越低。在基金公司开户申赎基金的手续费较低,而且交易简便,在代销店需要等到指令提交第二天才能转到基金公司,但在银行等代销店会更加便利。

投资者申购和赎回基金的计价基础为申请当日的基金份额净值。基金份额净值等于基金总资产市场价值除以基金总份额。基金申购费用等于申购费率乘以申购金额。申购

---

① CARHART M M.On persistence in mutual fund performance[J].Journal of finance,1997,52(1)：57-82.

② WERMERS R.Is money really "smart"[Z].University of Maryland,2003.

金额减去申购费用,等于申购净额。申购净额除以基金净值,等于申购的份额数。赎回费等于赎回份额乘以赎回当日基金单位净值,乘以赎回费率。需要赎回的总基金净值,减去赎回费用,就是投资者获得的现金。申购份额的计算结果均按照四舍五入的方法,保留小数点后两位,由此误差产生的损失由基金承担,产生的剩余收益归基金所有。但申购、认购和赎回费用不归基金所有,而是支付给有关服务机构。

**例 13-1** 某投资者准备花 5 万元申购基金,当日基金每份的净值为 1.35 元,申购费率 1.5%。则申购费等于 5 万元,乘以 1.5%,等于 750 元。申购净额等于 5 万元,减去申购费用 750 元,为 49 250 元。申购净额除以 1.35,等于 36 481.48 份。

### (四)ETF 交易

ETF 是交易所交易基金(exchange traded fund)的简称,是一种在交易所上市交易的、基金份额可变的开放式基金,是开放式基金的一种特殊类型。ETF 有很多类型,既包括指数基金如上证 50ETF、沪深 300ETF、中证 500ETF 等,也包括分行业 ETF,如券商 ETF、芯片 ETF 等。

投资者既可以在二级市场买卖 ETF 份额,又可以向基金管理公司申购或赎回 ETF 份额。在二级市场买卖 ETF 份额,同买卖股票一样,交易价格由交易者双方竞价决定。ETF 在交易期间,每 15 秒计算一次参考性基金单位净值,供投资者参考。同其他上市基金交易一样,无印花税。

ETF 的申购与赎回则较为特殊,不是使用现金,而是使用股票。由于 ETF 通常为指数基金,就要使用构造指数的一篮子股票申购和赎回。申购和赎回的必须为构造单位的整数倍,所谓构造单位指能够复制指数的一篮子足额股票,一个构造单位的价格变化等于指数的变化。由于指数变化,基金单位份额价值可能不等于构造单位的整数倍,差值部分使用现金补齐。在申购时,投资者需要准备相当于构造单位整数倍的一篮子股票,获得基金份额;赎回时,投资者会获得相应数量的一篮子股票。

# 第二节 投资基金的收益与风险

## 一、投资基金的收益

### (一)基金单位资产净值

不论计算投资基金收益还是风险,基础工作是计算基金单位资产净值(net assets value,NAV)。单位资产净值指基金在某一时点每一基金份额所代表的净资产价值,等于基金资产净值除以基金发行在外的份额总数:

单位资产净值=基金资产净值/发行在外的基金份额总数

在某一时点,基金资产净值指总资产的价值扣除总负债和费用,是基金持有人的权益总和(注意基金资产净值不是基金公司资产净值),即

基金资产净值=总资产-总负债

基金的总资产包括基金在某一时点所持有的所有股票、债券、现金及其他资产之和。总负债包括应付的股利、应付的基金管理费和托管费及信息披露费用等其他一些应付款

项。注意开放式基金的总负债中还包括了应付赎回款和应付赎回费。开放式投资基金投资者在赎回基金时需要交纳赎回费用,赎回时基金的交易价格减去赎回费用就是投资者应该得到的钱,如果这笔钱尚未支付给投资者,则称为基金的应付赎回款。应支付尚未支付给有关机构的赎回费用,称为应付赎回费。我国规定基金管理人报酬按照前一日基金资产净值 1.5% 的年费率逐日计提,基金托管费按照前一日基金资产净值 0.25% 的年费率逐日计提。

单位资产净值同基金资产净值一样,是时点指标,一个时刻一个价值。基金单位资产净值在每个时刻的价值,取决于基金投资组合中基础资产和负债在每个时刻的价值。基金的负债在一段时间内较为稳定,而资产价值随着市场行情变化有较大的波动性,因此基金资产净值变化主要取决于基础资产价值的变化。

单位资产净值直观地反映了基金投资组合的市场表现,是对基金绩效评价的最直观的指标。我国证券投资基金的信息披露制度规定,封闭式基金每周公布一次单位资产净值,开放式基金每日公布一次单位资产净值。如果基金经理人投资策略得当,投资组合中的股票或债券增值,相应的基金单位资产净值就会提高;相反,如果投资失误,基金单位资产净值就会下降。通过持续地观察基金单位资产净值的变化,大体上就可以看出基金的市场表现。

但是,评价一只基金表现得好坏不能仅仅依据短期内的单位资产净值。有的基金经理人为了保持单位资产净值的稳定,会选择短线投资而不是获利可能更高的长期投资,因而可能损害基金的长期增长性。另外,当股市大幅波动时,基金的单位资产净值会剧烈波动。

**例 13-2**　在某年末,基金 A 的股票投资市值为 1 338 028 072.07 元,债券投资市值为 532 623 267.69 元,银行存款为 148 812 821.79 元,交易保证金为 750 000.00 元,应收证券清算款为 11 678 991.68 元,应收利息为 8 680 480.59 元,应付证券清算款 0 元,应付管理费 2 612 639.05 元,应付托管费 435 439.82 元,应付佣金 906 180.89 元,其他应付款 1 250 000.00 元,卖出回购证券款 0 元,预提费用 250 000.00 元,基金 A 发行在外的基金份额总数为 20 亿份。计算基金 A 在该年末的基金资产净值和单位资产净值。

$$总资产 = 股票投资市值 + 债券投资市值 + 银行存款 + 交易保证金 +$$
$$应收证券清算款 + 应收利息$$
$$= 1\ 338\ 028\ 072.07 + 532\ 623\ 267.69 + 148\ 812\ 821.79 +$$
$$750\ 000.00 + 11\ 678\ 991.68 + 8\ 680\ 480.59$$
$$= 2\ 040\ 573\ 633.82（元）$$

$$总负债 = 应付证券清算款 + 应付管理费 + 应付托管费 + 应付佣金 +$$
$$其他应付款 + 卖出回购证券款 + 预提费用$$
$$= 0 + 2\ 612\ 639.05 + 435\ 439.82 + 906\ 180.89 + 1\ 250\ 000.00 +$$
$$0 + 250\ 000.00$$
$$= 5\ 454\ 259.76（元）$$

$$基金资产净值 = 总资产 - 总负债$$
$$= 2\ 040\ 573\ 633.82 - 5\ 454\ 259.76$$

$$=2\,035\,119\,374.06(元)$$

单位资产净值＝基金资产净值/发行在外的基金份额总数

$$=2\,035\,119\,374.06/2\,000\,000\,000$$

$$=1.017\,6(元)$$

### （二）基金收益率

基金收益率是指投资者投资于基金一段时期后所取得的收益与初始投入的比率。投资于基金的收益包括两部分,其一是基金本期末的单位资产净值与上期末的单位资产净值的变化;其二是基金的分红。基金收益率的计算公式如下式所示(这个公式忽略了基金认购、申购和赎回的费用):

$$r_{i,t} = \frac{\mathrm{NAV}_{i,t} - \mathrm{NAV}_{i,t-1} + D_{i,t}}{\mathrm{NAV}_{i,t-1}} \times 100\%$$

其中,$r_{i,t}$ 为基金 $i$ 在第 $t$ 期的投资收益率;$\mathrm{NAV}_{i,t}$ 为基金 $i$ 在第 $t$ 期末的单位资产净值;$\mathrm{NAV}_{i,t-1}$ 为基金 $i$ 在 $t$ 期初的单位资产净值;$D_{i,t}$ 为基金 $i$ 在 $t$ 投资期内的现金分红。

基金收益率是基金评价最传统和最直接的依据,是基金绩效评价方法的最基础和最核心的指标。许多国家和地区的理论界和实践界对各种基金进行排名的主要依据,就是基金在一段时期内的平均收益率(将投资期内收益换算成平均每年的收益)。

**例 13-3** 上年末基金 A 的单位资产净值为 1.070 7 元,到本年末,基金 A 的单位资产净值为 1.017 6 元,本年内基金 A 每 10 份基金份额的分红为 0.600 元。请计算基金 A 在本年的年收益率。

基金年收益率＝(本年末的单位资产净值－上年末的单位资产净值＋

本年度单位现金分红)/上年末的单位资产净值

$$=(1.017\,6-1.070\,7+0.600/10)/1.070\,7$$

$$=0.644\%$$

尽管计算简便,但基金收益率仅仅考虑了收益水平的高低,忽略了风险因素,仅仅考虑了投资基金业绩的一个方面。在基金的投资组合中,现金属于无风险资产,其他资产如股票、企业债券均存在不同程度的风险,承担风险不同收益不同。有些收益是承担风险的结果,并不是管理能力的反映。

## 二、投资基金的风险

与其他资产类似,投资基金风险的描述变量也主要使用标准差和贝塔系数。

### （一）标准差

投资基金的标准差可以使用投资基金收益率直接计算,也可以使用构成资产的标准差间接计算。由于基金单位净值定期公布,基金的收益率容易计算,所以使用直接计算方式更简便。

当收益率样本个数 $T$ 足够大时,用基金收益率的标准差的点估计来代替基金收益率标准差的真实值,具有足够的准确性:

$$E(r) = \frac{1}{T} \sum_{t=1}^{T} r_t$$

基金收益率的方差和标准差的点估计分别为

$$\hat{\sigma}^2 = \frac{1}{T-1} \sum_{t=1}^{T} (r_t - E(r))^2$$

$$\hat{\sigma} = \sqrt{\hat{\sigma}^2}$$

式中，$E(r)$ 表示在 $T$ 个时期内，投资基金的平均收益率；$r_t$ 为基金在第 $t$ 个投资期的收益率；$\hat{\sigma}$ 为标准差的估计值。

### （二）贝塔系数

贝塔系数的计算可以使用基金组成资产的贝塔系数的加权平均值，也可以使用市场模型计算。

根据市场模型：

$$r_{i,t} = \alpha_i + \beta_i r_{m,t} + \varepsilon_{i,t}$$

式中，$r_{i,t}$ 为第 $i$ 只基金在第 $t$ 个投资期的收益率，$\alpha_i$ 为基金 $i$ 的常数项，$r_{m,t}$ 为第 $t$ 个投资期市场组合的收益率，$\varepsilon_{i,t}$ 为第 $i$ 只基金在 $t$ 时期的残差值，$\beta_i$ 即为基金 $i$ 的贝塔系数值。

根据各个变量取值进行回归，即可以得到基金的贝塔系数。

根据市场模型，两边求方差：

$$\sigma^2(r_{i,t}) = \beta_i^2 \sigma^2(r_{m,t}) + \sigma^2(\varepsilon_{i,t})$$

公式等号右边第一项 $\beta_i^2 \sigma^2(r_{m,t})$ 为基金的系统风险，第二项 $\sigma^2(\varepsilon_{i,t})$ 为基金的特殊风险，两项之和为基金的总风险。

**例 13-4**　已知基金 A 的某年内周收益率以及其他有关数据如表 13-1 所示，计算基金 A 的贝塔系数。表中的年度内共有 53 周。

在实践中，由于我国基金的相关法规规定，证券投资基金投资于国债的比例不得低于基金资产净值的 20%。因此，通常将股票指数收益率与国债指数收益率加权来构建市场组合收益率。照此比例构建的市场组合收益率如下：

市场组合收益率＝0.4×上证综合 A 指增长率＋0.4×深证成分 A 指增长率＋

0.2×国债指数增长率

至于无风险收益率，可以参考同期银行存款利率确定，也可以使用同期国债收益率。在计算期内，一年期储蓄存款利率由原来的 1.98% 调整为 2.25%，对这两个利率进行加权平均得到一年期的无风险收益率，权重为天数，再将加权平均后的年利率按单利折算成周利率，计算方法如下：

加权后的一年期无风险收益率：

$$1.98\% \times \frac{292}{366} + 2.25\% \times \frac{74}{366} = 2.03\%$$

按单利折算的周无风险收益率：

$$2.0346\% \div 52 = 0.039\%$$

表 13-1　基金 A 的基本数据表

| 年内周收益顺序号 | 国债指数 | 上证综合 A 指 | 深证成分 A 指 | 市场组合的周收益率 | 基金 A 的单位资产净值 | 基金 A 的单位现金分红 | 基金 A 的周收益率 |
|---|---|---|---|---|---|---|---|
| 53 | 1 103.99 | 1 337.156 | 3 287.321 1 | −0.004 225 | 1.017 6 | | 0.039 323 63 |
| 52 | 1 102.3 | 1 346.584 | 3 301.610 1 | −0.016 484 | 1.017 2 | | −1.252 305 6 |
| 51 | 1 103.46 | 1 370.122 | 3 381.081 1 | −0.013 582 | 1.030 1 | | −0.579 094 7 |
| 50 | 1 105.4 | 1 405.51 | 3 408.001 6 | 0.005 050 1 | 1.036 1 | | 0.251 572 33 |
| 49 | 1 101.5 | 1 399.699 | 3 385.308 7 | −0.014 691 | 1.033 5 | | −1.665 080 9 |
| 48 | 1 096.51 | 1 426.101 | 3 456.125 3 | −0.006 889 | 1.051 | | −0.998 492 8 |
| 47 | 1 094.92 | 1 436.122 | 3 494.459 | 0.013 774 8 | 1.061 6 | | 0.359 236 15 |
| 46 | 1 095.66 | 1 414.032 | 3 428.788 1 | 0.025 936 7 | 1.057 8 | | 2.689 059 31 |
| 45 | 1 095.81 | 1 369.644 | 3 320.854 8 | −0.023 172 | 1.030 1 | | −1.416 403 5 |
| 44 | 1 099.14 | 1 407.736 | 3 421.292 1 | −0.002 255 | 1.044 9 | | −0.561 477 |
| 43 | 1 107.18 | 1 374.696 | 3 512.766 7 | −0.007 046 | 1.050 8 | | 2.207 956 42 |
| 42 | 1 105.41 | 1 398.414 | 3 517.887 6 | −0.034 449 | 1.028 1 | | −2.549 763 |
| 41 | 1 099.36 | 1 465.185 | 3 677.119 8 | −0.009 386 | 1.055 | | 0.151 889 12 |
| 40 | 1 098.68 | 1 489.72 | 3 704.180 4 | −0.017 576 | 1.053 4 | | −2.036 640 9 |
| 39 | 1 096.24 | 1 536.819 | 3 758.324 5 | 0.064 778 2 | 1.075 3 | | 5.680 589 68 |
| 38 | 1 088.84 | 1 438.445 | 3 447.503 8 | 0.052 839 8 | 1.017 5 | | 5.582 650 2 |
| 37 | 1 088.51 | 1 347.151 | 3 239.587 7 | −0.027 247 | 0.963 7 | | −1.442 012 7 |
| 36 | 1 089.54 | 1 393.143 | 3 355.804 6 | −0.005 297 | 0.977 8 | | −0.730 964 2 |
| 35 | 1 090.71 | 1 400.386 | 3 381.277 3 | −0.005 878 | 0.985 | | −1.411 270 1 |
| 34 | 1 095.04 | 1 406.674 | 3 409.400 1 | −0.008 89 | 0.999 1 | | −0.715 492 4 |
| 33 | 1 096.33 | 1 435.572 | 3 414.547 5 | −0.010 711 | 1.006 3 | | 0.119 391 11 |
| 32 | 1 098.11 | 1 457.174 | 3 453.025 7 | −0.013 199 | 1.005 1 | | −0.681 818 2 |
| 31 | 1 096.12 | 1 476.683 | 3 525.991 2 | −0.001 42 | 1.012 | | −0.128 293 7 |
| 30 | 1 094.08 | 1 477.059 | 3 540.959 9 | −0.005 051 | 1.013 3 | | −1.840 550 2 |
| 29 | 1 091.44 | 1 492.28 | 3 553.883 6 | −0.006 06 | 1.032 3 | | 2.218 041 39 |
| 28 | 1 091 | 1 511.324 | 3 563.688 6 | −0.001 628 | 1.009 9 | | 0.607 690 78 |
| 27 | 1 088.86 | 1 512.786 | 3 578.311 | 0.019 842 4 | 1.003 8 | | −3.406 466 5 |
| 26 | 1 088.69 | 1 478.677 | 3 486.067 3 | −0.006 829 | 0.989 2 | 0.05 | 5.814 071 89 |
| 25 | 1 091.54 | 1 498.983 | 3 493.828 5 | −0.007 541 | 0.982 1 | | −5.667 082 9 |
| 24 | 1 086.85 | 1 518.327 | 3 522.966 4 | −0.012 762 | 1.041 1 | | −2.363 312 4 |
| 23 | 1 081.61 | 1 540.69 | 3 594.173 5 | −0.036 519 | 1.066 3 | | −1.795 910 8 |
| 22 | 1 087.8 | 1 618.948 | 3 744.370 3 | −0.006 622 | 1.085 8 | | −0.321 307 3 |
| 21 | 1 083.09 | 1 632.886 | 3 782.928 | 0.011 176 8 | 1.089 3 | | 0.535 302 26 |
| 20 | 1 073.47 | 1 624.567 | 3 714.797 3 | −0.022 269 | 1.083 5 | | −1.767 905 7 |

续表

| 年内周收益顺序号 | 国债指数 | 上证综合A指 | 深证成分A指 | 市场组合的周收益率 | 基金A的单位资产净值 | 基金A的单位现金分红 | 基金A的周收益率 |
|---|---|---|---|---|---|---|---|
| 19 | 1 067.51 | 1 675.856 | 3 821.251 5 | 0.003 590 1 | 1.103 | | −1.271 034 7 |
| 18 | 1 066.4 | 1 656.307 | 3 834.087 8 | −0.039 238 | 1.117 2 | | −2.103 049 4 |
| 17 | 1 069.02 | 1 738.182 | 4 034.882 8 | −0.017 811 | 1.141 2 | | −1.493 310 3 |
| 16 | 1 100.3 | 1 760.438 | 4 107.462 5 | −0.049 008 | 1.158 5 | | −3.763 083 6 |
| 15 | 1 124.79 | 1 856.541 | 4 369.031 5 | 0.004 719 1 | 1.193 8 | 0.01 | 0.576 489 26 |
| 14 | 1 129.74 | 1 843.906 | 4 338.073 9 | 0.015 165 6 | 1.196 9 | | 0.953 103 91 |
| 13 | 1 130.91 | 1 808.218 | 4 258.463 5 | −0.006 349 | 1.185 6 | | 0.008 435 26 |
| 12 | 1 129.52 | 1 820.937 | 4 299.314 7 | 0.009 369 2 | 1.185 5 | | −0.101 120 8 |
| 11 | 1 133.95 | 1 800.49 | 4 239.872 2 | 0.010 247 8 | 1.186 7 | | 1.601 027 4 |
| 10 | 1 134.87 | 1 773.326 | 4 194.957 5 | 0.008 508 3 | 1.168 | | 1.600 556 72 |
| 9 | 1 134.03 | 1 749.273 | 4 165.176 2 | 0.008 718 8 | 1.149 6 | | −0.424 426 2 |
| 8 | 1 138.26 | 1 734.144 | 4 103.901 1 | −0.022 093 | 1.154 5 | | −1.994 906 6 |
| 7 | 1 140.95 | 1 799.318 | 4 178.409 | 0.024 599 6 | 1.178 | | 1.438 043 57 |
| 6 | 1 144.34 | 1 743.613 | 4 052.646 9 | −0.005 203 | 1.161 3 | | −0.437 242 8 |
| 5 | 1 142.23 | 1 774.687 | 4 038.199 8 | 0.020 149 7 | 1.166 4 | | 2.396 628 92 |
| 4 | 1 146.73 | 1 706.924 | 3 987.804 6 | 0.021 811 1 | 1.139 1 | | 0.211 137 5 |
| 3 | 1 148.63 | 1 662.693 | 3 876.348 5 | −0.010 493 | 1.136 7 | | −0.420 499 3 |
| 2 | 1 144.71 | 1 687.602 | 3 928.141 | 0.063 316 8 | 1.141 5 | | 6.077 502 09 |
| 1 | 1 149.46 | 1 569.127 | 3 620.892 2 | −0.008 649 | 1.076 1 | | 0.504 342 95 |

运用一元线性回归的方法来求出基金 A 的 $\beta$ 系数,结果为 $\beta$ 系数 $=0.75$, $t$ 统计量 $=7.46$, $R^2=0.52$, $F$ 统计量 $=55.69$, $\beta$ 系数统计显著。

# 第三节　投资基金风险调整业绩

不同的投资基金具有不同的投资风险,对于基金管理业绩的评价,需要综合考虑基金收益率和基金风险,通常使用各种风险调整指标评价。

## 一、特雷诺指数

### （一）特雷诺指数的计算

1965 年,美国财务学者杰克·特雷诺[①]在《哈佛商业评论》上发表《如何评价投资基金的管理》一文,提出一种考虑风险因素的基金业绩评价指标——特雷诺指数。该指数是以资本资产定价模型或证券市场线为基准的一种按系统风险调整业绩的测度指标,等于证券投资基金的投资收益率与无风险收益率之差除以其系统风险的测度值。计算公式如下:

---

① TREYNOR J. How to rate management of investment funds[J]. Harvard business review, 1965, 43: 63-75.

$$T_p = \frac{\bar{r}_p - \bar{r}_f}{\beta_p}$$

式中，$T_p$ 为表示基金 $p$ 业绩的特雷诺指数；$\bar{r}_p$ 为基金 $p$ 在样本期内的平均收益率；$\bar{r}_f$ 为样本期内的平均无风险收益率；$\beta_p$ 为样本期内基金 $p$ 的 $\beta$ 系数，表示基金的系统风险。

### （二）特雷诺指数的含义

特雷诺指数表示的是基金承受的单位系统风险所获取的平均风险溢价，能够反映基金经理的根据市场变化对基金组合的调整能力。通过比较基金单位系统风险所获取的风险溢价，可以比较不同基金的管理业绩。使用特雷诺指数对基金业绩进行评价时，首先计算评价期各种基金和市场的特雷诺指数，对特雷诺指数进行排序，较大的特雷诺指数意味着较好的业绩。

市场特雷诺指数的计算公式为

$$T_m = \frac{\bar{r}_m - \bar{r}_f}{\beta_m}$$

式中，$T_m$ 为表示市场组合业绩的特雷诺指数；$\bar{r}_m$ 为市场组合在样本期内的平均收益率；$\beta_m$ 为市场组合的 $\beta$ 系数（实际数值为1）。

比较 $T_p$ 与 $T_m$，若 $T_p > T_m$，表示基金业绩比市场业绩好，或者说基金战胜了市场；若 $T_p > T_m$，表示基金业绩不如市场业绩；若 $T_p = T_m$，表示基金业绩与市场业绩持平。

使用特雷诺指数评估业绩，假设基金具备构造合理组合，分散特殊风险的能力，而仅仅评价基金与市场比较的相对业绩。相对业绩的产生，主要来自基金择股和择时的能力。不论是选择了被市场低估的股票，还是选择了市场被低估的时机，都可以产生超过市场的特雷诺指数。但特雷诺指数并不区分超过市场的业绩是来自择股还是择时。

特雷诺指数的基本思想如图 13-2 所示。

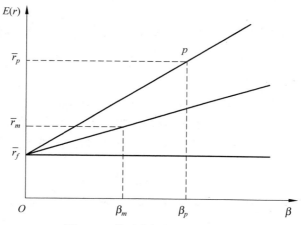

图 13-2　特雷诺指数的基本思想

在图 13-2 中，反映基金业绩的特雷诺指数是基金的投资组合 $p$ 与无风险利率 $\overline{r}_f$ 连成直线的斜率，而证券市场线的斜率表示市场组合业绩的特雷诺指数。当市场处于均衡时，所有的投资组合都将落在 SML 上。现实中，一些基金的投资组合落在了 SML 之上或者之下。如果基金的投资组合落在了 SML 之上，直线 $p\overline{r}_f$ 的斜率大于 SML 的斜率，则反映基金业绩的特雷诺指数大于反映市场组合业绩的特雷诺指数，表示基金的业绩优于市场业绩；相反，基金的投资组合落在了 SML 之下，表示基金业绩劣于市场业绩。基金的特雷诺指数越高，表示基金的绩效越好。

在计算特雷诺指数时假设，非系统风险已全部被投资组合的多样化分散掉。对于一些投资组合充分分散化的基金，可以近似地看作非系统风险已被全部分散掉，而对于一些集中投资于某一特定行业或某种具有特定特征股票的基金，特雷诺指数可能会给出错误的信息。因而这个指标可以反映基金经理的调整市场的能力，而不能反映基金经理分散和降低非系统风险的能力。

## 二、夏普比率

### （一）夏普比率的计算

1966 年，威廉·夏普（William F. Sharpe）[①]在美国《商业学刊》上发表《共同基金业绩》一文，提出用单位总风险的风险溢价来评价基金业绩，即夏普比率。夏普认为，对于投资组合充分分散化的基金，其系统风险可能接近于总风险，而对于投资组合没有充分分散化的基金，其总风险可能因非系统风险不等而相差甚远。夏普比率以均值－方差模型或资本市场线（CML）作为基准，是在对总风险（收益率的标准差）进行调整基础上的基金绩效评估方式。夏普比率等于基金的投资收益率与无风险利率之差除以基金总风险的度量值。计算公式如下：

$$S_p = \frac{\overline{r}_p - \overline{r}_f}{\sigma_p}$$

式中，$S_p$ 表示基金 $p$ 业绩的夏普比率；$\overline{r}_p$ 为基金 $p$ 在样本期内的平均收益率；$\overline{r}_f$ 为样本期内的平均无风险收益率；$\sigma_p$ 为基金 $p$ 在样本期内收益率的标准差，表示基金的总风险。

### （二）夏普比率的含义

夏普比率表示基金承受的单位总风险所获得的超额收益率，这里总风险既考虑了系统风险又考虑了非系统风险，解释风险的能力较特雷诺指数更广泛。同样，参照基金夏普比率的计算方法，也可以算出市场组合的夏普比率，计算公式如下：

$$S_m = \frac{\overline{r}_m - \overline{r}_f}{\sigma_m}$$

式中，$S_m$ 表示市场组合业绩的夏普比率；$\overline{r}_m$ 为市场组合在样本期内的平均收益率；$\sigma_m$ 为市场组合样本期内收益率的标准差，表示市场组合的总风险。

夏普比率的理论基础是资本市场线，表示了市场组合与无风险收益的所有有效组合，

---

① SHARPE W.Mutual fund performance[J].Journal of business,1966,39：119-138.

是资本市场上的所有有效组合构成的直线。所谓有效,指在风险相等的情况下,收益最高;在收益相等的情况下,风险最低。任何非有效组合都在资本市场线的下方。运用夏普比率进行基金业绩评价的指导思想可以通过图 13-3 直观地表示出来。

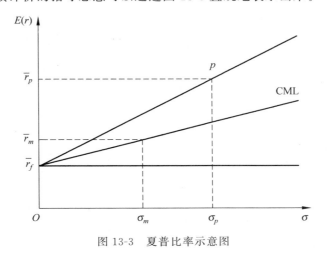

图 13-3　夏普比率示意图

在图 13-3 中,反映基金业绩的夏普比率是基金的投资组合 $p$ 与无风险利率$\bar{r}_f$连成直线的斜率,而反映市场组合业绩的夏普比率是 CML 的斜率。当市场处于均衡时,所有有效的投资组合都将落在 CML 上。和特雷诺指数一样,如果基金的投资组合落在了 CML 之上,直线$\bar{r}_f p$ 的斜率大于 CML 的斜率,则反映基金业绩的夏普比率大于反映市场组合业绩的夏普比率,表示基金的业绩优于市场业绩;相反,基金的投资组合落在了 CML 之下,表示基金业绩劣于市场业绩。基金的夏普比率越高,表示基金的绩效越好。

夏普比率由于考虑基金的总风险,因而不仅能够反映基金经理的市场调整能力,还能反映基金经理分散和降低非系统风险的能力。当基金的非系统风险通过投资组合完全分散掉时,夏普比率的评价结果应该与特雷诺指数相同。现实中,投资组合的非系统风险未必能完全分散,夏普比率考虑总风险,在基金业绩评价中具有更普遍的适用性。

## 三、詹森指数

### (一)詹森指数的计算

詹森指数是由美国经济学家詹森[①],于 1968 年在资本资产定价模型基础上,对于基金业绩提出的一个风险调整衡量指标。该指数通过把基金在样本期内的实现收益率与根据 CAPM 得出的预期收益率进行比较来评价基金业绩,等于基金在样本期内的平均实现收益率与所对应的根据 CAPM 得出的预期收益率之差,即

$$J_p = \bar{r}_p - E(r_p)$$

式中,$J_p$ 为基金 $p$ 的詹森指数;$\bar{r}_p$ 为基金 $p$ 在样本期内的平均实现收益率;$E(r_p)$ 为根

---

　　① JENSEN M.The performance of mutual funds in the period 1945—1964[J].Journal of finance,1968,23: 389-416.

据 CAPM 得出的基金 $p$ 的期望收益率。将资本资产定价模型代入詹森指数的计算公式中，可以得到詹森指数的计算公式为

$$J_p = \bar{r}_p - [\bar{r}_f + \hat{\beta}_p(\bar{r}_m\bar{r} - \bar{r}_f)]$$

### （二）詹森指数的含义

詹森指数也称为詹森 $\alpha$，表示了基金业绩超过市场的能力。其指导思想可以用图 13-4 直观地表示。

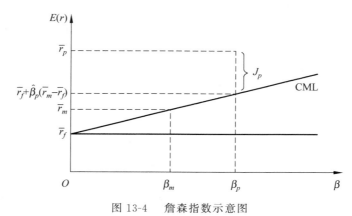

图 13-4　詹森指数示意图

如图 13-4 所示，詹森指数表示基金的投资组合收益率与在市场中具有相同系统风险水平的投资组合的平均收益率的差额，从几何意义的角度讲，就是基金实现收益率直线与基金所承担的系统风险应该获得的收益率直线的偏离度。如果 $J_p > 0$，表示基金的绩效优于市场中具有相同系统风险的各类投资组合的平均绩效；如果 $J_p < 0$，表示基金的绩效劣于相同系统风险水平下市场上各类投资组合的平均绩效；如果 $J_p = 0$，表示基金的绩效与相同系统风险水平下市场上各类投资组合的平均绩效持平。当基金和基金之间进行比较时，詹森指数越高，基金绩效越好。

詹森指数的特点在于给出了基金业绩与市场组合业绩的差异程度。与特雷诺指数一样，詹森指数也隐含了一个假设，基金的非系统风险已被投资组合的多样化全部分散掉。当现实与假设不符时，运用该指数所得出对基金绩效评价的结论必然会受到质疑。这个指数可以反映基金经理的市场调整能力，而不能反映基金经理分散和降低非系统风险的能力。不过，由于该指数容易进行显著性检验，因而受到学术界的更多重视。如果詹森指数显著地大于零，表示该基金经理具有调整市场的能力，如果詹森指数大于零，但不能通过显著性检验，该基金较好的绩效就不能排除是运气这种偶然的因素所为了。

## 习　　题

1. 投资基金投资人与基金管理公司是什么关系？
2. 为什么投资基金需要第三方托管人？
3. 公开募集投资基金为什么要受到多方面限制，例如投资对象限制？

4. 私募基金与公开募集基金有什么主要区别？

5. 基金管理人的主要收益形式是什么,如何激励基金管理人为基金投资者提高投资收益？

6. 什么是封闭式投资基金折价,折价在什么时候消失？

7. 投资基金投资人具有什么权利,如何实施这些权利？

8. 投资基金为什么要划分不同的风格？

9. ETF与一般的开放式基金有什么区别？

10. 特雷诺指数、詹森指数、夏普比率计算的理论基础分别是什么？

11. 投资基金评级有什么用途？

12. 收集市场上投资基金报表数据,并根据所收集数据,计算投资基金单位资产净值和投资收益率。

13. 基金单位资产净值是否等于基金资产组合的市场价值？

14. 根据表13-1中的数据,计算基金A上半年收益率标准差和系统风险。

15. 利用表13-1中的数据,计算基金A的特雷诺指数、詹森指数、夏普比率。

## 即 测 即 练

# 第十四章

# 国际证券投资

国际证券投资,就是在国际金融市场上进行证券投资。国际证券投资也符合证券投资的一般原理,但是又具有一些特殊性,如市场分割、外汇风险等。在把握一般原理的同时,兼顾特殊性,有利于获得更好的投资效果。

## 第一节 国际证券投资概述

### 一、国际金融市场

#### (一)国际金融市场的概念

国际金融市场指在国际范围内进行资金融通、金融资产买卖及相关的金融业务活动的场所,是在全球范围内各种金融产品交易市场的总和,包括货币市场、外汇市场、证券市场、黄金市场和金融期货期权市场等。

金融市场的基本功能是资源配置。由于经济全球化的不断发展,各国经济相互融合的趋势不断加强,作为经济中基本单元的公司,获取要素和销售产品的国际化进程也在不断加强。公司从国际市场上购买原材料、聘用员工,产品在全球范围内销售,要实现在全球范围内配置资源,必然涉及资本在国际范围内流动,因此产生参与国际金融市场的要求。另外,资本在追求高收益的过程中,也产生了在全球范围内流动的要求。

作为投资者,投资于国际金融产品,能够获得较好的收益风险匹配,也就是能够获得较高的单位风险收益。其一,国际金融市场投资品种更加丰富,为投资者提供更多的选择;其二,尽管经济全球化趋势在加强,但是各国经济还是存在着明显的差异性,各具特色,进行国际证券投资,更有利于各国证券之间的低相关性,获得较好的投资组合风险分散效果;其三,由于全球经济发展不均衡,进行国际证券投资,投资于经济活跃地区,有利于获得区域经济高速成长的好处。

#### (二)国际金融市场的类型

国际金融市场与国内金融市场一样,也存在着各种类型。与此不同,国际金融市场又划分为在岸金融市场(onshore financial market)和离岸金融市场(offshore financial market)。

##### 1. 在岸金融市场

在岸金融市场是国内金融市场的拓展,指能够交易境外金融资产的金融市场。一般情况下金融资产的发行人为非居民[①],而居民可以作为金融资产的购买者,当然非居民也可以参加金融资产的购买。按照金融资产品种,比较典型的在岸市场包括外国债券

---

① 本章中居民为广义词,既指个人,也指在本国注册的机构和公司等。

(foreign bond)市场和国际股票市场。

外国债券市场指某个国家(或者地区)之外的发行人在该国发行债券,例如外国政府、公司或者国际机构等,所发行的债券以东道国(市场所在地国家)货币标值,使用该国货币交易。在外国债券市场上交易的债券,有一个专用的名称,称为外国债券。世界上比较著名的外国债券包括扬基债券(Yankee bond,在美国发行)、武士债券(Samurai bond,在日本发行)、猛犬债券(在英国发行)、斗牛士债券(在西班牙发行)等。此外,在中国发行的外国债券被称为"熊猫债券"(Panda bonds)。

美国以外的政府、金融机构、工商企业和国际组织在美国国内市场发行的、以美元标值的债券称为扬基债券。"扬基"是美国人的俗称,扬基债券也因此得名。扬基债券的期限一般为 5～7 年,有的可以长达 20～25 年。平均每只扬基债券的发行规模在 7 500 万美元至 1 亿美元之间,有些规模大的可达几亿美元。扬基债券的主要投资者为人寿保险公司、储蓄银行等。由于面向美国国内投资者发行,美国政府对扬基债券的审查控制比较严格,申请手续较为烦琐,发行者以信用状况好的外国政府和国际组织为主。扬基债券存在的时间已经很长,但在 20 世纪 80 年代之前受到很严格的限制,发行规模不大。20 世纪 80 年代之后,为满足金融市场发展的需要,美国国会通过了证券交易修正法案,简化了扬基债券发行手续。由此,扬基债券获得了较快的发展。

武士债券是日本市场上发行的外国债券,是日本以外的政府、金融机构、工商企业和国际组织在日本市场上发行的以日元标值的债券。武士是日本古时一种很受尊重的职业,后来人们习惯将一些带有日本特性的事物同武士连用,武士债券因此得名。武士债券为信用债券,期限多为 3～10 年,发行后在东京证券交易所交易。第一笔武士债券由亚洲开发银行(Asian Development Bank,ADB)在 1970 年 12 月发行。早期的武士债券发行者主要是国际机构。20 世纪 70 年代中期,受世界石油价格暴涨的影响,日本国际收支恶化,武士债券的发行中断。随着 20 世纪 80 年代以后日本贸易顺差的增加,外汇充裕,政府放松了对外国债券发行的限制,武士债券发行量随之大幅度增加。

熊猫债券指境外注册机构依法在中国境内发行的以人民币计价的债券。2005 年 2 月 18 日,中国央行与财政部、国家发展和改革委员会与证监会联合发布了《国际开发机构人民币债券发行管理暂行办法》。2005 年 9 月,第一批熊猫债券在银行间市场发行。2005—2013 年期间,由于人民币持续升值,利率水平相比偏高,市场流动性低、发行主体审批和资金使用限制等原因,熊猫债券发展缓慢,年发行规模最高时只有 40 亿元左右。在 2013 年之后,中国资本市场不断加大对外开放的力度,熊猫债券市场得到快速发展。

国际股票市场是发行、交易国际股票的国际金融市场。所谓国际股票,是指对发行公司所在国①以外的投资者发行的股票。例如中国公司的股票在美国纽约交易所上市交易,就属于国际股票。国际股票市场是各国股票市场在经济全球化环境下,提升竞争优势的一种选择。目前世界上主要股票交易所都接受外国公司股票上市交易,例如纽约、伦敦、东京、法兰克福、巴黎、多伦多等。国际股票交易已经不是哪一个交易所的专利,而是成为股票交易所发展的一个趋势。

---

① 发行公司所在国通常指发行公司注册地。

在国外金融市场发行股票的一种变化形式是存托凭证（deposit receipt）。存托凭证指在一国证券市场上发行并流通的代表外国发行公司证券的可转让凭证。存托凭证是公司股票或者债券在国外股票市场间接上市的一种途径。存托凭证一般包括四个方面的参与者，包括作为委托人的证券发行公司[①]、作为受托人的存托银行（depositary bank）、保管机构（custodian），以及投资者。国外的存托银行接受委托人的发行委托后，接受发行人的股票并保存在保管机构（通常在委托人国内），然后由存托银行在市场上发行代表证券所有权的受益凭证。存托凭证上注明投资者获得股息、投票权，以及其他权利的方式。存托凭证与股票类似，发行后可以在交易所公开交易。

存托凭证首先出现于美国。在美国市场发行、交易的存托凭证也称为美国存托凭证（American deposit receipts，ADRs），在全球市场发行、交易的存托凭证称为全球存托凭证（Global deposit receipts，GDRs）。在美国存托凭证出现后，各国相继推出了适合本国的存托凭证，如新加坡存托凭证（Singapore deposit receipts，SDRs）、欧洲存托凭证（Euro deposit receipts，EDRs）等。尽管有各种 DRs 出现，ADRs 仍然是主要交易的存托凭证。

### 2. 离岸金融市场

离岸金融市场实际上就是个境外金融市场，指在货币发行国以外的国家或者地区，发行、交易使用该种货币标值的金融工具。离岸金融市场的典型特征，是金融资产交易不在标值货币国家，发行者不是交易市场所在地的居民。也就是发行者找了注册地之外、发行资产标值货币国家之外的第三个场所，发行金融资产。当然，本国居民是否可以参与本地的以外币标值金融资产的交易，取决于该国法律和法规限制。

因为标值货币不属于本地货币，交易者也可以不是本地居民，离岸金融市场的一个重要特点是，所受金融监管少。例如某金融机构在伦敦经营美元的存款和放款业务，既不受英国也不受美国的某些金融法规约束。最早的主要境外金融市场是伦敦，交易资产通常以美元标值，而英国相对于美国是个离岸的岛国，所以离岸金融市场成为境外金融市场的代名词。

欧洲货币（Eurocurrency）资产是典型的离岸金融产品。欧洲货币是一个专用的名词，并非指欧洲某一个国家的货币或者欧元，而是指存放于货币发行国之外的银行，并且可自由兑换的货币（freely convertible currency，unblocked currency）。从事欧洲货币存贷业务的银行，称为欧洲货币银行（Eurobanks）。最常见的欧洲货币为欧洲美元（Eurodollars），如存放于伦敦的美元。当然，存放在美国银行欧洲分支机构的美元，也称为欧洲美元。在欧洲货币银行存贷的瑞士法郎，称为欧洲瑞士法郎，在欧洲货币银行存贷的日元称为欧洲日元等。

早期欧洲美元的一个重要来源是石油美元，即石油输出国组织（Organization of Petroleum Exporting Countries，OPEC）出口石油所获得的美元收入。欧洲货币市场是参与各方，包括投资者、融资者和银行趋利的结果。为了保证健康发展，各国政府对于本

---

[①]　本书中所述的存托凭证为有担保存托凭证（sponsored ADRs），在这种存托凭证的创立过程中有发行公司的参与。另一种存托凭证没有发行公司的参与，称为无担保存托凭证（unsponsored ADRs），公司不能利用这种存托凭证融资。

国金融市场都有很多管制，因此可能限制了某些交易。然而，不论是对于投资者、融资者还是银行，欧洲货币信贷市场提供了规避政府管制的一个途径。

## 二、国际证券投资工具

国际证券投资有两层含义，其一为本国居民投资于外国居民在本国发行的证券，如外国债券和国际股票；其二为本国居民投资于在海外发行的证券。一个国家或者地区，是否允许海外居民在本国投资证券，取决于当地法律法规。一般来说，可自由兑换货币的国家均允许海外投资者投资本国证券，也允许国内投资者投资海外证券，因此国际证券投资有丰富的选择。在诸多国际金融资产中，离岸金融资产具有更大的便利性，主要离岸金融资产为欧洲债券（Eurobonds）和欧洲中期票据（Euro-medium term notes，MTN）。

### （一）欧洲债券

欧洲债券中的欧洲一词与欧洲货币一样，也是一个前缀。欧洲债券指在债券标价货币之外的国家金融市场上出售的债券。例如，通用汽车公司在欧洲金融市场上出售美元债券融资。因为欧洲货币有很多种类型，欧洲债券的标值货币不限于美元，也有其他货币标值债券，如欧洲日元债券。

欧洲债券市场与各国债券市场的显著区别在于欧洲债券市场是一个自律市场。该自律市场由国际债券交易商协会（Association of International Bond Dealers）管理，而基本上不受各国有关债券规定的制约。因此，大大降低了债券发行中的交易成本，提高了发行速度，流动性好。欧洲债券的发行者信用程度高，债券安全性较好。欧洲债券为不记名债券（bearer bond），持有者所获投资收入免税。

早期欧洲债券的发行者主要为国际上著名的大型跨国公司、政府机构、国际组织、国有企业，有着很高的信用保证。所以，早期的欧洲债券一般不做信用评级。但随着欧洲债券市场向其他发行者扩展，信用评级也成为市场上的一种要求。国际上的两大顶级信用评级机构，标准普尔（Standard & Poor's）和穆迪（Moody's）是欧洲债券信用等级的主要评定者。如果欧洲债券的到期期限较长，如长于 7 年，通常要建立偿债基金（sinking fund）。

按照利率形式，欧洲债券可以分为固定利率债券和浮动利率债券（floating-rate bonds，FRNs）。固定利率欧洲债券一般每年支付一次票息。浮动利率债券主要以伦敦同业拆借利率为基准。将债券到期期限划分成若干个重设期限，每个重设期限的利率以本期的 LIBOR 为基准，加上一个利率边际。例如，如果合约规定利率为 2％＋LIBOR3，其中 2％为利率边际，主要取决于债券信用级别。债券利率在每 3 个月的重设期间，用 2％加上重设日的 3 个月 LIBOR，如 2.13％，则债券在该重设期间内的利率为 4.13％。

欧洲债券也通常内嵌有各种期权。例如权益联系债券（equity related bonds）。权益联系债券，通常指附有可转换成股票条款的债券，也就是可转换债券。大部分欧洲债券还附有可回购条款（call provisions）。可回购条款可以使发行者在债券到期日之前，当市场利率大幅度下降时回购债券，以新债换旧债。

### （二）欧洲中期票据

欧洲中期票据是一种类似于欧洲债券的投资工具。尽管其到期期限具有极大的灵活性,可以短到以月为单位计算的期限,也可以长到 30 年,但大多数介于欧洲商业票据和欧洲债券之间,即从 1 年到 5 年。

欧洲中期票据不像欧洲债券那样采用承销方式发行,而是采用代理方式发行。代理商就像在柜台出售商品一样出售发行者的中期票据,因此欧洲中期票据可以采用连续发行方式,也就是随用随发。票据的利率可以随时变化,期限可以随时变化,币种和每次发行额也具有极大的灵活性。正因为如此,欧洲中期票据能够更好地满足投资者的各种变化的需求,如管理投资组合的需求。投资者可能一次性需要 1 000 万美元 9 个月期限的资产组合、2 000 万美元 12 个月期限的资产组合、3 000 万美元 15 个月期限的资产组合,欧洲中期票据发行者可以根据投资者要求,同时发行三种中期票据出售给投资者,最大限度地满足投资者的需求。这种投资者驱动(investor-driven)特性,大大扩展了欧洲中期票据的投资者行列,包括银行信托部门、储蓄银行、养老基金等。

### (三) 合格境内机构投资者

合格境内机构投资者(qualified domestic institutional investor,QDII),指在人民币资本项下不可兑换、资本市场未充分开放条件下,经有关部门批准设立,能够参与境外资本市场的股票、债券等有价证券投资业务的投资机构。合格境内机构投资者制度是外汇管制条件下,使国内投资者建立参与国外金融市场的渠道,并获取全球金融市场投资收益。

国内投资者通过合格境内机构投资者发起的基金参与境外金融市场交易,是一种间接的交易,投资者可以像购买普通基金一样购买境外投资基金产品。我国目前审批的合格境内机构投资者主要是各大银行(含境内外资银行)、基金管理公司、券商、信托和保险公司。从 2006 年下半年制度实施以来,截至 2020 年 5 月,已经先后有 150 多家机构获得审批,成为合格境内机构投资者。

### (四) 沪港通、深港通和沪伦通

沪港通是上海证券交易所(以下简称"上交所")和香港联合交易所有限公司(以下简称"联交所")建立连接,使内地和香港投资者可以通过当地证券公司或经纪商买卖规定范围内的对方交易所上市的股票。沪港通包括沪股通和港股通两部分。沪股通是指投资者委托香港经纪商,通过联交所设立的证券交易服务公司,向上交所进行申报买卖规定范围内的上交所上市股票。港股通指投资者委托内地证券公司,经由上交所设立的证券交易服务公司,向联交所进行申报,买卖规定范围内的联交所上市的股票。沪港通试点于 2014 年 11 月 17 日启动,截至 2020 年 6 月 30 日,沪股通每日额度已调整至 520 亿元人民币,港股通每日额度已调整至 420 亿元人民币[①]。深港通是深港股票市场交易互联互通机制的简称,是指深圳证券交易所(以下简称"深交所")和联交所建立连接,使两地投资者通过当地证券公司或经纪商买卖规定范围内的对方交易所上市的股票,交易规则与沪港通类似[②]。

---

① 详见上海证券交易所沪港通公告,http://www.sse.com.cn/services/hkexsc/home/。
② 详见深圳证券交易所深港通介绍,http://www.szse.cn/szhk/。

沪伦通是指上交所与伦敦证券交易所（简称"伦交所"）的互联互通机制。初期从存托凭证起步。沪伦通存托凭证业务包括东、西两个业务方向。东向业务指符合条件的伦交所上市公司在上交所主板上市中国存托凭证（CDR）。西向业务指符合条件的上交所的A股上市公司在伦交所主板发行上市全球存托凭证（GDR）。在试点初期，GDR 发行人可以在伦敦市场融资。CDR 发行人仅可以在上交所上市，而不在境内融资。存托凭证和基础股票之间可以相互转换，并因此实现了两地市场的互联互通。根据《中国证券监督管理委员会　英国金融行为监管局联合公告》，试点初期西向业务的总规模为 3 000 亿元人民币；东向业务的总规模为 2 500 亿元人民币。

# 第二节　国际证券投资收益与风险

国际证券投资收益与风险的计算加入了汇率成分，使其具有一定的特殊性。所以，国际证券投资收益与风险的计算关键在于考虑汇率的影响。

## 一、国际债券投资收益

国际债券投资收益的计算与国内债券投资收益计算的基本思路相同，只是在国际债券投资收益的计算中要考虑货币之间的折算问题。对一般性的国际债券而言，在投资开始之前，投资者需要将本币兑换成债券用以标价的外币。债券投资结束时，投资者获得外币本息收入，这时应该将其折合成本币。在整个投资过程中，以本币表示的增值率即为投资收益率。

### （一）单期现金流入

所谓单期现金流入，指投资者在投资期初购买债券，投资期末一次性收回本息。使用 $r_h$ 代表以本币表示的投资收益率，用 $I$ 来表示在债券的持有期末所获得利息，分别用 $P_1$ 和 $P_0$ 来表示债券出售和购买的外币价格、$e_1$ 和 $e_0$ 表示投资期末和期初的用直接标价法表示的汇率（单位外币的本币价格）。根据收益率的计算方法，用本币表示的投资收益率 $r_h$ 计算如下：

$$本币收益率 = \frac{期末本币收入 - 期初本币支出}{期初本币支出}$$

即

$$
\begin{aligned}
r_h &= \frac{(P_1 + I)e_1 - P_0 e_0}{P_0 e_0} = \frac{(P_1 + I)}{P_0} \times \frac{e_1}{e_0} - 1 \\
&= \left(\frac{P_1 + I - P_0}{P_0} + 1\right)\left(\frac{e_1 - e_0}{e_0} + 1\right) - 1 \\
&= (1 + r_f) \times (1 + c) - 1
\end{aligned}
$$

式中，$r_f = \dfrac{P_1 + I - P_0}{P_0}$，$c = \dfrac{e_1 - e_0}{e_0}$；$r_f$ 和 $c$ 分别表示以外币衡量的期间投资收益率和汇率在投资期间内的变化率。

这样，对于单期现金流入的债券投资的本币期间收益率 $r_h$，可以运用以下公式进行计算：

$$r_h = (1+r_f) \times (1+c) - 1$$
$$= r_f + c + r_f \times c$$

忽略 $r_f \times c$ 项，得

$$r_h \approx r_f + c$$

值得注意的是，这里计算出来的 $r_h$ 是指投资期间内的投资收益率，可能是半年期、一年期或者两年之内的期间收益率，投资者在进行投资决策比较的时候，应该将它转换成年收益率来进行比较。

外币证券的投资收益率由两部分构成，即证券本身的现金流收益和汇兑损益。公式中的 $c$ 如果为正，表明外币升值，汇率变化对于外币证券投资收益率具有正向贡献。如果外币贬值，汇率变化对于外币证券投资收益率具有负向贡献。也就是投资于硬货币（升值货币）标值的证券不仅获得证券本身收益，还获得货币升值好处。

**例 14-1** 某投资者准备购买价格为 98 美元的折扣型美国国库券，面值 100 美元，债券的到期期限为 90 天，投资者购买债券时的汇率，即美元的价格为 6.27 元人民币，假设到投资期末价格变为 6.31 元人民币，计算该投资者投资于美国国库券的期间收益率。

期初购买债券的投资支出为

$$98 \times 6.27 = 614.46(元)$$

期末收回的投资本息为

$$100 \times 6.31 = 631(元)$$

投资期间收益率为

$$\frac{(631 - 614.46)}{614.46} \times 100\% = 2.69\%$$

如果直接运用公式 $r_h = (1+r_f) \times (1+c) - 1$ 进行计算，则可得投资期间收益率：

$$r_h = \left(1 + \frac{100-98}{98}\right)\left(1 + \frac{6.31-6.27}{6.27}\right) - 1 = 2.69\%$$

两种方法计算的结果一致。

使用算术平均法计算年均化收益率：

$$r_h = 2.69\% \times 4 = 10.76\%$$

使用公式 $r_h \approx r_f + c$ 计算：

$$r_f = \frac{100-98}{98} \times 100\% = 2.04\%$$

$$c = \frac{6.31-6.27}{6.27} \times 100\% = 0.64\%$$

$$r_h \approx 2.04\% + 0.64\% = 2.68\%$$

同样使用算术平均法计算年均化收益率，结果为 10.72%。与上述两种方法计算的结果差别不大。

在大多数情况下，使用近似公式计算收益率比较简便，而且能够看出证券本身以及汇率的变化对国际证券投资收益率的贡献各是多少。例 14-1 中，美国国库券本身 3 个月的

收益率为 2.04％,汇率变化对收益率的贡献为 0.64％。如果汇率朝反方向变化,汇率变化的贡献会变为负值,起到降低国际证券投资收益率的作用。例如,当投资期末汇率变为 6.25 元而不是 6.31 元时:

$$c = \frac{6.25 - 6.27}{6.27} \times 100\% = -0.32\%$$

这样,投资的总收益率为 2.04％－0.32％＝1.72％。

### (二) 多期现金流入

存在多期现金流入的国际债券,在投资期内投资本息不是一次性收回,而是分成多次收回。这种情况在债券投资中较为普遍,如附息债券。投资者除了在投资期末收回本金外,在每一个付息期间还能获得当期利息。多期现金流入的国际证券投资收益率的计算与单期现金流入相比,要考虑更多的问题。其一,在投资期间得到的债券票息可以进行再投资,计算债券的投资收益率时,应该考虑到相应的再投资收益;其二,债券票息的再投资收益可以选择外币或者本币进行投资,如果转换成本币的话,则每一次转换都应该有一个相应的汇率。

为了简化多期现金流入收益率的计算问题,提出如下假设:第一,债券在投资期间产生的现金流入(即票息)均匀流入,即债券支付定期固定票息;第二,投资人获得票息后继续投资于该种外国债券,直到投资期末一次性将投资本息兑换成本币收回,在整个投资期内再投资收益率不变。

仍然沿用计算单期现金流入情况下收益率的符号。另外,用 $T$ 表示整个投资期间,用 $t$ 来表示每一个现金流入期,用 $N$ 来表示在整个投资期间的现金流入的次数,则 $N = T/t$。注意,此时的 $r_h$ 表示在期间 $t$ 内的本币单期投资收益率,$r_f$ 表示在期间 $t$ 内的外币单期投资收益率,$c$ 仍然表示在整个投资期间 $T$ 内汇率的变化率。这样,可以通过如下公式计算以本币计的债券投资收益率:

$$r_h = (1 + r_f)(1 + c)^{\frac{1}{N}} - 1$$

在这里,$c$ 的计算方式仍然与单期现金流入时相同,即 $c = \frac{e_1 - e_0}{e_0}$,$r_f$ 则不同,是考虑到票息的再投资收益的国外债券投资收益率,由计算期间投资收益率的公式可知,整个期间外币的投资收益率应为

$$\frac{P_1 + TR - P_0}{P_0} = (1 + r_f)^N - 1$$

单个期间 $t$ 内的外币投资收益率为

$$r_f = \left( \frac{P_1 + TR}{P_0} \right)^{\frac{1}{N}} - 1$$

式中,$TR$ 为债券票息及其再投资收益的期末终值,即 $TR = C \sum_{t=1}^{N} (1 + i)^{t-1}$,$C$ 为债券的票息,$i$ 为票息的再投资收益率,或者直接使用外币债券的到期收益率 $r_f$ 也可以。

另外,在计算 $r_h$ 时应将汇率的变化调整成为在每个单期 $t$ 的变化,即用指数 $1/N$ 来对$(1 + c)$做调整。如果每个 $t$ 期不等于一年,一般情况下还要将计算出的收益率转化为

年收益率。

**例 14-2**　某投资者以面值 1 000 美元购买息票率为 10％的 5 年期债券,息票每半年支付一次,在投资期内息票收入仍投资于该美元债券,息票再投资利率等于 10％。投资期初的美元价格为 6.27 元人民币,投资期末的美元价格变为 6.31 元人民币,求该项投资给投资者带来的以人民币计算的投资收益率。

投资者对美元债券投资的票息及其再投资收益 TR 为

$$TR = 50 \sum_{t=1}^{10} (1 + 5\%)^{t-1} = 628.9 (美元)$$

以美元计的半年期投资收益率 $r_f$ 为

$$r_f = \left( \frac{1\ 000 + 628.9}{1\ 000} \right)^{\frac{1}{10}} - 1 = 5.00\%$$

换算成以人民币计的半年期收益率 $r_h$ 为

$$r_h = (1 + 5.00\%) \times \left( 1 + \frac{6.31 - 6.27}{6.27} \right)^{\frac{1}{10}} - 1 = 5.07\%$$

转化为年收益率,使用算数平均法,为 10.14％。

直接使用年到期收益率 10％计算,外币债券投资的年收益率为

$$r_h = (1 + 10\%) \times \left( 1 + \frac{6.31 - 6.27}{6.27} \right)^{\frac{1}{5}} - 1 = 10.14\%$$

如果投资者将每次收到的票息收入在当时就转换成本币,就需要将每一期的投资收益均折算成本币,然后计算本币的收益率。

假设共有 N 期现金流入,对应于初始投资额及其每一期现金流入的外币价格分别为 $e_0, e_1, \cdots, e_N$,则债券投资收益率可推导如下:

债券投资初始价值为 $P_0 \times e_0$,期末价值为 $P_1 \times e_N$,在投资期内汇回国内票息收益的再投资收益率为 $r_h$,则票息及其再投资的期末终值为

$$TR_h = \sum_{t=1}^{N} [C_t \times e_t \times (1 + r_h)^{N-t}]$$

则有

$$(1 + r_h)^N = \frac{P_1 \times e_N + TR_h}{P_0 \times e_0}$$

推导可得,以本币计算的单期投资收益率为

$$r_h = \left( \frac{P_1 \times e_N + TR_h}{P_0 \times e_0} \right)^{\frac{1}{N}} - 1$$

### （三）国际费雪效应

国际费雪效应(international Fisher effect),描述了两个国家之间货币汇率与相互利率之间的关系,表示为

$$\frac{1 + r_h}{1 + r_f} = \frac{e_1}{e_0}$$

式中,$r_h$ 和 $r_f$ 分别为本国和投资东道国的市场利率,$e_1$ 和 $e_0$ 分别表示投资期末和投资

期初以本币表示的东道国货币价格。如果 $r_f$ 足够小，如取值为 1 位数（小于 10%），则上式可以简化为

$$r_h - r_f = \frac{e_1 - e_0}{e_0}$$

根据国际费雪效应，利息率低的货币倾向于升值，而利息率高的货币倾向于贬值。然而，这一结论是在名义利息率变化而实际利息率不变的假设条件下得出的。如果实际利息率发生变化，则汇率的变化就不一定符合国际费雪效应。例如，如果美元利息率相对于英镑利息率上升，而且是实际利息率上升，而非通货膨胀引起，则由于在美国投资更有利可图，吸引资本流向美国，对美元的需求加大，会使得美元升值而非贬值。

**例 14-3** 在某年 7 月，欧元的一年期利息率为 4%，而美元的同期利息率为 13%。如果目前的汇率为每欧元折合 0.63 美元，根据国际费雪效应，预期将来一年后的汇率将达

$$0.63 \times 1.13/1.04 = 0.684\ 5（美元）$$

也就是欧元升值 8.65%。在这种情况下，美国投资者投资于欧元债券和投资于美元债券的收益率基本相同。投资欧元债券的收益率近似为

$$4\% + 8.65\% = 12.65\%$$

在完美市场中，两地投资收益率应该相同，否则就会出现市场套利机会。

## 二、国际股票投资收益

### （一）国际股票投资收益计算

国际股票投资也同样面临单期现金流入或者多期现金流入的问题。对股票投资而言，如果在投资期内不发放股息，或者即使发放股息，也是在投资期末发放、与投资本金同时收回，则称为具有单期现金流入特征的股票投资。与国际债券单期投资收益率的计算相似，国际股票投资以本币表示的单期收益率可以计算如下：

$$r_h = (1 + r_f)(1 + c) - 1$$

式中，$r_f$、$c$ 的计算方法与债券相同。

**例 14-4** 某美国投资者投资于在法国巴黎证券交易所上市的股票，投资者期初购买股票时的投资额为 50 欧元，投资期末股票的价格为 48 欧元，收到股息 1 欧元。在整个投资期内，以美元表示的欧元的价格下降了 5%，则美国投资者投资于法国股票的美元投资收益率为

$$r_h = \left(1 + \frac{48 - 50 + 1}{50}\right)(1 - 0.05) - 1 = -6.9\%$$

同样，如果在投资期内存在多个现金流入，则股票投资除了考虑股票价格变化之外，也要考虑股息的再投资以及每次现金流入是否转化为本币的问题。对于具有多期现金流入的国际股票投资，可以参照债券投资中所使用的方法来计算。

### （二）国际股票投资收益分析

进行国际证券投资，不论是股票还是债券，其收益率由两部分构成，即 $r_f$ 和 $c$。如果投资者母国和投资东道国的公司营利性和成长性相差不大，那么不论在哪里进行投资，使

用当地货币表示的收益率都差不多[①]。在这种情况下，在国内外的投资收益率也应该相差不大。即使出现差别，由于国际费雪效应，收益率的变化也很可能被汇率的变化抵消，进行海外投资，不能获得高收益的好处。

只有当投资东道国的经济出现高速增长，东道国公司营利性和成长性的未来预期高时，才会给海外投资者带来高收益。一方面，经济高速成长，给公司盈利增长创造了良好的环境，当然经济高速成长也与公司成长贡献密不可分，因此带来股票价格提高，为投资者带来丰厚的资本利得收益。另一方面，根据巴拉萨-萨缪尔森效应（Balassa-Samuelson effect）[②]，经济增长率越高的国家，工资实际增长率也越高，货币的实际汇价的上升也越快。在投资东道国经济高速增长时，海外投资者不仅能够获得企业成长带来的利得好处，还能获得货币升值的好处，也就是获得双重好处，因此会提高海外投资收益率。

## 三、国际证券投资风险

### （一）国际证券投资风险计算

以具有单期现金流入的证券投资为例，说明投资者在进行国际证券投资中所面临的风险。按照简化计算方法，具有单期现金流入时的国际证券投资收益为

$$r_h \approx r_f + c$$

该式表明以本币表示的国际证券投资收益率近似等于以外币表示的投资收益率与外币价格变化率之和。即使在以外币表示的投资收益不变的情况下，由于外币价格的变化也会导致以本币表示的国际证券投资收益发生变化。因此，货币兑换增加了国际证券投资收益波动的可能来源，很可能增大了证券投资的风险。

用标准差来表示风险的大小，则国际证券投资收益的标准差可以表示为

$$\sigma_h = \sqrt{\sigma_f{}^2 + \sigma_c{}^2 + 2\sigma_f\sigma_c\rho_{f,c}}$$

式中，$\sigma_h$ 表示以本币计算的收益率的标准差；$\sigma_f$ 表示以外币计算的收益率的标准差；$\sigma_c$ 表示汇率变化率的标准差；$\rho_{f,c}$ 表示以外币计算的收益率与汇率变化率之间的相关系数。

公式表明国际证券投资的标准差不仅与用外币表示的证券自身收益的标准差有关，而且与汇率变化的标准差及其外币收益与汇率之间的相关系数有关。只要外币收益变化与汇率变化呈正相关，即 $\rho_{f,c} > 0$，则一定会有

$$\sigma_h = \sqrt{\sigma_f{}^2 + \sigma_c{}^2 + 2\sigma_f\sigma_c\rho_{f,c}} > \sigma_f$$

因此，从单个证券投资来看，如果两个国家以本币表示的证券投资风险大致相同的话，购买国外证券可能会加大投资风险。当然，不难看出，如果相关系数 $\rho_{f,c}$ 为负值，则购买国外证券的风险将会降低；如果这个相关系数的负值足够大，那么购买国外证券的风险可能低于投资于国内证券所面临的风险。

**例14-5** 假设某日本公司股票投资的年收益标准差为23％，美元与日元汇率变化的标准差为17％（日元的美元价格波动性），预测的该公司股票的收益率与汇率变化的相关

---

[①] 在各种影响股票投资收益率的因素中，只考虑公司营利性和成长性。

[②] SAMUELSON P.Facets of Balassa-Samuelson thirty years later[J].Review of international economics，1994，2(3)：201-226.

系数为 0.31,则美国投资者投资于该日本公司股票的美元收益的风险应为

$$\sigma_h = (0.23^2 + 0.17^2 + 2 \times 0.23 \times 0.17 \times 0.31)^{\frac{1}{2}} = 0.325\ 6$$

32.56%大于单纯的日本公司年收益率标准差数值 23%,也就是说,如果美国国内证券的收益率风险和日本国内证券收益率风险差不多,则这种跨国的证券投资可能会给国际证券投资者带来更大的风险。

如果外币收益率和汇率变化之间的相关系数是一个足够大的负值,比如-1,那么计算出来该日本公司股票的美元收益的风险应为

$$\sigma'_h = (0.23^2 + 0.17^2 - 2 \times 0.23 \times 0.17 \times 1)^{\frac{1}{2}} = 0.06$$

6%远小于 23%,这样美国投资者投资于日本公司就能降低其收益的风险。

根据公式 $\sigma_h = \sqrt{\sigma_f^2 + \sigma_c^2 + 2\sigma_f \sigma_c \rho_{f,c}}$,外币证券投资风险由三部分构成,即外币收益率方差,汇率波动方差,外币收益率和汇率波动两者之间的协方差。对于外币股票投资,在总风险中第一项(外币收益率方差)占比比较大;对于外币债券,总风险中第二项占比比较大。因此,在国际证券投资风险分析中,对于股票应更关注当地货币收益率风险,对于债券则应更关注汇率波动风险。

## (二)国际证券投资风险分析

根据收益风险匹配原理,风险越高,收益越高。如果东道国的投资风险高,应该意味着高收益。对于外国投资者来说,投资风险的高低不仅取决于东道国的投资风险,也取决于投资者母国和东道国之间汇率波动及其汇率波动与东道国投资风险之间的相关性。相关性来自相互影响,即经济波动如何影响汇率波动,以及汇率波动如何影响经济波动。

汇率的波动有多种影响因素,如一个国家的国际收支、国民收入、通货膨胀率、货币供给、财政收支、利率以及政府的汇率政策。而从国家经济波动来看,一个国家的经济状况越稳定,上述各种影响汇率的因素就越稳定,汇率的波动就越小。如果投资东道国出现经济危机,经济出现波动,各种汇率变动影响因素大幅度变化,如国民收入下降、政府财政困难等,那么汇市波动也会加剧,证券投资风险与汇率波动风险表现出正相关。

汇率波动反过来也会影响经济波动情况。有研究表明,对于金融不发达国家来说,汇率的波动会影响经济增长,因此也影响经济的健康程度,影响投资收益的波动。而对于金融发达国家来说,汇率波动对经济增长、经济健康程度影响不大[1]。也就是说,对于金融不发达国家,汇率波动会表现出与经济波动正相关性,而对于金融发达国家来说,两者之间没有明显关系。

---

[1] AGHION P,BACCHETTA P,RANCIERE R.Exchange rate volatility and productivity growth: the role of financial development[Z].NBER Working Paper,2008.

# 第三节　国际证券投资组合

## 一、国际投资组合原理

### （一）国际投资组合风险分散

国际证券投资组合原理是一般投资组合理论在国际范围的推广。所谓国际证券投资组合，是指在投资组合的构成中包括两个以上国家货币标值的证券。在不同国家进行投资所获得的收入以不同的货币种类表示，由于各国货币价值之间汇率的波动性，以不同币种表示的收入不具有直接可比性。因此，对于国际证券投资组合的风险和收益特性，需要从某个国家投资者的角度来考察，即投资组合的风险和收益以某种特定的货币形式来表示。

本章第二节给出了计算国际证券投资收益和风险的方法。然而，考虑汇率的波动性，会大大增加投资组合风险和收益计算的复杂性。为简便起见，在本节的讨论中进行了简化，所有证券的投资收益和风险都认为是汇率调整后的收益和风险。这样，在形式上国际证券投资组合的收益与风险计算与一般投资组合无异。例如，中国投资者投资于国际证券，任何一种证券的收益和风险都以人民币为基础计算。以由两种证券投资组合为例，组合的收益和风险分别为

$$\begin{cases} r_p = w_1 r_1 + w_2 r_2 \\ \sigma_p = \sqrt{w_1^2 \sigma_1^2 + w_2^2 \sigma_2^2 + 2 w_1 w_2 \sigma_1 \sigma_2 \rho_{1.2}} \end{cases}$$

式中，$r_p$、$\sigma_p$ 分别表示组合的收益率和标准差；$w_1$、$w_2$ 分别表示组合中两种证券的价值占总价值的比重；$r_1$ 和 $r_2$ 分别表示组合中两种证券的收益率；$\sigma_1$ 和 $\sigma_2$ 表示组合中单种证券的标准差；$\rho_{1.2}$ 表示组合中两种证券收益率的相关系数。

根据上述公式，组合中组成证券的相关性越大，即相关系数越高，组合的风险就越大；相反，组合中组成证券的相关性越小，组合的风险就越小。一般来说，一个国家内各种证券所面临的经济和政策环境相同，其收益均存在着较大的相关性。然而，在不同的国家具有不同的经济和法律制度，所执行的财政政策、货币政策各不相同，各国具有不同的经济结构，制约经济发展的因素也不同，因此不同国家证券之间的相关性大大低于国内证券之间的相关性。例如，在石油进口国和石油出口国之间，石油价格暴涨很可能会导致进口国证券收益下跌，同时很可能会导致石油出口国的证券收益上升，两者之间可能会表现出相反的变化趋势。因此，总体上来说，国际证券投资组合的风险分散功能要好于单纯的国内证券投资。

投资组合理论认为，投资者在资本市场上的投资行为取决于全部资本资产的有效前沿和投资者个人的效用曲线，如图 14-1 所示。在仅有国内证券投资的情况下，资本资产所形成的有效前沿曲线为图 14-1 下方的曲线。

如果将投资组合的相关假设拓展到国际证券市场，也就是假设存在一体化的国际金融市场，存在无分割的证券市场。形成国际证券投资组合后，由于国际证券之间的低相关性，有效前沿向左上方移动，如图 14-1 左上方的曲线。有效前沿的移动表明，在同等风险

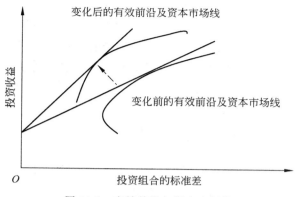

图 14-1　有效前沿与资本市场线

的情况下收益提高,或者在同等收益的情况下风险下降,意味着投资者承担每单位风险所带来的回报提高了。

形成全球一体化的证券市场后,市场可以有两种方法来代替,其一是全球证券组合(各国市场指数的组合);其二是投资者所在国家的某种证券指数。如果投资者所持有的证券是在全球范围内充分分散的,那么应该以全球证券组合为市场。国外市场与国内市场的低相关性,均会导致相同回报情况下 $\beta$ 系数降低,导致证券市场线向上转动,如图 14-2 所示。

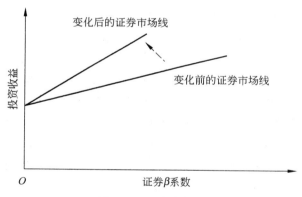

图 14-2　证券市场线

国际证券投资组合改善了投资组合的风险收益补偿关系。投资者面临同样的风险,进行国际证券投资比单纯进行国内证券投资能够获得更高的收益。同时,每增加一个单位的风险,所获得的收益补偿更高。

**例 14-6**　美国投资者投资于某美国公司股票。如果市场上的无风险利率(以美国政府债券收益率为基准)为 1.3%,美国市场收益率(根据股票市场指数计算)为 12.2%,并且该美国公司股票相对于国内市场的 $\beta$ 系数为 0.885,则一个只投资于美国国内证券的投资者期望投资于该公司股票的收益率为

$$R_G = R_f + \beta_i (R_m - R_f)$$

$$= 1.3\% + 0.885(12.2\% - 3.3\%)$$
$$= 9.176\ 5\%$$

如果投资者广泛投资于国际证券,那么他所要求的期望收益率就会有所不同。假设国际证券市场投资组合的收益率为 13.7%,该美国公司股票相对于国际市场的 $\beta$ 系数为 0.585,那么投资者所要求的期望收益率为

$$R_G = R_f + \beta_i(R_m - R_f)$$
$$= 1.3\% + 0.585(13.7\% - 1.3\%)$$
$$= 8.55\%$$

在上述算式中,使用大写字母表示收益率,用以代表期望收益率。

在实践中,国际资本资产定价模型与国内资本资产定价模型相比稳健性要差得多,结果可靠性差,原因至少有以下几条。

(1) 由于国际金融市场更强的不完美性,如信息和资本缺乏必要的流动性,会更为明显地违背资本资产定价模型的一些基本条件。

(2) 国际证券市场投资组合在更大程度上是一个虚拟的投资组合。

(3) 在国际证券市场上很难存在一个统一的无风险利率。

### （二）国际证券投资因子模型

基于因子模型原理,证券收益率由两部分构成,即期望收益率和随机误差。将这种原理应用到国际证券市场,可以将证券投资收益划分为期望收益、由全球特定影响因素部分、国家特定影响因素部分和行业特定影响因素部分,称为国际证券投资因子模型[①]。模型的形式可以表示成

$$r_{it} - r_{ft} = \mu_i + \beta_i^g f_t^g + \sum \beta_i^c f_t^c + \sum \beta_i^h f_t^h + \varepsilon_{it}$$

式中,$r_{it}$ 为证券 $i$ 在时间段 $t$ 内获得的收益;$r_{ft}$ 为时间段 $t$ 内的无风险收益;$\beta_i^g$ 为证券 $i$ 全球共同因子系数;$f_t^g$ 为时间段 $t$ 内的全球共同因子值;相应地 $\beta_i^c$ 为证券 $i$ 所属国家共同因子系数;$f_t^c$ 为时间段 $t$ 内的所属国家共同因子值;$\beta_i^h$ 为证券 $i$ 所属行业共同因子系数;$f_t^h$ 为时间段 $t$ 内的所属行业共同因子值;$\varepsilon_{it}$ 为时间段 $t$ 内证券 $i$ 的个体因素对于收益的影响。可能某只证券不单纯属于某一个国家或者某一个行业,所以后两项因子是个加总值。如果某个公司发行的股票在两个国家股票市场上市,$\sum \beta_i^c f_t^c$ 就应该是所在两个上市国家的共同因子的加总值。

因子模型能够从数值上预测某只证券的收益,但是因子含义不清楚,所以模型的经济含义不明显,只是推测证券投资收益的经验公式。

① BROOKS R, NEGRO M. A latent factor model with global, country and industry shocks for international stock returns [Z]. International Monetary Fund Working Paper, 2005. HESTON S, ROUWENHORST K. Does industrial structure explain the benefits of international diversification? [J]. Journal of financial economics, 1994, 36: 3-27.

## 二、国际证券投资组合实践

### （一）收益与风险

国际证券投资会改变证券投资的风险收益补偿特征，实证研究也表明了这一点。由于我国证券投资发展时间短，数据缺乏，这里以美国投资者投资于国际证券为例，说明国际证券投资组合的风险和收益情况。

表 14-1 所列为 2010 年至 2019 年几个主要国际债券市场的收益情况。如果按照各自货币计算收益率，可以看出欧洲国家中的荷兰、法国与英国及新兴市场国家等市场的债券收益率都要高于美国。按照美元计算收益率，美国债券市场收益水平最高。

**表 14-1　国际债券投资年收益率：2010—2019 年**　　　　　　　　　　%

| 市　　场 | 以当地货币计算的收益率 | 以美元计算的收益率 |
|---|---|---|
| 日本 | 2.18 | 0.49 |
| 加拿大 | 3.42 | 1.51 |
| 德国 | 3.75 | 0.89 |
| 美国 | 3.93 | 3.93 |
| 荷兰 | 4.09 | 1.22 |
| 法国 | 4.33 | 1.49 |
| 英国 | 5.86 | 3.53 |
| 新兴市场 | 6.85 | |

资料来源：http://www.stockq.org。其中各国指数选取为美国政府与公司债指数（美国），JP 加拿大政府债券指数（加拿大），JP 法国政府债券指数（法国），JP 德国政府债券指数（德国），JP 日本政府债券指数（日本），JP 荷兰政府债券指数（荷兰），JP 英国政府债券指数（英国），JP 新兴市场政府债券指数。

表 14-2 所列为 2009 年至 2019 年主要国际权益市场的收益状况。按照各自货币计算收益率，美国市场权益投资收益率最高，远高于国际市场的平均值；但是，与按照折合成美元后计算的收益率进行比较，进行国际市场投资的收益率拉近了与在美国投资的收益率之间的差别。

**表 14-2　国际权益投资年收益率：2009—2019 年**

| 市　　场 | 当地货币收益率/% | 美元收益率/% | 单位风险收益率（当地货币） | 单位风险收益率/美元 |
|---|---|---|---|---|
| 英国 | 5.44 | 4.79 | 0.37 | 0.36 |
| 瑞士 | 6.39 | 9.00 | 0.60 | 0.74 |
| 澳大利亚 | 6.56 | 10.12 | 0.52 | 0.65 |
| 加拿大 | 6.82 | 8.02 | 0.61 | 0.66 |
| 中国 | 8.61 | 8.49 | 0.38 | 0.43 |
| 日本 | 10.71 | 8.69 | 0.57 | 0.50 |
| 巴西 | 12.86 | 14.11 | 0.53 | 0.49 |
| 美国 | 18.13 | 18.13 | 1.21 | 1.21 |
| 全球平均 | 9.44 | 10.17 | 0.60 | 0.63 |

主要资料来源：wind, http://www.stockq.org。其中各国指数选取为伦敦金融时报 100 指数（英国）、瑞士苏黎世市场指数（瑞士）、澳大利亚普通股指数（澳大利亚）、多伦多股票交易所综合指数（加拿大）、上海证券综合指数（中国）、东京日经 225 指数（日本）、圣保罗 IBOVESPA 指数（巴西）、纳斯达克指数（美国）。

与债券相比，股票投资收益率的变化较为复杂，既包括汇率变化因素，又包括经济总体发展状况，当然如果投资专注于某一个行业，还会受到投资地该行业在全球的领先地位的影响。在表 14-2 中，以美元表示的收益率普遍高于以当地货币表示的收益率，其中货币汇率变化起到一定作用。除此之外，虽然金融市场一体化程度越来越高，但由于各国制度、文化等原因，仍然存在着一定程度的市场分割，导致风险收益率和风险溢价的差异。如表 14-2 中的单位风险收益，各国市场之间存在较大差异。按照美元计价的收益率计算，单位风险收益以美国市场的 1.21％ 为最高，英国的 0.36％ 为最低。

尽管由于货币之间的兑换，单个国际证券投资可能会加大风险，但国际证券之间的低相关性，使得国际证券投资组合的风险大大降低。研究表明[1]，充分多样化的国际证券投资的风险大约仅相当于单个证券风险的 11.7％，而充分多样化的美国国内证券投资的风险只能降低为单个证券风险的 27％，如图 14-3 所示。

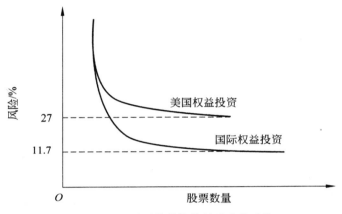

图 14-3　国际证券投资的风险分散功能

Morgan Stanley 公司曾调查了 12 个发达工业国家在 1970—1990 年的收益相关比率，两个国家相关率最高为 0.69，最低仅为 0.01，半数在 0.5 以下，平均为 0.39。随着市场一体化程度的提高，各国投资收益率之间的相关性会逐渐提高。根据 Reilly 和 Brownt 针对 1981 年至 1995 年间收益率相关性的统计，相关系数大致在 0.3～0.7[2]。在 2008 年金融危机期间，各国市场之间的相关性显著提高。之后，又大致恢复到危机前的水平，参见表 14-3 和表 14-4。表 14-3 为几个重要国际债券市场与美国债券市场收益率之间的相关系数平均值，变动区间为 0.37～0.81；表 14-4 为几个重要权益市场月收益率之间的相关性，相关系数变动区间为 0.29～0.83。

①　SOLNIK B H.Why not diversify internationally rather than domestically[J].Financial analysts journal，1974，30(4)：48-52.

②　REILLY F K，BROWNT K C.Investment analysis and portfolio management[M].Illinois：The Dryden Press，1997.

表 14-3　国际债券市场与美国债券市场收益率的相关性：2009—2019 年

| 市　　场 | 以美元计算的收益率之间的相关系数 |
|---|---|
| 日本 | 0.47 |
| 加拿大 | 0.79 |
| 德国 | 0.43 |
| 荷兰 | 0.45 |
| 法国 | 0.37 |
| 英国 | 0.81 |
| 平均 | 0.55 |

资料来源：http://www.stockq.org。其中各国指数选取为美国政府与公司债指数（美国），JP 加拿大政府债券指数（加拿大），JP 法国政府债券指数（法国），JP 德国政府债券指数（德国），JP 日本政府债券指数（日本），JP 荷兰政府债券指数（荷兰），JP 英国政府债券指数（英国）。

表 14-4　国际权益市场月收益率（以美元计算）的相关性：2009—2019 年

| 市　场 | 日本 | 美国 | 加拿大 | 巴西 | 英国 | 瑞士 | 澳大利亚 | 中国 |
|---|---|---|---|---|---|---|---|---|
| 日本 | 1.00 | | | | | | | |
| 美国 | 0.73 | 1.00 | | | | | | |
| 加拿大 | 0.60 | 0.73 | 1.00 | | | | | |
| 巴西 | 0.42 | 0.45 | 0.70 | 1.00 | | | | |
| 英国 | 0.71 | 0.77 | 0.81 | 0.57 | 1.00 | | | |
| 瑞士 | 0.69 | 0.71 | 0.68 | 0.50 | 0.83 | 1.00 | | |
| 澳大利亚 | 0.64 | 0.74 | 0.78 | 0.69 | 0.80 | 0.75 | 1.00 | |
| 中国 | 0.33 | 0.42 | 0.40 | 0.37 | 0.39 | 0.29 | 0.40 | 1.00 |

资料来源：wind，http://www.stockq.org。其中各国指数选取为伦敦金融时报 100 指数（英国），瑞士苏黎世市场指数（瑞士），澳大利亚普通股指数（澳大利亚），多伦多股票交易所综合指数（加拿大），上海证券综合指数（中国），东京日经 225 指数（日本），圣保罗 IBOVESPA 指数（巴西），纳斯达克指数（美国）。

一般情况下，市场之间的关系越密切，证券收益率相关系数越高。当然，按照投资组合理论，只要各个不同市场之间的相关系数小于 1，就存在着利用全球证券组合降低风险的可能性，即仍然可以通过投资多元化分散风险。从直觉上分析，通常容易得出下述结论，即由于全球市场不断向一体化方向发展，市场之间的相关系数不断提高是一种必然趋势。然而，有关研究表明，不同市场的相关系数（除欧洲内部各国之间外）没有明显提高的趋势[①]。对上述现象的一种解释是本土偏好（home bias）。

## （二）本土偏好

所谓本土偏好，指投资者在不存在制度管制的条件下，偏好投资于本国（或者本地区）证券的行为。也就是说，本土偏好是自身决策原因带来的，而不是规避制度管制的结果。

---

① BEKAERT G，HODRICK R J，ZHANG X. International stock return comovements[J]. Journal of finance，2009，64：2591-2626.

本土偏好由 French 和 Poterba 于 1991 年提出。[①] 本土偏好是国际证券投资中的一种重要现象（在国内证券投资也存在，国内证券投资称为本地偏好），这种现象没有随全球金融市场一体化进展而消失。

对本土偏好现象的解释主要有资产匹配和资本市场不完美。

**1. 资产匹配**

所谓资产匹配，指投资者投资收入与现金流支出在某些维度上吻合。例如，在风险类型上的吻合，以利于风险对冲。一些大型金融机构如保险基金和养老基金，其未来支付现金流主要是本国货币，其资产负债表的负债项受到本国通胀风险影响较大。为了对冲这种暴露的通胀风险，应尽可能使资产的现金流类型和时间与负债现金流类型和时间相匹配。因此，这些机构倾向于投资本土证券。

**2. 资本市场不完美**

资本市场不完美可以有多方面表现，如市场进入壁垒、交易成本、税收、信息传递等。例如，有些国家为了稳定跨国货币流动稳定性，可能会实施一些外汇流动管制措施。另外，由于会计制度差异和文化差异，在信息传递和解释上会产生一些障碍。这些均会在一定程度上阻碍国际证券投资行为。

软信息（soft information）被认为是引起市场不完美的一个重要因素。所谓软信息，指不能通过财务报表及其附注，或者公司所发布公告传递的信息。例如，对于主要高管人员素质的评价。高管人员的素质会影响未来公司决策质量，而这样的信息无法通过公开发布信息揭示，更多地通过口口相传实现传递。口口相传，其一限定了传递的地域范围，其二由于语言和文化等原因，地域较远的传递很可能会出现错误理解。

# 习　　题

1. 国际金融市场与国内金融市场的主要区别是什么？

2. 简单比较在岸金融市场和离岸金融市场。

3. 购买存托凭证和直接购买股票，投资者的权利会有什么区别？存托凭证存在的理由主要是什么？

4. 投资者进行国际证券投资，会获得什么好处？

5. 欧洲货币是什么意思？

6. 投资者购买以外币计价的债券，是否有可能获得比购买国内货币计价债券更高的收益？

7. 汇率变化在国际证券投资中扮演什么角色？

8. 以两个国家货币计价的名义利率发生变化，而实际利率不变，汇率将发生什么样的变化？

9. 如果以两个国家货币计价的名义利率和实际利率都发生变化，汇率将发生什么样

---

① FRENCH K, POTERBA J. Investor diversification and international equity markets[J]. American economic review, 1991, 81: 222-226.

的变化?

10. 国际证券投资组合风险分散的原理是什么?

11. 什么是投资中的本土偏好,为什么会出现本土偏好?

12. 某投资者准备购买价格为 1 000 美元的美国国库券,面值 1 000 美元,债券的到期期限为 180 天,期末获得利息 20 美元,出售债券价格为 1 010 美元。投资者购买债券时的汇率,即美元的价格为 6.27 元人民币,如果到投资期末价格变为 6.38 元人民币,计算该投资者投资于美国国库券的期间收益率和年收益率。

13. 利用第 12 题的数据,如果投资期延长为 1 年,债券每半年支付一次 20 美元的票息。计算年收益率时需要什么条件,当作出这些条件的假设时,投资收益率等于多少?

14. 某投资者投资于在法国巴黎证券交易所上市的股票,投资者期初购买股票时的投资额为 50 欧元,投资期末股票的价格为 52 欧元,收到股息 1 欧元。在整个投资期内,以人民币表示的欧元的价格下降了 3%,计算投资者投资于法国股票的人民币计价投资收益率。

15. 根据第 14 题的数据,如果所投资股票年收益率标准差为 20%,欧元价格年波动标准差为 15%,股票收益率变化和欧元价格变化之间的相关系数为 -0.01,计算投资者购买法国股票的标准差。

16. 试收集有关数据,计算国际证券投资因子模型中的系数,并加以解释。

17. 观察表 14-4 中的数据,能够得出什么结论,对于投资决策有什么帮助?

18. 某投资者同时投资法国巴黎证券交易所上市的股票 a 和上海证券交易所上市的股票 b。年初时,投资者投资股票 a 的投资额为 1 000 欧元,股票 b 的投资额为 5 000 元人民币;年末时,欧元的价格为 8 元人民币,投资者持有的股票 a 的市值为 1 200 欧元,股票 b 的市值为 5 500 元人民币。在整个年度内,股票 a 以欧元计价的年收益率标准差为 15%,股票 b 以人民币计价的年收益率标准差为 25%,以人民币表示的欧元的价格下降了 5%,欧元价格年波动标准差为 12%,股票 a 收益率变化和欧元价格变化之间的相关系数为 -0.02,股票 a 收益率变化和股票 b 收益率变化之间的相关系数为 -0.03。计算投资者该投资组合的以人民币计价的收益率和标准差。

## 即 测 即 练

# 第十五章

# 投 资 策 略

投资策略（investment strategy）是投资相关理论在实践中的应用，用以指导实践操作。由于市场环境的复杂性，本章内容仅仅是投资策略制定的一些原则，而且很可能是不完整的原则。不论如何，投资实践是科学和艺术的结合，大规模的投资都需要在事前进行缜密的规划，才能更好地满足投资目标和事后总结的需要。

## 第一节　投资策略概述

### 一、投资策略的概念与类型

#### （一）投资策略的概念

策略是应对形势发展变化而制定的行动方针和行为方式。投资策略是指导投资组合资产类型（风险）选择、资产配置、投资时机选择的行为准则，是应对市场变化的指导原则。例如，选择什么类型的资产、什么时候投资、如何应对市场的各种变化、如何选择买点和卖点等。投资策略不是指某一次投资的具体操作，而是指导一系列投资的一贯性原则。

投资策略的制定是综合考虑各种因素的结果。投资策略主要受三方面因素影响：首先是投资目标，也就是投资者为什么而投资，有些投资为了规避通货膨胀，有些投资为了获得短期资金的增值收益等；其次，投资策略受资本市场状况影响，资本市场状况提供并且限定了投资环境，因此会限定以及改变投资行为；最后，投资者策略还受到自身因素的影响，如对于资本市场信息获取以及处理的能力，投资者的时间和精力等。

投资策略既具有一致性，又具有一定的灵活性。投资策略是一定环境的产物。当投资环境较为稳定时，一旦投资策略建立，就需要遵照执行，否则就会失去行为的指导原则、迷失投资方向，造成投资逻辑的混乱。但由于投资环境会发生变化，甚至较大的非预期变化，如市场由于意外事件出现资产价格大幅度下跌，固守既定的投资策略就未必明智。实际上，有时没有既定的投资策略也是一种投资策略。

#### （二）投资策略的类型

根据投资者风险偏好、投资目标和对于市场的认识，投资策略可以划分为很多种类型，并且多种类型相互交叉。例如，按照风险偏好，可以有成长投资策略和收益投资策略。按照对于市场的认识，可以有消极投资策略（passive investment strategy）和积极投资策略（active investment strategy）。将两者交叉，可以形成消极成长策略、积极成长策略、消极收益策略和积极收益策略。在各种策略中，按照对于市场认识形成的策略内容更加丰富，具有更重要的意义。

## 1. 消极投资策略

（1）消极投资策略的基本概念。消极投资策略也称为被动投资策略，指长期稳定持有某种选定组合或者模拟市场指数的证券组合，以获得市场平均收益的投资策略。消极投资者通过选择一组证券并长期持有，尽管经历投资期间的价格升跌起伏，仍然保持既定的组合投资，旨在追求获得长期稳定收益。

消极投资策略的基础是资本市场有效，即凡是能够影响证券价格的信息均已在当前的证券价格中得到反映。换句话说，消极投资者认为证券的价格反映了证券的价值，只有新的信息才能推动证券价格发生变化，而新信息随机，无法预测，投资者无法通过对证券历史趋势的分析来预测其未来变化的方向或变化幅度，以致任何企图预测市场行情或寻找错误定价证券的行为不仅不能提高收益，反而会因此浪费大量的人力和财力，提高投资管理成本。

关于资产配置，消极投资者认为最优投资方式是广泛地持有各种证券以达到有效分散投资风险的目的。其中，分散化程度最好的投资组合就是市场指数，因此市场指数是消极投资者构建投资组合的基准。很多成熟市场的证券指数都具有大量收益风险等相关数据，有利于进行科学统计分析，进行指数跟踪的模拟分析来指导消极投资。

（2）消极投资策略的具体形式。通常，消极投资可以分为以下三种投资策略。

第一，买进持有策略（buy and hold strategy）。买进持有策略指投资者按照某些标准买进一组证券并在持有期内一直持有这些证券的投资组合管理方式。一般来说，采用买进持有策略的投资组合一旦确定，就不再发生积极的证券买入和卖出行为。这种策略的一个显著特点是交易成本低。

第二，局部风险免疫策略（partly risk immunity strategy）。局部风险免疫策略通过使用分散投资的方式，构造特定的投资组合，尽量覆盖引起某一类风险的各个因素，当各个因素水平上的投资收益发生波动时，投资组合内部各个证券之间的风险恰好可以相互抵消或者分摊，达到消除或者降低组合局部投资风险的目的。

例如，在股票市场上构造覆盖多个行业的投资组合，可在一定程度上使投资组合降低行业轮换效应所带来的风险。行业轮换指不同的行业有不同的周期性表现，股票价格因此会表现出不同的周期性波动。如果引起行业轮换的因素包括政策、自然周期和技术等，这些因素的变化都可以使不同股票价格发生不同水平和方向的变化，因此带来投资风险。局部免疫就是要考虑这些因素带来的风险，并进行免疫。

第三，跟踪指数策略（indexing strategy）。指数化投资策略，指投资者构造一组证券组合，使其收益与资本市场的指数的收益相一致。当市场指数发生波动时，自然跟踪指数所构造的组合收益也会发生同样的波动。跟踪指数能够分散特殊风险，但需要承担系统风险。当然，这个策略也存在选择哪一个指数跟踪的问题。

选用跟踪指数策略，当指数成份发生变化，或者股票价格发生较大相对变化时，都可能面临着组合的调整。例如，如果所跟踪的指数是价值加权指数，即使成份股不发生变化，当股票价格发生变化时，指数权重也会发生变化，这样所构造的组合不再能模拟指数变化，就需要做出调整。

**2. 积极投资策略**

积极投资策略也被称为主动投资策略，指通过预测市场行情或寻找错误定价的证券，并根据对市场的判断，不断适当调整证券组合，以获得尽可能高收益的管理方法。采用此策略的投资者认为，市场有效性受到质疑，至少不总是有效，市场既存在集体性错误定价，也存在个别证券的错误定价，利用这些错误定价，可以获得超过市场的收益，即超常收益。在投资过程中，只有获得超常收益，才是获得高收益的保障。只有获得超常收益，才能获得财富的超常规增长。

市场剧烈波动容易产生集体性错误定价。利用市场集体性错误定价，也就是利用市场的周期波动性，需要进行市场择时。在经济繁荣期，市场过度乐观，整个市场上各种金融资产都存在着价格高估的风险。相反，在经济萧条期，市场过度悲观，整个市场上各种金融资产都存在着价格被低估的风险。资产的市场价格存在着自强化的现象，一旦某种趋势形成后一般会持续一段时间，直到出现相反变化的触发因素。高估以后可能会进一步高估，低估以后可能会进一步低估。投资者如果能够利用市场价格的波动规律性，就能获得超过市场的收益。

在任何市场条件下，都可能存在着被错误定价的资产。利用市场个别股票错误定价，需要进行市场择股。错误定价可能来自市场关于资产的相关信息不全面，也可能来自对于信息的错误理解。当导致错误定价的因素消失后，市场价格会回归内在价值。利用错误定价，主动地买入价值低估的证券、卖出价值高估的证券，等待价值回归，就可以获得超过无风险收益加上风险溢价的收益。

## 二、投资策略制定过程

### （一）明确投资目标

投资目标包括多方面内容，诸如投资收益的要求、风险承担水平、流动性要求、税收因素、投资限制和期限等。这些方面对于不同的投资者，以及不同时期重要性不同。例如，企业生产存在周期性，在生产淡季，由于投入少，可能存在一些冗余资金，可以进行短期投资，但考虑到为即将到来的旺季做准备，所以流动性要求高。再如，投资基金按照募集说明书筹集资金后，一般投资风格即已经固定，如债券基金，就只能主要投资于债券，股票基金则应主要投资于股票。

投资者风险承担能力，限定了投资的品种以及投资组合管理方式。尽管总体上投资者规避风险，但由于各种原因，如年龄、收入水平等因素，不同投资者仍然具有不同的风险偏好。偏好较高风险的投资者乐于从高风险资产投资中获得较高收益，而偏好低风险的投资者承担低风险获取低收益。不同的投资品具有不同的收益风险特征，如成长型股票风险较高，而货币市场工具则风险较低。对于投资者风险偏好的测量，可以采用问卷的方式，也可以采用影响因素分析法。

### （二）获取并分析资本市场信息

分析资本市场信息是进行投资并实现投资目标的基础。了解资本市场结构与投资品种是资本市场信息分析的重要任务。例如，投资者如何参与资本市场，是否存在什么限制,资本市场的细分类型等。再如,资本市场如何对资产进行定价,是竞价定价还是报价机制,不同市场环境下使用不同的定价机制,会产生不同的定价效率。

资本市场信息的一个重要方面是各种投资品的历史收益率和波动情况,为构造投资组合和形成投资预期提供基础资料。当然,不同的投资品种具有不同收益风险特征,按照不同的收益风险特征,可以将资产划分为不同的类型,如货币市场资产、债券、股票、海外证券、不动产、贵金属等。根据历史资料,统计分析各类资产的收益和风险水平,分析各类资产的收益风险匹配特性,分析各类资产收益之间的相关性。

### (三)确定资产配置

资产配置指投资组合中构成资产类型的选择以及投资比例。资产配置受投资目标和资本市场状况的影响。投资者根据资本市场的历史资料以及对于未来的推断,根据投资目标要求,确定投资组合的收益和风险目标要求,进而确定资产组合。

即使确定了收益和风险要求,组合资产也存在选择问题,不同的资产组合可能实现同样的目标。构建投资组合,可以借鉴两种典型策略,即自上而下和自下而上策略。自上而下策略是从行业或者大类到具体资产的选择方式,主要精力放到行业选择上。自下而上则是直接选择个别资产,在资本市场的各种资产类型中,不做任何限制,通过个别资产构造,满足投资组合要求,自下而上策略将精力放在个别资产分析上。前一种策略选择面广,而后一种策略对于具体资产分析精细。

相对而言,自上而下策略比较适合于消极投资选股,而自下而上策略比较适合于积极投资选股。自上而下策略对整个市场考察全面,比较容易找到适合构造组合需要的证券。自下而上策略对于所选股票不加限制,选择灵活,更适合于找到错误定价股票。

### (四)确定资产管理方式

在进行资产分析时,重点可能放到资产收益、风险特征分析上,还有可能将重点放到错误定价分析上,由此形成不同的管理方式,分别为消极管理方式和积极管理方式。管理方式的确定主要受两方面因素的影响,即对于资本市场的认识和对于投资者能力的认识。

对于资本市场的认识,基于对资产市场状况的分析。例如,对于资产定价中信息含量的分析,如果市场中的资产价格信息含量高,则市场的有效性较强,因此积极管理的空间小,反之积极管理的空间大。投资者可以找到多种指标描述价格信息含量,如资产价格变动的一致性程度等。

投资者的能力影响投资管理方式。不论市场状况如何,不同的投资者出于各种原因,对于市场的认识程度不同,对于资产价值判断的准确程度也不同。例如,投资者由于时间限制,不能花费大量的时间进行资本市场分析。又如,投资者对于资本市场的分析判断能力不足,则即使花费了时间和精力,也未必对于资产价值会有准确的判断。再如,投资者的投资金额限制,进行组合投资以满足特定要求。这些因素,都在不同程度上和不同方面影响着管理方式的选择。

### (五)反馈与调整

投资策略制定和实施后,还要不断进行反馈和调整。投资策略的调整主要基于如下原因:其一,投资者对于市场的认识能力在不断提高;其二,资本市场本身也不断发生变化；其三，投资者的需求可能随着时间的变化而变化。当然，可能投资策略的制定本身存在缺陷。出于以上各种原因，投资策略都需要不断调整。

投资策略总是在不断实施和反馈的过程中调整。投资策略合理与否，根本标准是投资结果与投资目标的吻合性。对于是否吻合，最可靠的检验标准是实践。只有在不断的实践中发现问题，才能对投资策略进行不断调整。每一次投资结果都对于投资策略的合理性进行检验评估，反馈评估结果，从而使投资策略得到不断完善。

## 第二节　跟踪指数投资策略

### 一、指数化投资选择

指数化投资指按照某个指数的构成，将资金分配投资于该指数的所有股票或债券，以追求与指数相同或者相近的市场业绩表现。指数化投资属于典型的消极投资策略，投资的目的是获得与风险补偿等额的投资收益，不以追求超常收益为目标。指数化投资在牛市期间会获得较好的收益，但是在熊市期间，不可避免可能会遭受投资损失。

进行指数化投资的理论依据是资本市场的有效性。在有效资本市场中，资产的市场价格反映内在价值，任何试图通过挖掘市场信息而获利的行为会得不偿失，也就是所支付的成本大于收益。当然，现实中很难出现完全有效市场，也就是强有效市场。即使如此，指数化投资仍然有存在的空间，选择的依据仍然是收益和成本的比较。如果市场不完全有效，进行市场信息挖掘并进行加工，能够实现一定的超常收益。但是，这项工作本身存在风险，也就是可能信息有错误或者加工过程有偏差，导致价值判断失误。另外信息挖掘和加工需要支付成本。考虑风险和成本，对于特定投资者来说，如果得不偿失，那么指数化投资就不失为一种选择。

纯粹指数化一般指跟踪综合指数，使得投资组合回报更能反映市场收益。然而，市场中的指数多种多样，指数化投资也不是完全不存在选择。例如，A 股市场中有沪市和深市的综合指数，也有不同的成份指数，如行业指数、成长股指数等。投资于不同的指数，收益和风险特征也不一样。在牛市期间，如果选择科技成长股，一年的投资期内，投资收益有可能达到 100% 以上，而投资大盘蓝筹股在同期的收益很有可能最高也就在 30% 左右。

### 二、指数复制

指数复制就是指跟踪指数，也就相当于投资者使用资金复制了某一个指数。

#### （一）完全复制法

完全复制法指按照指数构成证券以及权重，丝毫不差地构建投资组合。以沪深 300 指数为例，按市值比重购入全部 300 种成份股就相当于完全复制指数。然而，完全复制法本身存在一个悖论。复制只能按照某一时刻进行，由于有关证券诸多因素的变化，例如，指数构成成份变化，或者构成指数成份股的价格发生不对称变化，导致在任何其他时刻指数构成都可能发生变化，按照上一个时刻完全复制的指数就成了不完全复制了。所以，所谓完全复制是一个近似定义，实际含义指按照最近的某一时刻完全复制。

例 15-1  某虚拟指数由 3 只股票 A、B、C 构成,3 只股票按照价值计算的权重均为 1/3。如果 A 公司增发股票,增发的数量等于原有股票的 10%,其他两个公司未增发。为了计算方便,假设增发价格等于市场价格,增发前后市场股票价格都不发生变化。

假设增发前在指数中每只股票的权重为 $w$,增发后:

$$w(1+10\%)+w+w=1$$

增发后 A 股票权重变为 0.354,其他两只股票的权重变为 0.323。

由于股票价格没有发生变化,增发前后投资者按照增发前构造的指数投资组合权重不发生变化,仍然为等权重 1/3,这样投资组合权重就会与指数权重发生差异,对于指数的模仿也不尽准确。

完全复制的优点明显:其一,完全复制的成本低,只要选定了跟踪的指数,复制的工作就基本完成;其二,完全复制的收益目标清楚,等同于或者近似于指数收益;其三,根据指数成份的选择原则,跟踪综合型指数,投资组合一般能够获得很好的风险分散。完全复制的缺点主要表现为如下几个方面:其一,当投资者资金有限,投资规模较小时,会产生成份证券的零散交易,提高交易成本;其二,当市场价格发生较大变化后,可能需要对投资组合进行调整,进一步增加交易成本和管理成本。

### (二)优化复制法

优化复制法,就是确定跟踪指数的目标,一般指投资收益和风险,通过数学规划方法优化投资组合,以更好地实现投资目标。从完全复制法的分析中可以看出,指数不可能完全复制,必然会出现跟踪误差,当然不断调整又会提高交易成本和管理成本,优化复制法就是在跟踪误差和交易成本、管理成本之间寻求平衡点。平衡点的确定有一定的灵活性,如投资者可以接受较大的跟踪误差,就会使交易成本和管理成本低一些,如果投资者接受的跟踪误差低,就需要增加交易成本和管理成本。

优化复制法的优点是针对完全复制法中出现的跟踪误差提出解决方案,设法在跟踪误差和交易成本、管理成本之间进行权衡。甚至更进一步,优化方法还可以针对投资组合提出更多的目标。例如,在控制跟踪误差的同时,还可以考虑跟踪误差的方向,最大化由于跟踪误差引起的投资收益,因此优化复制法可以在一定程度上引入积极管理。当然,由于优化复制法涉及数学规划问题,需要大量的历史数据,以满足运算的要求。投资者使用优化复制法需要确定目标函数和约束函数。

### (三)抽样复制法

抽样复制法指不完全复制指数,以成份证券作为总体,从中抽取部分证券构成投资组合。既然投资组合的构成与指数不一致,权重必然也不一致,所以抽样复制法实际上是对收益与风险特性的复制,而不是对指数构成的复制。使用这种方法自然交易的证券数量减少,由此也会降低交易成本和管理成本,但复制的准确性会受到影响。抽样复制法有两种基本操作方法。

#### 1. 大权重样本复制法

大权重样本复制法也称排序复制法。将指数中的成份证券,按照权重大小排序,按照某一个标准划定一个截止点,权重大于截止点的证券为投资组合中的资产。在构造组合时，以在目标指数中的自然权重为投资权重来构造指数组合。一般来说，指数受少数大权重证券的影响较大，这种方法在减少交易证券数量的同时，尽可能模仿指数。当然，由于系统性地选择了大权重证券，必然引起投资组合对于跟踪指数的系统性偏差。偏差大小取决于投资组合中的资产数量多少，而资产数量多少受到截止点高低的影响。

**2. 分层抽样复制法**

分层抽样复制法，也是对指数的非完全复制方法。按照证券的某些特点（如行业、市值、成长性等），将基准指数的成份证券分为若干类，然后在每个类别中抽取一定数量的证券，并赋予合适的权重来构建复制投资组合。抽取的方法可以是随机抽取，也可以设计其他抽取原则。组合中每一类证券的权重按照指数中该类证券权重设定，如指数中煤炭行业权重为 12%，那么组合中煤炭行业权重仍然为 12%。行业权重在抽中的证券中进行分派，分派的参考标准是证券在指数中的权重。

分层抽样法规避了大权重抽样法带来的系统偏差，基本反映了指数的构成，价格走势能够较好地模仿指数，并同时降低交易成本和管理成本。当然，不完全复制也同样会产生与指数之间的偏差，而且随着抽样方法不同，出现的偏差类型不同。

## 三、跟踪误差方差

### （一）跟踪误差方差的概念

投资组合的跟踪误差方差（tracking error variance，TEV），指投资组合收益与目标指数收益之间误差的方差，跟踪误差方差的计算公式为

$$TEV = Var(r_p - r_{index})$$

式中，TEV 为跟踪误差方差；Var 为方差计算符号；$r_p$ 和 $r_{index}$ 分别为投资组合和指数收益率。也就是跟踪误差方差等于投资组合收益率与指数收益率之差的方差。

投资组合的收益率计算公式为

$$r_p = \sum w_i r_i$$

式中，$w_i$ 和 $r_i$ 分别表示第 $i$ 只证券的权重和收益率。

当存在 $T$ 个时期时，每个时期的跟踪误差 $TE_t$ 为

$$TE_t = r_{p,t} - r_{index,t}$$

跟踪误差方差的估计值为

$$TEV = \frac{\sum [TE_t - E(TE)]}{T-1}$$

式中，$E(TE)$ 为跟踪误差的期望值，也就是 $T$ 个时期的平均值。

跟踪误差方差大小与投资组合中证券数量相关。以股票投资组合为例，研究表明，投资组合跟踪误差方差与组合中股票数量表现出如图 15-1 所示的非线性关系[1]。一般来说，指数化投资的跟踪误差方差应该在 1% 以下。要求的跟踪误差方差越小，越需要频繁

---

[1] ALFORD A，JONES R，WINKELMANN K. A spectrum approach to active risk budgeting[J]. Journal of portfolio management，2003，30(1)：49-60.

交易,保证跟踪误差方差不超过标准,交易成本越高。因此,确定跟踪误差方差,是在跟踪精度和交易成本之间进行权衡。

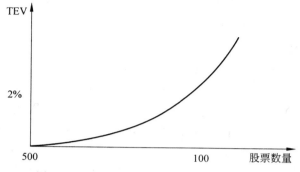

图 15-1　股票数量与投资组合跟踪误差方差

基于跟踪误差标准差,还可以计算出投资组合的信息比率(information ratio, IR),即投资组合的超常收益除以跟踪误差标准差。投资组合的超常收益通常使用 Jensen's α 表示,则

$$\mathrm{IR} = \frac{\alpha}{\sqrt{\mathrm{TEV}}}$$

信息比率反映了投资经理进行主动投资的风险与收益之间的关系,也就是主动承担的每单位风险的超常收益。

### (二)最小跟踪误差

跟踪误差可以作为指数化投资组合管理的工具。当构造投资组合时,由于跟踪方法不同,会产生不同的跟踪误差,在各种可能选择中,可以最小跟踪误差为标准,确定投资组合权重。

例如,应用市场模型,计算每一只股票的收益:

$$r_{i,t} = \alpha_i + \beta_i r_{m,t} + \varepsilon_{i,t}$$

投资组合收益为

$$r_{p,t} = \sum w_i \times r_{i,t} = \sum w_i \times \alpha_i + r_{m,t} \sum w_i \times \beta_i + \sum w_i \times \varepsilon_{i,t}$$

投资组合跟踪误差方差是组成证券权重的函数,通过改变权重可以改变方差值。最小方差方法就是寻找使得方差最小的投资组合权重向量。

跟踪误差也可以计算事后值,即每一个投资期结束之后,计算跟踪误差。同时设定一个门槛值,如果跟踪误差超过门槛值,就需要进行调整,重新按照标准构造投资组合。如果跟踪误差不超过门槛值,就不需要进行调整。

# 第三节　积极组合投资策略

积极投资组合的投资策略有很多种,按照所遵循的分析方法,可以划分为基于基本面策略、基于技术面策略和混合策略。

# 一、基于基本面策略

基于基本面策略主要有两种类型,分别为行业轮换策略(sector rotation strategy)和证券挑选策略(security picking strategy)。

## （一）行业轮换策略

行业轮换策略,指根据不同行业证券相互之间的相对估值,确定在不同时期重点投资对象。也就是在投资组合中,加大价格上涨类证券的权重,降低价格下降类证券的权重。一般来说,各种证券之间存在稳定的收益和风险差,当差值超出稳定范围之后,就会形成一种回归的趋势。例如,两种证券的单位风险收益在一般情况下数值相等。在某个时期,第一种证券单位风险收益明显高于第二种证券。在未来的某个时期,市场上第一种证券单位风险收益下降,第二种证券单位风险收益上升。认识到这种变化趋势,投资者就可以从中获得超常收益。

行业转换策略的基础,是行业之间在不同时期景气的不同变化。例如,在大规模财政政策刺激经济时期,政府对基础设施建设加大投资,会产生短期内建设材料的短期景气超过其他行业。研究表明,不同行业公司股票在经济周期的不同时期表现不同[①]。在经济危机的末期,金融股票表现较好;在经济危机的底部,消费耐用品表现较好;在经济复苏期,资本性商品表现较好;在经济周期的繁荣期,一般工业品表现较好;在经济下滑期,消费品表现较好。发现这样的规律,通过对经济周期阶段的判断,以及随着经济周期阶段的不断变化,就可以不断调整投资组合构成,提高投资组合业绩表现。

## （二）证券挑选策略

证券挑选策略,指投资者根据基本估值原理,选择相对于市场表现出价值低估的证券,而不是挑选表现好的行业,期望通过低估证券的价值回归获得收益。投资者所依赖的评估方法可以是绝对价值评估(absolute judgment),如使用现金流折现模型,也可以使用相对价值评估(relative judgment),如市盈率、市净率等。绝对价值评估找到市场价格相对内在价值明显偏低的证券,相对价值评估则是以市场为参照物,找到相对价格较低的证券。

第一种做法的依据,是市场价格会围绕内在价值波动,即使存在市场价格与内在价值的偏离,一旦时机成熟,市场价格必然回归内在价值。第二种做法的依据,是认为当前市场状态仍然会延续,在这样的前提下,相对价格较低的证券,必然会在合适的条件下得到价格修复。

# 二、基于技术面策略

较为常见的基于技术面分析的策略为反向策略(contrarian strategy)和价格动量策略(price momentum strategy)。

---

① KUHN S.Stocks are still your best buy[J].Fortune,1994,129(6):138.

### （一）反向策略

反向策略指做与市场相反的操作,在大多数其他投资者悲观时买入,在大多数其他投资者乐观时卖出。市场大多数参与者悲观,资产价格容易低估;市场大多数参与者乐观,资产价格容易高估。市场总是存在着均值回归趋势,因此利用市场存在的时间差,获得投资收益。这种策略的困难之处,是其他投资者乐观或悲观程度难以把握。反向策略的基础,是市场在自强化效应的作用下,容易出现过度反应,价格降低时容易过低,价格提高时容易过高。

### （二）价格动量策略

价格动量策略指利用市场上资产价格同一个方向的连续变化,当资产价格开始上升时买入,开始下降时卖出。证券价格经常出现这种价格变化趋势,也就是不论价格上升还是下降,都会持续一段时间。价格持续上升和下降可以源自对于某种信息,市场反应不充分,导致市场上出现不断对信息的挖掘。价格的持续上升和下降也可能源自资产本身的变化超出市场预期。例如,公司的盈利连续一段时间出现超预期的增长,会导致股票价格连续上升。价格动量策略的基础,是市场的动量理论。资本市场现象类似于物理现象,当一个物体开始运动时,总会产生一定的动量,在惯性作用下会维持一定时间的同方向运动。

## 三、混合策略

混合策略基于多种因素分析,包括基本面分析、技术面分析和行为金融分析。较常用的混合策略包括盈利动量策略(earnings momentum strategy)和低市值股票策略(small capitalization strategy)。

### （一）盈利动量策略

盈利动量策略从分析基本面出发,挖掘公司盈利的规律。当公司出现盈利增长时,引起盈利增长的因素通常会持续一段时间。因为股票市场价格与公司盈利存在密切关联性,盈利增长导致股价上涨。例如,公司发现了具有垄断性的新产品、新技术,或者创建了新的盈利模式,都会使公司盈利在一段时间内持续增长。盈利动量策略就是发现盈利出现持续增长的公司进行投资。

### （二）低市值股票策略

低市值股票策略指投资于低资本化价值的股票,低资本化价值不等于小市值,而是指低市值比率,如低市盈率和市净率。研究发现,低市盈率和市净率股票通常能够获得更好的风险调整收益(如单位风险收益)。从资本资产定价模型的角度来说,这样的现象称为市场异象(anomalies),市场异象产生超常收益。较为常见的解释,是对于市场低估值的股票,容易出现过度低估。市场异象有很多种,有些市场异象可以用来构造组合,但是有些市场异象对于构造投资组合帮助不大。

# 习　题

1. 制定投资策略的作用是什么？
2. 影响投资策略制定的主要因素有哪些？
3. 比较积极投资策略与消极投资策略的区别。
4. 在什么条件下，投资者更适合选择积极投资策略？
5. 举例说明资本市场信息的收益和处理。
6. 举例说明股票价格变化如何影响跟踪指数投资组合。
7. 收集市场数据，说明如何利用跟踪误差构造投资组合。

# 即 测 即 练

# 教学支持说明

▶▶ 课件和教学大纲申请

尊敬的老师:

您好!感谢您选用清华大学出版社的教材!为更好地服务教学,我们为采用本书作为教材的老师提供教学辅助资源。该部分资源仅提供给授课教师使用,请您直接用手机扫描下方二维码完成认证及申请。

任课教师扫描二维码
可获取教学辅助资源

▶▶ 样书申请

为方便教师选用教材,我们为您提供免费赠送样书服务。授课教师扫描下方二维码即可获取清华大学出版社教材电子书目。在线填写个人信息,经审核认证后即可获取所选教材。我们会第一时间为您寄送样书。

任课教师扫描二维码
可获取教材电子书目

 清华大学出版社

E-mail: tupfuwu@163.com
电话: 8610-83470332/83470142
地址: 北京市海淀区双清路学研大厦B座509室

网址: http://www.tup.com.cn/
传真: 8610-83470107
邮编: 100084